utb 5000

CW00820781

**Eine Arbeitsgemeinschaft der Verlage**

Böhlau Verlag · Wien · Köln · Weimar
Verlag Barbara Budrich · Opladen · Toronto
facultas · Wien
Wilhelm Fink · Paderborn
Narr Francke Attempto Verlag / expert Verlag Tübingen
Haupt Verlag · Bern
Verlag Julius Klinkhardt · Bad Heilbrunn
Mohr Siebeck · Tübingen
Ernst Reinhardt Verlag · München
Ferdinand Schöningh · Paderborn
transcript Verlag · Bielefeld
Eugen Ulmer Verlag · Stuttgart
UVK Verlag · München
Vandenhoeck & Ruprecht · Göttingen
Waxmann · Münster · New York
wbv Publikation · Bielefeld

Max Weber

# Wissenschaft als Beruf / Politik als Beruf

Jubiläumsausgabe

Herausgegeben von
Wolfgang J. Mommsen und Wolfgang Schluchter

in Zusammenarbeit mit
Birgitt Morgenbrod

Mohr Siebeck

ISBN 978-3-8252-5000-3 (UTB Band 5000)

Die Deutsche Nationalbibliothek verzeichnet diese Publikation in der Deutschen
Nationalbibliographie; detaillierte bibliographische Daten sind im Internet über
http://dnb.dnb.de abrufbar.

1. Auflage 1992 (MWG I/17)

© 2020 Mohr Siebeck Tübingen. www.mohrsiebeck.com

Das Buch wurde von Hubert & Co. in Göttingen auf alterungsbeständiges Werkdruck-
papier gedruckt und gebunden.

Printed in Germany.

# Inhaltsverzeichnis

# Vorwort

In diesem Band werden die Reden „Wissenschaft als Beruf" und „Politik als Beruf", die Max Weber am 7. November 1917 und am 28. Januar 1919 im Rahmen der Reihe „Geistige Arbeit als Beruf" in München gehalten hat, erstmals in einer historisch-kritischen Edition veröffentlicht. Dazu gehört auch ein Stichwortmanuskript, das Max Weber für die Rede „Politik als Beruf" als Vorlage gedient hat, sowie ein Zeitungsbericht über die Rede „Wissenschaft als Beruf" aus dem Jahre 1917, der zusätzliche Informationen über deren ursprüngliche Gestaltung enthält. Dieser Sachlage ist in der zeitlichen Zuordnung von „Wissenschaft als Beruf" auf 1917/19 im Titel dieses Bandes Rechnung getragen. Der Landesverband Bayern des Freistudentischen Bundes, der Veranstalter, wollte die gesamte Vortragsreihe, in der auch Vorträge von anderen Rednern vorgesehen waren, ursprünglich in einem Band veröffentlichen. Statt dessen brachte der Verlag Duncker & Humblot schließlich beide Reden als selbständige Broschüren heraus. Zu diesem Zweck hat Max Weber beide Texte überarbeitet und teilweise erheblich erweitert, wie in den Editorischen Berichten im einzelnen dargelegt ist. „Wissenschaft als Beruf" wurde späterhin von Marianne Weber in die Gesammelten Aufsätze zur Wissenschaftslehre, „Politik als Beruf" in die Gesammelten Politischen Schriften aufgenommen. Sie werden hier, gemäß den ursprünglichen Absichten der Veranstalter, gemeinsam veröffentlicht. In der Einleitung werden die Reden in das Gesamtwerk Max Webers eingeordnet. Die Editorischen Berichte geben Auskunft über die Entstehung der Texte und den jeweiligen zeit- und werkgeschichtlichen Kontext, der Sachkommentar bemüht sich um die Aufschlüsselung der heute nicht mehr ohne weiteres verständlichen zeitgeschichtlichen Anspielungen und den Nachweis der Zitate; er vermittelt darüber hinaus die für das Verständnis notwendigen Hintergrundinformationen.

Der Weg der Edition war steiniger als erwartet. Die genaue Rekonstruktion der Entstehungsgeschichte der Texte erwies sich angesichts der nicht eben günstigen Quellenlage als nicht einfach. Insbesondere das hier erstmals vollständig veröffentlichte „Stichwortmanuskript" und dessen korrekte Transkription stellte die Editoren vor erhebliche Probleme. Gleiches gilt für die historische Verortung von „Politik als Beruf", obschon hier teilweise auf die Vorarbeiten des Bandes I/16 der MWG „Zur Neuordnung Deutschlands. Schriften und Reden 1918−1920" zurückgegriffen werden konnte. Angesichts der Tatsache, daß Max Weber in beiden Abhandlungen auf jegliche Verweise verzichtete, erwies sich auch die Kommentierung als ein schwieriges Unterfangen. Webers Ausführungen sind voll offener, vor allem aber versteckter Bezüge. Sie verweisen häufig auf das eigene Werk und auf einen Bildungshorizont, der nicht mehr der heutige ist. Sie beziehen sich zum anderen auf zeitgeschichtliche Äußerungen und Vorgänge, die heute oft nicht mehr eindeutig zu ermitteln sind. Dennoch hoffen wir, daß es gelungen ist, diese Sachverhalte für den kritischen Leser zureichend aufzuhellen und den geistesgeschichtlichen sowie zeithistorischen Hintergrund der Texte in den verschiedenen Stadien ihrer Entstehung deutlich zu machen.

Die Einleitung wurde von Wolfgang Schluchter geschrieben, während die Editorischen Berichte zum überwiegenden Teil von Wolfgang J. Mommsen in Zusammenarbeit mit Birgitt Morgenbrod verfaßt wurden. Die Last des editorischen Alltags trug Birgitt Morgenbrod. Aufbauend auf Vorarbeiten, die von Franz Bonfig erbracht wurden, erschloß sie die Quellen, die über die Textentstehung und deren historischen und geistesgeschichtlichen Hintergrund Auskunft geben können. Darüber hinaus bemühte sie sich um eine möglichst zuverlässige Gestaltung des Erläuterungsapparates und der Editorischen Berichte; sie erstellte auch die diesem Bande beigegebenen Register und Verzeichnisse.

Es würde zu weit führen, alle jene Archive, Bibliotheken und Forschungsinstitutionen aufzuführen, deren Dienste für diese Edition in Anspruch genommen wurden und die wertvolle Materialien zur Verfügung stellten. Wir danken insbesondere den Universitätsbibliotheken der Heinrich-Heine-Universität Düsseldorf und der Universität Heidelberg, dem Bundesarchiv Koblenz, dem Geheimen Staatsarchiv Merseburg der Stiftung Preußischer Kulturbesitz sowie dem Bundesarchiv Potsdam – letztere werden im Folgenden noch nach ihren vor dem Herbst 1990 gültigen Bezeichnungen Zentrales Staatsarchiv Merseburg (ZStA Merseburg) bzw. Zentrales Staatsarchiv Potsdam (ZStA Potsdam) zitiert –, weiterhin dem Universitätsarchiv München, dem Verlagsarchiv Duncker & Humblot, der Bayerischen Staatsbibliothek München, dem Bayerischen Hauptstaatsarchiv und der Münchner Stadtbibliothek. Gedankt sei auch Herrn Prof. Dr. Gerhard Wehle und Frau Fernande Walder vom Georg-Kerschensteiner-Archiv des Erziehungswissenschaftlichen Instituts der Heinrich-Heine-Universität Düsseldorf, die den Editoren Kopien und Transkriptionen des Briefwechsels Birnbaum-Kerschensteiner zur Verfügung stellten. Schließlich seien dankend erwähnt auch die Mitarbeiter der Arbeitsstellen der Max Weber-Gesamtausgabe in Heidelberg und Düsseldorf, insbesondere Herr Manfred Schön, dessen Expertise bei der Transkription des „Stichwortmanuskripts" von großem Wert war, sowie Herr Michael Meyer und Herr Peter Kurth. Ferner gilt unser Dank Herrn Dr. Ay und Frau Dr. Aldenhoff-Hübinger von der Bayerischen Akademie der Wissenschaften in München sowie nicht zuletzt auch Frau Brigitte Schluchter, die bei den Korrekturarbeiten behilflich war.

Besonderer Dank gilt darüber hinaus den Institutionen, die die Editionsarbeiten finanziell unterstützt haben, insbesondere der Deutschen Forschungsgemeinschaft, der Werner-Reimers-Stiftung und der Universität Heidelberg, ferner der Fritz Thyssen-Stiftung, die der Arbeitsstelle Düsseldorf mit technischer Ausstattung half, nicht zuletzt auch der Kommission für Sozial- und Wirtschaftsgeschichte der Bayerischen Akademie der Wissenschaften und ihrem langjährigen Vorsitzenden, Herrn Prof. Dr. Knut Borchardt.

Düsseldorf und Heidelberg, im August 1991          Wolfgang J. Mommsen
                                                   Wolfgang Schluchter

# Siglen, Zeichen, Abkürzungen

| | |
|---|---|
| \| | Seitenwechsel |
| [ ] | Hinzufügung des Editors |
| [...] | Auslassung des Editors |
| [??] | Wort oder Zeichen nicht lesbar |
| > | Textersetzung Max Webers |
| < > | von Max Weber gestrichene Textstelle |
| $^1$, $^2$, $^3$ | Indices bei Anmerkungen des Editors |
| A, B | Siglen für Webers Textfassungen in chronologischer Folge |
| $A_I$, $A_{II}$ | Siglen für Teile eines Textes |
| $^a$, $^b$, $^c$ | Indices für Varianten oder textkritische Anmerkungen |
| $a...a$ $b...b$ | Beginn und Ende von Varianten oder Texteingriffen |
| & | und |
| § | Paragraph |
| % | Prozent |
| → | siehe |
| | |
| Ab.Bl. | Abendblatt, Abendausgabe |
| Abt. | Abteilung |
| AfSS | Archiv für Sozialwissenschaft und Sozialpolitik |
| a.M. | am Main |
| Anm. | Anmerkung |
| a.o. Professor | außerordentlicher Professor |
| Aug. | August |
| Aufl. | Auflage |
| Ausg. | Ausgabe |
| | |
| BA | Bundesarchiv |
| BayHStA | Bayerisches Hauptstaatsarchiv |
| bearb. | bearbeitet |
| bes. | besonders |
| Bl. | Blatt |
| BSB | Bayerische Staatsbibliothek |
| bzw. | beziehungsweise |
| | |
| ca. | circa |
| cf, cf. | confer |
| cm | Zentimeter |
| Co, Comp. | Company, Companie |
| | |
| D. | Doktor der evangelischen Theologie |
| DDP | Deutsche Demokratische Partei |
| ders. | derselbe |
| Dez. | Dezember |
| d.h. | das heißt |

| | |
|---|---|
| Dr. | Doktor |
| Dr. jur. | doctor juris |
| Dr. phil. | doctor philosophiae |
| Dr. rer. pol. | doctor rerum politicarum |
| durchges. | durchgesehen |
| | |
| Ebd., ebd. | ebenda |
| erw. | erweitert |
| erg. | ergänzt |
| etc. | et cetera |
| Ew. Hochedl. | Euer Hochedlen |
| | |
| f., ff. | folgende Seite(n) |
| Febr. | Februar |
| fol. | folio |
| | |
| Gesellschaft m.b.H. | Gesellschaft mit beschränkter Haftung |
| GPS | Gesammelte Politische Schriften |
| | |
| Hg., hg. | Herausgeber, herausgegeben |
| | |
| i. Br. | im Breisgau |
| insb. | insbesondere |
| | |
| Jan. | Januar |
| Jg. | Jahrgang |
| Jh. | Jahrhundert |
| | |
| Kap. | Kapitel |
| KPD | Kommunistische Partei Deutschlands |
| k.u.k. | kaiserlich und königlich |
| | |
| masch. | maschinenschriftlich |
| m.a.W. | mit anderen Worten |
| Max Weber-Archiv, München | Arbeitsstelle und Archiv der Max Weber-Gesamtausgabe. Kommission für Sozial- und Wirtschaftsgeschichte der Bayerischen Akademie der Wissenschaften |
| MdprAH | Mitglied des preußischen Abgeordnetenhauses |
| MdR | Mitglied des Reichstages |
| Mo.Bl. | Morgenblatt, Morgenausgabe |
| MWG | Max Weber-Gesamtausgabe |
| MWS | Max Weber-Studienausgabe |
| | |
| neubearb. | neubearbeitet |
| Nl. | Nachlaß |
| Nov. | November |
| Nr., N$^r$, No. | Nummer |
| | |
| Okt. | Oktober |
| o. Professor | ordentlicher Professor |

| | |
|---|---|
| pp. | pergite (= und so weiter) |
| Prof. | Professor |
| Pst. | Poststempel |
| | |
| Rep. | Repertorium |
| resp. | respektive |
| Rez. | Rezension |
| | |
| S. | Seite |
| Sept. | September |
| sog. | sogenannt |
| Sp. | Spalte |
| SPD | Sozialdemokratische Partei Deutschlands |
| St. | Saint |
| | |
| Tl. | Transliteration |
| Ts. | Transkription |
| | |
| u. | und |
| u.a. | unter anderem |
| UdSSR | Union der Sozialistischen Sovjetrepubliken |
| undat. | undatiert |
| Univ.-Prof. | Universitätsprofessor |
| unveränd. | unverändert |
| USA | Vereinigte Staaten von Amerika |
| USPD | Unabhängige Sozialdemokratische Partei Deutschlands |
| usw., u.s.w. | und so weiter |
| | |
| v. | von |
| VA | Verlagsarchiv |
| v. Chr. | vor Christus |
| verb. | verbessert |
| verm. | vermehrt |
| vgl. | vergleiche |
| Vol., Vols. | Volume, Volumes |
| | |
| z.B. | zum Beispiel |
| ZStA | Zentrales Staatsarchiv |
| z.T. | zum Teil |

# Einleitung

## 1. Der Charakter der Vorträge „Wissenschaft als Beruf" und „Politik als Beruf"

Max Webers Vorträge „Wissenschaft als Beruf" und „Politik als Beruf" sind Schlüsseltexte für seine Antworten auf zentrale Fragen der modernen Kultur. Manche sehen in ihnen gar Bausteine einer auch heute noch richtungweisenden Konfession. Tatsächlich antwortete er hier noch direkter als sonst in grundsätzlicher Weise auf die geistige und politische Situation seiner Zeit, auf die damit verbundenen Sinnfragen. Dies gibt den beiden Vorträgen ihren inneren Zusammenhang. Doch neben dem inneren steht der äußere. Die Vorträge waren durch denselben Anlaß und denselben Adressatenkreis motiviert. Dies vor allem ist der Grund, weshalb sie hier gemeinsam ediert werden. Anders als bei den von Marianne Weber und von Johannes Winckelmann besorgten Ausgaben, ist „Wissenschaft als Beruf" absichtlich nicht dem Korpus der Schriften zur Wissenschaftslehre und „Politik als Beruf" absichtlich nicht dem Korpus der Schriften zur Politik einverleibt.

Die beiden Vorträge unterscheiden sich sowohl von Webers wissenschaftlichen Abhandlungen oder akademischen Vorlesungen als auch von seinen politischen Artikeln oder Wahlreden. Sie verfolgen ein anderes Ziel. Es sind ‚philosophische' Texte, mit denen der einzelne zu Tatsachenerkenntnis und Selbstbestimmung hingeführt und zugleich für verantwortungsvolle Arbeit im Dienste einer überpersönlichen Sache gewonnen werden soll. An der Bereitschaft zu solcher entsagungsvoller Arbeit in der Spannung von Hingabe und Distanz hing für Weber die Zukunft sowohl der deutschen Nation wie der modernen Kultur. Beide waren für ihn aufeinander bezogen. Die Sorge um den Zustand der Nation verband sich bei ihm mit der Sorge um den Zustand der modernen Kultur.[1] Max Weber dachte national.[2]

---

**1** Vgl. Jaspers, Karl, Max Weber. Politiker, Forscher, Philosoph, 2. Aufl. – München: Piper 1958, hier zitiert nach Jaspers, Karl, Max Weber. Gesammelte Schriften. – München: Piper 1988, S. 81 (hinfort: Jaspers, Max Weber).
**2** Karl Jaspers stilisierte Weber 1958 sogar zum „letzte[n] nationale[n] Deutsche[n]". Vgl. ebd., S. 50. National heißt natürlich weder nationalistisch noch gar chauvinistisch. Auf diesen Unterschied war Weber selber sehr bedacht. National heißt auch nicht staatlich. Nation ist Weber vielmehr ein ‚innerer', Staat dagegen ein ‚äußerer' Wert. Freilich müssen Nation und Staat, innere und äußere Seite, aufeinander bezogen werden. Doch die eine repräsentiert den ‚Geist', die andere die ‚Form'. Über die problematischen Aspekte von

Und doch bekämpfte er diejenigen, die den ‚deutschen Geist' als ein „Eigenes, Selbstgewachsenes und Höheres" dem aufklärerischen demokratischen Individualismus Westeuropas und Amerikas entgegensetzten.[3] Max Weber dachte aber auch kosmopolitisch. Und doch bekämpfte er jene gesinnungsethischen Pazifisten, die die Notwendigkeit eines deutschen nationalen Machtstaates und die damit einhergehende „Verantwortung vor der Geschichte" leugneten.[4] Auch als das Deutsche Reich am Ende des Ersten Weltkriegs aufgrund seiner ‚Gefühls- und Eitelkeitspolitik', die nicht nur von feudal-konservativen, sondern auch von bürgerlichen Kreisen unterstützt worden war, am Boden lag,[5] hoffte er, in Abwandlung eines Wortes von Treitschke, auf seine dritte Jugend.[6] Wollte man diese Chance einer dritten Jugend nutzen, so mußte das politische Handeln eine Entwicklungslinie wieder aufnehmen und weiterführen, die mit den Ereignissen von 1806/1807 und von 1848/1849 begonnen hatte. Dies setzte voraus, daß sich das Bürgertum politisch endlich auf eigene Füße stellte und seine Kräfte mit denen der Arbeiterschaft zu sachlicher Politik zusammenführte,[7] ferner: daß die akademische Jugend sich an diesem historischen Bündnis aktiv beteiligte. Dazu mußte sie Abschied nehmen von Illusionen: von der Illusion, man könne die rationale, wissenschaftsbestimmte Erkenntnis

Webers politischem Denken in dieser Hinsicht die grundlegende Arbeit von Mommsen, Wolfgang J., Max Weber und die deutsche Politik 1890–1920, 2. Aufl. – Tübingen: J. C. B. Mohr (Paul Siebeck) 1974 (hinfort: Mommsen, Max Weber). Für Jaspers war Weber zugleich „der größte Deutsche unseres Zeitalters". Vgl. Jaspers, Max Weber, S. 50.
**3** So etwa Maurenbrecher, Max, Der Krieg als Ausgangspunkt einer deutschen Kultur, in: Die Tat. Monatsschrift für die Zukunft deutscher Kultur, 9. Jg., 1917, S. 104. Mit Maurenbrecher und seinen Auffassungen setzte sich Weber vor allem auf den beiden Lauensteiner Kulturtagungen im Jahre 1917 kritisch auseinander (MWG I/15, S. 701–707).
**4** Vgl. u. a. MWG I/15, S. 95 ff. Die Deutschen sollten rückhaltlos friedlich ihre Eigenart im Kreis des Völkerbunds pflegen. Aber ob man in diesem Sinne nationaler Pazifist sein könne, hänge, so wünschenswert dies auch sei, nicht nur von den Deutschen selber ab. Vgl. dazu MWG I/16, S. 109.
**5** Zur Gefahr dieser Politik, die sich insbesondere im Streben nach einem Siegfrieden und in damit verbundenen Annexionsgelüsten äußerte, bereits Webers Ausführungen über „Deutschland unter den europäischen Weltmächten" Ende 1916 (MWG I/15, S. 153–194, bes. S. 164–169).
**6** Vgl. dazu etwa Webers Rede über Deutschlands Wiederaufrichtung am 2. Januar 1919 in Heidelberg vor einem vorwiegend studentischen Publikum, über die mehrere Zeitungsberichte existieren (MWG I/16, S. 415–428, bes. S. 419–420).
**7** Vgl. dazu etwa die Formulierungen in „Deutschlands künftige Staatsform", MWG I/16, S. 106–107, wo es unter anderem heißt: Weit entscheidender als bestimmte staatstechnische Lösungen sei die Frage, „ob das Bürgertum in seinen Massen einen neuen verantwortungsbereiteren und selbstbewußteren *politischen Geist* anziehen wird. Bisher herrschte seit Jahrzehnten der Geist der ‚Sekurität': der Geborgenheit im obrigkeitlichen Schutz, der ängstlichen Sorge vor jeder Kühnheit der Neuerung, kurz: der feige *Wille zur Ohnmacht*." In ähnlicher Form hatte Weber bereits vor der Jahrhundertwende, etwa in der Freiburger Antrittsvorlesung, gegen das satte Bürgertum polemisiert.

durch das Erlebnis ersetzen, aber auch von der Illusion, eine Gesinnungspolitik, die nicht nur die Realitäten Deutschlands, sondern die des Lebens
souverän mißachtet, sei authentischer als eine rationale, machtbezogene
Verantwortungspolitik. Die beiden Vorträge waren Reden an die deutsche
akademische *und* demokratische Jugend,[8] sie waren und sind Reden über
die individuelle *und* politische Selbstbestimmung unter den Bedingungen
der modernen Kultur.

Um den geistigen und politischen Zustand, den *„Weltzustand überhaupt"*,[9] ins Bewußtsein der Hörer, dann: der Leser zu rufen, genügte es
also nicht, nur das nationale Schicksal zu diagnostizieren. Eine universalge-
schichtliche Perspektive war verlangt. Weber hatte sie sich mit einer vergleichend und entwicklungsgeschichtlich ausgerichteten Kulturwissenschaft
erarbeitet, die die wertbezogene und zugleich werturteilsfreie Erforschung
der Eigenart *aller* großen Kulturkreise umfaßte. Auf diesem Hintergrund erst
traten die Eigenart des okzidentalen Kulturkreises und die mit ihm verbundenen Lebensprobleme, aber auch die Lebensprobleme Deutschlands in
helles Licht. Das heißt zugleich, daß die Vorträge nicht allein eine praktische
Absicht verfolgten, sondern auch eine Summe gaben, und zwar eine Summe sowohl von Webers wichtigsten kulturwissenschaftlichen Erkenntnis-
sen wie von seinen wichtigsten politischen Überzeugungen.[10]

Doch fragen wir zunächst: Wie ist es gerade zu diesen beiden Vorträgen
gekommen? Obgleich sie zusammengehören, bilden sie doch keine Einheit. Sie behandeln nicht nur verschiedene Themen, sie sind auch nicht zur
selben Zeit entstanden, wenngleich vermutlich zur selben Zeit druckfertig
gemacht. Die Vorträge selber wurden in einem Abstand von über einem
Jahr, „Wissenschaft als Beruf" am 7. November 1917, „Politik als Beruf"
am 28. Januar 1919, gehalten.[11] Zwischen diesen Daten liegen die endgültige militärische Niederlage des Deutschen Reiches und die Novemberrevolution. Zwischen diesen Daten liegen aber auch Webers Rückkehr zu den
bei Kriegsbeginn verlassenen Manuskripten über die Wirtschaft und die
gesellschaftlichen Ordnungen und Mächte[12] und die weitere Um- und Aus-

---

**8** Vgl. in diesem Zusammenhang auch den Aufruf der DDP an die demokratische Jugend
vom 30. Januar 1919, den auch Max Weber unterschrieb, abgedruckt in MWG I/16,
S. 514–517.
**9** So Jaspers, Max Weber, S. 81.
**10** Diese Feststellung schließt natürlich nicht aus, daß dabei auch ‚Erfahrungen des
Tages' mitschwingen, insbesondere in „Politik als Beruf". Vgl. dazu die Einleitung von
Wolfgang J. Mommsen in MWG I/16, S. 17f.
**11** Zur Datierung der Vorträge unten, S. 43–46.
**12** Obgleich der genaue Zeitpunkt, zu dem Weber die Arbeit an diesen verlassenen
Manuskripten wieder aufnahm, nicht bekannt ist, kann man aus dem Titel der Vorlesung,
die er im Sommersemester 1918 in Wien hielt, schließen, daß er dabei zumindest auch auf
Teile seines noch unveröffentlichten Beitrags zum Grundriß der Sozialökonomik zurück-

arbeitung der vergleichenden Studien über die Wirtschaftsethik der Kulturreligionen, deren Veröffentlichung inzwischen bis zum antiken Judentum
fortgeschritten war. Zwischen diesen Daten liegen schließlich aber auch die
Fortführung der Publizistik zu außen- und zunehmend auch innenpolitischen, insbesondere verfassungspolitischen Fragen sowie die Teilnahme
am Wahlkampf für die deutsche Nationalversammlung,[13] den er für die
neugegründete Deutsche Demokratische Partei auch dann noch führte, als
die Kandidatur für ein Mandat unter ihn verletzenden Umständen bereits
gescheitert war.[14] Diese werk- und zeitgeschichtlichen Zusammenhänge
motivieren dazu, sich etwas eingehender mit der Entstehungsgeschichte
der Vorträge zu beschäftigen. Die weitere umfaßt vor allem die Werkgeschichte seit Webers Ausscheiden aus dem militärischen Dienst am
30. September 1915,[15] die engere vor allem seine Verbindung mit dem

gegriffen hat. Der Vorlesungstitel lautete gemäß Vorlesungsverzeichnis: „Wirtschaft u.
Gesellschaft (Positive Kritik der materialistischen Geschichtsauffassung)". Nach Marianne Weber trug Weber die Ergebnisse seiner religions- und herrschafts- bzw. staatssozio-
logischen Forschungen vor, also vermutlich zwei Kernstücke aus der alten Fassung von
„Die Wirtschaft und die gesellschaftlichen Ordnungen und Mächte" für den Grundriß. Vgl.
Weber, Marianne, Max Weber. Ein Lebensbild. – Tübingen: J. C. B. Mohr (Paul Siebeck)
1926 (Nachdruck = 3. Aufl. Tübingen 1984), S. 617 (hinfort: Weber, Marianne, Lebensbild¹), und zur Ergänzung Heuss, Theodor, Erinnerungen 1905–1933, 5. Aufl. – Tübingen: Rainer Wunderlich Verlag Hermann Leins 1964, S. 225 (hinfort: Heuss, Erinnerungen). Weber hatte bereits am 25. Oktober 1917 die Grundzüge seiner Herrschaftssoziologie in Wien vorgetragen. Darüber existiert ein Zeitungsbericht. Vgl. Neue Freie Presse,
Nr. 19 102 vom 26. Okt. 1917, S. 10.
**13** Weber hatte 1917 begonnen, in Fortsetzungen größere politische Artikel zu, wie er
formulierte, „staatstechnischen Fragen" einer Neuordnung Deutschlands für die Frankfurter Zeitung zu schreiben, war im November 1918 gar vorübergehend als eine Art freier
Mitarbeiter in deren Redaktion eingetreten und machte ab Dezember 1918 Wahlkampf für
die neugegründete DDP. Die wohl wichtigsten Ergebnisse seines politischen Journalismus sind die in der Frankfurter Zeitung erschienenen Artikelfolgen „Deutscher Parlamentarismus in Vergangenheit und Zukunft" und „Die Staatsform Deutschlands", die auch als
eigenständige Broschüren „Parlament und Regierung im neugeordneten Deutschland"
(MWG I/15, S. 432–596) bzw. „Deutschlands künftige Staatsform" (MWG I/16,
S. 97–146) veröffentlicht wurden, sowie ferner die Schrift „Wahlrecht und Demokratie in
Deutschland" (MWG I/15, S. 347–396).
**14** Vgl. dazu u. a. die Einleitung von Wolfgang J. Mommsen zu MWG I/16, S. 15f.
**15** Vgl. dazu MWG I/15, S. 23f. Weber, der wegen der bevorstehenden Auflösung der
Reserve-Lazarettkommission und der damit einhergehenden Neuordnung der Befehls-
verhältnisse um seine Entlassung nachgesucht hatte, trug ab 1. Oktober 1915 wieder Zivil,
ging aber noch für einige Zeit regelmäßig ins Büro, um seinen Nachfolger einzuarbeiten.
Vgl. Brief Marianne Weber an Helene Weber vom 1. Okt. 1915, Bestand Max Weber-
Schäfer, Deponat BSB München, Ana 446: „Ja, u. Max spaziert heute zum ersten Mal
wieder in Civil herum, freilich noch den ganzen Tag in's Büro, denn sein Nachfolger ist der
Aufgabe garnicht gewachsen, u. man weiß nicht[,] wie's werden soll. – Ich bin doch traurig
u. mißvergnügt, daß Max diese Arbeit[,] mit der er nun doch so ganz verwachsen ist u. der
er sich trotz ihres aufreibenden ‚Stumpfsinns' mit ergreifender Pflichttreue hingegeben
hat[,] vor dem Ende des Krieges verlassen muß."

Freistudentischen Bund, Landesverband Bayern in München, der die Vortragsreihe „Geistige Arbeit als Beruf" plante und durchführte.[16]

## 2. *Die weitere Entstehungsgeschichte der Vorträge: Max Weber als politischer Redner und akademischer Lehrer*

Beginnen wir mit der weiteren Entstehungsgeschichte. Vor Ausbruch des Ersten Weltkriegs arbeitete Max Weber intensiv an seinen Beiträgen für den Grundriß der Sozialökonomik.[17] Mit Ausbruch des Ersten Weltkriegs verließ er seinen Schreibtisch und damit eine Reihe weit gediehener, aber noch nicht abgeschlossener Manuskripte. Im darauffolgenden Jahr verrichtete er vornehmlich eine zeitraubende und einförmige wissenschaftsferne Verwaltungstätigkeit als Militärisches Mitglied in der Heidelberger Reserve-Lazarettkommission. Nahezu zeitgleich mit dem Ausscheiden aus diesem Dienst begann er die religionssoziologischen Skizzen zur Wirtschaftsethik der Weltreligionen zu veröffentlichen, deren Um- und Ausarbeitung ihn dann ab Winter 1915/16 wissenschaftlich vor allem beschäftigte. Zugleich griff er mit ersten politischen Artikeln in die Außenpolitik, insbesondere die Kriegspolitik, ein.[18] Weber hoffte zunächst auf eine politische Verwendung. Nicht zuletzt deshalb ging er Mitte November 1915 nach Berlin. Doch obgleich er sich dort mit Unterbrechungen bis Mitte 1916 bereithielt, kam es, außer zu seiner Mitarbeit in eher ‚privaten' Vereinigungen wie Friedrich Naumanns Arbeitsausschuß für Mitteleuropa und einem Ausschuß des Vereins für Sozialpolitik, nur zu sporadischen informellen Kontakten mit hochrangigen Regierungsbeamten, nicht aber zu einer ihn befriedigenden Chance, auf den politischen Entscheidungsprozeß Einfluß zu nehmen.[19] Weber nutzte diese Zeit deshalb vor allem dazu, Literatur zu China und

**16** Zu Plan und Durchführung der Vortragsreihe siehe die Editorischen Berichte.
**17** Zu den werkgeschichtlichen Zusammenhängen vgl. Schluchter, Wolfgang, Religion und Lebensführung, 2 Bände. – Frankfurt: Suhrkamp 1988, Band 2, Kap. 13 und 14, S. 557–634 (hinfort: Schluchter, Lebensführung).
**18** Vgl. vor allem die Abhandlungen „Zur Frage des Friedenschließens" und „Bismarcks Außenpolitik und die Gegenwart" in MWG I/15, S. 49–92, die noch 1915 verfaßt sind. Weber orientiert sich bei seinen außenpolitischen Analysen an den Gesichtspunkten militärische Sicherheit, ökonomische Interessengemeinschaft und nationale Kulturgemeinschaft. Diese drei rationalen Prinzipien der Außenpolitik müßten von jeder Nation zu einem tragfähigen Ausgleich gebracht werden, so auch von Deutschland. Vgl. dazu MWG I/15, S. 189. Weber trat von Beginn an für einen Verständigungsfrieden ein, gegen die Annexion Belgiens im Westen, für einen polnischen Nationalstaat als Puffer gegen Rußland im Osten.
**19** Vgl. dazu MWG I/15, S. 126–130, S. 134–152 und S. 645–647.

Indien durchzuarbeiten.[20] Die Hinduismusstudie, die er 1916/17 in drei Folgen im Archiv für Sozialwissenschaft und Sozialpolitik, als Fortsetzung der Konfuzianismusstudie[21] und auf der Grundlage eines jener 1914 verlassenen Manuskripte, veröffentlichte,[22] ist bereits Resultat dieser intensiven wissenschaftlichen Beschäftigung.[23] Nachdem die vor Ausbruch des Krieges bereits untersuchten „chinesischen und indischen Sachen" auf diese Weise abermals durchforscht waren, vertiefte er sich im Herbst 1916 ebenfalls erneut in das Judentum. Er arbeitete am Alten Testament und analysierte dabei besonders „die Propheten, Psalmen u. das Buch Hiob".[24] Gerade die vorexilischen Unheilspropheten mit ihrer Unabhängigkeit von den politischen Autoritäten und vom Demos, aber auch mit ihrer außenpolitischen Orientierung sprachen ihn jetzt besonders an. Gab es nicht gewisse Ähnlichkeiten zwischen der außenpolitischen Lage Altisraels und der des Deutschen Reiches? Und fühlte er sich nicht mit Blick auf diese Lage politisch zunehmend selbst in die Rolle der vorexilischen Unheilspropheten gedrängt? In den ab 1917 veröffentlichten Folgen über das antike Judentum[25] setzte er diesen ersten politischen Demagogen der Weltgeschichte ein eindrucksvolles literarisches Denkmal, das in der historischen Thematik auf das Aktuelle weist.[26] So schien er zwischen der Gegenwart und den ent-

---

**20** Vgl. etwa Brief von Max Weber an Marianne Weber von „Dienstag" [16. Mai 1916], Bestand Max Weber-Schäfer, Deponat BSB München, Ana 446: „Ich fühle mich so wohl und arbeitsfähig, *sobald* ich mit chinesischen und indischen Sachen zu schaffen habe; sehne mich sehr danach."
**21** MWG I/19.
**22** Demnächst MWG I/20.
**23** Zu diesem Aspekt der Werkgeschichte vgl. Schluchter, Lebensführung, Band 2, Kap. 13, S. 557−596 sowie die Editorischen Berichte zu MWG I/19, S. 31 ff. und demnächst zu I/20.
**24** Brief von Marianne Weber an Helene Weber vom 12. Okt. [1916], Bestand Max Weber-Schäfer, Deponat BSB München, Ana 446. Die entsprechende Passage des Briefes lautet: „Der Max hat sich jetzt grade in das alte Testament vertieft, analysiert die Propheten, Psalmen u. das Buch Hiob − u. liest mir abends manchmal ein bißchen vom Neusten vor − das tut dann gut nach all der Tagesverzettlung."
**25** Demnächst MWG I/21.
**26** Über die Rolle der vorexilischen Propheten Schluchter, Lebensführung, Band 2, Kap. 7,4, S. 173 ff.; über den Umschlag der historischen Thematik ins Aktuelle, genauer: ins Persönlich-Aktuelle Weber, Marianne, Lebensbild[1], S. 604−605. Weber, so ihre Einschätzung, seien jetzt, 1916, die vorexilischen Unheilspropheten „als die ersten geschichtlich beglaubigten ‚politischen Demagogen'" erschienen, und besonders seine Analyse des Jeremia habe wie die der Puritaner „starke innere Beteiligung durchschimmern" lassen. Gelegentlich einer Rede am 1. Dezember 1918 formulierte Weber sein Bedürfnis nach Unabhängigkeit in politischen Fragen laut Zeitungsbericht wie folgt: Er trete, obgleich er vielen Mitgliedern der Sozialdemokratie bis zur Ununterscheidbarkeit nahestehe, dieser Partei dennoch nicht bei, „weil er auf die *Unabhängigkeit seiner Meinungsäußerung* dem Demos gegenüber noch weniger verzichten könne wie gegenüber autoritären Gewalten". MWG I/16, S. 379.

ferntesten Vergangenheiten zu pendeln. Aber die chinesischen, indischen und jüdischen Welten waren ihm offenbar nicht nur Vergangenheiten, sondern zugleich andere Gegenwarten.[27]

Das Jahr 1916 brachte nicht allein die Um- und Ausarbeitung wichtiger wissenschaftlicher Texte und erste Ergebnisse einer aktiv in die Tagespolitik eingreifenden politischen Publizistik, sondern auch die Eroberung der politischen ‚Rednertribüne'. Auf die erste öffentliche politische Rede seit der Krankheit, auf die Nürnberger Rede am 1. August für den „Deutschen National-Ausschuß für einen ehrenvollen Frieden", bei der er sich „auf Anweisung" noch zurückhielt,[28] folgte die große Rede über „Deutschlands weltpolitische Lage" für den Fortschrittlichen Volksverein am 27. Oktober 1916 in München,[29] die er auch für den Druck ausarbeitete.[30] Hatte er in Nürnberg noch eher vorsichtig formuliert und die Vertreter eines Siegfriedens eher schonungsvoll behandelt, so ließ er jetzt alle politischen Rücksichten, insbesondere gegenüber den Alldeutschen, fallen. Er war nun tatsächlich in die von den vorexilischen Unheilspropheten vorgeprägte Rolle des politischen Demagogen geschlüpft. Weber rechnete schonungslos mit der Prestigepolitik der Rechten ab, zeigte die in seinen Augen in erster Linie politischen, nicht wirtschaftlichen Kriegsursachen auf, deren wichtigste sei: die Bedrohung eines selbständigen deutschen nationalen Machtstaats durch Rußland. Schon deshalb sei Deutschlands Kriegseintritt gerechtfertigt gewesen. Seine erfolgreiche Selbstbehauptung, die Bewahrung seiner Ehre und seiner militärischen Sicherheit, verlangten zwar die Neuordnung insbesondere Mitteleuropas, aber nicht unbedingt Annexion. Deutsche Machtstaatlichkeit müsse an die nationale Kulturgemeinschaft gebunden bleiben. Nur auf dieser Grundlage könne es einen Verständigungsfrieden geben, auch mit Rußland. Dieses müsse allerdings seinen Expansionsdrang zügeln, der aufs intimste mit dem Zarismus als System verbunden sei. Später, nach der Februar- und der Oktoberrevolution in Rußland, betonte Weber immer wieder, Deutschlands Leistung in diesem Kriege sei gewesen, zur Überwindung des zaristischen Systems beigetragen zu haben. Gerade nach dessen Sturz sei ein wichtiges Hindernis einer rationalen Außenpolitik für Europa weggeräumt. Doch ein Verständigungsfriede setze voraus, daß Deutschland von den Kriegsgegnern als nationaler Machtstaat mit eigenen Kulturaufgaben anerkannt bleibe. Denn Deutschland sei kein Kleinstaat, sondern ein Großstaat, kein reiner Kulturstaat,

---

**27** Vgl. dazu die schöne Bemerkung von Karl Jaspers über das Verhältnis von Gegenwarts- und Vergangenheitsbewußtsein bei Weber in Jaspers, Max Weber, S. 83.
**28** Vgl. dazu den Editorischen Bericht und die dort abgedruckten Zeitungsberichte über die Rede in MWG I/15, S. 648−689.
**29** MWG I/15, S. 690−700.
**30** MWG I/15, S. 153−194.

sondern ein Machtstaat und schon deshalb in „Machtverhängnisse" ver-
strickt. Dies müßten die Deutschen ohne Eitelkeit als ihre „*Verantwortung
vor der Geschichte*" annehmen. Wer dies außerhalb, aber auch innerhalb
Deutschlands verkenne, sei politisch ein Tor. Und weiter: „Nicht von den
Schweizern, den Dänen, Holländern, Norwegern wird die Nachwelt Rechenschaft fordern über die Gestaltung der Kultur der Erde. Nicht sie würde
sie schelten, wenn es auf der Westhälfte unseres Planeten gar nichts mehr
geben würde als die angelsächsische Konvention und die russische Bureaukratie. Und das mit Recht. Denn nicht die Schweizer oder Holländer
oder Dänen konnten das hindern. Wohl aber wir. Ein Volk von 70 Millionen
zwischen solchen Welteroberungsmächten hatte die *Pflicht,* Machtstaat zu
sein."[31]

Weber antizipierte also schon in der Phase deutscher militärischer Erfolge
als Ergebnis des Krieges eine Neuordnung Europas. Sie sollte auf den
untereinander bündnisfähigen Groß- und Machtstaaten England, Frankreich, Rußland, Österreich-Ungarn, Italien und Deutschland sowie den ihnen angelagerten Klein- und Kulturstaaten beruhen. Doch die dauerhafte
deutsche nationale Selbstbehauptung nach außen erforderte auch Reformen im Innern, und zwar wiederum ganz unabhängig davon, wie es um das
deutsche Kriegsglück stand. Je länger der Krieg dauerte, desto stärker
beschäftigte Weber die notwendige Neuordnung Deutschlands in einem
neugeordneten Europa. Und je mehr er darüber nachdachte, desto mehr
steigerte sich seine Polemik nach rechts, aber dann auch nach links. Dabei
nahm er einige seiner Vorkriegsgedanken wieder auf und entwickelte sie
unter den sich ständig wandelnden politischen Konstellationen weiter. Er
orientierte sich dabei an der in seinen Augen technisch besten Staatsform in
modernen Großstaaten, der parlamentarischen Monarchie.[32] Erst als sich
die Hohenzollerndynastie durch die Flucht Wilhelms II. in das Oberste
Hauptquartier in Spa endgültig selbst desavouiert hatte, bekannte er sich
zur parlamentarischen Republik als der Deutschland nun einzig angemessenen Staatsform, wobei er, im Interesse der Führerauslese, dem Parlamentarismus plebiszitäre Elemente und, im Interesse der Einheit, dem
Föderalismus unitarische Elemente entgegensetzte. Die Politik im Rahmen
dieser Staatsform aber sollte von liberalen und sozialdemokratischen Kräften geprägt sein, weder von denen auf der Rechten noch von denen auf der
Linken.

---

**31** MWG I/15, S. 192.
**32** Außer den großen Verfassungsschriften vor allem aus den Jahren 1917/18 wie „Wahlrecht und Demokratie in Deutschland" und „Parlament und Regierung im neugeordneten
Deutschland" (MWG I/15, S. 347−396, bzw. S. 432−596) vgl. etwa die Rede über
Deutschlands Wiederaufrichtung vom 2. Januar 1919 in Heidelberg, MWG I/16, S. 415.

Webers politische Orientierung, die seine außen- und innenpolitischen Stellungnahmen leitete, besitzt neben der tagespolitischen aber auch eine grundsätzliche Seite. Politik galt ihm wie Wirtschaft, Wissenschaft, Kunst, Erotik und Religion als eine Sphäre eigenen Rechts, die weder ausschließlich von Klassen- und Ständeinteressen noch ausschließlich vom Ideal der „Brüderlichkeit" bestimmt sein darf. Das Begriffspaar, das im Zusammenhang mit Politik bei ihm vor allem auftaucht, heißt nicht nützlich-schädlich, auch nicht wahr-falsch oder schön-häßlich, ja nicht einmal gut-böse, sondern ehrenhaft-schändlich. Einer politischen Pflicht nicht zu genügen provoziert nicht so sehr Gefühle des Ungenügens oder der Schuld, als vielmehr solche der Scham. Gewiß, der ‚Verantwortung vor der Geschichte' kann nur gerecht werden, wer sein Handeln an letzten Werten verankert. Jede Machtpolitik rein als solche ist letztlich zur Nichtigkeit verdammt. Denn sie bleibt innerlich haltlos. Eine realistische Politik, für die Weber eintritt und die er in „Politik als Beruf" als Verantwortungspolitik bezeichnet, darf eben nicht verwechselt werden mit sogenannter Realpolitik. Aber politische Werte sind, sieht man von den in den Menschenrechten formulierten ab, nicht, jedenfalls nicht in erster Linie, universalistische Menschheitswerte, sondern partikularistische Kulturwerte, und deshalb zerstört nicht allein die totale Ökonomisierung, sondern auch die totale Moralisierung das Eigenrecht der Politik. Gewiß, eine Politik, die nicht zur bloßen Machtpolitik verkommen will, muß sich außer auf Kulturwerte auch auf ethische Werte beziehen. Deshalb stellte Weber im zweiten Teil seines Vortrags „Politik als Beruf" das immer problematische Verhältnis von Politik und Ethik in den Mittelpunkt. Doch sowenig der ethische Wertbezug gerade auch bei einer realistischen Politik, einer Verantwortungspolitik, fehlen darf, so sehr bleibt wahr, daß Politik vom Machtpragma beherrscht wird. Wer sich aber auf Macht als Mittel einlasse, der schließe mit diabolischen Gewalten einen Pakt. Mag die gelingende existentielle Kommunikation durchherrscht sein vom Geist der Liebe,[33] die politische ist immer durchherrscht vom Geist des Kampfs. Menschliche Güte und nationale Ehre, das sind gewiß Werte, an die sich gleichermaßen ideelle Interessen heften. Aber dies macht sie noch nicht vereinbar. Zwischen ethischen und politischen Geboten, zwischen moralischer Selbstbestimmung und kollektiver Selbsterhaltung und Selbsterweiterung herrscht Spannung. Und obgleich die politisch organisierte äußere Freiheit die Verwirklichung der inneren Freiheit erleichtert, verschwindet diese Spannung zwischen Ethik und Politik selbst unter demokratischen Bedingungen nicht.

Webers politische Orientierung ist deshalb auch in einer Werttheorie gegründet. Diese spielt deutlich in Anlage und Durchführung *beider* Vorträge hinein. Sie ist in den tagespolitischen Stellungnahmen zwar ständig mit

---

**33** Vgl. dazu die Formulierung in „Wissenschaft als Beruf", unten, S. 109 f.

im Spiel, ausgearbeitet aber wurde sie in anderen Teilen des Werks, vor allem in der Religionssoziologie, am deutlichsten in der berühmten „Zwischenbetrachtung".[34] 1916/17 kommt ein neuer, wichtiger Baustein hinzu. Er findet sich im Wertfreiheitsaufsatz, den Weber 1913 zunächst für den sogenannten Werturteilsstreit im Verein für Sozialpolitik, der im Januar 1914 stattfand, geschrieben und für den internen Gebrauch verteilt hatte und den er nun, zu Beginn des Jahres 1917, in überarbeiteter Form veröffentlichte.[35] Dazu fügte er in das ursprüngliche Manuskript „werttheoretische Ausführungen" in „größter Kürze" ein. Sie bringen auf den Begriff, was schon die Anlage der „Zwischenbetrachtung" leitet: daß wir in aufeinander nicht reduzierbare, miteinander nicht harmonisierbare Wertbezüge hineingestellt und daß wir deshalb unser eigenes Schicksal zu wählen gezwungen sind. An diese „aller menschlichen Bequemlichkeit unwillkommene, aber unvermeidliche" Erkenntnis will Weber als ein „Vertreter der Wertkollision"[36] in „Wissenschaft als Beruf" und „Politik als Beruf" gerade die Jugend erinnern, auch daran, daß ihre verständliche Sehnsucht nach dem versöhnten Leben, falls sie nicht durch „die geschulte Rücksichtslosigkeit des Blickes" in die Realitäten kontrolliert werde, an seiner tragischen Zerrissenheit scheitern und die Enttäuschung letztlich zu Weltanpassung oder Weltflucht führen müsse.[37]

Weber hatte sich also 1916 die politische ‚Rednertribüne' erobert. *Dieses* Wirken in die Öffentlichkeit setzte er 1917 in verstärktem Maße fort. Jetzt behandelte er außer politischen zunehmend auch wissenschaftliche Themen. Am 24. Januar sprach er im Sozialwissenschaftlichen Verein in München über „Die soziologischen Grundlagen der Entwicklung des Judentums",[38] dabei aus seinen laufenden Arbeiten über Altisrael berichtend,[39]

---

**34** MWG I/19, S. 479–522.
**35** Vgl. Weber, Max, Der Sinn der „Wertfreiheit" der soziologischen und ökonomischen Wissenschaften, in: Logos, Band 7, 1917, S. 40–88 (hinfort: Weber, Wertfreiheit). Demnächst MWG I/12.
**36** Weber, Wertfreiheit, S. 57f. Zur systematischen Bedeutung dieser werttheoretischen Betrachtungen vgl. Schluchter, Lebensführung, Band 1, S. 288ff.
**37** Vgl. „Politik als Beruf", unten, S. 251. Weber unterscheidet drei Reaktionen: „Verbitterung oder Banausentum, einfaches stumpfes Hinnehmen der Welt und des Berufes oder, das dritte und nicht Seltenste: mystische Weltflucht bei denen, welche die Gabe dafür haben, oder – oft und übel – sie als Mode anquälen". Die ersten beiden aber lassen sich als Varianten von Weltanpassung verstehen.
**38** Ein Bericht über diesen Vortrag findet sich in: Das Jüdische Echo. Bayerische Blätter für die jüdischen Angelegenheiten, 4. Jg., Nr. 4, 26. Jan. 1917, S. 40f. Es handelt sich um eine Wochenschrift, die jeden Freitag erschien. Webers öffentlicher Vortrag fand am „Mittwoch Abend vor zahlreichen Zuhörern im Sozialwissenschaftlichen Verein" statt. Ebd., S. 40.
**39** Interessant ist der Schluß des Berichts, der lautet: „Eine unerwartet große Zahl von – meistens jüdischen – Zuhörern folgte dem sehr fesselnden Vortrag, der nicht immer eine

am 25. Oktober trug er in der Soziologischen Gesellschaft in Wien über „Probleme der Staatssoziologie" vor, wobei die Herrschaftssoziologie mit den bekannten drei Typen der legitimen Herrschaft, der rational-legalen, der traditionalen und der charismatischen, darüber hinaus aber noch ein vierter Typus, die auf der okzidentalen Stadtentwicklung gründende ‚demokratische' Herrschaft, im Mittelpunkt standen.[40] Dazwischen lagen die Lauensteiner Kulturtagungen, die vom 29. bis 31. Mai und vom 29. September bis 3. Oktober, allerdings ‚hinter verschlossenen Türen' und in ausgewähltem Kreise, stattfanden, ferner die politische Rede vor dem Fortschrittlichen Volksverein in München vom 8. Juni, bei der es um die für eine *„Demokratisierung unseres Staatslebens"* notwendigen Reformen der Reichsverfassung ging.[41] Darüber hinaus hatte er die Absicht, Mitte September in Heppenheim bei einem Volksbildungskursus über „Staat und Verfassung" zu sprechen.[42] Doch den Höhepunkt dieses Wirkens brachte der November, als die Münchener Öffentlichkeit Gelegenheit hatte, innerhalb von drei Tagen sowohl den Mann der Politik wie den der Wissenschaft[43] zu hören: am 5. November mit der Rede für einen Verständigungsfrieden und gegen

strenge Gliederung des Stoffes erkennen ließ (z. T. deshalb, weil Prof. Weber nur auf ein wissenschaftlich vorgebildetes Publikum gerechnet hatte, und deshalb mitunter bei Einzelheiten, die zum Verständnis des Ganzen notwendig waren, länger als beabsichtigt verweilen mußte), aber dafür eine Fülle interessanter Einzelheiten brachte. Die Mehrzahl der Hörer hatte den Eindruck, hier Dinge vernommen zu haben, die den meisten bis dahin vollständig unbekannt gewesen." Ebd., S. 41.
**40** Vgl. den Bericht in Neue Freie Presse, Nr. 19 102 vom 26. Okt. 1917, S. 10. Zur Frage einer drei- oder viergliedrigen Herrschaftstypologie vgl. Schluchter, Lebensführung, Band 2, Kap. 8,6, S. 236 ff., und Kap. 12, S. 535–554. Die juristische Fakultät der Universität zu Wien hatte Weber unico loco als Nachfolger des verstorbenen Eugen von Philippovich vorgeschlagen. Er hielt sich in diesen Tagen zu Berufungsverhandlungen in Wien auf.
**41** Vgl. MWG I/15, S. 710–713, hier: S. 712.
**42** Vgl. MWG I/15, S. 19, Anm. 26. In den Briefen von Max Weber ist vom 18. September die Rede, in einem Brief von Marianne an Helene Weber aber vom 14. September. Sie schreibt am 13. September, Bestand Max Weber-Schäfer, Deponat BSB München, Ana 446: „Morgen hält Max einen Vortrag auf einem Volksbildungskurs in Heppenheim über ‚Staat und Verfassung' – da fahren wir (Tobelchen mit Anhang u. ich) mit u. es wird das erste Mal sein, daß ich ihn seit St. Louis also seit 13 Jahren öffentlich reden höre."
**43** Weber betonte am Beginn seiner politischen Rede vom 5. November 1917, er spreche als Politiker, nicht als Mann der Wissenschaft (MWG I/15, S. 724), dagegen später, bei „Politik als Beruf", obwohl ebenfalls von Politik handelnd, er spreche als Mann der Wissenschaft, nicht als Politiker.

die alldeutsche Gefahr,[44] am 7. November mit der Rede „Wissenschaft als Beruf".[45]

1917 rückte darüber hinaus eine weitere Möglichkeit in greifbare Nähe: die Rückkehr in den Hörsaal, auf eine Professur. In Wien sollte Weber Nachfolger des verstorbenen Eugen von Philippovich werden, auch Göttingen hatte sich um ihn bemüht, und in München und Heidelberg stand eine Berufung zumindest zur Diskussion. Das Angebot aus Wien kam im Sommer, und Weber entschloß sich schließlich trotz erheblicher Bedenken, es nicht einfach auszuschlagen. Ende Oktober weilte er zu Verhandlungen in Wien und sagte für das Sommersemester 1918, zum ersten Mal seit der Krankheit, wenigstens ein ‚Probekolleg' zu.[46]

„Wissenschaft als Beruf" fällt also in eine lebensgeschichtliche Phase, in der Weber sich die wegen der Krankheit teilweise verlassenen und seitdem weitgehend brachliegenden Wirkungsfelder mit wachsender Entschlossenheit zurückerobert, in der er seine wiedergewonnene Kraft nicht mehr nur als Forscher, sondern auch als Politiker und als Lehrer zu bewähren sucht. Es ist eine Phase, in der ein Anflug von Optimismus sein von Krankheitserfahrung geprägtes Lebensgefühl überlagert.[47] Der Forscher hatte sein großangelegtes und sich ständig erweiterndes Projekt über die Wirtschaftsethik aller Weltreligionen entscheidend vorangetrieben. Mit dem in Aussicht genommenen ‚Probekolleg' in Wien, das er dann unter dem Titel „Wirtschaft u. Gesellschaft (Positive Kritik der materialistischen Geschichtsauffas-

---

**44** Die Veranstaltung endete mit der Annahme einer Resolution, deren Inhalt Webers Position zu den außen- und innenpolitischen Problemen gut reflektiert. Sie ist abgedruckt in MWG I/15, S. 722.

**45** Marianne Weber erwähnt darüber hinaus Vorträge im Sommer 1917 über indische Kasten, jüdische Propheten und die soziologischen Grundlagen der Musik. Vgl. Weber, Marianne, Lebensbild[1], S. 607. Es dürfte sich aber um Lesungen im privaten Kreis gehandelt haben.

**46** Vgl. den Brief von Marianne Weber an Helene Weber vom 1. Nov. [1917], Bestand Eduard Baumgarten, Privatbesitz: „Der Max kam gestern abend nach 10tägiger Verschollenheit von Wien ganz munter heim. Man hat ihn dort sehr umworben, willigt in alle Bedingungen u. wünscht[,] daß er im nächsten Semester ein zweistündiges Probekolleg dort liest – um zu prüfen[,] ob seine Kräfte für ein Ordinariat ausreichen etc. Ich glaube nicht, daß er sich schließlich für Wien entscheiden wird, aber dieses Sommersemester, das nur drei Monate dauert u. ihm nur eine sehr bescheidene Lehrpflicht auferlegt, dazu willkommene Gelegenheit[,] politische Einblicke zu gewinnen u. allerlei zutunliches neues Menschenvolk um sich zu haben, verlockt ihn sehr[,] und ich muß es ihm wohl herzlich gönnen."

**47** Vgl. dazu etwa den Brief von Max Weber an Mina Tobler vom 28. Aug. [1917], Privatbesitz, in dem es über die politische Lage heißt: „Nun, ich sehe der Zukunft jetzt mit Optimismus entgegen, so viele Sorgen auch geblieben sind. Wenn wir vernünftig sind und nicht glauben, die Welt beherrschen zu können, so kommen wir schon mit Ehre durch, militärisch und sonst auch. Aber es wäre gut, es ginge zu Ende."

sung)" ankündigte, waren die Weichen für eine nicht bloß sporadische Weiterarbeit an dem bei Ausbruch des Krieges verlassenen Grundrißbeitrag gestellt. Der Politiker hatte in einflußreichen Artikeln und Broschüren, wie etwa „Wahlrecht und Demokratie in Deutschland" und „Parlament und Regierung im neugeordneten Deutschland",[48] sowie in Reden zu der außen- und innenpolitischen Lage des Reiches pointiert Stellung genommen, war dabei für einen Verständigungsfrieden und für die Parlamentarisierung der Reichsverfassung wie für die Demokratisierung des deutschen Staatslebens eingetreten. Angesichts der Friedensresolution der Mehrheitsparteien im deutschen Reichstag vom 19. Juli 1917 und angesichts der Entwicklung in Rußland schien ein Verständigungsfrieden tatsächlich noch erreichbar; die schnellen Wechsel im Reichskanzleramt von Bethmann Hollweg zu Michaelis und zu Hertling hatten den Einfluß der Mehrheitsparteien auf die politischen Entscheidungen über den Interfraktionellen Ausschuß vergrößert, was der Forderung nach Parlamentarisierung neuen Nachdruck verlieh, wiewohl diese auch weiterhin auf den hartnäckigen Widerstand der konservativen Kräfte in Preußen und im Reich stieß. Der Lehrer aber hatte den Dialog mit Teilen der akademischen Jugend wieder aufgenommen, und zwar nicht mehr nur im kleinen Rahmen der inzwischen schon berühmten Sonntagnachmittage im Heidelberger Haus in der Ziegelhäuser Landstraße 17, sondern in dem größeren Rahmen der Kulturtagungen auf Burg Lauenstein. Weber nutzte Gelegenheiten wie die auf Burg Lauenstein auch dazu, sich mit geradezu verletzender Kälte gegen den wachsenden Irrationalismus und den Erlebniskult deutscher Intellektueller zu wenden.[49] Diese „moderne intellektualistische Romantik des Irrationalen", die vom Nietzsche-Kult über den George-Kreis bis zu den Anarchosyndikalisten reichte,

---

**48** Vgl. MWG I/15, S. 347–396, bzw. S. 432–596. Die erste erschien 1917, die zweite 1918.

**49** In der „Einleitung" zu der Aufsatzfolge über die Wirtschaftsethik der Weltreligionen vom September 1915 hatte Weber sarkastisch formuliert: „So überaus gleichgültig es für die religiöse Entwicklung der Gegenwart ist, ob unsere modernen Intellektuellen das Bedürfnis empfinden, neben allerlei andern Sensationen auch die eines ‚religiösen' Zustandes als ‚Erlebnis' zu genießen, gewissermaßen um ihr inneres Ameublement stilvoll mit garantiert echten Gerätschaften auszustatten [...]" Vgl. MWG I/19, S. 101. Angriffe wie diese sind sicherlich nicht nur, aber doch auch gegen den Kreis um den Verleger Eugen Diederichs gerichtet, der die Lauensteiner Tagungen veranstaltete. Weber schrieb nach der ersten Tagung in einem Brief an Mina Tobler, undat. [Anfang Juni 1917], Privatbesitz: „Dies war *keine* Pfingsterholung, – aber es war ganz gut[,] daß ich da war, denn es war ein ‚Schwindel' in Vorbereitung und den konnte ich scharf koupieren." Über die Entkoppelung von bürgerlichem Kulturbegriff und liberaler politischer Orientierung und über das Spektrum irrationaler Strömungen vgl. auch Mommsen, Wolfgang J., Der autoritäre Nationalstaat. Verfassung, Gesellschaft und Kultur im deutschen Kaiserreich. – Frankfurt: Fischer 1990, S. 257 ff., bes. S. 284 ff.

verteufelte in seinen Augen den „Intellektualismus", auch und gerade den wissenschaftlichen, der vielen zudem noch als westlich und gerade darin als undeutsch galt.[50] Tatsächlich war bei der akademischen Jugend die Abneigung gegen den wissenschaftlichen Intellektualismus weit verbreitet. Ihr trat Weber mit *seinem* Intellektualismus entgegen, und es war wohl gerade sein leidenschaftliches Werben für intellektuelle Rechtschaffenheit und rücksichtslose Sachlichkeit, was ihn manchem nicht nur als Forscher, Politiker und Lehrer, sondern auch als politischen und menschlichen Führer erscheinen ließ. Schon auf den Lauensteiner Kulturtagungen vermochte er damit außer manchen Köpfen auch manche Herzen zu bewegen.[51] Dies wiederholte sich am 7. November 1917 in München, bei der Rede „Wissenschaft als Beruf". Besonders Karl Löwith gibt in seinem aus der Erinnerung im Exil geschriebenen Bericht[52] die Wirkung dieser Rede auf eine durch Kriegserfahrung tief sensibilisierte Gruppe von Studenten eindrucksvoll wieder: „In seinen Sätzen war die Erfahrung und das Wissen eines ganzen Lebens

**50** Vgl. die Formulierungen in „Wissenschaft als Beruf", unten, S. 92f. und 108. Dem in der Zeit weitverbreiteten Gegensatz von deutscher Kultur und westlicher Zivilisation, von deutscher Seele und westlichem Intellekt, von deutscher Tiefe und westlicher Oberflächlichkeit, von Musik und (bloßer) Literatur hat wenig später Thomas Mann klassischen Ausdruck gegeben. Vgl. Mann, Thomas, Betrachtungen eines Unpolitischen. – Frankfurt: Fischer 1988, bes. S. 45ff. (Die erste Auflage wurde 1918 veröffentlicht, Vorabdrucke waren seit 1916 in Zeitschriften und Zeitungen erschienen, so auch in den Münchner Neuesten Nachrichten, in einem auch von Weber geschätzten Publikationsorgan.) Thomas Mann meint mit seinem Angriff auf die Zivilisationsliteraten auch seinen Bruder Heinrich, Weber mit seinem Angriff auf die ‚Erlebnisliteraten' auch seinen Bruder Alfred. Alfred Weber suchte diese verschiedenen Tendenzen durch seine Unterscheidung zwischen Gesellschaftsprozeß, Zivilisationsprozeß und Kulturbewegung, denen er verschiedene Formen und Gesetze der Entwicklung zuordnete, theoretisch zu verbinden. Vgl. bes. Weber, Alfred, Prinzipielles zur Kultursoziologie. (Gesellschaftsprozeß, Zivilisationsprozeß und Kulturbewegung), in: AfSS, Band 47, 1920, S. 1–49.
**51** Vgl. dazu auch Webers eigene Unterscheidung zwischen Lehrer und Führer in „Wissenschaft als Beruf", unten, S. 101f., sowie die in den Editorischen Berichten zitierten Äußerungen von Teilnehmern.
**52** Der Bericht enthält allerdings sachliche Unrichtigkeiten, die viel Verwirrung gestiftet haben. Löwith datiert den Vortrag falsch und behauptet, er sei „wörtlich so, wie er gesprochen wurde, veröffentlicht worden". Vgl. Löwith, Karl, Mein Leben in Deutschland vor und nach 1933. Ein Bericht. – Stuttgart: J. B. Metzler 1986, S. 16 (hinfort: Löwith, Bericht). Da Löwith schreibt, erst im Dezember 1917 sei für ihn persönlich der Krieg zu Ende gewesen, hat man geschlossen, er habe am 7. November 1917 den Vortrag nicht hören können, dieser müsse also entweder später oder aber zweimal stattgefunden haben. Dies ist jedoch ein voreiliger Schluß. Eine Überprüfung der Matrikel an der Universität München hat ergeben, daß Löwith bereits im Wintersemester 1917/18 dort eingeschrieben war. Seine Erinnerung kann sich also durchaus, ja sie muß sich auf den 7. November beziehen. Daß Webers Vortrag nicht wörtlich so, wie gesprochen, veröffentlicht wurde, ergibt sich aus der Druckgeschichte. Vgl. dazu den Editorischen Bericht zu „Wissenschaft als Beruf", unten, S. 61ff. Zur Datierung der Vorträge vgl. unten, S. 43–46.

verdichtet, alles war unmittelbar aus dem Innern hervorgeholt und mit dem kritischsten Verstande durchdacht, gewaltsam eindringlich durch das menschliche Schwergewicht, welches ihm seine Persönlichkeit gab. Der Schärfe der Fragestellung entsprach der Verzicht auf jede billige Lösung. Er zerriß alle Schleier der Wünschbarkeiten, und doch mußte jeder empfinden, daß das Herz dieses klaren Verstandes eine tiefernste Humanität war."[53]

Als Weber über ein Jahr später den Vortrag „Politik als Beruf" in derselben Vortragsreihe und vor einem ähnlichen Publikum hielt, ist eine vergleichbare Wirkung ausgeblieben. Löwith notiert kurz und bündig: „Ein zweiter Vortrag über *Politik als Beruf* hatte nicht mehr denselben hinreißenden Schwung."[54] Weber selber bestätigt indirekt diesen Eindruck. Wenige Tage vor dem Vortrag schrieb er an Else Jaffé: „Der Vortrag wird schlecht: es steckt mir Anderes als dieser ‚Beruf' im Kopf und Herzen."[55] Lange hatte er gezögert, den zunächst zugesagten Vortrag überhaupt noch zu halten, und es bedurfte offenbar einer politischen Erpressung, um ihn schließlich doch dazu zu bewegen.[56] Was hatte sich verändert? Was war geschehen?

Die politische Lage, die Weber bereits 1917 mit großer Sorge beobachtete, hatte sich weiter verschlechtert. Nun sah er Deutschland durch den Krieg weitgehend aus eigener Schuld zu *dem* „Pariavolk der Erde" gemacht.[57] Die in seinen Augen maßlose Eitelkeitspolitik der Rechten, im Verein mit der Unfähigkeit der politischen Führung bereits unter Bethmann Hollweg, dann unter Hertling, den Primat der Politik gegenüber dem Militär durchzusetzen, hatte Deutschlands internationale Position entscheidend geschwächt. Die vom Militär zusammen mit der Rechten bestimmte Politik des uneingeschränkten U-Boot-Krieges, gegen die er sich von Beginn an gewandt hatte,[58] hatte dazu geführt, daß die USA in den Krieg gegen Deutschland eingetreten waren, die vom Militär bestimmte Rußlandpolitik dazu, daß in Brest-Litowsk die Chancen, einen Frieden mit Rußland zu erreichen, der die Grundlage für einen umfassenden Frieden, auch mit den Westmächten, hätte bilden können, verspielt worden waren. Zu diesen beiden schweren außenpolitischen Fehlern des alten Regimes häufte die Revolution in Webers Sicht neue. So hoffte etwa der in München als bayerischer Ministerpräsident an die Macht gelangte Kurt Eisner, der, wie Weber abschätzig bemerkte, mit einem linken Literatenvölkchen regierte, durch die Veröffentli-

---

**53** Löwith, Bericht, S. 16−17.
**54** Ebd., S. 17.
**55** Brief von Max Weber an Else Jaffé von „Donnerstag früh" [23. Januar 1919], Privatbesitz.
**56** Vgl. dazu den Editorischen Bericht zu „Politik als Beruf", unten, S. 120.
**57** Vgl. den Bericht der Heidelberger Neuesten Nachrichten über Webers Wahlrede vom 2. Januar 1919 in Heidelberg zu Deutschlands Wiederaufrichtung, MWG I/16, S. 419.
**58** Vgl. MWG I/15, S. 99−125.

chung von Schuld-Akten die Alliierten gnädig zu stimmen. Webers Verbitterung über diese in seiner Sicht mit Würdelosigkeit verbundene Gesinnungspolitik ging tief.[59] Auch die von diesen und ähnlichen Gruppierungen geforderten verfassungspolitischen Entwicklungen schienen ihm ungeeignet, Deutschland im Innern zu stärken und vor allem die Deutschen innerlich endlich zu einer realistischen Politik, zu einer Verantwortungspolitik, zu führen. Für ihn waren, als er „Politik als Beruf" vortrug, die völlige Entmachtung Deutschlands und, wie schon zu Zeiten Napoleons, die Fremdherrschaft in greifbare Nähe gerückt. Der politische Horizont hatte sich ihm endgültig verdüstert. Er sah, wie es am Schluß von „Politik als Beruf" heißt, für Deutschland zunächst eine „Polarnacht von eisiger Finsternis und Härte" voraus.[60]

Weber mußte sich aber inzwischen auch mit einem anderen Rückschlag abfinden: Die Rückkehr ins Lehramt, die er seit 1917 immer ernsthafter in Erwägung gezogen hatte, würde von ihm größere Opfer verlangen als erhofft. Gewiß: Dem ‚Probekolleg‘ während des Sommersemesters 1918 in Wien war ein geradezu sensationeller Erfolg beschieden gewesen. Dies ist durch viele Berichte, auch durch Webers eigene, bezeugt. Theodor Heuss zum Beispiel, der einige dieser Vorlesungen besucht hatte, faßte seinen Eindruck so zusammen: „Er war die Sensation der Universität geworden, ‚man‘ mußte ihn einmal gesehen, gehört haben – so war er im größten Hörsaal gelandet, wo eine ehrfurchtslose Neugier immer die Türen sich öffnen, sich schließen ließ, ich war ganz bieder empört, zumal ich spürte, wie er darunter litt, und sagte ihm das. Die Antwort habe ich nie vergessen: ‚Sie haben recht; man kann doch nicht in solchen Raum das Wort Askese hineinbrüllen.‘"[61] Doch es waren weniger diese widrigen äußeren Umstände, als vielmehr die selbstauferlegte Verpflichtung, Katheder und Rednertribüne auseinanderzuhalten, die ihm schwer zu schaffen machte. Nach den ersten Stunden schrieb er: „Herrgott, *ist* das eine Strapaze! 10 Vorträge sind nichts gegen 2 Stunden. Einfach das Gebundensein an Disposition, an *Nach*schreibenkönnen der Leute usw. [...]"[62] Dann: „[...] es hat sich nichts, rein gar nichts gegen die Zeit vor 20 Jahren geändert [...]"[63] Unter dem Gesichtspunkt der eigenen Kräfteökonomie, so die Wiener Erfahrung,

**59** Vgl. dazu etwa MWG I/16, S. 432, S. 453–454, ferner auch die von blanker Wut diktierten Äußerungen über Liebknecht und Rosa Luxemburg vor deren Ermordung, ebd., S. 441.
**60** Vgl. „Politik als Beruf", unten, S. 251.
**61** Heuss, Erinnerungen, S. 225.
**62** Brief von Max Weber an Marianne Weber von „Dienstag" [7. Mai 1918], Bestand Max Weber-Schäfer, Deponat BSB München, Ana 446.
**63** Brief von Max Weber an Marianne Weber, undat. [16. Juni 1918], Bestand Max Weber-Schäfer, Deponat BSB München, Ana 446.

blieb der Hörsaal gegenüber der Rednertribüne und der Feder das weit härtere Los. Das ‚Probekolleg' erschöpfte ihn völlig, machte ihn ‚stumpf' und ‚bleiern müde'. In diesem Zustand kehrte er Ende Juli von Wien nach Heidelberg zurück. Im Juni 1918, kurz nachdem er, mitten im laufenden Semester, die Berufung an die Universität Wien abgelehnt hatte, heißt es in einem Brief an Mina Tobler: „Natürlich ist es doch – mehr als ich erwartete – schmerzlich, auch die Grenzen des eigenen *Könnens* so empfindlich zu spüren. Aber – das ist ja nichts Neues, und ‚das andere Ufer' mit seiner gewissen Einsamkeit gegenüber allen Gesunden, auch den Nächststehenden, ist mir ja vertraut."[64]

Weber lehnte die Berufung nach Wien freilich nicht deshalb ab, weil er nach dieser bedrückenden Erfahrung entschlossen gewesen wäre, nun ein für allemal auf die Rückkehr ins Lehramt zu verzichten, sondern deshalb, weil er aus politischen Gründen in Deutschland bleiben wollte[65] und weil sich ihm hier inzwischen günstigere berufliche Möglichkeiten boten. Eine bestand darin, die Nachfolge von Lujo Brentano in München anzutreten, in jener Stadt, mit der er nach Heidelberg, nicht zuletzt aufgrund der Entwicklungen von 1916 bis 1918, inzwischen wohl am engsten verbunden war.[66] Als er über „Politik als Beruf" sprach, war bereits klar, daß er, trotz der Erfahrung von Wien, ins Lehramt zurückkehren würde. Dafür gab es auch ökonomische Gründe. Denn Weber konnte es sich nicht länger leisten, nur *für* seine Arbeit, er mußte auch wieder *von* ihr leben. Er brauchte ein reguläres Gehalt. Sosehr er wünschte, es ausschließlich mit der Feder oder als freier Dozent verdienen zu können, sowenig täuschte er sich darüber, daß dies nicht gehen würde. Nur die Rückkehr auf ein Ordinariat oder Extraordinariat brächte ökonomische Sicherheit. Dies aber würde, das hatte das Probekolleg gezeigt, in jedem Falle Verzicht bedeuten. Kurz vor dem Vortrag „Politik als Beruf" schrieb er an Else Jaffé, ihm sei bewußt, „daß ich

---

**64** Brief von Max Weber an Mina Tobler von „Samstag früh" [15. Juni 1918], Privatbesitz.
**65** In Webers Absageschreiben an das Ministerium in Wien heißt es unter anderem: „Die Absicht nach Wien zu übersiedeln, hatte bei mir den Sinn eines Ausscheidens aus jeder politischen Betätigung. Es ist unter den gegebenen politischen Umständen aber schwierig, sich der Verpflichtung an seinem sei es auch noch so bescheidenen Teile in Deutschland politisch sich zu betätigen zu entziehen." Brief Max Webers vom 5. Juni 1918 an das k. u. k. Ministerium des Kultus und Unterrichts (Abschrift; masch., mit eigenhändigen Korrekturen Max Webers), ZStA Merseburg, Rep. 92, Nl. Max Weber, Nr. 30/13.
**66** Vgl. dazu Lepsius, M. Rainer, Max Weber in München. Rede anläßlich der Enthüllung einer Gedenktafel, in: Zeitschrift für Soziologie, Jg. 6, 1977, S. 103–118. Weber hatte ja seit seiner ‚Rückkehr in die Öffentlichkeit' regelmäßig in München gesprochen: im Fortschrittlichen Volksverein, im Sozialwissenschaftlichen Verein und vor der Münchener Freistudentenschaft. Außerdem waren ihm die Münchner Neuesten Nachrichten nach der Frankfurter Zeitung zum zweiten Forum für seine politischen Artikel geworden. Persönliche Beziehungen – Else Jaffé – kamen hinzu.

18     *Einleitung*

die Übernahme des Lehramtes natürlich mit dem *Hinausgehen* aus aller
‚Politik' gesundheitlich erkaufen müßte, weil ich Beides nicht leisten könnte".[67]
Weber nahm die Berufung an die Universität München im März 1919 trotz
anderer Möglichkeiten dann tatsächlich an und verzichtete, nach dem Zwi-
schenspiel, besser: Endspiel, Versailles, auch tatsächlich auf seine heimli-
che Liebe, die Politik.[68] Dies wurde als das direkte oder indirekte Eingeständnis eines politischen Scheiterns, die damit einhergehende verstärkte
Konzentration auf die wissenschaftliche Arbeit als eine Flucht, die Form
aber, in der sich diese in den Weber noch verbliebenen knapp eineinhalb
Jahren äußerte, gar als eine Fortsetzung des politischen Kampfes mit anderen Mitteln interpretiert.[69] Nun bedeutete dieser Verzicht angesichts des für
Webers Leben so charakteristischen Wechselspiels von Wissenschaft und
Politik zweifellos für ihn ein Opfer, das er vielleicht nicht für alle Zeit erbracht
hätte. Und vermutlich wog es zu diesem Zeitpunkt weniger schwer, weil er
enttäuscht, in Versailles gar für eine Strategie und für Ziele, die er nicht teilte,
‚eingespannt' worden war.[70] Doch darf man bei der Suche nach Motiven
einen Sachverhalt nicht unterschätzen. Spätestens seit Ende des Krieges
wurde es für Weber ganz unabhängig von politischen Konstellationen immer unausweichlicher, zwischen seinem wissenschaftlichen und seinem
tagespolitischen Engagement zu *wählen*. Gewiß: Die politische Entwicklung
seit der Novemberrevolution und die Art seiner Verwicklung in sie dürften
ihm den Abschied von der Tagespolitik *erleichtert* haben. Aber es spricht
wenig dafür, daß seine Wahl anders ausgefallen wäre, hätte er ‚größere'
tagespolitische Erfolge gehabt. Denn Weber war zwar ein eminent politischer, weil öffentlich wertender Mensch, aber im Grunde kein Berufspolitiker, jedenfalls kein Parteipolitiker, der gänzlich *von* der Politik hätte leben
können. Dafür machte er, wie er selbst wohl durchaus sah, zu viele taktische
Fehler,[71] war sein Bedürfnis nach Unabhängigkeit gegenüber den politischen Autoritäten wie gegenüber dem Demos, aber auch sein Bedürfnis

---

**67** Brief von Max Weber an Else Jaffé vom 20. Jan. 1919, Privatbesitz.
**68** Zur Politik als heimlicher Liebe vgl. Brief an Mina Tobler, undat., Privatbesitz.
**69** Vgl. dazu Roth, Guenther, Weber's Political Failure, in: Telos, No. 78, Winter 1988/89,
S. 136−149, hier S. 138.
**70** Vgl. dazu die Einleitung von Wolfgang J. Mommsen zu MWG I/16, S. 30f.
**71** Von den drei Qualitäten, die nach Weber den Politiker auszeichnen sollten, Leidenschaft, Verantwortungsgefühl und Augenmaß (vgl. dazu die Formulierungen in „Politik als
Beruf", unten, S. 227), ließ er bei seinen tagespolitischen Stellungnahmen das Augenmaß
mitunter vermissen, wie man seinen Wahlreden im Dezember 1918 und Januar 1919
entnehmen kann. Auch er tat in der politisch aufgeheizten Atmosphäre des Wahlkampfes
ab und zu Äußerungen, gegen die sich seine Feder wohl gesträubt hätte. Ausgesprochene
taktische Fehler unterliefen ihm zum Beispiel bei seiner Kandidatur für die Nationalversammlung. Vgl. MWG I/16, S. 15.

nach rückhaltloser Ehrlichkeit gegenüber den unbequemen Tatsachen zu groß.[72] Sein entscheidender Beitrag zur deutschen Politik bestand auch weniger in seinem doch eher sporadischen tagespolitischen Handeln,[73] nicht einmal in seiner teilweise durchaus einflußreichen politischen Publizistik,[74] als vielmehr in seinem politischen *Denken,* mit dem er politisches Handeln, das diesen Namen verdient, allererst *ermöglichen* wollte. Auch der Vortrag „Politik als Beruf" gehört in diesen Zusammenhang. Darin verzichtete er trotz vieler Anspielungen bewußt auf direkte tagespolitische Stellungnahmen[75] und versuchte statt dessen, einen Beitrag zur Theorie der Politik, in seiner Terminologie: zur Staatslehre oder Staatssoziologie,[76] zu geben. *Als solcher* ist der von ihm für die Drucklegung zum politischen Traktat gewandelte Vortrag zugleich „ein Dokument des Standes demokratischen Denkens in jenem kritischen Augenblick deutscher Geschichte" geworden, wie dies Immanuel Birnbaum in der Rückschau treffend formuliert.[77]

Für Webers Entscheidung, in die Universität zurückzukehren und aus aller Politik auszuscheiden, gab es aber neben äußeren auch gewichtige innere Gründe. Trotz seiner zahlreichen politischen Reden, trotz seines extensiven politischen Journalismus, trotz seines sich steigernden tagespolitischen Engagements blieb er ja auch von 1916 bis zu Beginn des Jahres 1919 immer noch in erster Linie ein Mann der Wissenschaft. Die Veröffentlichung der religionssoziologischen Skizzen zur Wirtschaftsethik der Weltreligionen war kontinuierlich weitergegangen. Es ist sehr wahrscheinlich, ja nachgerade sicher, daß diese Skizzen, mit Ausnahme von „Einleitung", Konfuzianismusstudie und „Zwischenbetrachtung", unter Verwendung älterer Manuskripte ab Winter 1915/16 überhaupt erst in die uns heute bekannte Fassung gebracht worden sind.[78] Diese Skizzen aber

---

72 Das sah vielleicht am klarsten Karl Jaspers. Vgl. Jaspers, Max Weber, S. 67–68.
73 Im Grunde läßt sich nur sein vorübergehendes Engagement für die DDP als solches interpretieren.
74 Dabei ragt sicherlich der Einfluß auf verfassungspolitische Entscheidungen, die schließlich zur Weimarer Reichsverfassung führten, heraus. Vgl. dazu das Urteil von Wolfgang J. Mommsen, in: MWG I/16, S. 12: „Aber sein Wirken hat dennoch deutliche Spuren hinterlassen; zumindest auf diesem Gebiete ist es ihm gelungen, wenn auch nur indirekt und aus dem zweiten Glied heraus, die politischen Entscheidungen des Tages in nicht unwesentlichem Maße zu beeinflussen." Dieses Urteil stützt sich außer auf Webers publizistische Tätigkeit auf seine Mitwirkung bei den Verfassungsberatungen im Reichsamt des Innern vom 9. bis 12. Dezember 1918 in Berlin.
75 Vgl. „Politik als Beruf", unten, S. 157.
76 Ebd., S. 161.
77 Vgl. Birnbaum, Immanuel, Erinnerungen an Max Weber, in: Max Weber zum Gedächtnis, hg. von René König und Johannes Winckelmann, 2. Aufl. – Köln/Opladen: Westdeutscher Verlag 1985, S. 21 (hinfort: König/Winckelmann (Hg.), Gedächtnis).
78 Nachweise dazu in Schluchter, Lebensführung, Band 2, Kap. 13, S. 557–596.

bilden nur die sichtbaren Ergebnisse eines riesigen kulturtheoretischen und kulturhistorischen Arbeitsprogramms, dessen Umrisse bereits vor dem Kriege feststanden. Es gewann seit Webers Austritt aus der Lazarettverwaltung nur immer klarere Kontur. Dabei kam es zu Gewichtsverlagerungen, Kürzungen, aber auch zu Ausweitungen. Schon 1915 antizipierte er, daß neben dem bei Ausbruch des Krieges bereits weit gediehenen Grundrißbeitrag in nicht allzu ferner Zukunft auch eine Wirtschaftsethik der Kulturreligionen mit einer überarbeiteten Protestantischen Ethik in Buchform stehen werde. Als sich Weber zur Rückkehr in die Universität entschloß, war die Arbeit an diesem Doppelprojekt sehr weit gediehen. Die vita contemplativa, die seine Verwirklichung unabdingbar verlangte, stand mit der vita activa des tagespolitischen Handelns seit langem in Konflikt. Trotz der Qual, die ihm der Hörsaal bereitete,[79] konnte dieser, anders als die politische Rednertribüne, direkt für das Arbeitsprogramm genutzt werden. Der Rückzug von der Tagespolitik machte in diesem Sinne Webers Leben einfacher.[80] Er hatte die Berufung nach München ja nur unter der Bedingung angenommen, daß ihm erlaubt sein werde, statt Nationalökonomie Soziologie und Staatslehre zu lesen.[81] Schrift und Wort sollten soweit als möglich eine Einheit sein.

**79** Dies gilt auch für die Münchener Zeit, in der Weber, ähnlich wie in Wien, mit seinen Vorlesungen dennoch großen Erfolg hatte. Er las vor mehreren hundert Studenten, gewöhnlich im Auditorium Maximum. Aber die Vorlesungen machten ihm dennoch keine Freude: „Das Kolleglesen ist Pflicht – *nicht* angenehm, liegt mir gar nicht. Schreibstil und Sprechstil sind etwas Verschiedenes, das vermögen merkwürdiger Weise so viele Menschen zu vergessen oder zu unterdrücken. ‚Kolleg' aber ist Sprech-Schreibstil, denn die verd[ammten] Jungens *sollen* ja nachschreiben[,] und ich weiß selbst, wie gut das ist." Brief an Mina Tobler vom 3. Jan. [1920], Privatbesitz. Und bereits zuvor: „Das ‚Anstrengende' bei Vorlesungen liegt – ich sehe es jetzt – darin: daß Sprech- und Schreib-Stil bei mir absolut verschieden sind. Hemmungslos kann ich nur bei *freier* Rede (nach Notizen) sprechen. Im Kolleg aber muß ich ‚verantwortliche' *Formulierungen* geben, und das strengt unsinnig an, *mich* wenigstens, denn dann spreche ich im *Schrift*-Stil, also gehemmt, gequält, geradezu physisch geschunden im Gehirn." Brief an Mina Tobler von „Samstag" [26. Juli 1919], Privatbesitz.
**80** Diese Vereinfachung hatte auch eine persönliche Seite: Die Konstellation Max Weber-Marianne Weber-Mina Tobler-Else Jaffé-Alfred Weber hatte sich verändert. Erst ihre Berücksichtigung ergäbe ein volles Bild. Dieses kann hier nicht gezeichnet werden. Der selbstverordnete Rückzug konnte Weber natürlich nicht davor schützen, in tagespolitische Ereignisse hineingezogen zu werden, wie etwa in die Hochverratsprozesse gegen Ernst Toller und Otto Neurath oder in den Fall Arco. Doch dies ändert nichts an dem Sachverhalt, daß sich Weber, um eine Formulierung von Wolfgang J. Mommsen zu verwenden, „an dieser Wegmarke seines Lebens ostentativ für die Rolle des Gelehrten" entschieden hat. Vgl. MWG I/16, S. 37.
**81** Vgl. den Brief von Marianne Weber an Helene Weber vom 17. Febr. [1919], Bestand Max Weber-Schäfer, Deponat BSB München, Ana 446: „Aus *Bonn* ist ein derart glänzendes Angebot da, nur 2stündige Lehrverpflichtung, alles[,] was man will[,] u. 20 000 Mk garantierte Einnahmen!! daß es wirklich aufregend ist. Es fragt sich nun[,] ob München sich darauf einläßt[,] Max statt Nationalökonomie *Soziologie* u. Staatslehre lesen zu lassen u.

Bereits in Wien hatte er seine Religions- und Herrschaftssoziologie aus dem Grundrißbeitrag vorgetragen, im Sommersemester 1919, dem ersten Münchener Semester, las er die grundbegriffliche Einführung dazu, „Die allgemeinen Kategorien der Gesellschaftswissenschaft".[82]

Weber verließ also bald nach dem Vortrag „Politik als Beruf" die politische Rednertribüne, um sich erneut ganz auf das Schreiben zu konzentrieren und in den Hörsaal zurückzufinden. Trotz der bereits geleisteten immensen wissenschaftlichen Arbeit lag noch ein riesiges Arbeitsprogramm vor ihm, dessen Kern in den beiden Großprojekten „Die Wirtschaft und die gesellschaftlichen Ordnungen und Mächte" und „Gesammelte Aufsätze zur Religionssoziologie" bestand. Das erste sollte vermutlich mehrere Teile, das zweite vier Bände umfassen.[83] Darüber hinaus wollte er offenbar die um 1910 begonnenen, über die Jahre zwar immer wieder berührten, aber letztlich liegengebliebenen soziologischen Studien zur Musik, Kunst, Architektur und Literatur aufnehmen und weiterführen, ein Interessengebiet, auf dem von 1912 bis 1918 Georg Lukács vielleicht sein wichtigster wissenschaftlicher Gesprächspartner gewesen war.[84] Als Weber daranging, die zwar in verschiedene Stimmungen getauchten, aber von derselben Lebenserfahrung geprägten Vorträge vom November 1917 und Januar 1919 druckfertig zu machen, war *dies* die Perspektive. Sie zielte auf die Begründung einer verstehenden Soziologie, die, als Handlungs-, Ordnungs- und Kulturtheorie, gleichsam zwischen Psychologie und Rechtsdogmatik angesiedelt und im Gegenzug zu den „Dilettanten-Leistungen geistreicher Phi-

---

eine begrenzte Lehrpflicht (vier Stunden) zuzubilligen, dann gehen wir natürlich nach München, obwohl der dort gebotene *Gehalt* nur sehr bescheiden ist."
**82** Vgl. Brief von Max Weber an Marianne Weber von „Montag Nachm[ittag]" [Pst. 16. Juni 1919], Bestand Max Weber-Schäfer, Deponat BSB München, Ana 446: „Grade eben schickte ich meine Kolleg-Anzeige fort an das Rektorat, fange *Dienstag* (5–6) an (‚Die allgemeinsten Kategorien der Gesellschaftswissenschaft') [...]" Für das Wintersemester 1919/20 kündigte er zunächst zwei Stunden „Wirtschaftsgeschichte" sowie zwei Stunden „Staaten, Klassen, Stände" an, ließ aber dann die zweite Vorlesung zugunsten der ersten fallen, die er schließlich unter dem Titel „Abriß der universalen Sozial- und Wirtschaftsgeschichte" vierstündig hielt. Im Sommersemester 1920 las er vier Stunden „Allgemeine Staatslehre und Politik (Staatssoziologie)" und zwei Stunden „Sozialismus". Sieht man von der „Wirtschaftsgeschichte" ab, so sind dies alles Themen, die mit dem Grundrißbeitrag in direktem Zusammenhang stehen. Die „Wirtschaftsgeschichte" bot Weber nur auf Drängen der Studenten an. In einem Brief an Mina Tobler, undat. [Pst. 15. Jan. 1920], Privatbesitz, heißt es darüber: „*Diese* Materie ödet mich, bei der gebotenen unwürdigen Hast."
**83** Dazu Schluchter, Lebensführung, Band 2, S. 610 und S. 579.
**84** Weber las die Manuskripte von Georg Lukács zur Ästhetik gründlich, die dieser von 1912 bis 1918 schrieb, um sich damit an der Universität Heidelberg für Philosophie zu habilitieren. Diese Lektüre ist auch in „Wissenschaft als Beruf" reflektiert. Vgl. unten, S. 107. Ein weiterer wichtiger Gesprächspartner war natürlich die Pianistin Mina Tobler in allen Fragen der Musik.

losophen" "streng sachlich-wissenschaftlich" entwickelt, im Dienst des historischen Erkennens und darin zugleich des Erkennens der Gegenwart und ihrer Entwicklungstendenzen steht.[85] Eine solche Erfahrungswissenschaft sollte in ihren theoretischen und historischen Teilen Tatsachenerkenntnis und Selbsterkenntnis fördern, sollte einer leidenschaftlichen und zur Tat entschlossenen akademischen Jugend Klarheit und intellektuelle Rechtschaffenheit, Augenmaß und Verantwortungsgefühl, Distanz und Würde vermitteln, sollte darin *auch* dem Vaterland dienen, insofern dessen glücklichere Zukunft in Webers Augen nicht zuletzt an diese gelebten Tugenden, an die aus ihnen entspringende "Festigkeit des Herzens" gebunden blieb, eine Festigkeit, die auch noch "dem Scheitern aller Hoffnungen gewachsen ist".[86]

Tatsächlich setzte Weber seine Hoffnung für Deutschland zunehmend außer auf "staatstechnische" Regelungen vor allem auf die Haltung der akademischen Jugend. In der Rede über Deutschlands Wiederaufrichtung vom 2. Januar 1919 hatte er daran erinnert, "daß das Vaterland nicht das Land der *Väter,* sondern das Land der *Kinder"* sei.[87] Sie vor allem, so kann man ergänzen, hatten zu lernen, was es heißt, ein Leben zu *führen,* sich zur Persönlichkeit zu *bilden.* Folgt man Webers Soziologie, so setzte dies bestimmte Formen, aber auch einen bestimmten ‚Geist' voraus. In einem instruktiven Brief an Otto Crusius, Professor für klassische Philologie in München und Teilnehmer der Lauensteiner Kulturtagungen, schrieb er schon am 24. November 1918, noch bevor er sich in den Wahlkampf stürzte, bei der Lösung der anstehenden Kulturprobleme gehe es zuoberst darum, moralische ‚Anständigkeit' zurückzugewinnen. Für die Bewältigung dieser massiven Erziehungsaufgabe blieben als Mittel *"nur* das amerikanische: ‚Club' – und *exklusive,* d. h. auf *Auslese* der Personen ruhende Verbände jeder Art schon in der Kindheit und Jugend, *einerlei* zu welchem Zweck: Ansätze dazu bei der ‚Freideutschen Jugend'"; als ‚Geist' aber nur die Sachlichkeit und die "Ablehnung *aller* geistigen Narkotika jeder Art, von der Mystik angefangen bis zum ‚Expressionismus'". Nur so könne ein echtes Schamgefühl entstehen, welches allein politische und auch menschliche ‚Haltung' gebe, "gegen den ekelhaften Exhibitionismus der innerlich Zu-

---

**85** Weber schrieb am 8. November 1919 an seinen Verleger Paul Siebeck, er wolle seinem Grundriß-Band eine "lehrhafte" Form geben, "die ich für die Sache angemessen halte, um *endlich* ‚Soziologie' streng sachlich-wissenschaftlich zu behandeln statt der Dilettanten-Leistungen geistreicher Philosophen". Daraus darf man freilich nicht folgern, er habe ein dürres und abstraktes Buch schreiben wollen. Dies verneinte Weber ausdrücklich. Vgl. Notiz an den Verlag von Anfang 1920, beides VA Mohr/Siebeck, Deponat BSB München, Ana 446.
**86** So in "Politik als Beruf", unten, S. 252.
**87** Vgl. MWG I/16, S. 419.

sammengebrochenen".[88] Daran zeigt sich, wie sehr Weber diese Hoffnung auch mit der freideutschen Jugend verknüpfte, zu der er wohl die Freie Studentenschaft rechnete, und wie sehr seine beiden Vorträge vor der Münchener Freien Studentenschaft auch in diesem Zusammenhang stehen. Das führt zu der Frage, wie sich Webers Beziehung zur freideutschen Jugend, insbesondere zur Freien Studentenschaft, entwickelte, und damit zu der Frage nach der engeren Entstehungsgeschichte der Vorträge „Wissenschaft als Beruf" und „Politik als Beruf".

## 3. Die engere Entstehungsgeschichte der Vorträge „Wissenschaft als Beruf" und „Politik als Beruf"

Max Weber war während seines dreisemestrigen Studiums der Rechts- und Staatswissenschaften an der Universität Heidelberg, das er im Sommersemester 1882 begonnen hatte, der Allemannia zu Heidelberg beigetreten. Als Student bejahte er deren Sonderleben und Sonderehre, die um Satisfaktionsfähigkeit und Bestimmungsmensur kreisten. Obgleich er schon als junger Wissenschaftler in seinen Analysen des autoritär verformten deutschen Bürgertums den Erziehungswert des Reserveoffiziers- und Korpsstudentenwesens bezweifelte und sich im Laufe der Jahre von diesen Institutionen militärischer und studentischer ‚Sitte' und ‚Ehre' immer deutlicher distanzierte,[89] trat er erst nach der Novemberrevolution, vermutlich am 17. November 1918, im Zusammenhang mit einer öffentlichen Auseinandersetzung um den Symbolwert des Farbentragens, aus seiner Verbindung aus.[90] Zunächst hatte er in öffentlicher Versammlung vom Couleurwesen als von feudalem Unfug gesprochen, der nicht mehr in die Zeit passe und niemandem nütze, dann in seinem Austrittsschreiben die Berechtigung dieser studentischen Lebensform in einem neugeordneten Deutschland sowie ihre Fähigkeit zur Reform verneint. In einem Vortrag am 13. März 1919 über „Student und Politik", der kurz vor der Annahme seiner Berufung an die Universität München, ausschließlich vor Studierenden, stattfand,[91]

**88** Vgl. Weber, Marianne, Lebensbild¹, S. 647f., hier korrekt zitiert nach dem Original im ZStA Merseburg, Rep. 92, Nl. Max Weber, Nr. 9.
**89** Vgl. dazu Schluchter, Wolfgang, Rationalismus der Weltbeherrschung. Studien zu Max Weber. – Frankfurt: Suhrkamp 1980, Kap. 4, bes. S. 167f. (hinfort: Schluchter, Rationalismus).
**90** Vgl. dazu MWG I/16, S. 191–195. Das Austrittsdatum ist unsicher. Vgl. ebd., S. 191.
**91** Der Vortrag fand vor dem „Politischen Bund deutscher Studenten (Bund deutschnationaler Studenten)" in München statt. In der öffentlichen Ankündigung heißt es: „Einlaß nur für Studierende". Übrigens kündigte Weber bei dieser Veranstaltung öffentlich an, er werde bei Übernahme des Ordinariats von Lujo Brentano aus der Politik ausscheiden. Am 14. März 1919 brachte die Münchener Zeitung folgende Notiz: „In einer Studenten-

machte er klar, daß für ihn das politisch Bedenkliche des Couleurwesens in seiner „Exklusivität auf der Basis der Satisfaktionsfähigkeit" bestehe.[92] *Diese* Exklusivität schließe Demokratisierung aus. Sie stütze ein falsches Verständnis von der Sonderstellung des Akademikers. Diese, so offensichtlich Webers Meinung, dürfe sich nicht länger mit berufsständischen Prätentionen begründen, sie müsse vielmehr durch eine *geistes*aristokratische Lebensführung individuell verdient werden, durch eine selbstbestimmte Lebensführung, die alle feudalen Reminiszenzen verschmähe und sich gegenüber dem Leben der Nichtakademiker nicht verschließe.

Weber erteilte also der farbentragenden Studentenschaft öffentlich eine radikale Absage. Er hielt sie nach Form und Geist für unvereinbar mit der von ihm erstrebten künftigen deutschen Staatsform, der parlamentarischen Republik. Aber seine Absage galt auch Teilen der nichtfarbentragenden Studentenschaft. Das wird aus dem Bericht über den Vortrag gleichfalls klar. Weber kritisiert "Erscheinungen, die aus der freien Jugendbewegung bekannt sind, und die im Grunde auf eine Emanzipation von der Autorität hinauslaufen und jenes Literatentum großgezüchtet haben, dem im Interesse der geistig Gesunden energisch zu Leibe gegangen werden müsse". Obgleich keine Namen genannt werden, kann kaum zweifelhaft sein, daß er auch Gustav Wyneken und seine Anhänger meinte.[93] Mit diesen hatte er

versammlung, über die an anderer Stelle berichtet wird, äußerte der demokratische Politiker Professor Max *Weber* (Heidelberg), daß er in dem Moment, in dem er beabsichtige, in den Lehrkörper der Münchener Universität einzutreten, *von der Politik Abschied* nehme. Beides sei zu schwer, Politik zu treiben und nützliche Tatsachen und Kenntnisse der Wissenschaft zu vermitteln. Offenbar vertritt Professor Weber die Anschauung, daß ihm als Nachfolger Brentanos die Münchener Professur einen größeren Aufgabenkreis der wissenschaftlichen und Lehrtätigkeit bringt, als die zu Heidelberg, von wo aus er sich bekanntlich eifrig politisch betätigte." Vgl. MWG I/16, S. 483. Der Zeitung war offensichtlich nicht bekannt, daß Weber in Heidelberg seit seiner Krankheit keine Lehrveranstaltung mehr abgehalten hatte.
**92** MWG I/16, S. 482–484, hier S. 484.
**93** Vgl. dazu den Bericht von der ersten Lauensteiner Kulturtagung vom 29. bis 31. Mai 1917, wo es unter anderem heißt: „Professor Weber wandte sich hier gegen die Jugendbewegung, über die er offenbar nur nach der Wynekenschen Richtung hin orientiert war; er tat dies mit soviel Sarkasmus, daß ihm ein großer Teil der anfänglichen Sympathien bei den Hörern verloren ging [...]" Vgl. MWG I/15, S. 703. Die Ablehnung Wynekens durch Weber kommt auch in einem anderen Dokument zum Ausdruck, das die Verbindung zu den Vorträgen „Wissenschaft als Beruf" und „Politik als Beruf" direkt herstellt. In dem Brief von Frithjof Noack vom 26. Oktober 1924 an Marianne Weber, Bestand Max Weber-Schäfer, Deponat BSB München, Ana 446, in dem dieser über seine Recherchen zur Entstehungsgeschichte der beiden Vorträge berichtet, heißt es: „Weber war vor allem froh, daß nicht Wyneken den Erziehungsvortrag hielt, den er sehr verachtete: ,Demagogen der Jugend usw.'" Diese Ablehnung bekommt auch dadurch eine besondere Pointe, daß Webers Bruder Alfred ein Anhänger Wynekens war. Zu Wynekens Wirkung auf andere ,Geister' vgl. auch dessen Briefwechsel mit Walter Benjamin, der nach anfänglicher

sich bereits auf Burg Lauenstein kritisch auseinandergesetzt. Seine Sympathie galt offenbar nur jenen studentischen Gruppierungen, die, wie etwa die Freistudenten, an der Idee der Universität als einer wissenschaftlichen Ausbildungs- *und* Bildungsanstalt orientiert waren, die an eine Erziehung zu Selbsttätigkeit und Selbständigkeit durch den Umgang mit fachwissenschaftlichen Problemen glaubten und die bei ihrer hochschulpolitischen Arbeit auf jedes künstliche Sonderbewußtsein sowie auf eine rein akademische parteipolitische Blockbildung verzichteten.[94]

Tatsächlich gebührt der Freien Studentenschaft im Rahmen des deutschen Studententums vom Ende des 19. Jahrhunderts bis zur Neuordnung Deutschlands nach dem Ersten Weltkrieg eine Sonderstellung. Ihr kommt eine große entwicklungsgeschichtliche Bedeutung zu. Von ihren Gegnern wahlweise als jüdisch, sozialistisch, rationalistisch, pazifistisch, kollektivistisch oder auch subjektivistisch diffamiert und bekämpft, war sie in der Neuzeit „die erste zielbewußte Trägerin der großzügigen sozialen Bestrebungen, die das Wohl aller wirtschaftlich schwachen Studenten im Auge hatten". Darüber hinaus war sie „durch das Betonen der studentischen Hochschulgemeinschaft und der Notwendigkeit allgemeiner Studentenausschüsse die Wegbereiterin der großen studentischen Einheitsbewegung, die 1919 in der Gründung der deutschen Studentenschaft ihr Ziel" erreichte.[95] Ihr Kampf galt dabei vor allem der mit der Struktur des Kaiserreichs aufs engste verknüpften privilegierten Stellung der Korporationen. Die freistudentische Bewegung, die unter dem Namen Finkenschaftsbewegung begonnen hatte,[96] läßt sich geradezu als eine Sammlung aller *gegen* die Korporationen gerichteten studentischen Bestrebungen am Beginn des Jahrhunderts verstehen. Das Ziel, das diese Sammlungsbewegung letztlich verfolgte, bringt eine Entschließung besonders prägnant zum Ausdruck, die 1906 auf dem Weimarer Freistudententag gefaßt wurde. Dort heißt es unter anderem: „Das letzte und höchste Ziel der freistudentischen Bewegung ist die Wiederherstellung der alten civitas academica, die Einigung der Ge-

---

Anhängerschaft mit ihm vollständig brach. Dazu Götz von Olenhusen, Irmtraut und Albrecht, Walter Benjamin, Gustav Wyneken und die Freistudenten vor dem Ersten Weltkrieg, in: Jahrbuch des Archivs der deutschen Jugendbewegung, 13, 1981, S. 99–128. Ferner Walter Benjamin, Gesammelte Schriften, hg. von Rolf Tiedemann und Hermann Schweppenhäuser. – Frankfurt: Suhrkamp 1977, Bd II,1, S. 9–87, bes. S. 60–66 (über das Verhältnis von Freier Studentenschaft und Freischar) und Band II,3, S. 824–888. Der Brief, in dem sich Benjamin von Wyneken lossagt, findet sich S. 885–887.

**94** Zum letzteren ebenfalls der Zeitungsbericht MWG I/16, S. 484.

**95** Vgl. Schulze, Friedrich, und Ssymank, Paul, Das deutsche Studententum von den ältesten Zeiten bis zur Gegenwart 1931, 4., völlig neu bearbeitete Auflage. – München: Verlag für Hochschulkunde 1932, S. 381 (hinfort: Schulze/Ssymank, Studententum).

**96** Die Bezeichnung ‚Finken' galt zunächst als Spottname, ähnlich wie die Bezeichnung ‚Wilde', die gleichfalls verwandt wurde.

samtstudenterschaft zu einer in sich geschlossenen selbständigen Körperschaft, die an jeder Hochschule als Ganzes neben dem Lehrkörper, der Gesamtheit der Dozenten, behördlich anerkannt wird und gleich diesem einen wesentlichen Bestandteil des Hochschulkörpers mit einer eigenen, gesetzlich festgelegten Verfassung bildet. Diese Gesamtstudentenschaft kann ihre Vertretung nicht durch einen Teilausschuß erhalten, der nur Angehörige bestimmter Parteien umfaßt, sondern lediglich durch einen für alle Studenten verbindlichen, auf parlamentarischer Grundlage beruhenden Ausschuß, in dem jede Gruppe der akademischen Jugend die gebührende Vertretung findet, an dessen Lasten und Vorteilen alle Studierenden gleichmäßig teilnehmen, und dem sich kein Teil der Studentenschaft entziehen kann, auch wenn er auf seine eigene Vertretung daran verzichtet."[97]

Die freistudentische Bewegung war als eine Sammlungsbewegung der ‚Nichtinkorporierten‘ – so die Sprache der Zeit – von Beginn an pluralistisch. Sie vertrat ein Toleranz- und Neutralitätsprinzip, schätzte selbständige Überzeugungen und beschränkte ihre politische Betätigung auf rein akademische Angelegenheiten.[98] So konnte sie männliche und zunehmend auch weibliche Studierende der verschiedensten weltanschaulichen und politischen Orientierungen unter ihrem Dach vereinigen. Sie zeigte zudem erhebliche Unterschiede nach Universitäten. Gerade auch die Freie Studentenschaft in München, die Weber zu den beiden Vorträgen einlud, hatte ihr eigenes Profil.[99] Alle Gruppierungen verband freilich das Bekenntnis zur

---

**97** Schulze/Ssymank, Studententum, S. 420. Vgl. auch Behrend, Felix, Der freistudentische Ideenkreis. Programmatische Erklärungen, hg. im Auftrage der Deutschen Freien Studentenschaft. – München: Bavaria-Verlag 1907. Die Freistudenten wandten sich gegen den „bierseligen Couleurstudenten" als Prototyp des Studenten und gegen die „Vorherrschaft des Korporationsprinzips, die Früh- und Dämmerschoppen, die Klasseneinteilung, die geringen Bildungsinteressen" im studentischen Leben. Vgl. ebd., S. 18. Sie traten statt dessen für Selbsterziehung im Rahmen einer akademischen Kulturgemeinschaft ein, für die die Ideen der Einheit der Wissenschaften, der Einheit von Forschung und Lehre und der Einheit von Lehrenden und Lernenden bestimmend blieben.
**98** Zum Toleranz- und Neutralitätsprinzip ebd., S. 29. Das Neutralitätsprinzip schloß übrigens die Idee politischer Bildung keineswegs aus. Im Gegenteil: Es gehört zu den Eigenarten der Freistudenten, daß sie gerade die Bedeutung der politischen Bildung betonten und deshalb in den Abteilungen, in denen sich ihre Bildungsarbeit vollzog, die Sozialwissenschaften besonders berücksichtigten. Vgl. ebd., S. 33.
**99** Immanuel Birnbaum, der nach dem Studium in Freiburg und Königsberg im Sommersemester 1913 nach München kam und bald in die Spitze der Münchener Freien Studentenschaft aufstieg, schreibt in seinen Erinnerungen: „Aber auch die studentische Bewegung in München übte starke Anziehungskraft auf mich aus. Sie hatte dort dem Grundgedanken der Freien Studentenschaft eine neue programmatische Wendung gegeben, indem sie nicht mehr alle Nichtinkorporierten als Freistudenten in Anspruch nahm, sondern ihre Organisation als eine akademische Partei deklarierte, die für Gleichberechtigung, gewählte studentische Vertretungen und Ausbau eines studentischen Selbstbildungswesens eintreten wollte." Birnbaum, Immanuel, Achtzig Jahre dabeigewesen. Erin-

klassischen deutschen Universitätsidee, sie glaubten vor allem an Bildung durch Wissenschaft und an die akademische Freiheit als Lehr- und Lernfreiheit.[100] Gerade deshalb gehörte es zu den offenen und immer wieder erörterten Fragen, wie diese Ideen auszulegen und in einem Universitätssystem zu verwirklichen seien, dessen Studentenzahlen seit der Reichsgründung dramatisch angestiegen waren[101] und dessen Struktur sich unter dem Druck wachsender Spezialisierung der Wissenschaften, vor allem der Naturwissenschaften, tiefgreifend wandelte. Weber reagierte auf diese Diskussionen: Er ging in „Wissenschaft als Beruf" auf diese Entwicklungen ausführlich ein.

Die freistudentische Bewegung erreichte ihren Höhepunkt vor dem Ersten Weltkrieg. Dies gilt auch für die freideutsche Bewegung, die von jener zunächst unterschieden werden muß. Anders als die freistudentische Bewegung entstand die freideutsche aus dem Zusammenschluß mehrerer Verbände der Jugendbewegung, und zwar im Oktober 1913 auf dem Hohen Meißner bei Kassel. Unter den studentischen Verbänden war der wichtigste die Deutsche Akademische Freischar, die zwar gleichfalls gegen die Korporationen, zunächst aber auch gegen die Freie Studentenschaft stand.[102] Diese 1913 gegründete freideutsche Bewegung zeigte von Beginn an Risse. Bald gab es offenen Streit zwischen den beteiligten Verbänden, insbesondere zwischen jenen, denen diese Bewegung in erster Linie eine Jugend*kultur*bewegung, und jenen, denen sie in erster Linie eine Jugend*gemeinschafts*bewegung war. Was die zusammengeschlossenen Verbände bei all ihrer Unterschiedlichkeit, die schnell zu Abspaltungen führte, zunächst miteinander verband, war ein eigentümlicher Gefühlsnationalismus.[103] Besonders in der Akademischen Freischar setzten sich aber mit dem Fortgang des Krieges pazifistische Strömungen durch. Dies begün-

---

nerungen eines Journalisten. – München: Süddeutscher Verlag 1974, S. 45 (hinfort: Birnbaum, Achtzig Jahre).

**100** Vgl. Behrend, Der freistudentische Ideenkreis, S. 5–8.

**101** Von 1872 bis 1919/20 stieg die Zahl der Universitätsstudenten von ca. 16 000 auf ca. 118 000. Dazu Schulze/Ssymank, Studententum, S. 428 und S. 465.

**102** Vgl. Freideutsche Jugend. Zur Jahrhundertfeier auf dem Hohen Meißner 1913. – Jena: Eugen Diederichs 1913. Folgende Verbände sind dort aufgeführt: Deutsche Akademische Freischar, Deutscher Bund abstinenter Studenten, Deutscher Vortruppbund, Bund deutscher Wanderer, Jungwandervogel, Österreichischer Wandervogel, Germania-Bund abstinenter Schüler, Freie Schulgemeinde Wickersdorf, Bund für Freie Schulgemeinden, Landschulheim am Solling, Akademische Vereinigungen Marburg und Jena, Dürerbund, Comeniusgesellschaft, Bodenreform, Völkerverständigung, Frauenbewegung, Abstinenzbewegung, Rassenhygiene.

**103** Dazu Schwab, Alexander, Die Richtungen in der Meissnerbewegung, in: Studentenschaft und Jugendbewegung, hg. vom Vorort der Deutschen Freien Studenterschaft. – München: Max Steinebach 1914, S. 34–46. Die Gruppe um Wyneken trat schnell wieder aus (bzw. wurde hinausgedrängt).

stigte die Annäherung an die Freistudentenschaft, die inzwischen ihre alte, freilich nie sehr gefestigte „Einheitlichkeit" weitgehend verloren hatte.[104] Auch in ihr breitete sich seit Ausbruch des Krieges pazifistisches Gedankengut aus. Die wachsende Bedeutung gerade dieser Tendenz in diesem Teil der Studentenschaft machte der ‚Fall Foerster' sichtbar. Friedrich Wilhelm Foerster, Professor der Pädagogik an der Universität München, hatte bereits seit längerem in Schrift und Wort einen christlich begründeten Pazifismus vertreten.[105] Auf seiner Grundlage setzte er sich 1917 in seinen Vorlesungen für einen sofortigen Verständigungsfrieden ein. Um seinem angeblich defaitistischen Einfluß auf die Studentenschaft entgegenzuwirken, bildete sich, wie Immanuel Birnbaum in seinen Erinnerungen berichtet, „unter den Münchener Studenten und Studentinnen ein Ausschuß, der gegen die Propaganda Foersters protestierte und Störungen seiner Vorlesungen organisierte. Ein Gegenausschuß nahm den schwungvollen Friedensprediger in Schutz."[106] Den Gegenausschuß unterstützten auch Münchener Freistudenten. Andere Freistudentenschaften, etwa die von Breslau und Königsberg, aber auch die Akademischen Freischaren setzten sich mit öffentlichen Erklärungen für Foerster ein.[107] Weber nahm in beiden Reden zu diesem bei den Münchener Freistudenten heftig diskutierten ‚Fall Foerster' Stellung. In „Wissenschaft als Beruf" dient er ihm unter anderem dazu, das logische Prinzip der Werturteilsfreiheit und sein institutionelles Korrelat, die Lehr- und Lernfreiheit, zu erläutern, sich also zur Aufgabe der Universität und zur Rolle des akademischen Unterrichts zu äußern, in „Politik als Beruf" aber dazu, den gesinnungsethischen Charakter des christlichen Pazifismus, seinen angeblichen Illusionismus und mangelnden Realitätssinn, darzutun.

Schon dieser Hinweis auf den ‚Fall Foerster' zeigt: Trotz der Sympathie, die Weber offensichtlich der Freien Studentenschaft im Unterschied zu den Korporationen entgegenbrachte, sah er auch in ihr ‚Fehlentwicklungen' wirksam. Viele seiner Ausführungen in den beiden Reden mußten deshalb Mitglieder dieses Kreises provozieren und waren wohl auch durchaus pro-

**104** Vgl. Schulze/Ssymank, Studententum, S. 459–460. Dort wird gesagt, die Bewegung habe sich nach Ausbruch des Krieges nur an etwa fünf Hochschulen wirklich am Leben erhalten.
**105** Vgl. zu Foersters Position etwa seine Schrift: Politische Ethik und Politische Pädagogik. Mit besonderer Berücksichtigung der kommenden deutschen Aufgaben. 3., stark erweiterte Auflage der „Staatsbürgerlichen Erziehung". – München: Ernst Reinhardt 1918, bes. S. 327–348 („Cäsar und Christus"). Dort setzt sich Foerster besonders mit Otto Baumgarten, Max Webers Vetter, auseinander.
**106** Vgl. Birnbaum, Achtzig Jahre, S. 59.
**107** Dazu Schulze/Ssymank, Studententum, S. 459–460. Vgl. auch die von Ernst Toller und Elisabeth Harnisch unterzeichnete Erklärung Heidelberger Studenten, in: Die Tat. Monatsschrift für die Zukunft deutscher Kultur. 9. Jg., Heft 9, 1917/18, S. 820.

vokativ gemeint. Dies gilt nicht nur für Webers *prinzipiellen* Antipazifismus, der damals wie heute viele schockierte. Es gilt vor allem für seine Diagnose der ‚Krankheit' der akademischen Jugend, die auch Teile der Freistudentenschaft befallen hatte, vor allem aber für die von ihm verordnete Therapie. Weber sah diese ‚Krankheit' in der Sehnsucht der akademischen Jugend nach der Befreiung vom wissenschaftlichen Rationalismus durch das ‚Erlebnis', in ihrem „modischen Persönlichkeitskult", überhaupt in ihrer „stark entwickelten Prädisposition zum Sichwichtignehmen".[108] Wo, wie im Falle Foerster, der Lehrer die Rolle des Führers beanspruchte oder, schlimmer noch, wo Kollegen mit weniger lauterer Gesinnung „‚persönlich' gefärbte *Professoren-Prophetie*" betrieben,[109] wurde diese schädliche Grundstimmung nur noch verstärkt und ihr gerade nicht entgegengewirkt. Tatsächlich stiftete die Rede „Wissenschaft als Beruf" mit ihren scharfen Attacken gegen das ‚Erleben' als den Hauptgötzen der akademischen Jugend und mit ihrer restriktiven Auffassung von der Aufgabe der Universität und der Rolle des akademischen Lehrers bei den Münchener Freistudenten eine Vetokoalition zwischen zwei sonst einander bekämpfenden Lagern: zwischen den „‚Bildungs'-Freunden" und den „Schwärmern für den ‚wissenschaftlichen Verstandesgebrauch'". Nur ein kleiner Kreis, so schrieb Immanuel Birnbaum nach dem Vortrag „Wissenschaft als Beruf" an Weber, habe sich uneingeschränkt seiner Position angeschlossen. Dazu gehörten vornehmlich solche, die „durch Prof[essor] Husserls Logos-Aufsatz (Philosophie als reine Wissenschaft) und den Methodenstreit der Historiker u[nd] die nationalökonomische Werturteils-Debatte darauf vorbereitet" gewesen seien.[110]

Tatsächlich konnte Weber mit seinem Wissenschafts- und Politikverständnis sowie mit seiner Auffassung von den Aufgaben und dem Erziehungswert der Universität weder bei den Studierenden noch bei seinen Professorenkollegen auf ungeteilte Zustimmung rechnen. Er vertrat, angesichts der Zeitströmungen, eine Minderheitsposition. Wie Birnbaums Bemerkung zeigt, war sie tief in die Wissenschafts- und Politikgeschichte des Kaiserreichs verwoben. Husserls Naturalismuskritik[111] sowie der Metho-

---

**108** So Weber, Wertfreiheit, S. 45.

**109** Ebd., S. 43. Weber urteilt über Foerster in „Politik als Beruf" wie folgt: „Der von mir der zweifellosen Lauterkeit seiner Gesinnung nach persönlich hochgeschätzte, als Politiker freilich unbedingt abgelehnte Kollege *F. W. Förster* [...]" Vgl. unten, S. 240.

**110** Brief Immanuel Birnbaums an Max Weber vom 26. Nov. 1917, Bestand Max Weber-Schäfer, Deponat BSB München, Ana 446. Vgl. auch den Editorischen Bericht zu „Wissenschaft als Beruf", unten, S. 60f.

**111** Das gilt ganz besonders für Husserls Kritik an der Reduktion von Erkenntnistheorie auf Erkenntnispsychologie. Um diesen Reduktionismus abzuwehren, bezog sich Weber auch auf Husserls logische Untersuchungen. Daraus darf man freilich noch keine Sympathie für die phänomenologische Methode ableiten. Auch der südwestdeutsche Neukantianismus kämpfte gegen die Reduktion von Erkenntnistheorie auf Erkenntnispsychologie.

den- und Werturteilsstreit gehörten tatsächlich zu ihrem Hintergrund. Schon bevor Weber den Vortrag „Wissenschaft als Beruf" hielt, hatte er, wie bereits erwähnt, im Logos sein überarbeitetes Gutachten zum Werturteilsstreit erscheinen lassen. Darin finden sich viele Argumente, die auch in den beiden Reden, insbesondere in „Wissenschaft als Beruf", vorgetragen werden. Es lohnt sich deshalb, einen Blick auf diesen Text zu werfen. Dadurch lassen sich auch die von Birnbaum geschilderten negativen Reaktionen auf Webers Position besser verstehen.

Im Wertfreiheitsaufsatz begreift Weber ‚Wertfreiheit' als ein logisches Prinzip und als eine Maxime des (universitätspolitischen) Handelns. Als logisches Prinzip bezieht sie sich auf die Heterogenität von Erkenntnis- und Wertungs-, Tatsachen- und Geltungssphäre. Hier steht sie im Zusammenhang einer radikalen Naturalismuskritik. Weber kämpft gegen die Naturalisierung des Bewußtseins und gegen die von Ideen und Idealen, also gegen die Naturalisierung der Geltungssphäre. Weder darf ein sinngebender Akt an eine körperliche Erscheinung assimiliert werden noch Geltung an Wirksamkeit. Wo dies geschieht, sind naturalistische Selbsttäuschungen unvermeidlich. Hierin stimmt Weber mit Rickert, Simmel und anderen, darunter auch Husserl, überein.[112] Anders als diese folgt er dabei jedoch einer eigenständigen Werttheorie mit wenigstens drei Prämissen: Heterogenität von Erkenntnissphäre und Wertungssphäre, Ausdehnung der Wertungssphäre auch auf nichtethische Werte, Kollision zwischen den Wertsphären, die nicht mit wissenschaftlichen Mitteln zu lösen ist.[113]

Weber verlangt also vom akademischen Lehrer, daß er aus prinzipiellen Gründen zwei Probleme voneinander scheide: die Objektivität logischer und empirischer Erkenntnisse einerseits, die Subjektivität und Objektivierbarkeit praktischer Bewertungen andererseits. Nur, wer sich über die Heterogenität dieser Probleme klar sei und dies auch deutlich mache, werde seine Hörer nicht „zur Konfusion verschiedener Sphären miteinander" verbilden, nur er entgehe der Gefahr, daß er die Feststellung von Tatsachen und die Stellungnahme zu den großen Problemen des Lebens „in die gleiche kühle Temperamentlosigkeit" tauch.[114] Es ist Aufgabe des akade-

---

**112** Solche naturalistischen Selbsttäuschungen diskutieren beide teilweise an denselben Autoren, etwa an Wilhelm Ostwald. Vgl. dazu Husserl, Edmund, Philosophie als strenge Wissenschaft, in: Logos, Band 1, 1911, S. 289−341, bes. S. 295, und Weber, Max, „Energetische" Kulturtheorien. [Rez.] Wilhelm Ostwald: Energetische Grundlagen der Kulturwissenschaft, in: AfSS, 29. Band, 2. Heft, 1909, S. 575−598 (demnächst MWG I/ 12).
**113** Dazu ausführlich Schluchter, Lebensführung, Band 1, S. 288 ff. Helmuth Plessner urteilt über Webers Verhältnis zu Husserl: „Weber respektierte den Husserlschen Ernst, aber die Sache war ihm zuwider." Vgl. Plessner, Helmuth, In Heidelberg 1913, in: König/ Winckelmann (Hg.), Gedächtnis, S. 30−34, hier S. 33.
**114** Weber, Wertfreiheit, S. 41.

mischen Lehrers, Fragen der wissenschaftlichen Erkenntnis unbefangen, sachlich und nüchtern zu bearbeiten und zu präsentieren. Für die Erfüllung dieser Aufgabe hat er sich qualifiziert. Ob er in seiner Eigenschaft als Lehrer aber auch die zweite Kategorie von Problemen behandeln solle, ist für Weber selbst eine praktische Frage. Die Stellungnahme dazu entscheide deshalb darüber, welche Erziehungsaufgabe man der Universität noch zugestehe. Bejahe man auch diese zweite Aufgabe, so spreche man der Universität einen umfassenden Erziehungswert zu. Diese Position lasse sich ohne inneren Widerspruch so lange vertreten, wie man die Heterogenität von Erkenntnis- und Wertungssphäre anerkenne. Dann entscheide man sich dafür, daß der akademische Lehrer kraft seiner Qualifikation auch „heute noch die universelle Rolle: Menschen zu prägen, politische, ethische, künstlerische, kulturliche oder andere Gesinnung zu propagieren", in Anspruch nehmen dürfe.[115] Davon, könnte man hinzufügen, hatten noch die Berliner Universitätsgründer geträumt. Verneine man dies – und die Voraussetzungen, die diese klassische deutsche Universitätsidee einst trugen, sind nach Weber unter dem wachsenden Subjektivismus der modernen Kultur zerfallen[116] –, so bleibe nur, die Erziehung an der Universität auf die „*fach*mäßige Schulung seitens *fach*mäßig Qualifizierter" zu beschränken.[117] Weber sagt ausdrücklich, daß dies sein Standpunkt sei.[118] Aufgabe der Universität zu seiner Zeit ist demnach offenbar nicht mehr die Erziehung zum Kulturmenschen, sondern nur noch die zum Fachmenschen.[119]

Bezieht man diese Überlegung auf die von Birnbaum berichteten negativen Reaktionen, so wird sofort verständlich, weshalb die „‚Bildungs'-Freunde" Weber nicht folgen konnten. Sie sahen in der Universität offensichtlich eine Bildungsanstalt im klassischen Sinn. Weniger verständlich dagegen ist, weshalb er auch von den „Schwärmern für den ‚wissenschaftlichen Verstandesgebrauch'" abgelehnt wurde. Das wird erst klarer, wenn man Webers Position noch weiter charakterisiert. Gewiß, Weber sah in der Universität tatsächlich in erster Linie einen Ort fachmäßiger Schulung. Aber dies heißt nicht, daß er, wie vermutlich jene „Schwärmer", einem naiven, unre-

---

**115** Ebd., S. 42.
**116** Weber sagt dies mit Bezug auf die Entwicklung der letzten 40 Jahre in der National-ökonomie. Vgl. ebd., S. 43.
**117** Ebd., S. 42.
**118** Ebd.
**119** Weber unterscheidet ja typologisch drei Arten von Erziehung: die charismatische Erziehung auf der Grundlage von außeralltäglichem Wissen, durch die eine im Menschen bereits vorhandene Gabe erweckt wird, die Kulturerziehung auf der Grundlage von Bildungswissen, durch die dem Menschen ein Charakter ankultiviert wird, und die Fachschulung auf der Grundlage von spezialisiertem Fachwissen, durch die der Mensch für nützliche Tätigkeiten abgerichtet wird. Vgl. MWG I/19, S. 302ff.

flektierten Fachmenschentum das Wort redete. Bereits in seinen berühmten Studien über den asketischen Protestantismus hatte er sich kritisch zu diesem Fachmenschentum geäußert. Dort bezeichnete er diejenigen, die die innere Beschränktheit des modernen Fachmenschen nicht sehen, mit Nietzsches Zarathustra als jene letzten Menschen, die das Glück erfunden hätten. Für sie wählte er die Formel: Fachmenschen ohne Geist, Genußmenschen ohne Herz.[120] Zwar soll Fachschulung sein, aber keine, die nicht zugleich zu intellektueller Rechtschaffenheit und vor allem zu Selbstbegrenzung erzöge. Eine solche Fachschulung aber läßt sich als Fach*bildung* verstehen. Denn sie schärft das Bewußtsein für die *Grenzen* des Fachmenschentums selber, dafür, daß die Sinnprobleme des Lebens durch Fachschulung allein nicht zu lösen sind.[121]

Weber hält also die Universitäten nicht für fähig, Kulturmenschen alten Stils hervorzubringen. Auch hier ist für ihn das Ideal des „vollen und schönen Menschentums", an dem sich noch die deutsche Klassik orientierte, dahin.[122] Aber er wehrt sich doch zugleich auch dagegen, daß sie zu einem borniertem Fachmenschentum, zu Fachmenschen ohne Geist, erziehen. Er will den selbstkritischen Fachmenschen, der drei Dinge gelernt hat: „1. [...] sich mit der schlichten Erfüllung einer gegebenen Aufgabe zu bescheiden; – 2. Tatsachen, auch und gerade persönlich unbequeme Tatsachen, zunächst einmal anzuerkennen und ihre Feststellung von der bewertenden Stellungnahme dazu zu scheiden; – 3. seine eigene Person hinter die Sache zurückzustellen und also vor allem das Bedürfnis zu unterdrücken: seine persönlichen Geschmacks- und sonstigen Empfindun-

**120** Weber, Max, Gesammelte Aufsätze zur Religionssoziologie, Band 1. – Tübingen: J.C.B. Mohr (Paul Siebeck) 1920, S. 204 (hinfort: Weber, Religionssoziologie I), demnächst MWG I/18, und Zarathustra, Vorrede, 5.
**121** Vgl. Weber, Wertfreiheit, S. 42.
**122** Vgl. Weber, Religionssoziologie I, S. 203. Weber sieht bekanntlich in den Werken des späten Goethe, in Faust II und in den Wanderjahren, den Abschied von diesem Ideal. Diese Einschätzung spielt auch bei seiner Kritik an den neuidealistischen Bestrebungen eine Rolle, wie sie sich vor allem in den Kreisen um den Verleger Eugen Diederichs entwickelt hatten und auf den Lauensteiner Kulturtagungen eine zentrale Rolle spielten. Zu den Bestrebungen Eugen Diederichs allgemein Hübinger, Gangolf, Kulturkritik und Kulturpolitik des Eugen-Diederichs-Verlags im Wilhelminismus. Auswege aus der Krise der Moderne? In: Troeltsch-Studien, Band 4: Umstrittene Moderne. Die Zukunft der Neuzeit im Urteil der Epoche Ernst Troeltschs, hg. von Horst Renz und Friedrich Wilhelm Graf. – Gütersloh: Gerd Mohn 1987, S. 92–114, ferner Eugen Diederichs, Leben und Werk. Ausgewählte Briefe und Aufzeichnungen, hg. von Lulu von Strauss und Torney-Diederichs. – Jena: Eugen Diederichs 1936, bes. S. 270–308. Zu Organik, Harmonie und Humanität als Leitbegriffen der deutschen Klassik auch Lukács, Georg, Goethe und seine Zeit, 2. Aufl. – Berlin: Aufbau Verlag 1953, S. 57–75. Für Weber wurde Gundolfs Goethebuch wichtig, vgl. Gundolf, Friedrich, Goethe. – Berlin: Georg Bondi 1916 (hinfort: Gundolf, Goethe).

gen ungebeten zur Schau zu stellen."[123] Er will den selbstkritischen Fachmenschen, der darüber hinaus Ideale hat und dafür frei und offen eintritt. Einer Sache verpflichtete, selbstbestimmte Menschen soll die Universität prägen. Dafür braucht sie akademische Lehrer, die um den Zusammenhang von Tat und Entsagung wissen und ihn glaubhaft vorleben.

Wenn Weber mit allem Nachdruck darauf besteht, die Rolle des akademischen Lehrers, der als wissenschaftlicher Fachmann zu seinen Studenten spricht, von der Rolle des gelehrten Staatsbürgers, der sich an das allgemeine Publikum wendet, zu unterscheiden, so ist man an Kants Aufklärungsschrift erinnert.[124] Wie bei Kant, gehören auch bei Weber diese Rollen zu Institutionen, die nach Kontrollmechanismen und Rationalitätskriterien verschieden sind. Anders als öffentliche Versammlung und Vortrag stehen nämlich Hörsaal und Vorlesung unter dem „Privileg der Unkontrolliertheit".[125] Dies aber lasse Mißbrauch zu. Diese Gefahr könne hier nicht durch „Hineinreden der Öffentlichkeit, z. B. der Presse-Öffentlichkeit", gebannt werden,[126] sondern allein durch die Selbstbegrenzung des akademischen Lehrers, dadurch, daß er sich jeder Gesinnungspropaganda enthalte. Solche Selbstbegrenzung ist Weber selber, wie bereits angedeutet, sicherlich schwergefallen. Dennoch suchte er sie im Hörsaal zu verwirklichen, und die Sachlichkeit, die er seiner Leidenschaftlichkeit sichtbar abringen mußte, wirkte vielleicht gerade deshalb auf manche Hörer um so nachhaltiger.[127]

---

**123** Weber, Wertfreiheit, S. 44.
**124** Kant hatte dies den Unterschied zwischen dem Privatgebrauch und dem öffentlichen Gebrauch der Vernunft genannt. Vgl. Beantwortung der Frage: Was ist Aufklärung? A 487, 488.
**125** Weber, Wertfreiheit, S. 43. Weber spricht von der „Sturmfreiheit des Katheders". Dies ist institutionell gemeint. Es heißt natürlich nicht, daß die Studierenden keine Kritik an einer vorgetragenen Lehrmeinung üben dürften. Auch für Weber war klar, daß Zweifel und Kritik das Lebenselixier der Wissenschaft sind. Es heißt mit Fichte: „Denn der radikalste Zweifel ist der Vater der Erkenntnis." Vgl. ebd., S. 47.
**126** Dazu Weber, Wertfreiheit, S. 43.
**127** Ein gutes Beispiel dafür ist der Bericht von Julie Meyer-Frank, die seit dem Wintersemester 1917/18 in München studierte und Weber außer bei den beiden Vorträgen auch in seinen Münchener Vorlesungen und Seminaren erlebte. Sie schreibt: „Mit scharfen Betonungen dagegen trug Max Weber vor, wie ein Dirigent mit der Hand den Schwung und Rhythmus seiner Rede begleitend, einer Hand, die merkwürdig zierlich war bei dem großhäuptigen, hochgebauten Manne. Ich hörte bei ihm die großen Vorlesungen ‚Soziologische Kategorienlehre', ‚Sozial- und Wirtschaftsgeschichte' und nahm an seinem Seminar teil. Ich weiß, daß die Kategorienlehre, eingebaut in Webers Buch ‚Wirtschaft und Gesellschaft', heute Studenten große Schwierigkeiten bereitet, daß sie sich kaum durch die abstrakten Formulierungen hindurchbeißen können. Aber damals folgten wir mit Spannung, ja mit erwartender Erregung, den kurzen Sätzen, die wie Peitschenschläge einer unerbittlichen Logik Definitionen, abstrakte Auslegung und bildhaftes Beispiel gaben, deren jeder bedeutungsvoll war und die sich zu einer neuen Erkenntnis rundeten. Ich habe niemals Vorlesungsnotizen so sorgfältig wie diese übertragen und weder vorher

Tatsachen zu sehen und sie anzuerkennen; sich rückhaltlos in den Dienst einer überpersönlichen Sache zu stellen und die von ihr ausgehende Forderung des Tages zu erfüllen; klar und nüchtern zu denken; sich für seine Sache verantwortlich zu fühlen – dazu soll der akademische Lehrer den Studierenden erziehen. Es sind unspektakuläre Tugenden, die hier gefordert werden, ‚alltägliche', nicht ‚außeralltägliche'. ‚Held' ist auch der, dem es gelingt, den Alltag zu bewältigen, ohne sich dabei bloß anzupassen. Immer wieder lobt Weber vor den Studierenden die ‚Normalität' in diesem Sinn. Solches Lob konnte wohl nicht viele der von Krieg und Revolution aufgewühlten jungen Menschen begeistern. Sie suchten nicht das Alltägliche, sondern das Außeralltägliche, nicht den nüchternen Lehrer, sondern den Helden oder Propheten, nicht einen zur Sinngebung unfähigen wissenschaftlichen Rationalismus, sondern die substantielle Sittlichkeit oder die religiöse unio mystica, die sich freilich nur allzuoft als pseudoreligiös erwies. Weber stellt sich sowohl gegen Substantialismus wie gegen Romantizismus. Viele hat bis heute das erste noch mehr als das zweite irritiert. Werner Mahrholz, der wie Immanuel Birnbaum der Freistudentischen Bewegung in München in führender Position angehörte und mit diesem zusammen die beiden Vorträge organisierte, sprach vermutlich vielen aus dem Herzen, als er zu „Wissenschaft als Beruf" im November 1919 notierte: „Erschütternd ist die Stellung gerade der Führernaturen unter den Professoren: ihnen wird mehr und mehr die Wissenschaft zu einer Form des anständigen Selbstmordes, ein Weg zum Sterben in stoischem Heroismus."[128]

noch nachher je so stark das Bewußtsein des Lernens gehabt." Vgl. Meyer-Frank, Julie, Erinnerungen an meine Studienzeit, in: Vergangene Tage. Jüdische Kultur in München, hg. von Hans Lamm. – München: Langen Müller 1982, S. 212–216, hier S. 216 (hinfort: Meyer-Frank, Erinnerungen). Sie war gleichfalls Mitglied der Münchener Freien Studentenschaft. Eine andere Reaktion gibt Helmuth Plessner wieder, der gleichfalls die Vorlesung über die Kategorienlehre besuchte: „Der Besuch ließ auch rasch nach, was ihm nur recht war. Darstellung lag ihm nicht, weder im Kolleg noch im Buch. Prophetie gar auf dem Katheder haßte er. Ein überfülltes Kolleg – oder war es eine der damals häufigen Studentenversammlungen? – begann er mit dem *George*-Zitat: Schon Ihre Zahl ist Verbrechen. Sein rednerisches Können verbannte er, wenn er dozierte. In dem Kategorien-Kolleg gab er, ein wahres Bild innerweltlicher Askese, soweit ich mich erinnere, pure Definitionen und Erläuterungen: Trockenbeerauslese, Kellerabzug." Vgl. Plessner, Helmuth, In Heidelberg 1913, in: König/Winckelmann (Hg.), Gedächtnis, S. 34.
**128** Vgl. Mahrholz, Werner, Die Lage der Studentenschaft, in: Die Hochschule, 3. Jg., 8. Heft, Nov. 1919, S. 230. Mahrholz war übrigens Vorsitzender der Veranstaltung, bei der Weber seinen Vortrag „Politik als Beruf" hielt. Er kannte Weber bereits von der ersten Lauensteiner Kulturtagung, an der beide teilgenommen hatten. Ähnliches hatte Edgar Jaffé aus Anlaß dieser Tagung, zweifellos mit Bezug auf Max Weber, geschrieben: „Auch die Predigt resignierter Arbeit und bescheidener Wahrhaftigkeit erschien nur wie die Vergoldung dieses Grabes (gemeint ist das Grab des Geistes, W.S.) durch die letzten Strahlen einer Sonne, die ihre erwärmende Kraft verloren hat." Vgl. Jaffé, Edgar, Lauenstein, in: Europäische Staats- und Wirtschaftszeitung, II, Nr. 42 vom 20. Oktober 1917, S. 995.

Doch es gab auch den kleinen Kreis derer, die Weber mit seinem Plädoyer für das von religiösen Grundlagen emanzipierte Ideal innerweltlicher Berufsaskese überzeugte, für die er gerade als nüchterner Lehrer zugleich ein Führer war. Karl Löwith gehörte sicherlich zu ihnen.[129] Weitere ließen sich nennen.[130] Viele davon scheinen jüdischer oder protestantischer Herkunft und politisch linksliberal oder sozialdemokratisch, einige auch sozialistisch orientiert gewesen zu sein. Einer, der in dieses Bild besonders gut paßt, ist der bereits öfter erwähnte Immanuel Birnbaum. Er vor allem sorgte dafür, daß die beiden Reden vor der Münchener Freien Studentenschaft gehalten und dann auch noch, in überarbeiteter und erweiterter Form, in ihrem Namen veröffentlicht wurden.

Birnbaum hatte sein Studium in Freiburg bei Gerhart von Schulze-Gaevernitz, Heinrich Rickert und Friedrich Meinecke begonnen und war dann über Königsberg, wo er der Freien Studentenschaft beitrat, nach München gekommen, angezogen vor allem von der Lehrtätigkeit Lujo Brentanos und Heinrich Wölfflins. Dies sind alles Namen, die in Webers geistiges Umfeld gehören. Ihn selber hat er wohl erst später, bei politischen Diskussionen im Haus von Lujo Brentano, kennengelernt.[131] Nachdem er zunächst Vorsitzender der Jugendorganisation der Fortschrittlichen Volkspartei in München gewesen war, trat er im Herbst 1917 der Sozialdemokratie bei.[132] Birnbaum war 1913/14 an die Spitze der Münchener Freistudenschaft gelangt und hatte sich an ihrer Arbeit auch noch nach Abschluß seines Studiums bis zur Einrichtung des Allgemeinen Studentenausschusses in München im Zuge der Revolution maßgeblich beteiligt. Zu Pfingsten 1919 wurde er auf dem Ersten Allgemeinen Deutschen Studententag zu einem der drei Vorsitzenden gewählt.[133] Er trug also dazu bei, daß die Ziele, die sich die freistudentische Bewegung einst gesetzt hatte, tatsächlich verwirklicht wurden. Am Ende dieser Entwicklung stand die verfaßte Studentenschaft.

„Wissenschaft als Beruf" und „Politik als Beruf" waren Teil einer Vortragsreihe, die der „Freistudentische Bund. Landesverband Bayern",[134]

---

129 Seine Reaktion wurde bereits zitiert. Vgl. oben, Anm. 53.
130 Einige Namen finden sich im Protokoll des Gesprächs von Birnbaum mit Horst J. Helle am 3. März 1982, Max Weber-Archiv, München, S. 4, andere in König/Winckelmann (Hg.), Gedächtnis.
131 Vgl. Birnbaum, Achtzig Jahre, S. 60–61.
132 Birnbaum schreibt, in Freiburg habe er am Akademischen Freibund teilgenommen, „einer formlosen Studentenvereinigung mit politisch linksliberaler Tendenz". Ebd., S. 38. In einem Gespräch sagt Birnbaum sogar, Weber habe ihn in die SPD geschickt, und nicht nur ihn, sondern auch seinen Freund Mahrholz und andere! Siehe Gespräch Birnbaums mit Horst J. Helle am 3. März 1982, Protokoll, S. 10–11, Max Weber-Archiv, München.
133 Vgl. Birnbaum, Achtzig Jahre, S. 75.
134 Der „Freistudentische Bund. Landesverband Bayern" war die Organisation ehemaliger Freistudenten, die auch nach Ablegung ihrer Examina in der Freistudentischen Bewe-

vermutlich seit dem Sommer des Jahres 1917, plante. Dieser Reihe gab er
den Titel „Geistige Arbeit als Beruf". Sie wurde durch den Aufsatz „Beruf
und Jugend" von Alexander Schwab provoziert, den dieser unter dem
Pseudonym Franz Xaver Schwab[135] in der Monatsschrift „Die weißen Blätter" vom 15. Mai 1917 veröffentlicht hatte.[136] Darin nennt er den Beruf den
Götzen, der gestürzt werden müsse. Er sei der Götze der heutigen westeuropäisch-amerikanischen bürgerlichen Welt. *Er* bilde ihren Kern, um den
sich alles drehe. *Er* habe sich zwischen die Grundkräfte unseres Daseins,
das (leibliche) Leben und den Geist, geschoben, obgleich er diesen „Ur-
mächten in ihrer reinen Göttlichkeit völlig fremd" sei.[137] Nur Entfremdung
könne aus dieser Situation erwachsen, Entfremdung des Lebens und des
Geistes voneinander und deshalb auch von sich selbst. Ihre Wiederversöh-
nung sei das Gebot der Stunde, die nur dort gelingen könne, wo die
Herrschaft des Berufs und des mit ihm verbundenen Spezialistentums
überwunden werde. Wie einst die „Griechen der blühenden Zeit", so könne
auch die heutige Jugend zum vollen und schönen Menschentum kommen.
Dazu müsse sie erst einmal die Gefährdungen der Seele durch den Beruf
erkennen. Dies würde sie ganz von selbst in eine radikale Opposition zur
bürgerlichen Welt bringen, mit der die Ideologie, aus der Not der knechten-
den Berufsarbeit eine sittliche Tugend zu machen, untrennbar verbunden
sei.[138]

Schwabs romantischer Antikapitalismus dürfte für sich genommen die
Münchener Freistudenten kaum besonders erregt haben. Solche Tendenzen waren bei den verschiedenen Jugend- und Studentenbewegungen der
Zeit keine Seltenheit. Erregen aber mußte sie Schwabs Feststellung, keine
der einschlägigen Jugend- und Studentengruppen habe sich bisher ernsthaft mit dem Berufsproblem beschäftigt, auch nicht die Freistudenten.[139]
Und er wies zugleich einen Weg, wie diesem beklagenswerten Zustand
abzuhelfen sei. Man solle sich zunächst mit den Arbeiten von Max und
Alfred Weber auseinandersetzen. Denn „die einzigen Menschen unserer

gung aktiv bleiben wollten. Vgl. dazu: Philipp Löwenfeld, in: Jüdisches Leben in Deutschland. Band 2: Selbstzeugnisse zur Sozialgeschichte im Kaiserreich, hg. von Monika
Richarz. – Stuttgart: Deutsche Verlags-Anstalt 1979, S. 310–324, hier S. 316f.
**135** Siehe dazu den Editorischen Bericht zu „Wissenschaft als Beruf", unten, S. 51 f.
**136** Zu den Einzelheiten vgl. die Editorischen Berichte.
**137** Schwab, Franz Xaver, Beruf und Jugend, in: Die weißen Blätter. Eine Monatsschrift,
Jg. 4, Heft 5, Mai 1917, S. 97–113, hier S. 104.
**138** Schwab spricht in diesem Zusammenhang auch vom „westeuropäisch-amerikanischen Menschentum". Vgl. ebd., S. 97.
**139** Schwab nennt neben den Freistudenten den George-Kreis, den Wandervogel,
Sprechsaal und Anfang, die Freischar und die abstinenten Studenten, Lietz und Wyneken
und den „ganzen Wickersdorfer Kreis". Vgl. ebd., S. 105.

Zeit, die an sichtbarer Stelle Wichtiges über den Beruf geäußert haben, sind die Brüder Max und Alfred Weber in Heidelberg".[140]

Wir wissen nicht, wann Birnbaum oder ein anderes Mitglied des Bayerischen Landesverbandes der Freistudenten zum ersten Mal an Weber mit der Bitte herantrat, im Rahmen der als Reaktion auf Schwabs Provokation gedachten Reihe zunächst über „Wissenschaft als Beruf", dann auch noch über „Politik als Beruf" zu sprechen. Was man mit Gründen vermuten kann, ist in den Editorischen Berichten ausgeführt. Hier interessieren nicht diese Fragen des äußeren Ablaufs, sondern die geistigen Auseinandersetzungen. Und da fällt auf, daß sich Weber in der am 7. November 1917 gehaltenen Rede „Wissenschaft als Beruf", mit der die Reihe eröffnet wurde, Schwabs Provokation zumindest indirekt stellte. Er zerstörte nicht nur gnadenlos jenen Mythos vom vollen und schönen Menschentum, dem dieser anhing,[141] er zeigte auch, daß Beruf und Lebenssinn keineswegs unvereinbare Gegensätze sein müssen. Freilich, so seine Botschaft, gilt es diesen Zusammenhang richtig zu verstehen. Er ergibt sich gerade nicht aus der *Ent*schränkung, sondern nur aus der von Schwab so beklagten *Be*schränkung der beruflichen Arbeit. Nicht nur für die Wissenschaft gilt, daß „eine wirklich endgültige und tüchtige Leistung [...] heute stets: eine spezialistische Leistung" ist.[142] Nur demjenigen, der in der Lage ist, sich rücksichtslos und kontinuierlich einer begrenzten Sache hinzugeben und die daraus erwachsenden Forderungen des Tages zu erfüllen, erschließt sich der „heute wirklich noch bedeutsam gebliebene Sinn" von Beruf.[143]

Nun mag solcher ‚Berufssinn' für den Wissenschaftler und akademischen Lehrer plausibel erscheinen. Ist er es aber auch für den Politiker? Hat dieser nicht auf die großen kollektiven Lebensprobleme Antworten zu geben, die weder durch Fachschulung noch durch Fachbildung zu erlangen sind? Gewiß, nach Weber unterliegt die moderne Demokratie, die ja dem Politiker kein „Privileg der Unkontrolliertheit" läßt, im Großstaat der Bürokratisierung. Sie ist „bürokratisierte Demokratie".[144] Dies heißt, daß man in ihr mit

**140** Ebd., S. 104. Ferner der Editorische Bericht zu „Wissenschaft als Beruf", unten, S. 54.
**141** Daß Weber in „Wissenschaft als Beruf" auf das Griechentum eingeht, ist möglicherweise Schwabs rückwärts gewandter Utopie geschuldet und nicht, wie mitunter behauptet, Georg Lukács, der in seiner von Weber zum Druck vermittelten Theorie des Romans ja gleichfalls das bürgerliche Zeitalter als Zeitalter vollendeter Sündhaftigkeit mit der griechischen Welt kontrastiert. Vgl. Lukács, Georg, Theorie des Romans. Ein geschichtsphilosophischer Versuch über die Formen der großen Epik, in: Zeitschrift für Ästhetik und allgemeine Kunstwissenschaft, XI, 1916, S. 221−271 und S. 390−431, bes. 1 (Geschlossene Kulturen).
**142** „Wissenschaft als Beruf", unten, S. 80.
**143** Weber, Wertfreiheit, S. 45.
**144** Vgl. zu diesem Begriff unter anderem MWG I/15, S. 606, und zur Interpretation

der „Notwendigkeit langjähriger fachlicher Schulung, immer weitergehender fachlicher Spezialisierung und einer Leitung durch ein derart gebildetes Fachbeamtentum" rechnen muß.[145] Es heißt aber nicht, daß man diesem gebildeten Fachbeamtentum, so unentbehrlich es ist, auch die politische Leitung überlassen darf. Auch die moderne „Großstaatsdemokratie" als Massendemokratie brauche politische _Führer_. Und diese stellen für Weber geradezu das Gegenbild zu den Beamten, aber auch zu den Wissenschaftlern dar.[146] Freilich: Wie es verschiedene Auffassungen vom Wissenschaftler und vom akademischen Lehrer gibt, so gibt es auch verschiedene Auffassungen vom politischen Führer. Weber diskutiert sie in der zweiten Rede, in „Politik als Beruf", wobei er für den Druck lange Passagen gerade unter diesem Gesichtspunkt einfügt, und er zeichnet schließlich das Bild des Verantwortungspolitikers, in Abgrenzung vom Gesinnungspolitiker einerseits, vom Machtpolitiker andererseits. Der Verantwortungspolitiker muß zustimmungsfähige politische Positionen formulieren können und bereit sein, sie auf eigenes Risiko zu vertreten. Er muß sich aber auch auf die „diabolischen Mächte" einlassen, die in jeder, auch der legitimen Gewaltsamkeit lauern,[147] und er muß schließlich fähig sein, sich ihrer korrumpierenden Wirkung zu entziehen. Kurz: Er muß leidenschaftlich einer Sache dienen, Verantwortung für sie übernehmen und sie mit Augenmaß, kühler Distanz und der „geschulten Rücksichtslosigkeit des Blickes in die Realitäten des Lebens"[148] verwirklichen. Ein solcher politischer Führer verdient Gefolgschaft. Aber entscheidend ist: Ihm folgt man nicht aus „romantischer Sensation"[149] oder aus „Anbetung der Macht",[150] sondern aus rationaler Einsicht.

Der Wissenschaftler als selbstkritischer Fachmensch und der Politiker als verantwortungsethischer Führer stehen sich also scheinbar unvereinbar gegenüber. Dort nüchternes Erkennen, hier leidenschaftliches Bekennen, dort Aufweis des Möglichen, hier auch der Griff nach dem scheinbar Unmöglichen.[151] Doch zeigt sich schnell, daß dies nicht Webers letztes Wort ist. Beide Figuren weisen trotz ihrer Verschiedenheit Gemeinsamkeiten auf.

Schluchter, Wolfgang, Aspekte bürokratischer Herrschaft. Studien zur Interpretation der fortschreitenden Industriegesellschaft, Neuausgabe. – Frankfurt: Suhrkamp 1985, Kap. 3.
**145** MWG I/15, S. 606–607.
**146** Zur Abgrenzung dieser drei Rollen voneinander und zu ihren normativen und institutionellen Bezügen ausführlich Schluchter, Wolfgang, Wertfreiheit und Verantwortungsethik. Zum Verhältnis von Wissenschaft und Politik bei Max Weber. – Tübingen: J. C. B. Mohr (Paul Siebeck) 1971.
**147** Vgl. „Politik als Beruf", unten, S. 241.
**148** Ebd., unten, S. 249.
**149** Ebd., unten, S. 250.
**150** Ebd., unten, S. 229.
**151** Vgl. dazu die bezeichnende Formulierung in: Wertfreiheit, S. 63.

Zunächst läßt sich ja nicht übersehen, daß Weber in „Politik als Beruf" wie bereits in „Wissenschaft als Beruf" eine Argumentation vortrug, die geeignet war, eine Vetokoalition zwischen zwei sich sonst bekämpfenden Lagern zu stiften. Um es in Analogie zu der Formulierung Birnbaums zu sagen: zwischen den ,Freunden der Gesinnungspolitik' einerseits und den ,Schwärmern für den reinen Machtgebrauch' andererseits. Weber ging hart ins Gericht mit jenen Gesinnungspolitikern und ihren Anhängern unter den Freistudenten, die sich „an romantischen Sensationen berauschen"[152] und sich Illusionen machen. Die wichtigste Illusion: daß es je ein ernsthaftes und wichtiges politisches Tun geben könne, das den Handelnden *nicht* in Machtverhängnisse verstrickte. Solchen Illusionismus sah er vornehmlich bei Pazifisten, Syndikalisten, auch bei Spartakisten am Werke, vor allem aber bei jenen politischen Literaten, die sich in Kurt Eisners Räteregierung versammelt hatten. (Eisner selbst soll ja von radikalen Mitgliedern der Freistudenten als Redner für „Politik als Beruf" in Erwägung gezogen worden sein.)[153] All diese Gruppierungen neigten in Webers Augen dazu, entweder die unhintergehbare Realität aller Politik, die Gewalt und ihre Eigengesetzlichkeit, zu leugnen oder zur Gewalt aufzurufen, „zur *letzten* Gewalt, die dann den Zustand der Vernichtung *aller* Gewaltsamkeit bringen würde."[154] In diesem Glauben an die Gewalt aber kommen sie den ,Schwärmern für den reinen Machtgebrauch' nahe, für die die Macht ein Wert an sich ist. Freilich sind diese „bloßen ,Machtpolitiker'" außerstande, sich an eine überpersönliche Sache zu binden. So wirken sie „ins Leere und Sinnlose",[155] während die illusionären Gesinnungspolitiker, zumindest die von der radikalen Linken, von der Hoffnung auf eine durch direkte Aktionen herbeizuführende Befreiung der Menschheit geleitet sind.[156]

---

**152** „Politik als Beruf", unten, S. 250.
**153** Vgl. dazu den Editorischen Bericht zu „Politik als Beruf".
**154** „Politik als Beruf", unten, S. 240.
**155** Ebd., unten, S. 229.
**156** Wenige Monate vor der Rede „Politik als Beruf" hatte sich Weber bereits mit den illusionären und realistischen Strömungen des Sozialismus auseinandergesetzt, in seinem Vortrag „Der Sozialismus" am 13. Juni 1918 in Wien, der kurz darauf als Broschüre erschienen war. Dort ging er auf Generalstreik und Terror als Mittel des Umsturzes und auf die damit verbundene „*Romantik* der revolutionären Hoffnung" ein, „diese Intellektuellen bezaubert". Vgl. MWG I/15, S. 628. In seiner Rede am 4. November 1918 in München über „Deutschlands politische Neuordnung" mußte er sich mit einer starken „chiliastisch-revolutionär bewegten Minderheit" von Linksintellektuellen auseinandersetzen, darunter der Anarchist Erich Mühsam und der Bolschewist Max Lewien. Vgl. dazu MWG I/16, S. 359–369. Bei der Rede „Politik als Beruf" am 28. Januar 1919 traf Weber in seinem Publikum außer auf Freistudenten auch auf Freideutsche und auf „eine Gruppe jüngerer dichterisch revolutionär gesinnter Studenten (Trummler, Roth usw.)", vermutlich auch auf Ernst Toller. Webers Beziehung zu Erich Trummler und Ernst Toller geht auf die Lauensteiner Kulturtagungen zurück. Zur Zusammensetzung des Publikums bei der Rede „Politik

Wie die reinen Fachmenschen, so sind Weber auch die reinen Machtmenschen zuwider. Sie verkörpern all die Eigenschaften, die er in der Politik verachtet: Unsachlichkeit, Verantwortungslosigkeit, Eitelkeit. Sie gelten ihm als die Schauspieler der Politik, deren „innere Schwäche und Ohnmacht" sich hinter einer „protzigen, aber gänzlich leeren Geste" verberge.[157] Nicht so die Gesinnungspolitiker, die einer überpersönlichen Sache dienen. Sie suchen inneren Halt. Freilich ertragen sie nur allzu selten die Realitäten des Lebens. Das heißt aber nicht, daß sie immer zum Scheitern verurteilt sind. Wenn sie sich mit ihrer ‚Sendung' objektiv bewähren und die Verstrickung in Machtverhängnisse ertragen, ist Weber bereit anzuerkennen, daß sie den Beruf zur Politik haben. Denn dann wissen sie um „die Tragik, in die alles Tun, zumal aber das politische Tun, in Wahrheit verflochten ist".[158] Dann wissen sie um seine Beschränktheit und darum, daß das politische Handeln von ihnen eine spezifische Art von Selbstbegrenzung fordert. Dieses Wissen um die Tragik des politischen Tuns ist auch für den Verantwortungspolitiker bestimmend. Aber er zieht daraus im Vergleich zum echten Gesinnungspolitiker eine weiterreichende Konsequenz. Er begnügt sich nicht damit, die Verantwortung für den Gesinnungswert seines politischen Handelns zu übernehmen, sondern weitet diese Verantwortung auf seine voraussehbaren Folgen aus. Dieser gesteigerten Verantwortung aber kann er nur gerecht werden, wenn er jene Tugenden besitzt, von denen Weber sagt, daß sie der Studierende von seinem Lehrer im Hörsaal lernen solle. Es sind jene Tugenden, die bereits zitiert wurden: sich mit der Erfüllung einer gegebenen Aufgabe zu bescheiden, auch persönlich unbequeme Tatsachen anzuerkennen und die eigene Person hinter die Sache zurückzustellen.[159]

## 4. Der Grundgedanke der Vorträge „Wissenschaft als Beruf" und „Politik als Beruf"

Weber vertrat also gegenüber den Münchener Freistudenten in seinen beiden Reden denselben Grundgedanken: daß man dem Beruf jeglichen Sinn nehme, „wenn man diejenige spezifische Art von Selbstbegrenzung,

---

als Beruf" vgl. den Brief von Frithjof Noack an Marianne Weber vom 26. Okt. 1924, Bestand Max Weber-Schäfer, Deponat BSB München, Ana 446. Einer der Freideutschen könnte Knud Ahlborn gewesen sein, der der Akademischen Freischar angehörte, der proletarischen Jugendbewegung nahestand und gleichfalls an den Lauensteiner Kulturtagungen teilgenommen hatte.

**157** „Politik als Beruf", unten, S. 229.
**158** Ebd.
**159** Weber, Wertfreiheit, S. 44.

die er verlangt, nicht vollzieht".[160] Die Art dieser Selbstbegrenzung ist in Wissenschaft und Politik verschieden, die Selbstbegrenzung als solche aber ist es nicht. Webers Botschaft an die Freistudenten lautet: Geistige Arbeit als Beruf bedeutet entsagungsvolles, nicht versöhntes Leben, bedeutet „Beschränkung auf Facharbeit", nicht „faustische Allseitigkeit".[161] Dieses Insistieren auf dem asketischen Grundmotiv wollten viele nicht hören. Auch die Rede über „Politik als Beruf" löste, wie schon die über „Wissenschaft als Beruf", bei vielen Freistudenten wohl eher ungute Gefühle aus. Dies sicherlich nicht allein deshalb, weil Weber, wie ein Teilnehmer berichtet, in „souveräner Nichtachtung" etwa über Foerster, Eisner oder Arbeiter- und Soldatenräte urteilte,[162] sondern vor allem, weil er den Idealismus der Gesinnungspolitiker brutal mit der Machtverstrickung allen politischen Handelns konfrontierte und dadurch den Eindruck erweckte, als habe politisches Handeln nichts mit Werten zu tun. Daß Weber so nicht dachte, steht außer Frage. Aber man mußte unbefangen hinhören, um das komplexe Beziehungsgeflecht von Macht, Ethik und Wahrheit zu erfassen, in das er die von ihm zweifellos propagierte Verantwortungspolitik stellte.

Beruf und Selbstbegrenzung, Beruf *als* Selbstbegrenzung, dies also ist Webers Botschaft an die akademische Jugend. Wer mit geistiger Arbeit als Beruf für sich einen Sinn verbinden will, wer in ihr nicht, wie Schwab, einfach einen ökonomischen Zwang sieht, der muß in der Gegenwart den Wert dieses ‚asketischen Grundmotivs' bejahen. Nach Weber gehörte es bekanntlich zur bürgerlichen Lebensführung von Beginn an. Und es darf aus ihr auch nicht verschwinden, wenn diese nicht zur bloßen Lebenstechnik verblassen soll. Gewiß, der christliche Geist, der ihr einst inneren Halt gab, ist längst daraus gewichen. Das hatte Weber bereits in seinen Studien zum asketischen Protestantismus gezeigt. Deshalb kann der Wert dieses Motivs auch nicht mehr religiös, er muß vielmehr säkular fundiert werden. Dies genau geschieht in den beiden Reden, wobei Webers gesamtes Werk dafür den Hintergrund bildet.

Um diese Fundierung zu leisten, setzt Weber die beiden Begriffe Beruf und Selbstbegrenzung zu einem dritten in eine innere Beziehung: zu dem Begriff der Persönlichkeit. Aus ihm wird jeder ‚romantische' Bedeutungsge-

---

**160** Ebd., S. 45.
**161** So am Ende der Studie über den asketischen Protestantismus. Vgl. Weber, Religionssoziologie I, S. 203.
**162** Vgl. Brief von Frithjof Noack an Marianne Weber vom 26. Okt. 1924, Bestand Max Weber-Schäfer, Deponat BSB München, Ana 446. Vgl. auch Webers Zeugenaussagen in den Prozessen gegen Ernst Toller und Otto Neurath, MWG I/16, S. 485–495. Julie Meyer-Frank berichtet, kurz nach Ende des Vortrags „Politik als Beruf" hätten die Anwesenden den Vortragssaal verlassen müssen, weil Anhänger Eisners die Versammlung sprengen wollten. Weber habe Eisner kurz vor dem Vortrag den „Hanswursten des Blutigen Karnevals" genannt. Dazu Meyer-Frank, Erinnerungen, S. 213–214.

halt gestrichen. Schon früh, in seiner Auseinandersetzung mit Knies und
dem Irrationalitätsproblem, hatte er sich gegen jenen romantisch-*naturalistischen* Persönlichkeitsbegriff gewendet, der in dem „dumpfen, ungeschie-
denen vegetativen ‚Untergrund' des persönlichen Lebens [. . .] das eigentliche Heiligtum des Persönlichen sucht".[163] In den Reden wandte er sich
gegen einen romantisch-*ästhetischen* Persönlichkeitsbegriff, der im Erleben oder gar in der Gestaltung des Lebens zum Kunstwerk dieses Heilige
sieht.[164] Weder die naturalistische noch die ästhetizistische Variante erfaßt,
worauf es Weber ankommt: auf das konstante *innere* Verhältnis, das eine
Person „zu bestimmten letzten ‚Werten' und Lebens-‚Bedeutungen'"[165] in
einem *Bildungsprozeß* gewinnt, der dadurch zum Schicksalsprozeß wird.
Diesem Persönlichkeitsbegriff korrespondiert am ehesten ein asketischer
humanistischer Individualismus: asketisch, weil methodisches *Handeln* im
Dienst einer überpersönlichen Sache verlangt wird, humanistisch, weil diese Sache die konstante Bindung an letzte *Werte* voraussetzt, individuali-
stisch, weil diese konstante Bindung durch eine Kette letzter Entscheidungen selbst *gewählt* werden muß. Wo diese Bedingungen erfüllt sind, ist eine
Person, absichtslos, zur Persönlichkeit geworden. Sie hat, wie es am Ende
von „Wissenschaft als Beruf" heißt, ihren Dämon gefunden und gelernt,
ihm zu gehorchen, indem sie der Forderung des Tages genügt, die er
erhebt.

   Es ist sicherlich kein Zufall, daß zwei der wichtigsten Texte Webers, die
Studien zum asketischen Protestantismus und "Wissenschaft als Beruf",
mit Anspielungen auf Goethes Spätwerk enden. Dort ist jener Persönlichkeitsbegriff, den er wohl im Auge hatte, vorformuliert. Trotz mancher Tendenzen zu einem ästhetischen und kosmologischen Humanismus in Goethes Werk, denen Weber distanziert gegenüberstand, haben in seinen
Augen „Wilhelm Meisters Wanderjahre oder Die Entsagenden" und Faust II
den Sinn des asketischen Grundmotivs auch jenseits christlicher Religion
gültig entwickelt, und in den „Urworten" ist am Zusammenspiel des Dämons, der Individualität, des Charakters, der Person, mit der ‚Welt' deutlich
gemacht, daß man der Gefahr, das Eigene an das Zufällige, das Innere an
das Äußere zu verlieren, letztlich nur durch Selbstbegrenzung entgeht. Man

**163** Weber, Max, Roscher und Knies und die logischen Probleme der historischen
Nationalökonomie. (Dritter Artikel) II. Knies und das Irrationalitätsproblem. (Fortsetzung.)
In: Jahrbuch für Gesetzgebung, Verwaltung und Volkswirtschaft im Deutschen Reich, hg.
von Gustav Schmoller, 30. Jg., 1906, 1. Heft, S. 81−120, hier S. 108 (hinfort: Weber,
Roscher), demnächst MWG I/7.
**164** Vgl. „Wissenschaft als Beruf", unten, S. 84, wo Weber sagt, daß es sich „selbst bei
einer Persönlichkeit vom Range Goethes geräcbt" habe, „daß sie sich die Freiheit nahm:
sein ‚Leben' zum Kunstwerk machen zu wollen".
**165** Weber, Roscher, S. 108.

täte Weber sicherlich Unrecht, würde man die Übernahme dieses Begriffs des Dämons elitistisch interpretieren, wie dies zum Beispiel der Georgianer Friedrich Gundolf in seinem Goethebuch getan hat, demzufolge nur große Menschen, Genies, einen Dämon und damit ein eigenes Schicksal haben können, der gewöhnliche Mensch aber „bloße Eigenschaften, Meinungen, Beschäftigungen und Erfahrungen, die von außen bedingt, nicht von innen erbildet sind".[166] Denn Weber will zwar Geistesaristokratie, aber keinen Elitismus.[167] Jeder kann seinen Dämon finden, jeder zur Persönlichkeit werden, jeder ein selbstbestimmtes Leben führen, wenn er nur in rückhaltloser Hingabe einer selbstgewählten überpersönlichen Sache dient. Freilich setzt dies voraus, daß die Ideen, die Weltbilder, mit denen man sein Leben deutet, und die gesellschaftlichen Ordnungen, in denen man es leben muß, das asketische Grundmotiv nicht gänzlich obstruieren. Es setzt aber vor allem voraus, daß der heranwachsenden Generation der Zusammenhang von beruflichem Tun, äußerlich zugemuteter sowie innerlich bejahter Selbstbegrenzung und Persönlichkeitsbildung gerade in Zeiten der Krise, des Umbruchs und des dadurch ausgelösten Enthusiasmus ins Bewußtsein gerufen wird.[168] Dem dienen letztlich *beide* Reden. Insofern sind sie in ihrem Kern ‚philosophische' Texte, geben Erkenntnis und Bekenntnis zugleich.

## 5. Die Datierung der Vorträge „Wissenschaft als Beruf" und „Politik als Beruf" in der bisherigen Forschung

Die Datierung des Vortrags „Wissenschaft als Beruf" ist in der Forschung lange Zeit umstritten gewesen. Dabei haben die Erinnerungen von Zeitgenossen, denen zufolge Max Weber die beiden Vorträge „Wissenschaft als Beruf" und „Politik als Beruf" im Winter 1918/19, also in einem geringen zeitlichen Abstand, gehalten habe,[169] eine wichtige Rolle gespielt. Vermut-

---

**166** Gundolf, Goethe, S. 4.
**167** Dies unterscheidet ihn eben nicht nur von den Georgianern, sondern auch von den Nietzscheanern.
**168** Man denke nur an die Schlußpassagen von „Politik als Beruf" mit dem Zitat aus Shakespeares 102. Sonett, unten, S. 251.
**169** Siehe dazu Löwith, Karl, Die Entzauberung der Welt durch Wissenschaft. Zu Max Webers 100. Geburtstag, in: Merkur. Deutsche Zeitschrift für europäisches Denken, 18. Jg., 1964, Heft 196, S. 501–519, hier S. 504; ders., Max Webers Stellung zur Wissenschaft, in: Vorträge und Abhandlungen. Zur Kritik der christlichen Überlieferung. – Stuttgart/Berlin/Köln/Mainz: W. Kohlhammer Verlag 1966, S. 228–252, hier S. 232, sowie Meyer-Frank, Erinnerungen, S. 212–216, hier S. 213f. Wie unzuverlässig ihre Angaben sind, ergibt sich nicht zuletzt daraus, daß sich sowohl Karl Löwith als auch Julie Meyer-Frank schon hinsichtlich der Datierung des Vortrags „Politik als Beruf", der unzweifelhaft

lich sind diese Erinnerungen entscheidend von Marianne Weber beeinflußt
worden, die in ihrer Biographie Max Webers mitteilte, sowohl „Wissenschaft
als Beruf" wie auch „Politik als Beruf" seien im Jahre 1918 gehalten und
1919 veröffentlicht worden.[170] Diese Angabe ist allerdings insofern verwunderlich, als Marianne Weber bei der Abfassung ihres Buches Frithjof Noack,
ehemals Vorsitzender des Sozialwissenschaftlichen Vereins in München,
eigens mit Recherchen zur Datierung beauftragt hatte und dabei erfuhr, daß
‚Wissenschaft als Beruf' „bereits Anfang Nov[ember] 1917" und ‚Politik als
Beruf' „1½ Jahre später im Febr[uar] od[er] März 1919 gehalten" worden
sei.[171] Johannes Winckelmann übernahm Marianne Webers Datierung von
„Wissenschaft als Beruf" auf den Winter 1918/19 in dem von ihm veranstalteten Neuabdruck dieses Textes,[172] und auch Eduard Baumgarten hielt in
seiner Veröffentlichung über Max Weber an der Vorstellung vom engen
zeitlichen Zusammenhang der beiden Reden fest und datierte sie auf Janu-
ar/Februar 1919.[173] In den folgenden Jahren entspann sich dann, ausgelöst
durch eine Anfrage Winckelmanns,[174] eine Kontroverse zwischen Immanuel Birnbaum und Eduard Baumgarten. Während Birnbaum, der zu dieser
Zeit Redakteur bei der Süddeutschen Zeitung war, sich an einen Abstand
von „mehreren Monaten" zwischen „Wissenschaft als Beruf" und „Politik
als Beruf" erinnerte,[175] meinte Baumgarten aufgrund seiner guten Kenntnis
des Briefwerks und des privaten Umfeldes Webers seine Angaben dahinge-
hend präzisieren zu können, daß „Wissenschaft als Beruf" am 16. Januar
1919 und „Politik als Beruf" am 28. Januar 1919 gehalten worden sei.[176]
Den Herausgebern dieses Bandes gelang es schließlich, die Datierung des
Vortrags „Wissenschaft als Beruf" anhand von Berichten in der Münchener

am 28. Januar 1919 stattgefunden hat (siehe den Editorischen Bericht zu „Politik als
Beruf", unten, S. 121), irren. Karl Löwith zufolge sollen beide Vorträge nach „der Ermordung K[urt] Eisners und G[ustav] Landauers", also nach dem 2. Mai 1919, gehalten
worden sein. Julie Meyer-Frank zufolge müßte der Vortrag „Politik als Beruf" erst im Juni
1919 stattgefunden haben, da nach ihrer Erinnerung Max Weber in einer anschließenden
Diskussion von seinen Ende Mai 1919 gemachten Erfahrungen als Mitglied der Friedens-
delegation in Versailles berichtet haben soll.
**170** Weber, Marianne, Lebensbild[1], S. 719.
**171** Brief Frithjof Noacks an Marianne Weber vom 26. Okt. 1924, Bestand Max Weber-
Schäfer, Deponat BSB München, Ana 446.
**172** Max Weber. Gesammelte Aufsätze zur Wissenschaftslehre, 2. Aufl., hg. von Johannes Winckelmann. – Tübingen: J. C. B. Mohr (Paul Siebeck) 1951, S. 566.
**173** Baumgarten, Eduard, Max Weber. Werk und Person. – Tübingen: J. C. B. Mohr (Paul
Siebeck) 1964, S. 715.
**174** Brief Johannes Winckelmanns an Immanuel Birnbaum vom 8. Juli 1970, Max Weber-
Archiv, München.
**175** Siehe Brief Immanuel Birnbaums an Johannes Winckelmann vom 15. Juli 1970, ebd.
**176** Siehe Baumgartens Ausführungen „Zur Frage der Datierung der Vorträge Webers:
Wissenschaft als Beruf und Politik a. B.", ebd.

Tagespresse auf den November 1917 definitiv zu sichern.[177] Man schloß jedoch auch danach die Möglichkeit nicht aus, daß Weber „Wissenschaft als Beruf" im Winter 1918/19 ein zweites Mal gehalten habe. Während Birnbaum, der zu diesem Thema im Jahre 1979 nochmals befragt wurde, dies als „höchst unwahrscheinlich" bezeichnete,[178] gab ein 1986 erschienener, 1940 in Japan im Exil geschriebener Bericht Karl Löwiths, wonach er beide Vorträge im Winter 1918/19 gehört haben will,[179] der alten Vorstellung eines engen zeitlichen Zusammenhangs von „Wissenschaft als Beruf" und „Politik als Beruf" bzw. der These, „Wissenschaft als Beruf" sei ein zweites Mal gehalten worden, der wissenschaftlichen Öffentlichkeit erneut Anlaß zu Spekulationen. Allerdings sind Löwiths Zeitangaben auch in diesem Bericht äußerst vage. So hat er sein Studium in München bereits im Wintersemester 1917/18[180] und nicht – wie es sich seinem Bericht entnehmen läßt –[181] im Sommersemester 1918 aufgenommen. Daraus folgt, daß er durchaus bei Webers Vortrag am 7. November 1917 anwesend sein konnte. Daß er tatsächlich anwesend war, ergibt sich aus seiner relativ korrekten Beschreibung des Ablaufs. So betont er, Weber habe frei geredet und seine Rede sei mitstenographiert worden.[182] Hätte Löwith die Rede nicht am 7. November 1917 gehört, so hätte Weber sie bei demselben Veranstalter, im selben Saal, vor demselben Publikum zweimal frei gehalten. Zweimal auch hätte man die freie Rede mitstenographiert. Für diese Annahme gibt es keine Stütze, weder in der Korrespondenz des Freistudentischen Bundes mit Max Weber oder dem Verlag Duncker & Humblot, bei dem die beiden Texte „Wissenschaft als Beruf" und „Politik als Beruf" veröffentlicht wurden, noch in den Erinnerungen Birnbaums.[183] Auch Baumgartens Angabe, er könne anhand der Korrespondenz Webers beweisen, daß der Vortrag „Wis-

---

**177** Siehe Mommsen, Max Weber, S. 289 f., Anm. 292, sowie Schluchter, Wolfgang, Excursus: The Question of the Dating of „Science as a Vocation" and „Politics as a Vocation", in: Roth, Guenther and Schluchter, Wolfgang, Max Weber's Vision of History. Ethics and Methods. – Berkeley/Los Angeles/London: University of California Press 1979, S. 113 ff., und ders., Rationalismus, S. 236 ff., Anm. 2. Darüber hinaus findet sich auf S. 17 des „Gästebuchs Steinicke", das in der Münchner Stadtbibliothek, Handschriften-Abteilung, aufbewahrt wird, ein Hinweis, daß Prof. Max Weber am 7. November 1917 im Steinicke-Saal einen Vortrag gehalten hat.
**178** Brief Immanuel Birnbaums an Martin Riesebrodt vom 17. Jan. 1979, Max Weber-Archiv, München.
**179** Löwith, Bericht, S. 16 f.
**180** Auskunft des Universitätsarchivs München vom 5. Juli 1989.
**181** Löwith, Bericht, S. 13 ff.
**182** Ebd., S. 16.
**183** Siehe dazu Birnbaum, Immanuel, Erinnerungen an Max Weber, in: König/Winckelmann (Hg.), Gedächtnis, S. 19–21, sowie ders., Achtzig Jahre, S. 79 ff.

senschaft als Beruf" am 16. Januar 1919 stattgefunden habe,[184] hält einer Überprüfung nicht stand. Bei den von Weber in den Briefen erwähnten „Vorträgen vor Studenten", auf die sich Baumgarten bezieht, handelt es sich nicht um Vorträge Webers vor dem Freistudentischen Bund, sondern um die Vorträge „Abendländisches Bürgertum"[185] sowie „Student und Politik",[186] zu denen ihn der Sozialwissenschaftliche Verein der Universität München bzw. der Bund deutsch-nationaler Studenten eingeladen hatte und die nach mehrmaliger Verschiebung am 12. und 13. März 1919 stattfanden.

**184** Siehe oben, Anm. 176.
**185** Siehe dazu Münchner Neueste Nachrichten, Nr. 112 vom 10. März 1919, Ab.Bl., S. 2 (MWG I/16, S. 557f.).
**186** Siehe dazu München-Augsburger Abendzeitung, Nr. 120 vom 14. März 1919, Ab.Bl., S. 3 (MWG I/16, S. 482–484).

(Photo: Leif Geiges)

Auf Burg Lauenstein 1917

# Wissenschaft als Beruf

## Editorischer Bericht

### Zur Entstehung

„Wissenschaft als Beruf" ist aus einem Vortrag hervorgegangen, den Max Weber im Rahmen einer Vortragsreihe mit dem Titel „Geistige Arbeit als Beruf" am 7. November 1917 in München hielt.[1] Diese wurde vom „Freistudentischen Bund. Landesverband Bayern" veranstaltet.

Die Freistudentische Bewegung[2] war gegen Ende des 19. Jahrhunderts als Reaktion auf die tiefgreifende Veränderung des deutschen Hochschulwesens entstanden. Eine Begleiterscheinung des Wandels der Universitäten von relativ kleinen, überschaubaren Gebilden zu stark spezialisierten, technisierten Großbetrieben mit stetig wachsenden Studentenzahlen bestand darin, daß sich neben den traditionellen studentischen Korporationen verschiedener Art und Färbung, teilweise in Frontstellung gegen sie, an zahlreichen Universitäten sog. „freie" Studentenschaften bildeten. Diese „Freistudenten" schlossen sich im Jahr 1900 zu einem Gesamtverband, der „Deutschen Freien Studentenschaft", zusammen und erhoben den Anspruch, alle nichtkorporierten Studenten zu vertreten. Ihr Ziel war es, die

---

1 Zur Frage der Datierung siehe die Einleitung, oben, S. 43−46.

2 Vgl. zum Folgenden u. a.: Freistudententum. Versuch einer Synthese der freistudentischen Ideen, hg. von Hermann Kranold in Verbindung mit Karl Landauer und Hans Reichenbach. − München: Max Steinebach 1913; Kranold, Hermann, Die Freie Studentenschaft in Vergangenheit und Zukunft. Vortrag, gehalten vor der Münchner Freien Studentenschaft im Oktober 1913. − München: Georg C. Steinicke 1914; Birnbaum Immanuel, Idee und Form der Freien Studentenschaft, in: Die Hochschule. Blätter für akademisches Leben und studentische Arbeit, Nr. 8, Nov. 1918, S. 321−325; Mahrholz, Werner, Geschichtliche Stellung der Freistudentenschaft, in: Das akademische Deutschland, Band 2. − Berlin: C. A. Weller 1931, S. 593−599; Ssymank, Paul, Geschichtlicher Verlauf der freistudentischen Bewegung, ebd., S. 599−600; Schwarz, Jürgen, Studenten in der Weimarer Republik. Die deutsche Studentenschaft in der Zeit von 1918−1923 und ihre Stellung zur Politik. − Berlin: Duncker & Humblot 1971, S. 147−152; Linse, Ulrich, Hochschulrevolution. Zur Ideologie und Praxis sozialistischer Studentengruppen während der deutschen Revolutionszeit 1918/19, in: Archiv für Sozialgeschichte, Band 14, 1974, S. 1−114; sowie Müller, Hans-Harald, Intellektueller Linksradikalismus in der Weimarer Republik. Seine Entstehung, Geschichte und Literatur − dargestellt am Beispiel der Berliner Gründergruppe der Kommunistischen Arbeiter-Partei Deutschlands. − Kronberg/Taunus: Scriptor Verlag 1977, S. 24−38.

Übermacht der Korporationen zu brechen und – wie es auf dem Weimarer Freistudententag von 1906 formuliert wurde – „die Einigung der Gesamtstudentenschaft zu einer in sich geschlossenen, selbständigen Körperschaft" zu erreichen.[3] Daneben bemühte sich die Freistudentische Bewegung vor allem um die Besserung der schlechten sozialen Lage vieler Studenten sowie um eine Erweiterung des geistigen Horizonts der Studenten über das eigentliche Universitätsstudium hinaus. So richteten die Freistudenten an zahlreichen Universitäten „wissenschaftliche Abteilungen" ein, in denen Vorträge gehalten wurden, die über den engen Rahmen der „Berufsausbildung" hinauswiesen. Ferner veranstalteten sie sog. „studentische Arbeiter-Unterrichtskurse", um die Verbindung zwischen Arbeitern und Akademikern zu fördern.[4] Um die Jahrhundertwende setzte eine Debatte über die theoretische Fundamentierung des Freistudententums ein.[5] Im Jahre 1907 legte Felix Behrend ein hochschulpolitisches Programm über Inhalte und Ziele der Freistudentischen Bewegung vor.[6] Unter Rückgriff auf das Humboldtsche Prinzip der Einheit und Freiheit der Wissenschaft wandte sich Behrend gegen die zunehmende Anpassung der Universitäten an die Erfordernisse der kapitalistischen Wirtschafts- und Gesellschaftsordnung und warnte vor den Gefahren eines reinen „Brotstudiums", das schließlich nur in „Philistertum" einmünden könne. Bei aller Anerkennung wissenschaftlicher Einzelleistungen kritisierte er das um sich greifende Phänomen des „Spezialistentums", das den Einzelnen nötige, „sich nur mit einem kleinen Rest der Wissenschaft zu begnügen." Vielmehr müsse sich der Blick auf die „allgemeinen Prinzipienfragen der Wissenschaft" sowie auf die „Fragen nach der Grundlage der Kultur" richten.[7]

Im Zuge dieser Programmdiskussion wuchs der Widerstand der Hochschulverwaltungen gegen die Ziele der Freistudentischen Bewegung. Ebenso geriet ihr Anspruch, die Gesamtheit aller „freien" Studenten, also alle Nichtkorporierten, zu vertreten, unter Beschuß.[8] Auch bei den Freistudenten bildete sich allmählich eine Richtung heraus, die das sog. „Vertretungsprinzip" aufzugeben bereit war und die Freie Studentenschaft als eine

---

**3** Zitiert nach Ssymank, Verlauf, S. 600.
**4** Vgl. dazu Müller, Intellektueller Linksradikalismus, S. 30.
**5** Vgl. dazu Kranold, Hermann, Der Werdegang des Freistudententums, in: Freistudententum, S. 17.
**6** Behrend, Felix, Der freistudentische Ideenkreis. Programmatische Erklärungen, hg. im Auftrage der Deutschen Freien Studenterschaft. – München: Bavaria-Verlag 1907.
**7** Ebd., S. 8 ff.
**8** Vgl. dazu Kranold, Freie Studentenschaft, S. 21 ff., sowie Müller, Intellektueller Linksradikalismus, S. 29 f.

Art „akademische Aktionspartei" mit festumrissenen Zielen konstituieren wollte.[9] Zu den Wortführern dieser „progressiven" Richtung zählten Alexander Schwab, Walter Benjamin, Hans Reichenbach, Hermann Kranold, Karl Landauer und Immanuel Birnbaum.[10] Sie beklagten, daß die Hochschule „nicht Menschen mit abgerundeter, selbständiger Weltanschauung" erziehe, sondern „Fachmenschen" züchte, „die meist wenig Verständnis für diejenigen Kulturfragen besitzen, die außerhalb des engen Kreises ihrer Berufspflichten liegen."[11] Vor allem Schwab, Benjamin und Reichenbach waren dabei von den Erziehungsvorstellungen der deutschen Jugendbewegung beeinflußt, wie sie insbesondere von dem Schulreformer Gustav Wyneken entwickelt wurden.[12] Ausgehend von Wynekens Gemeinschafts- und Führerideal forderte Hans Reichenbach die geistige „Eroberung der Hochschule": „Der Gegensatz von Professor und Schüler darf nicht länger bestehen bleiben und muß dem Freundschaftsverhältnis des Führers zu seinen jugendlichen Kameraden Platz machen".[13] Ziel einer solchen Gemeinschaft, der „das gemeinsame Arbeiten an der Wissenschaft zum Inhalt des Lebens wird", solle das „Erleben der Wissenschaft" sein, denn nur „aus dem menschlichen Erleben", aus dem „letzten unmittelbaren Empfinden" könne eine Bejahung und Verwirklichung „geistiger Werte" erfolgen.[14]

Der Protest gegen die Hochschule als eine Stätte reiner Berufsausbildung mündete bei Alexander Schwab, einem der führenden Mitglieder des Kreises der Freistudenten um Gustav Wyneken,[15] in eine Kritik des „Berufsgedankens" überhaupt. Höchstwahrscheinlich war er der Autor des

---

**9** Vgl. dazu Müller, Intellektueller Linksradikalismus, S. 31.
**10** Ebd., S. 122, Anm. 121.
**11** Landauer, Karl, Die Verwirklichung der freistudentischen Idee im Rahmen der Gegenwartskultur, in: Freistudententum, S. 44.
**12** Vgl. dazu Müller, Intellektueller Linksradikalismus, S. 122, Anm. 121. Vgl. dazu auch Götz von Olenhusen, Irmtraud und Albrecht, Walter Benjamin, Gustav Wyneken und die Freistudenten vor dem Ersten Weltkrieg, in: Jahrbuch des Archivs der deutschen Jugendbewegung, Jg. 13, 1981, S. 99–128.
**13** Reichenbach, Hans, Der Sinn der Hochschulreform, in: Reichenbach, Hans; Schwab, Alexander; Birnbaum, Immanuel; Kaiser, Joachim, Studentenschaft und Jugendbewegung, hg. vom Vorort der Deutschen Freien Studentenschaft. – München: Max Steinebach 1914, S. 11.
**14** Ebd., S. 8 ff.
**15** Eine Kurzbiographie Alexander Schwabs (1887–1943), der nach seinem Studium zeitweise an der von Gustav Wyneken mitbegründeten „Freien Schulgemeinde Wickersdorf" als Lehrer tätig gewesen war, findet sich bei Linse, Ulrich, Entschiedene Jugend 1919–1921. Deutschlands erste revolutionäre Schüler- und Studentenbewegung. – Frankfurt a. M.: dipa-Verlag 1981, S. 261–264, eine Schilderung seiner „geistigen und politischen Entwicklung" bei Müller, Intellektueller Linksradikalismus, S. 24–58.

Aufsatzes „Beruf und Jugend", der unter dem Pseudonym Franz Xaver Schwab[16] Mitte Mai 1917 in der von René Schickele herausgegebenen Monatsschrift „Die weißen Blätter" erschien.[17] Dieser Aufsatz enthielt einen frontalen Angriff auf die Erziehungs- und Bildungsauffassungen der Freistudenten[18] und auch anderer Gruppen der deutschen Jugendbewegung, wie etwa des „Wandervogels" oder des Kreises um Gustav Wyneken.[19] Ferner bezog Schwab „alle bürgerlichen Lebensreformer", zu denen er explizit auch den Kreis um den Dichter Stefan George zählte, in seine harsche Kritik mit ein.[20] Alle diese Bewegungen hätten, so verdienstvoll ihre Erziehungs- und Bildungsarbeit auch ansonsten sein möge, ein zentrales Problem des „westeuropäisch-amerikanischen Menschentums"[21] bisher nicht hinreichend berücksichtigt: die „drohende Gewalt",[22] die vom Beruf auf das „Heil", auf die Integrität insbesondere der jungen Menschenseele ausgehe. Denn der Beruf sei ein Moloch, ein „verderbendes Ungeheuer,

---

**16** Alexander Schwab publizierte einige seiner Artikel unter wechselnden Pseudonymen, siehe dazu das „Verzeichnis der Schriften Alexander Schwabs aus den Jahren 1911−1921" bei Müller, Intellektueller Linksradikalismus, S. 163−165, wo auch dieser Aufsatz aufgeführt ist. Zur Auflösung des Pseudonyms siehe auch Birnbaum, Immanuel, Achtzig Jahre dabei gewesen. Erinnerungen eines Journalisten. − München: Süddeutscher Verlag 1974, S. 79; die Briefe Immanuel Birnbaums an Johannes Winckelmann vom 14. Dez. 1961 und 15. Juli 1970, Max Weber-Archiv, München; sowie Äußerungen Immanuel Birnbaums in einem Gespräch mit Horst J. Helle am 3. März 1982, Protokoll, S. 6, ebd.
**17** Schwab, Franz Xaver, Beruf und Jugend, in: Die weißen Blätter, 4. Jg., Heft 5, Mai 1917, S. 97−113. In derselben Zeitschrift publizierten auch Eduard Bernstein, Ernst Bloch und Kurt Hiller.
**18** Schwab, Beruf, S. 106.
**19** Ebd., S. 105. Schwabs Angriff richtete sich darüber hinaus auch gegen die Deutsche Akademische Freischar, den Deutschen Bund abstinenter Studenten sowie den Bund für freie Schulgemeinden. Diese Gruppen hatten sich 1913 zur Freideutschen Jugend zusammengeschlossen. Vgl. dazu: Freideutsche Jugend. Zur Jahrhundertfeier auf dem Hohen Meißner 1913. − Jena: Eugen Diederichs 1913. Gustav Wyneken war mit seiner Anhängerschaft bereits 1914 aus dieser Bewegung wieder ausgeschieden, jedoch gab es 1917 eine Wiederannäherung. Vgl. dazu u.a. Kupffer, Heinrich, Gustav Wyneken. − Stuttgart: Ernst Klett 1970, S. 96−106. Zwischen den Freistudenten und den akademischen Organisationen der Freideutschen, wie etwa der Akademischen Freischar, bestanden sowohl organisatorische als auch inhaltliche Unterschiede. Die Freischar besaß eine enge, den Korporationen ähnliche Gemeinschaftsform und stand der wissenschaftlichen Bildungsarbeit der Freistudenten, die sie letztlich als Fortsetzung des auf den Hochschulen geförderten „Intellektualismus" ansah, kritisch gegenüber. Siehe dazu Birnbaum, Immanuel, Die akademischen Organisationen der Meissnerbewegung, in: Studentenschaft und Jugendbewegung. S. 47−55. Zwischen den verschiedenen Bewegungen gab es freilich auch viele Berührungspunkte und Überschneidungen, so daß sich die Grenzen zwischen ihnen, insbesondere mit dem Fortgang des Krieges, verwischten.
**20** Schwab, Beruf, S. 104.
**21** Ebd., S. 97.
**22** Ebd., S. 105.

das im Kerne unserer Welt hockt und nach allem, was jung ist, seine ansaugenden Fangarme streckt".[23] Schwab stellte den „vollendeten Zustand" der griechischen Welt[24] der „modernen Perversität"[25] der westeuropäisch-amerikanischen bürgerlichen Welt gegenüber. Bei den Griechen sei die Erwerbstätigkeit trotz ihres Strebens nach einer rationellen Wirtschaft letztlich ein bloßes Mittel zum Zweck des guten Lebens geblieben, und dies habe einen harmonischen Spannungsausgleich zwischen dem leiblichen und dem geistigen Pol des menschlichen Lebens möglich gemacht. Heute dagegen werde die Erwerbstätigkeit zum Selbstzweck und damit erst zum Beruf im eigentlichen Sinn des Wortes gestempelt, und dies entferne unsere Welt „unsäglich weit" nicht nur von der griechischen, sondern auch von jener zukünftigen „Periode der Erfüllung, da von neuem in schöner Mitte die ungeheure Spannung zwischen Leben und Idee vollkommne leiblich-geistige Gestalten zeugt zu unermeßlicher Fülle."[26] Wolle man aber dieser „modernen Perversität", aus der Not der Erwerbstätigkeit eine Tugend der Lebensführung zu machen, entkommen, so müsse man zunächst den Berufsgedanken radikal kritisieren, also damit aufhören, „die Nahrungssuche zu idealisieren und aus dem Kampf um Erwerb und Besitz sich ein Maß für Menschenwert zu erlügen."[27] Es dürfe nicht länger als vornehm gelten, sich mit der Seele am Beruf zu beteiligen; Erfolg im Beruf solle „nicht mehr eine Ehre, sondern nur eben ein Erfolg [...] und manchmal auch eine Schande" sein.[28]

Schwabs provokante Thesen erregten bei seinen alten Freunden in der Freistudentischen Bewegung einiges Aufsehen. Der „Freistudentische Bund. Landesverband Bayern" – die Organisation ehemaliger Freistudenten –[29], dessen Führungsgremium unter anderen Immanuel Birnbaum und Karl Landauer angehörten, beschloß daraufhin, eine Vortragsreihe zu den aufgeworfenen Fragen in München zu veranstalten.[30] Plan und Durchführung dieser Veranstaltungen dürften unter anderem durch zwei Thesen Schwabs beeinflußt worden sein. Dieser hatte behauptet, die Wiederherstellung des durch die moderne bürgerliche Welt zerstörten natürlichen

---

**23** Ebd.
**24** Ebd., S. 106f.
**25** Ebd., S. 110.
**26** Ebd., S. 112.
**27** Ebd., S. 111.
**28** Ebd., S. 113.
**29** Vgl. dazu: Philipp Löwenfeld, in: Jüdisches Leben in Deutschland, Band 2: Selbstzeugnisse zur Sozialgeschichte im Kaiserreich, hg. von Monika Richarz. – Stuttgart: Deutsche Verlags-Anstalt 1979, S. 316f.
**30** Vgl. dazu Birnbaum, Achtzig Jahre, S. 79; die Briefe Immanuel Birnbaums an Johannes Winckelmann vom 14. Dez. 1961 und 15. Juli 1970, Max Weber-Archiv, München; Äußerungen Immanuel Birnbaums in einem Gespräch mit Horst J. Helle am 3. März 1982, Protokoll, S. 6, ebd.

Verhältnisses von Leben und Geist sei dort besonders schwer, wo „Gelder-
werb und geistiges Tun eins ins andre übergehen, eins das andre vortäu-
schen", also *geistige* Arbeit zum Beruf gemacht werde. Das sei gerade bei
Künstlern, Gelehrten, Ärzten, Richtern, Staatsbeamten und Lehrern der
Fall. Vor allem komme es hier darauf an, jeder Idealisierung und sittlichen
Verklärung der Erwerbstätigkeit entgegenzuwirken und darzutun, „daß alle
sie zuerst gelderwerbende Menschen sind, ja daß von vornherein zu vermuten ist, sie seien *nur* gelderwerbende Menschen."[31] Ferner hatte
Schwab die Behauptung aufgestellt, „die einzigen Menschen unserer Zeit,
die an sichtbarer Stelle Wichtiges über den Beruf geäußert" hätten, seien
„die Brüder Max und Alfred Weber in Heidelberg" gewesen.[32] Mit dieser
Bemerkung spielte er vermutlich auf Max Webers Aufsatzfolge „Die protestantische Ethik und der ‚Geist' des Kapitalismus"[33] und auf Alfred Webers
Überlegungen zum zeitgenössischen deutschen Kulturtypus an.[34]
    Der bayerische Landesverband des Freistudentischen Bundes gab der
Vortragsreihe folgerichtig den Titel „Geistige Arbeit als Beruf". Wie die
Ausführungen Schwabs es nahelegten, waren als Berufe der des Gelehr-
ten, des Künstlers und des Erziehers, dann aber auch, über dessen Liste
hinausgehend bzw. sie modifizierend, der des Politikers im Gespräch.
Möglicherweise ist darüber hinaus auch ein Vortrag über „Priester als
Beruf" (resp. „Priestertum als Beruf") oder „Religion als Beruf" ins Auge
gefaßt worden.[35] Dabei sollten bekannte Persönlichkeiten „Sachverständi-

**31** Schwab, Beruf, S. 111–112.
**32** Ebd., S. 104.
**33** Die erste Fassung ist erschienen in: AfSS, Band 20, 1904, S. 1–54; Band 21, 1905,
S. 1–110 (MWG I/9). Die zweite Fassung ist erschienen in: Weber, Max, Gesammelte
Aufsätze zur Religionssoziologie, Band 1. – Tübingen: J. C. B. Mohr (Paul Siebeck) 1920,
S. 17–206 (MWG I/18). Max Weber hatte in diesen Studien ja nicht nur die Genese des
„bürgerlich-beruflichen Pflichtgefühls" verfolgt, sondern auch am Ende von jenen Fachmenschen ohne Geist und Genußmenschen ohne Herz gesprochen, die es sich im
Gehäuse der modernen bürgerlichen Welt bequem gemacht hätten, eine Bemerkung, die
Schwab, angesichts seiner eigenen Analyse, besonders angesprochen haben dürfte.
**34** Schwabs Analyse verdankt vermutlich Alfred Weber mehr. Dieser hatte sich in seinen
Arbeiten wiederholt mit der Wirkung des „Berufs" auf das Lebensschicksal des Einzelnen
befaßt. In einem explizit an Studenten gerichteten Aufsatz hat er in diesem Zusammenhang die These aufgestellt, daß „der moderne Bureaukratenstaat" die Bildung zu einer
„banalen Erwerbsfunktion [...] degradiert" habe und daß somit der „Blick auf die Höhen-
züge des eigentlichen Gebildetwerdens" versperrt" worden sei. Vgl. Weber, Alfred, Der
Kulturtypus und seine Wandlung, in: Heidelberger Akademischer Almanach für das Win-
ter-Semester 1909/10, hg. vom Ausschuß der Heidelberger Freien Studentenschaft. –
Heidelberg: Verlag der Herausgeber 1909, S. 53–61, Zitat S. 53.
**35** Vgl. die Bemerkung Birnbaums in dem Gespräch mit Horst J. Helle am 3. März 1982,
Protokoll, S. 3, Max Weber-Archiv, München; den Brief Immanuel Birnbaums an Johannes
Winckelmann vom 15. Juli 1970, ebd.; sowie Birnbaum, Immanuel, Politik als Beruf. Vor

gengutachten" darüber abgeben, ob es bei geistiger Arbeit unter heutigen Bedingungen möglich sei, von ihr und für sie zu leben.[36] Als die Vortragsreihe am 7. November 1917 begann, sollte sie jedenfalls vier Vorträge umfassen. Festgelegt waren zu diesem Zeitpunkt „Wissenschaft als Beruf", „Kunst als Beruf" und „Erziehung als Beruf".[37] Ob als weiterer Vortrag bereits „Politik als Beruf" feststand, ist nicht sicher.[38]

„Wissenschaft als Beruf" sollte von Max Weber behandelt werden, den Schwab ja, zusammen mit Alfred Weber, als *den* Experten für eine kritische Analyse von geistiger Arbeit als Beruf genannt hatte. Für „Erziehung als Beruf" war der Pädagoge Georg Kerschensteiner vorgesehen. Max Weber hat sich sehr befriedigt darüber geäußert, daß die Wahl der Freistudenten dabei nicht auf Gustav Wyneken fiel, den er ablehnte, unter anderem, weil er ihn für einen „Demagogen der Jugend" hielt.[39] Für „Kunst als Beruf" wurde anfänglich der Kunsthistoriker Wilhelm Hausenstein genannt. Wer den vierten Vortrag übernehmen sollte, blieb vermutlich zunächst offen.

Die Vorbereitung der Vortragsreihe übernahm Immanuel Birnbaum, der die Verhandlungen mit den Vortragenden führte. Nach Studienaufenthalten in Freiburg und Königsberg war er zum Sommersemester 1913 nach München gekommen und spielte in der Münchener Freistudentenschaft bald eine führende Rolle. Birnbaum hatte über den Freistudentischen Bund hinaus viele, vor allem politische Kontakte in München, da er als Redakteur bei der von Heinrich von Frauendorfer und Edgar Jaffé herausgegebenen „Europäischen Staats- und Wirtschaftszeitung", im Archiv der Münchener Handelshochschule sowie als ehrenamtlicher Sekretär der „Münchener Politischen Gesellschaft", eines Diskussionsclubs des liberalen Bürgertums, tätig war und seit Herbst 1917 der SPD angehörte.[40]

60 Jahren hielt Max Weber seinen berühmten Vortrag, in: Süddeutsche Zeitung, Nr. 231 vom 6./7. Okt. 1979. Birnbaums Erinnerung zufolge war als Redner der Jesuitenpater Peter Lippert vorgesehen, der bei den Freistudenten offensichtlich einiges Ansehen genoß. So sollte Lippert, wie aus einer kurzen Notiz der Münchner Akademischen Rundschau, Jg. 7, Heft 13, Mai 1914, S. 230, hervorgeht, im Sommersemester 1914 in einer von der Münchener Freien Studentenschaft organisierten Vortragsreihe „Die akademischen Berufe" über den „Priesterberuf" referieren. In den überlieferten Dokumenten findet sich jedoch kein Beleg dafür, daß Lippert im Rahmen der Reihe „Geistige Arbeit als Beruf" tatsächlich einen Vortrag gehalten hat.
**36** Vgl. das „Nachwort" Immanuel Birnbaums zu „Wissenschaft als Beruf", abgedruckt unten, S. 65.
**37** Vgl. dazu den Bericht der Münchner Neuesten Nachrichten, Nr. 567 vom 9. Nov. 1917, Mo.Bl., S. 3, abgedruckt unten, S. 59 f.
**38** Vgl. dazu den Editorischen Bericht zu „Politik als Beruf", unten, S. 114, Anm. 7.
**39** Brief Frithjof Noacks an Marianne Weber vom 26. Okt. 1924, Bestand Max Weber-Schäfer, Deponat BSB München, Ana 446.
**40** Birnbaum, Achtzig Jahre, S. 45 ff.

Die Vortragsreihe sollte ursprünglich im Wintersemester 1917/18 stattfinden. Doch erwies sich ihre Organisation als sehr mühsam. Zum einen erließ die Münchener Ortskohlenstelle wegen des katastrophalen Mangels an Heizmaterial für den Winter 1917/18 ein „strenges Vortragsverbot", weshalb Birnbaum mit dem Abschluß der Vortragsreihe nicht vor dem Sommer 1918 rechnete.[41] Zum anderen hatte er erhebliche Mühe, die ins Auge gefaßten Redner tatsächlich zu gewinnen. Recht gut ist dies im Fall Georg Kerschensteiners dokumentiert. Dieser hatte sich im Oktober 1917 grundsätzlich bereit erklärt, den Vortrag „Erziehung als Beruf" zu übernehmen, jedoch unter der Bedingung, daß man „in einem späteren Jahr rechtzeitig" auf ihn zukomme,[42] was Birnbaum auch akzeptierte.[43] Als Immanuel Birnbaum ihn im September 1918 an diese Absprache erinnerte,[44] willigte Kerschensteiner ein, sofern er „nicht vor Januar sprechen" müsse.[45] Birnbaum kam Ende 1918 auf dieses Angebot zurück und ersuchte Kerschensteiner, den Vortrag „Erziehung als Beruf" in der dritten Januarwoche 1919 zu halten,[46] worauf Kerschensteiner „infolge der bergehohen Arbeit, die die Demobilisierung und der Umsturz mit sich brachten", erneut um Aufschub bis „März, April oder Mai" 1919 bat.[47] Im März 1919 sagte Kerschensteiner den Vortrag schließlich für „nach Ostern" zu,[48] und er schrieb dann auch ein umfangreiches Manuskript über „Erziehung als Beruf".[49] Ob Kerschensteiner den Vortrag aber auch tatsächlich vor den Münchener Studenten gehalten hat, ist fraglich, da es keinerlei Belege dafür gibt.[50] Auch ob der Vortrag

---

**41** Brief Immanuel Birnbaums an Max Weber vom 26. Nov. 1917, Bestand Max Weber-Schäfer, Deponat BSB München, Ana 446.

**42** Stenographisches Konzept eines Antwortbriefes Georg Kerschensteiners an Immanuel Birnbaum auf der Rückseite eines Briefes Birnbaums an Kerschensteiner vom 13. Okt. 1917, Münchner Stadtbibliothek, Handschriften-Abteilung, Archiv Kerschensteiner.

**43** Brief Immanuel Birnbaums an Georg Kerschensteiner vom 25. Okt. 1917, ebd.

**44** Brief Immanuel Birnbaums an Georg Kerschensteiner vom 29. Sept. 1918, ebd.

**45** Stenographisches Konzept eines Antwortbriefes Georg Kerschensteiners an Immanuel Birnbaum auf der Rückseite des in Anm. 44 genannten Briefes, ebd.

**46** Brief Immanuel Birnbaums an Georg Kerschensteiner, undat. [Ende 1918], ebd.

**47** Stenographisches Konzept eines Antwortbriefes Georg Kerschensteiners an Immanuel Birnbaum auf der Rückseite des in Anm. 46 genannten Briefes, ebd.

**48** Stenographisches Konzept eines Antwortschreibens Georg Kerschensteiners an Immanuel Birnbaum auf der Rückseite eines Briefes Birnbaums an Kerschensteiner von „März 1919", ebd.

**49** Das Manuskript befindet sich ebd.

**50** Kerschensteiner hat sein Manuskript noch im Jahre 1919 ausgearbeitet und dann zunächst unter dem Titel: „Die seelische Veranlagung zum Erzieher- und Lehrerberuf" sowohl als eigenständige Broschüre als auch im „Jahrbuch der Schweizerischen Gesellschaft für Schulgesundheitsfürsorge", 20. Jg., 1919, S. 161–193, veröffentlicht. Später bildeten die im Manuskript „Erziehung als Beruf" niedergelegten Gedanken die Basis für

„Kunst als Beruf" zustande kam, ist ungewiß. Nachdem zunächst von November 1917 bis Sommer 1918 Wilhelm Hausenstein im Gespräch gewesen war,[51] gab Birnbaum im September 1918 den Kunsthistoriker Heinrich Wölfflin als Redner an.[52] Ende 1918 hatte sich auch dieser Plan zerschlagen; nunmehr wurde der Dichter Wilhelm Schäfer als Redner für „Kunst als Beruf" genannt und sein Vortrag für Anfang 1919 angekündigt.[53] Jedoch bat Schäfer den Freistudentischen Bund im Januar 1919 um einen Aufschub.[54] Wie bei „Erziehung als Beruf" fehlt auch hier jedes weitere Zeugnis.

Wann Mitglieder des Freistudentischen Bundes zum ersten Mal an Max Weber mit der Bitte herantraten, im Rahmen der Reihe „Geistige Arbeit als Beruf" zu sprechen, ist nicht genau zu ermitteln. Nach Schwabs Hinweis lag der Wunsch, Max Weber zu gewinnen, ja nahe. Verstärkt worden sein könnte er während der von dem Jenaer Verleger Eugen Diederichs veranstalteten Kulturtagungen auf der Burg Lauenstein in Thüringen. Diese Tagungen standen unter den Themen „Sinn und Aufgabe unserer Zeit" sowie „Das Führerproblem im Staate und in der Kultur" und fanden vom 29. bis zum 31. Mai und vom 29. September bis zum 3. Oktober 1917 statt.[55] Auf der ersten Lauensteiner Tagung hatte Weber am 30. Mai über „Geistesaristokratie und Parlamentarismus" gesprochen. Anders als sein Vorredner, der Schriftsteller Max Maurenbrecher, der sich gegen den Parlamentarismus und für die Überwindung „kapitalistischer Mechanisierung" durch einen idealistischen Staat unter der Führung einer „Partei der Geistigen" einsetzte, plädierte Weber dafür, aus der Tatsache dieser Mechanisierung die nüchterne Konsequenz eines „reinen Parlamentarismus" zu ziehen.[56] Auf der zweiten Lauensteiner Tagung, die als „Weiterführung resp. Ver-

eines der Hauptwerke Kerschensteiners: „Die Seele des Erziehers und das Problem der Lehrerbildung". – Leipzig/Berlin: B. G. Teubner 1921, siehe dort insbesondere das Vorwort Kerschensteiners, S. IVf.
**51** Siehe unten, S. 60 und S. 62.
**52** Brief Immanuel Birnbaums an Georg Kerschensteiner vom 29. Sept. 1918, Münchner Stadtbibliothek, Handschriften-Abteilung, Archiv Kerschensteiner.
**53** Brief Immanuel Birnbaums an Georg Kerschensteiner, undat. [Ende 1918], ebd.
**54** Dies geht aus einem Brief Immanuel Birnbaums an den Verlag Duncker & Humblot vom 30. Jan. 1919 hervor, Verlagsarchiv Duncker & Humblot, Privatbesitz.
**55** Siehe dazu die Editorischen Berichte zu Max Webers „Vorträgen während der Lauensteiner Kulturtagungen", in: MWG I/15, S. 701–704, sowie in der Studienausgabe zur MWG, MWS I/15, S. 402f.
**56** Zu Webers Ausführungen siehe das von Wolfgang Schumann angefertigte Protokoll „Darstellung der Hauptendenzen, welche auf der Lauensteiner Tagung der Vaterländischen Gesellschaft zu Tage traten", S. 3–4, Verlagsarchiv Eugen Diederichs, Privatbesitz (MWG I/15, S. 706f.).

sachlichung der ersten Aussprache" gedacht war,[57] hielt Weber am
29. September den Eröffnungsvortrag über „Die Persönlichkeit und die
Lebensordnungen".[58] Wie man den äußerst spärlichen Eintragungen im
Tagebuch von Ferdinand Tönnies entnehmen kann,[59] muß Weber zunächst
über seine Typologie der Herrschaft und über die Auslese der führenden
Persönlichkeiten in unterschiedlichen gesellschaftlichen Systemen gesprochen haben, also darüber, wie Lebensordnungen Persönlichkeiten prägen
und umgekehrt. Nach der Notiz von Tönnies vom 1. Oktober standen dann
das religiöse Problem und das Verhältnis von Glauben und Wissen zur
Debatte, an der sich auch Max Weber beteiligte. Aus allen Berichten über
diese Tagungen geht hervor, daß Weber sowohl durch seine Ausführungen
als auch vor allem durch seine Persönlichkeit die Jüngeren tief beeindruck-
te. „Die Jugend klammert sich an Max Weber", so schrieb Ernst Toller
später über die Tage auf Burg Lauenstein, „seine Persönlichkeit, seine
intellektuelle Rechtschaffenheit zieht sie an."[60] Zumindest an einer dieser
Tagungen nahm auch der Literaturhistoriker Werner Mahrholz, ein führen-
des Mitglied des Freistudentischen Bundes in München, teil.[61]

Webers Beiträge zur zweiten Lauensteiner Tagung behandelten also
Themen, die sich mit denen der geplanten Reihe „Geistige Arbeit als Beruf"
berührten. Es ist danach nicht verwunderlich, daß Weber die Einladung, im
Rahmen dieser Reihe zu sprechen, sogleich akzeptierte, wobei er, wie
Immanuel Birnbaum sich später erinnerte, „Wissenschaft als Beruf" „spon-
tan übernommen"[62] hat, da ihm dieses Thema „selbst am Herzen" lag.[63]
Birnbaum, dessen persönliche Bekanntschaft mit Weber auf eine Begeg-
nung im Salon des Münchener Nationalökonomen Lujo Brentano zurückge-
hen dürfte,[64] hat Webers Zusage spätestens am 25. Oktober 1917 vorgele-

**57** Siehe die Einladung zur zweiten Lauensteiner Tagung im ZStA Potsdam, Nl. Friedrich
Naumann, Nr. 10.
**58** Zum Titel dieses Vortrags siehe die Ausführungen in der Studienausgabe zur MWG,
MWS I/15, S. 402f.
**59** Schleswig-Holsteinische Landesbibliothek Kiel, Nl. Ferdinand Tönnies, Cb. 54. 11:15
(MWG I/15, S. 707).
**60** Toller, Ernst, Eine Jugend in Deutschland, in: Ernst Toller. Gesammelte Werke,
Band 4. – München: Hanser 1978, S. 78.
**61** Mahrholz' Anwesenheit ist zumindest bei der ersten Lauensteiner Tagung im Mai 1917
aus der Teilnehmerliste, ZStA Potsdam, Nl. Friedrich Naumann, Nr. 10, nachgewiesen.
**62** Brief Immanuel Birnbaums an Johannes Winckelmann vom 15. Juli 1970, Max Weber-
Archiv, München.
**63** Siehe Birnbaum, Immanuel, Erinnerungen an Max Weber, in: Max Weber zum Gedächtnis, hg. von René König und Johannes Winckelmann, 2. Aufl. – Köln/Opladen:
Westdeutscher Verlag 1985, S. 20.
**64** Birnbaum, Achtzig Jahre, S. 60ff.

gen.[65] Möglicherweise ist diese Absprache etwa am 20. Oktober in München erfolgt, wo sich Weber auf seiner Reise nach Wien kurz aufhielt.[66] Weber dürfte die Entscheidung, „Wissenschaft als Beruf" Anfang November 1917 zu halten, dann unter dem Gesichtspunkt getroffen haben, daß er zur Teilnahme an einer vom Sozialdemokraten Wolfgang Heine organisierten überparteilichen Massenveranstaltung am 5. November 1917[67] ohnedies in München sein würde. Es wurde zunächst Dienstag, der 6. November 1917, vereinbart.[68] Die Verlegung auf Mittwoch, den 7. November 1917, erfolgte sehr kurzfristig, und zwar erst während Webers Aufenthalt in München.[69] Dies erklärt, warum der Vortrag in den Münchner Neuesten Nachrichten sehr spät, nämlich in der Abendausgabe vom 7. November 1917, angekündigt wurde. Dort heißt es:

„Univ.-Prof. Dr. Max *Weber* (Heidelberg) spricht heute abend 8 Uhr auf Einladung des Freistudentischen Bundes im Steinickesaal über ‚Wissenschaft als Beruf'. Karten an der Abendkasse."[70]

Zwei Tage später brachten die Münchner Neuesten Nachrichten eine knappe Zusammenfassung der Rede Max Webers:

„*Geistige Arbeit als Beruf*. Man wird zugeben müssen, daß dieses Thema in einer Zeit, in der die körperliche Leistung eine Ausnahmebewertung erfährt, der Erörterung würdig ist. Der Landesverband Bayern des freistudentischen Bundes beabsichtigt denn auch, in vier Vorträgen die Möglichkeit der Verbindung von geistiger Arbeit mit dem Berufsleben darlegen zu lassen.

Die Vortragsreihe eröffnete Universitätsprofessor Dr. Max *Weber* (Heidelberg) im Kunstsaal Steinicke mit einer Erläuterung des Themas ‚*Wissenschaft als Beruf*'. Es war ein ungemein lebendiges, geistreiches, von Anfang bis Ende fesselndes Priva-

---

**65** Dies geht aus einem Brief Immanuel Birnbaums an Georg Kerschensteiner vom 25. Okt. 1917, Münchner Stadtbibliothek, Handschriften-Abteilung, Archiv Kerschensteiner, eindeutig hervor.
**66** Brief Else Jaffés an Alfred Weber vom 22. Okt. [1917], BA Koblenz, Nl. Alfred Weber, Band 77.
**67** Max Weber hielt dort eine Rede „Gegen die alldeutsche Gefahr", über die verschiedene Münchener Tageszeitungen, u. a. die Münchner Neuesten Nachrichten, Nr. 562 vom 6. Nov. 1917, S. 2, ausführlich berichteten (MWG I/15, S. 720−732).
**68** Brief Max Webers an Martha Riegel vom 3. Nov. 1917 (Abschrift Marianne Weber, handschriftlich), ZStA Merseburg, Rep. 92, Nl. Max Weber, Nr. 30/8. Darin heißt es: „Ich rede Montag abend in den ‚Wagner-Sälen' und Dienstag abend bei Studenten in München."
**69** Postkarte Max Webers an Mina Tobler, undat. [Pst.: München, 7. Nov. 1917], Privatbesitz. Dort heißt es: „Die Jungens haben die Versammlung auf *heut* Abend verschoben".
**70** Münchner Neueste Nachrichten, Nr. 564 vom 7. Nov. 1917, Ab. Bl., S. 2.

tissimum, es wäre schade, wenn man es geschwänzt hätte. Zuerst wurde bespro-chen, wie sich die Wissenschaft als Beruf im äußeren Sinne des Wortes gestaltet; dabei war Gelegenheit, eigene Erinnerungen, auch aus dem Betrieb der amerikani-schen Universitäten zu verwerten. Der Kreis der Betrachtung erweiterte sich, als der Vortragende auf den inneren Beruf zur Wissenschaft zu sprechen kam. Hier ward viel mehr gegeben, als die Ankündigung besagte, es war ein Stück Lebensphilosophie. Es wurde darauf hingewiesen, daß die tüchtige Leistung heute die spezialistische Leistung sei. Die Leidenschaft, das unbedingte ‚Der-Sache-dienen' ist die Voraus-setzung der wissenschaftlichen Leistung. Eines haben Künstler und Wissenschaftler gemein, den Einfall, die Phantasie, doch die Wissenschaft dient dem Fortschritt, es ist geradezu ihr Sinn, überholt zu werden. Begründete Erläuterung wurde hier dem Begriff ‚voraussetzungslose Wissenschaft'. Die wissenschaftliche Arbeit ist einge-spannt in den Ablauf des Fortschritts. Die Intellektualisierung bedeutet die Kenntnis der Lebensbedingungen, sie bedeutet den Glauben daran, daß, wenn man etwas wissen möchte, es wissen könnte, bedeutet die Entzauberung der Welt. Was leistet die Wissenschaft fürs Leben? Sie gibt Kenntnisse, Methode des Denkens, Klarheit. Daß die Wissenschaft heute ein Beruf ist, das ist eine geschichtlich gewordene unentrinnbare Logik. Auf die Frage: Was sollen wir nun tun?, gibt die Wissenschaft keine Antwort.

Dem Vortragenden wurde besonderer Dank der sehr zahlreichen Hörerschaft. An den nächsten Abenden werden sprechen Dr. Hausenstein über ‚Kunst als Beruf', Dr. Kerschensteiner über ‚Erziehung als Beruf'."[71]

Max Weber zeigte sich nach dem Vortrag offensichtlich enttäuscht über die vermeintlich geringe Zahl studentischer Teilnehmer – eine Einschät-zung, die Birnbaum in einem Brief an Weber vom 26. November 1917 korrigierte. Darin betonte Birnbaum, daß in dem Zuhörerkreis „Studenten und Studentinnen stärker vertreten" gewesen seien, als Weber „unter dem Eindruck der Besetzung der vorderen Reihen" angenommen habe; Birn-baum sprach von „80–100 Studierenden". Zudem äußerte er sich über die Reaktion der studentischen Zuhörer. Danach waren vor allem Webers Be-merkungen über den an der Universität München lehrenden Pädagogen Friedrich Wilhelm Foerster,[72] der durch seine religiös motivierte pazifisti-sche Agitation für erhebliches Aufsehen im Deutschen Reich gesorgt hat-te,[73] zu einem Stein des Anstoßes geworden; der Vortrag hatte insgesamt polarisierend gewirkt. In dem Brief heißt es:

„Zu lebhaften Auseinandersetzungen, deren äußerer Ausgangspunkt leider wei-ter der Fall Foerster war, haben sich an Ihrem Vortrag, in der Berufung auf ihn bzw. der Reaktion auf den tiefen Eindruck, den er auch auf gegen seine Richtung festge-

---

**71** Ebd., Nr. 567 vom 9. Nov. 1917, Mo. Bl., S. 3.
**72** Siehe den Text unten, S. 95 f.
**73** Näheres dazu siehe im Editorischen Bericht zu „Politik als Beruf", unten, S. 115.

legte Geister gemacht hat, die Lager und Richtungen in unserer nie sehr einheitlich gerichteten Bewegung vielleicht schärfer geschieden als je. Es ist gegen die Richtung, die sich zu Ihren Worten bekennt, bzw. sie für sich in Anspruch nimmt, zum ersten Mal eine Koalition zweier sonst auseinandergehender Gruppen zu Stande gekommen, nämlich der Schwärmer für den ‚wissenschaftlichen Verstandesgebrauch‘, die die Hochschulen als Vorschulen für die Rationalisierung des Lebens ansehen u[nd] unserer Bewegung entspr[echend] Hochschulreformpolitik zusteuern möchten, und andererseits der ‚Bildungs‘-Freunde, die in den Universitäten die Krönung eines allgemeinen allseitigen Bildungsprogrammes aufgerichtet sehen möchten. Politisch hat dieses Bündnis diesmal die Übermacht, trotz Ihrem Vortrag; zu diesem bekennt sich eigentlich nur eine kleine Gruppe uneingeschränkt, die etwa durch Prof. Husserls Logos-Aufsatz (Philosophie als reine Wissenschaft)[74] und den Methodenstreit der Historiker u[nd] die nationalökonomische Werturteils-Debatte darauf vorbereitet war."[75]

Wie Webers Vortrag auf jene von Birnbaum apostrophierte Minderheit wirkte, hat unter anderem Karl Löwith festgehalten. Er, den Webers Ausführungen tief erschütterten, sah darin „die Erfahrung und das Wissen eines ganzen Lebens verdichtet". Webers Wort war ihm „wie eine Erlösung".[76]

Die Frage der Veröffentlichung der in der Reihe „Geistige Arbeit als Beruf" gehaltenen Vorträge hatte den Freistudentischen Bund von Beginn an beschäftigt. Bereits in seinem Brief an Georg Kerschensteiner vom 13. Oktober 1917 hatte Birnbaum ein „sorgfältiges Stenogramm" zugesagt und Kerschensteiner „nach Autorkorrektur um seine entsprechend zu entschädigende Überlassung zur Veröffentlichung im Rahmen der gesamten Vortragsreihe" gebeten.[77] Max Webers vermutlich frei gehaltener Vortrag wurde „hinter dem Vorhang der Bühne" mitstenographiert.[78] Die spätere Darstellung Birnbaums, er habe Weber die Anwesenheit des Stenographen zunächst „verheimlicht" und ihn dann „mit der Niederschrift überrascht",[79] ist angesichts seiner Vorgehensweise bei Kerschensteiner eher unwahrscheinlich. Möglicherweise hat Weber die Nachschrift noch während seines Aufenthaltes in München gesehen. Einer Schilderung Birnbaums zufolge

---

**74** Husserl, Edmund, Philosophie als strenge Wissenschaft, in: Logos, Band 1, 1911, S. 289–341.
**75** Brief Immanuel Birnbaums an Max Weber vom 26. Nov. 1917, Bestand Max Weber-Schäfer, Deponat BSB München, Ana 446.
**76** Löwith, Karl, Mein Leben in Deutschland vor und nach 1933. Ein Bericht. – Stuttgart: J. B. Metzler 1986, S. 16 f.
**77** Brief Immanuel Birnbaums an Georg Kerschensteiner vom 13. Okt. 1917, Münchner Stadtbibliothek, Handschriften-Abteilung, Archiv Kerschensteiner.
**78** Birnbaum, Achtzig Jahre, S. 79.
**79** Birnbaum, Erinnerungen an Max Weber, in: König/Winckelmann (Hg.), Gedächtnis, S. 20.

hat er sie „unwirsch" gelesen und mit den Worten kommentiert: „Habe ich das so gesagt? Nun ja, so meine ich das auch, aber das muß noch genauer formuliert werden."[80] Birnbaum schickte die Reinschrift des Stenogramms, in der er selbst bereits „einige grobe Mißverständnisse handschriftlich beseitigt" hatte, Max Weber am 26. November 1917 zu und bat ihn, „die Veröffentlichung innerhalb der ganzen Vortragsreihe ‚Geistige Arbeit als Beruf' zu erlauben." Leider könne er noch keine genauen Bedingungen mitteilen, hoffe jedoch, „in einigen Wochen, jedenfalls bis Ende Dezember, Näheres in Vorschlag zu bringen".[81] Birnbaum behielt einen Durchschlag der Nachschrift bei seinen Akten,[82] da er – wie er sich später erinnerte – zu dieser Zeit die Befürchtung hatte, sie von Weber „nie wiederzusehen".[83] Im Laufe der folgenden Monate nahm Immanuel Birnbaum Kontakt zu dem Verlag Duncker & Humblot auf und schloß mit diesem am 8. Juni 1918 eine vorläufige Vereinbarung. Danach sollte der Sammelband „Geistige Arbeit als Beruf" vier Vorträge, nämlich „Wissenschaft als Beruf" (Max Weber), „Erziehung als Beruf" (Georg Kerschensteiner), „Kunst als Beruf" (Wilhelm Hausenstein) sowie „Politik als Beruf" (Max Weber) enthalten. Es wurde eine Auflage von 2200 Exemplaren festgelegt. Die Verhandlungen mit den Autoren sollte der Freistudentische Bund führen; als Honorar war an 300 Mark pro Vortrag für Max Weber und Georg Kerschensteiner, an 600 Mark für Wilhelm Hausenstein gedacht. Der Verlag betonte die Unverbindlichkeit dieser Vereinbarung bis zur „Einlieferung sämtlicher druckreifer Manuskripte".[84] Der Freistudentische Bund bestätigte diesen Vorvertrag, wies den Verlag aber vorsorglich darauf hin, daß alle Manuskripte „erst gegen Ende des nächsten Winters" vorliegen würden.[85]

Angesichts der Verzögerungen, die sich mit den Vorträgen „Erziehung als Beruf" und „Kunst als Beruf" ergaben, und aufgrund der Tatsache, daß Max Weber am 28. Januar 1919 auch seinen zweiten Vortrag, „Politik als Beruf", gehalten hatte,[86] wandte sich Birnbaum am 30. Januar 1919 erneut an den Verlag Duncker & Humblot. Er erinnerte an die vorläufige Vereinba-

**80** Birnbaum, Achtzig Jahre, S. 80.
**81** Brief Immanuel Birnbaums an Max Weber vom 26. Nov. 1917, Bestand Max Weber-Schäfer, Deponat BSB München, Ana 446.
**82** Ebd.
**83** Birnbaum, Achtzig Jahre, S. 80.
**84** Vereinbarung zwischen dem „Freistudentischen Bund. Landesverband Bayern" und dem Verlag Duncker & Humblot vom 8. Juni 1918, Verlagsarchiv Duncker & Humblot, Privatbesitz.
**85** Bestätigung der in Anm. 84 genannten Vereinbarung seitens des Freistudentischen Bundes [Datum unleserlich], ebd. Die Bestätigung der Vereinbarung seitens des Verlags erfolgte am 8. Juli 1918, ebd.
**86** Siehe dazu den Editorischen Bericht zu „Politik als Beruf", unten, S. 131.

rung vom Sommer 1918 und schlug, „um das Erscheinen der Vorträge von Weber [...] nicht allzulange herauszuzögern", deren gesonderte Veröffentlichung vor. Er stellte dem Verlag anheim, ob er die „beiden Vorträge besser als ein oder als zwei Hefte herausgeben" wolle. In der Honorarfrage ersuchte Birnbaum um eine Änderung; das hohe Honorar von 600 Mark für den Vortrag „Kunst als Beruf" sei aufgrund des Rednerwechsels dem Honorar für die anderen Reden anzugleichen, wobei für alle Vorträge dann je 350 Mark gezahlt werden sollten.[87] Der Verlag Duncker & Humblot, der im Jahre 1918 bereits Webers vielbeachtete Abhandlung „Parlament und Regierung im neugeordneten Deutschland" veröffentlicht hatte,[88] erklärte sich mit dem Vorschlag einer gesonderten Veröffentlichung von „Wissenschaft als Beruf" und „Politik als Beruf" sofort einverstanden. Dabei bezeichnete er es als am zweckmäßigsten, „daß man den beiden Arbeiten die äußere Vortragsform nimmt, also die direkte Anrede streicht oder verändert und daß jeder Vortrag getrennt erscheint." Für „Wissenschaft als Beruf" wollte der Verlag allerdings bei der für die Gesamtreihe vereinbarten Auflage von 2200 Exemplaren und einer Vergütung für Max Weber von 300 Mark bleiben.[89] In einem Brief an Max Weber vom 9. Februar 1919 sprach Birnbaum die Hoffnung aus, daß Weber dem Freistudentischen Bund „beide Vorträge [...] zum Druck überlassen" werde, damit dieser sie „jetzt unverzögert herausbringen" könne. Er teilte Weber die Bedingungen des Verlags mit und versicherte, daß er „nach Abzug unserer Unkosten für die Stenogramme voraussichtlich mindestens 500 Mark" als Honorar für beide Schriften sowie jeweils 25 Freiexemplare erhalten werde.[90]

Wie bereits erwähnt, war Max Weber mit der Erstfassung seiner Rede „Wissenschaft als Beruf", wie sie in der stenographischen Mitschrift festgehalten war, nicht zufrieden. Birnbaum berichtet, daß Weber dieses Stenogramm „ziemlich gründlich korrigiert" und vor allem „eine Reihe von Temperamentsausbrüchen ausgemerzt" habe.[91] Zu welchem Zeitpunkt und in

---

**87** Brief Immanuel Birnbaums an den Verlag Duncker & Humblot vom 30. Jan. 1919, Verlagsarchiv Duncker & Humblot, Privatbesitz.
**88** Weber, Max, Parlament und Regierung im neugeordneten Deutschland. Zur politischen Kritik des Beamtentums und Parteiwesens. – München/Leipzig: Duncker & Humblot 1918 (MWG I/15, S. 432–596).
**89** Brief des Verlags Duncker & Humblot an Immanuel Birnbaum vom 31. Jan. 1919, Verlagsarchiv Duncker & Humblot, Privatbesitz.
**90** Brief Immanuel Birnbaums an Max Weber vom 9. Febr. 1919, Bestand Max Weber-Schäfer, Deponat BSB München, Ana 446. Wie aus diesem Brief und aus dem Brief Immanuel Birnbaums an Max Weber vom 26. Nov. 1917, ebd., hervorgeht, hatte Weber bereits als Spesenentschädigung für „Wissenschaft als Beruf" 60 Mark und für „Politik als Beruf" 120 Mark erhalten.
**91** Briefe Immanuel Birnbaums an Johannes Winckelmann vom 14. Dez. 1961 und an Martin Riesebrodt vom 17. Jan. 1979, Max Weber-Archiv, München.

welchem Umfang dies geschah, wissen wir nicht. Jedoch ist anzunehmen, daß die Korrekturen erst nach der definitiven Entscheidung des Verlags, „Wissenschaft als Beruf" zu veröffentlichen, also in den Wochen nach dem 31. Januar 1919, durchgeführt wurden. Vermutlich wurde zu dieser Zeit auch der Hinweis auf die „revolutionären Gewalthaber",[92] die einzige direkte Anspielung auf die aktuelle politische Lage, in den Text aufgenommen. Im übrigen geht aus dem oben abgedruckten Bericht der Münchner Neuesten Nachrichten über die Rede Max Webers vom 7. November 1917[93] hervor, daß der uns bekannte Text zumindest in seinen Grundzügen und partiell sogar wörtlich bereits im November 1917 formuliert war.[94] Am 21. Februar 1919 übergab Birnbaum dem Verlag das von Weber autorisierte Manuskript von „Wissenschaft als Beruf",[95] das Weber auf der Basis der Reinschrift des Stenogramms erstellt hatte. Dieses 24 Seiten umfassende Manuskript schickte der Verlag noch am selben Tag der Piererschen Hofbuchdruckerei mit der Aufforderung zu, bis zum 1. März 1919 einen ersten Fahnenabzug fertigzustellen.[96] Die Druckerei bestätigte am 24. Februar den Auftrag.[97] Die ersten Fahnen von „Wissenschaft als Beruf" wurden Max Weber am 3. März 1919 zugeschickt;[98] dieser sandte sie bereits am 5. März 1919 mit seinen Korrekturen an den Verlag zurück.[99]

Die äußere Form der beiden Hefte war bereits in dem Gespräch zwischen Birnbaum und dem Verlag Duncker & Humblot am 21. Februar 1919 festgelegt worden. Danach sollte auf dem Umschlag „‚Geistige Arbeit als Beruf‘. Vier Vorträge vor dem Freistudentischen Bund. Erster Vortrag: u.s.w." stehen.[100] Auf diese Regelung legte Birnbaum besonderen Wert, und er bat später den Verlag nochmals dringend, „wenn irgend möglich, den Namen des Freistudentischen Bundes auch auf den Umschlag zu setzen, da ich sonst von meinen Auftraggebern erschlagen werde."[101] Im März 1919 verfaßte Birnbaum ein „Nachwort" zu „Wissenschaft als Beruf", in dem er

**92** Siehe den Text, unten, S. 77.
**93** Siehe oben, S. 59f.
**94** Für die Übereinstimmungen, die sich bei einem Vergleich des Zeitungsberichts mit dem uns überlieferten Text ergeben, siehe die Gegenüberstellung im Anhang zum Editorischen Bericht, unten, S. 67–69.
**95** Vermerk über ein Gespräch zwischen Immanuel Birnbaum und dem Verlag Duncker & Humblot vom 21. Febr. 1919, Verlagsarchiv Duncker & Humblot, Privatbesitz.
**96** Brief des Verlags Duncker & Humblot an die Pierersche Hofbuchdruckerei vom 22. Febr. 1919, ebd.
**97** Brief der Piererschen Hofbuchdruckerei an den Verlag Duncker & Humblot vom 24. Febr. 1919, ebd.
**98** Brief des Verlags Duncker & Humblot an Max Weber vom 3. März 1919, ebd.
**99** Brief Max Webers an den Verlag Duncker & Humblot vom 5. März 1919, ebd.
**100** Siehe oben, Anm. 95.
**101** Brief Immanuel Birnbaums an den Verlag Duncker & Humblot vom 10. März 1919, ebd.

die Ziele der Freistudenten und ihrer Vortragsreihe „Geistige Arbeit als Beruf" deutlich machte:

„Lange, bevor die freistudentische Bewegung zur Klarheit in ihrer eigenen Zielsetzung durchstieß, hat sie Richtung und Sinn ihres Wollens und Tuns negativ am schlimmsten ihrer *Feinde* deutlich zu machen gewußt: am *Berufsstudenten*. ,Du sollst den Sinn des studentischen Lebens nicht in den Idealen sehen, die auf den Wappenschriften der Verbindungen verzeichnet sind; denn als Student gehörst du auf den Weg zur Wissenschaft, ob du nun das Ziel erreichst und schließlich selbst eine Wahrheit eroberst oder doch ein Stück von der Bahn von äußeren Hemmungen freimachen kannst für die nach dir Kommenden oder nur lernst, daß es gar nicht dein Weg ist und aufhörst, zu Unrecht Student sein zu wollen.' Hieß so der erste Satz unserer Predigt, so folgte spätestens doch als der zweite: ,Die Wissenschaft soll dir nicht Milchkuh sein; denn, wenn du im Studium nichts anderes suchst als die Vorbereitung für deinen Beruf, der dich nähren soll, wird dir Wissenschaft fremd bleiben. Du wirst verbürgern, nicht Diener des Geistes, sondern Knecht des Geldes sein, jetzt und immer.' Wo diese Lehre in unserer Bewegung rein zum Ausdruck kam – was freilich selten war –, war sie für das Berufsleben ratlos. Sie sah zunächst davon ab, und dann *verurteilte* sie es. Schwabs schöner Aufsatz ,Beruf und Jugend' (zuerst im Maiheft der ,Weißen Blätter' 1916[102]) formulierte das Urteil scharf. Die Reihe von Vorträgen vor Freistudenten, aus der diese Schriftenreihe hervorging, gehört für uns in den Berufungsprozeß gegen dieses Urteil. Sie gibt die Sachverständigengutachten. Unsere Frage war jedesmal: ,Wer sich ganz der ewigen Aufgabe hingibt, kann der in dieser Welt bestehen? Ist diese Hingabe innerlich, ist sie auch äußerlich heute möglich? Geistige Arbeit als Beruf?' Die Antworten mögen selbst für sich sprechen."[103]

Das genaue Erscheinungsdatum der Broschüre „Wissenschaft als Beruf" ist nicht bekannt, doch ist sie vermutlich Ende Juni/Anfang Juli 1919 erschienen. Die Verzögerung ergab sich vor allem deshalb, weil der Verlag „Wissenschaft als Beruf" und „Politik als Beruf" gemeinsam an den Buchhandel ausliefern wollte[104] und sich die Drucklegung von „Politik als Beruf" bis Ende Mai 1919 hinzog.[105] Am 5. Juli 1919 berichtete Max Weber seiner Frau, „,Politik als Beruf' und ,Wissenschaft als Beruf' sind nun fertig versandt, ich schicke Dir dieser Tage ein paar Ex[em]pl[are] zur Verwendung (Rickert, Jaspers, Thoma pp. schicke ich sie direkt)."[106] Im „Börsenblatt für

---

**102** Falsche Jahreszahl; siehe dazu oben, S. 52, Anm. 17. Der Aufsatz wurde später in der Monatsschrift „Freideutsche Jugend", 4. Jg., Heft 9, Sept. 1918, S. 305–315, wiederabgedruckt.
**103** „Nachwort", in: Weber, Max, Wissenschaft als Beruf. – München/Leipzig: Duncker & Humblot 1919, S. 38 f.
**104** Brief des Verlags Duncker & Humblot an Max Weber vom 3. März 1919, Verlagsarchiv Duncker & Humblot, Privatbesitz.
**105** Vgl. dazu den Editorischen Bericht zu „Politik als Beruf", unten, S. 134.
**106** Brief Max Webers an Marianne Weber von „Samstag" [5. Juli 1919], Bestand Max Weber-Schäfer, Deponat BSB München, Ana 446.

den Deutschen Buchhandel" werden sowohl „Wissenschaft als Beruf" als auch „Politik als Beruf" am 13. Oktober 1919 in der Rubrik „Erschienene Neuigkeiten des deutschen Buchhandels" aufgeführt.[107]

## Zur Überlieferung und Edition

Zwischen dem Vortrag und der Drucklegung von „Wissenschaft als Beruf" verstrichen fast anderthalb Jahre. Während dieser Zeit hat es mehrere Fassungen gegeben. Jedoch ist uns nur die Druckfassung überliefert.

Als erste Fassung muß die stenographische Mitschrift der Rede Max Webers vom 7. November 1917 gelten. Weder die stenographische Mitschrift noch die davon angefertigte Reinschrift, die Max Weber am 26. November 1917 zugeschickt wurde, sind erhalten. Auch der Durchschlag der Reinschrift, den Birnbaum in seinen Akten behielt,[1] ist nicht überliefert. Über den Inhalt der Rede unterrichtet der kurze Bericht in den Münchner Neuesten Nachrichten;[2] daraus geht hervor, daß der Text der Druckfassung zumindest in seinen Grundzügen und teilweise sogar wörtlich bereits im November 1917 formuliert war. Ein Vergleich zwischen dem Zeitungsbericht und den entsprechenden Passagen der Druckfassung findet sich in Form einer Gegenüberstellung als Anhang zu diesem Editorischen Bericht.

Vor der Drucklegung im Frühjahr 1919 ist die Reinschrift nach Auskunft Birnbaums von Max Weber „ziemlich gründlich korrigiert"[3] worden. Möglicherweise hat er dabei Änderungen und Ergänzungen vorgenommen. Diese sind, von einer Ausnahme abgesehen,[4] nicht mehr nachzuweisen, da auch diese zweite Fassung nicht überliefert ist. Max Weber dürfte diese Korrekturen in der Zeit vom 31. Januar, dem Tag der Entscheidung des Verlags Duncker & Humblot, „Wissenschaft als Beruf" zu veröffentlichen, und dem 21. Februar 1919, dem Tag der Manuskriptübergabe an den Verlag, vorgenommen haben.[5]

Im Zuge der Drucklegung wurden Max Weber Anfang März 1919 vom Verlag Duncker & Humblot die ersten Fahnen von „Wissenschaft als Beruf" zugeschickt. Auch diese Fahnen mit Webers Korrekturen sind nicht erhalten. Wie wir jedoch aus dem Briefwechsel zwischen ihm und dem Verlag

---

107 Börsenblatt für den Deutschen Buchhandel, Nr. 224 vom 13. Okt. 1919, S. 10009.

1 Siehe oben, S. 62.
2 Abgedruckt oben, S. 59 f.
3 Siehe oben, S. 63.
4 Siehe oben, S. 64.
5 Siehe oben, S. 64.

wissen, hat er sich für die Fahnenkorrektur nur wenig Zeit genommen,[6] was darauf hindeutet, daß er dabei den Text nicht mehr stark verändert hat.

Im folgenden wird der Text so abgedruckt, wie er in der Broschüre: Geistige Arbeit als Beruf. Vorträge vor dem Freistudentischen Bund. Erster Vortrag. Prof. Max Weber (München). Wissenschaft als Beruf. – München und Leipzig: Duncker & Humblot 1919, erschienen ist (**A**).

## Anhang zum Editorischen Bericht

Gegenüberstellung des Zeitungsberichts über die Rede „Wissenschaft als Beruf" von 1917 und der entsprechenden Passagen der Druckfassung von „Wissenschaft als Beruf" von 1919.

[Bericht der Münchner Neuesten Nachrichten, Nr. 567 vom 9. November 1917, Mo. Bl., S. 3.]

Zuerst wurde besprochen, wie sich die Wissenschaft als Beruf im äußeren Sinne des Wortes gestaltet; dabei war Gelegenheit, eigene Erinnerungen, auch aus dem Betrieb der amerikanischen Universitäten zu verwerten.

Der Kreis der Betrachtung erweiterte sich, als der Vortragende auf den inneren Beruf zur Wissenschaft zu sprechen kam. [...]
Es wurde darauf hingewiesen, daß die tüchtige Leistung heute die spezialistische Leistung sei.

[Wissenschaft als Beruf]

[S. 71] Ich soll nach Ihrem Wunsch über „Wissenschaft als Beruf" sprechen. Nun ist es eine gewisse Pedanterie von uns Nationalökonomen, an der ich festhalten möchte: daß wir stets von den äußeren Verhältnissen ausgehen, hier also von der Frage: Wie gestaltet sich Wissenschaft als Beruf im materiellen Sinne des Wortes? [...] Um zu verstehen, worin da die Besonderheit unserer deutschen Verhältnisse besteht, ist es zweckmäßig, vergleichend zu verfahren und sich zu vergegenwärtigen, wie es im Auslande dort aussieht, wo in dieser Hinsicht der schärfste Gegensatz gegen uns besteht: in den Vereinigten Staaten.
[S. 80] Ich glaube nun aber, Sie wollen in Wirklichkeit von etwas anderem: von dem *inneren* Berufe zur Wissenschaft, hören.
[S. 80] Eine wirklich endgültige und tüchtige Leistung ist heute stets: eine spezialistische Leistung.

---

**6** Siehe oben, S. 64.

Die Leidenschaft, das unbedingte „Der-Sache-dienen" ist die Voraussetzung der wissenschaftlichen Leistung.

Eines haben Künstler und Wissenschaftler gemein, den Einfall, die Phantasie,

doch die Wissenschaft dient dem Fortschritt, es ist geradezu ihr Sinn, überholt zu werden.

Begründete Erläuterung wurde hier dem Begriff „voraussetzungslose Wissenschaft".

Die wissenschaftliche Arbeit ist eingespannt in den Ablauf des Fortschritts.

Die Intellektualisierung bedeutet die Kenntnis der Lebensbedingungen, sie bedeutet den Glauben daran, daß, wenn man etwas wissen möchte, es wissen könnte, bedeutet die Entzauberung der Welt.

[S. 81] Ohne diesen seltsamen, von jedem Draußenstehenden belächelten Rausch, diese Leidenschaft, dieses: „Jahrtausende mußten vergehen, ehe du ins Leben tratest, und andere Jahrtausende warten schweigend": – darauf, ob dir diese Konjektur gelingt, hat einer den Beruf zur Wissenschaft *nicht* und tue etwas anderes.
[S. 84] „Persönlichkeit" auf wissenschaftlichem Gebiet hat nur der, der *rein der Sache* dient.
[S. 83] Die Eingebung spielt auf dem Gebiete der Wissenschaft [...] keine geringere Rolle als auf dem Gebiete der Kunst. [...] die mathematische Phantasie eines Weierstraß ist natürlich dem Sinn und Resultat nach ganz anders ausgerichtet als die eines Künstlers und qualitativ von ihr grundverschieden. Aber nicht dem psychologischen Vorgang nach.
[S. 85] Wissenschaftlich aber überholt zu werden, ist [...] nicht nur unser aller Schicksal, sondern unser aller Zweck.
[S. 93] Man pflegt heute häufig von „voraussetzungsloser" Wissenschaft zu sprechen. Gibt es das? Es kommt darauf an, was man darunter versteht.
[S. 85] Die wissenschaftliche Arbeit ist eingespannt in den Ablauf des *Fortschritts*.
[S. 86 f.] Die zunehmende Intellektualisierung und Rationalisierung bedeutet also *nicht* eine zunehmende allgemeine Kenntnis der Lebensbedingungen, unter denen man steht. Sondern sie bedeutet etwas anderes: das Wissen davon oder den Glauben daran: daß man, wenn man *nur wollte*, es jederzeit erfahren *könnte*, daß es also prinzipiell keine geheimnisvollen unberechenbaren Mächte gebe, die da hineinspielen, daß man vielmehr alle Dinge – im Prinzip – durch *Berechnen*

Was leistet die Wissenschaft fürs Leben? Sie gibt Kenntnisse, Methode des Denkens, Klarheit.

*beherrschen* könne. Das aber bedeutet: die Entzauberung der Welt. [S. 103] [...], was leistet denn nun eigentlich die Wissenschaft Positives für das praktische und persönliche „Leben"? [...] Zunächst natürlich: Kenntnisse über die Technik, wie man das Leben, die äußeren Dinge sowohl wie das Handeln der Menschen, durch Berechnung beherrscht [...]. Zweitens [...]: Methoden des Denkens, das Handwerkszeug und die Schulung dazu. [...] Aber damit ist die Leistung der Wissenschaft glücklicherweise auch noch nicht zu Ende, sondern wir sind in der Lage, Ihnen zu einem Dritten zu verhelfen: zur *Klarheit*.

Daß die Wissenschaft heute ein Beruf ist, das ist eine geschichtlich gewordene unentrinnbare Logik.

[S. 105] Daß Wissenschaft heute ein *fachlich* betriebener „Beruf" ist im Dienst der Selbstbesinnung und der Erkenntnis tatsächlicher Zusammenhänge, und nicht eine Heilsgüter und Offenbarungen spendende Gnadengabe von Sehern, Propheten oder ein Bestandteil des Nachdenkens von Weisen und Philosophen über den *Sinn* der Welt –, das freilich ist eine unentrinnbare Gegebenheit unserer historischen Situation, aus der wir, wenn wir uns selbst treu bleiben, nicht herauskommen können.

Auf die Frage: Was sollen wir nun tun?, gibt die Wissenschaft keine Antwort.

[S. 93] Was ist unter diesen inneren Voraussetzungen der Sinn der Wissenschaft als Beruf, da alle diese früheren Illusionen: „Weg zum wahren Sein", „Weg zur wahren Kunst", „Weg zur wahren Natur", „Weg zum wahren Gott", „Weg zum wahren Glück", versunken sind. Die einfachste Antwort hat Tolstoj gegeben mit den Worten: „Sie ist sinnlos, weil sie auf die allein für uns wichtige Frage: ‚Was sollen wir tun? Wie sollen wir leben?' keine Antwort gibt." Die Tatsache, daß sie diese Antwort nicht gibt, ist schlechthin unbestreitbar.

# Geistige Arbeit als Beruf

## Vorträge vor dem
## Freistudentischen Bund

Erster Vortrag

# Prof. Max Weber
(München)

# Wissenschaft als Beruf

München und Leipzig
Verlag von Duncker & Humblot
1919

# Wissenschaft als Beruf

Ich soll nach Ihrem Wunsch über „Wissenschaft als Beruf" sprechen. Nun ist es eine gewisse Pedanterie von uns Nationalökonomen, an der ich festhalten möchte: daß wir stets von den äußeren Verhältnis-
5 sen ausgehen, hier also von der Frage: Wie gestaltet sich Wissenschaft als Beruf im materiellen Sinne des Wortes? Das bedeutet aber praktisch heute im wesentlichen: Wie gestaltet sich die Lage eines absolvierten Studenten, der entschlossen ist, der Wissenschaft innerhalb des akademischen Lebens sich berufsmäßig hinzugeben? Um zu
10 verstehen, worin da die Besonderheit unserer deutschen Verhältnisse besteht, ist es zweckmäßig, vergleichend zu verfahren und sich zu vergegenwärtigen, wie es im Auslande dort aussieht, wo in dieser Hinsicht der schärfste Gegensatz gegen uns besteht: in den Vereinigten Staaten.
15    Bei uns – das weiß jeder – beginnt normalerweise die Laufbahn eines jungen Mannes, der sich der Wissenschaft als Beruf hingibt, als „Privatdozent". Er habilitiert sich nach Rücksprache und mit Zustimmung des betreffenden Fachvertreters, auf Grund eines Buches und eines meist mehr formellen Examens vor der Fakultät, an einer
20 Universität und hält nun, unbesoldet, entgolten nur durch das Kolleggeld der Studenten,[1] Vorlesungen, deren Gegenstand er innerhalb seiner venia legendi selbst bestimmt. In Amerika beginnt die Laufbahn normalerweise ganz anders, nämlich durch Anstellung als „assistant". In ähnlicher Art etwa, wie das bei uns an den großen
25 Instituten der naturwissenschaftlichen und medizinischen Fakultäten vor sich zu gehen pflegt, wo die förmliche Habilitation als Privatdozent nur von einem Bruchteil der Assistenten und oft erst spät erstrebt wird. Der Gegensatz bedeutet praktisch: daß bei uns die

---

1 Das Kolleggeld wurde seitens der Universität von jedem Studenten entsprechend der belegten Vorlesungs- und Seminarwochenstunden erhoben und an die Hochschullehrer weitergegeben. Je größer die Zahl der Hörer eines Hochschullehrers, desto höher deshalb sein Kolleggeld. Für die beamteten Hochschullehrer war das Kolleggeld ein wichtiger Bestandteil ihres Einkommens; die Privatdozenten erhielten hingegen keinerlei Gehalt, sondern waren ausschließlich auf das Kolleggeld angewiesen.

Laufbahn eines Mannes der Wissenschaft im ganzen auf plutokrati-
schen Voraussetzungen aufgebaut ist.[2] Denn es ist außerordentlich
gewagt für einen jungen Gelehrten, der keinerlei Vermögen hat,
überhaupt den Bedingungen der akademischen Laufbahn sich auszu-
setzen. Er muß es mindestens eine Anzahl Jahre aushalten können,      5
A 4 ohne irgendwie zu | wissen, ob er nachher die Chancen hat, einzurük-
ken in eine Stellung, die für den Unterhalt ausreicht. In den Vereinigten Staaten dagegen besteht das bureaukratische System. Da wird
der junge Mann von Anfang an besoldet. Bescheiden freilich. Der
Gehalt entspricht meist kaum der Höhe der Entlohnung eines nicht    10
völlig ungelernten Arbeiters. Immerhin: er beginnt mit einer scheinbar sicheren Stellung, denn er ist fest besoldet. Allein die Regel ist,
daß ihm, wie unseren Assistenten, gekündigt werden kann, und das
hat er vielfach rücksichtslos zu gewärtigen, wenn er den Erwartungen nicht entspricht. Diese Erwartungen aber gehen dahin, daß er    15
„volle Häuser" macht. Das kann einem deutschen Privatdozenten
nicht passieren. Hat man ihn einmal, so wird man ihn nicht mehr los.
Zwar „Ansprüche" hat er nicht. Aber er hat doch die begreifliche
Vorstellung: daß er, wenn er jahrelang tätig war, eine Art morali-
sches Recht habe, daß man auf ihn Rücksicht nimmt. Auch – das ist    20
oft wichtig – bei der Frage der eventuellen Habilitierung anderer
Privatdozenten. Die Frage: ob man grundsätzlich jeden, als tüchtig
legitimierten, Gelehrten habilitieren oder ob man auf den „Lehrbe-
darf" Rücksicht nehmen, also den einmal vorhandenen Dozenten
ein Monopol des Lehrens geben solle, ist ein peinliches Dilemma,    25
welches mit dem bald zu erwähnenden Doppelgesicht des akademischen Berufes zusammenhängt. Meist entscheidet man sich für das
zweite.[3] Das bedeutet aber eine Steigerung der Gefahr, daß der
betreffende Fachordinarius, bei subjektiv größter Gewissenhaftig-
keit, doch seine eigenen Schüler bevorzugt. Persönlich habe ich – um   30
das zu sagen – den Grundsatz befolgt: daß ein bei mir promovierter

---

2 Nach den Untersuchungen Franz Eulenburgs aus dem Jahre 1908 stammte der weit
überwiegende Teil der Privatdozenten an den deutschen Universitäten aus Familien der
höheren Einkommensschichten. Eulenburg, Franz, Der „akademische Nachwuchs". Eine
Untersuchung über die Lage und die Aufgaben der Extraordinarien und Privatdozenten. –
Leipzig/Berlin: B. G. Teubner 1908, S. 17 ff.
3 Im Kaiserreich war es an den deutschen Universitäten grundsätzlich üblich, die Zahl der
Privatdozenten in einem bestimmten Fachgebiet unter Berücksichtigung des Lehrbedarfs
in engen Grenzen zu halten.

Gelehrter sich bei einem *andern* als mir und anderswo legitimieren und habilitieren müsse. Aber das Resultat war: daß einer meiner tüchtigsten Schüler anderwärts abgewiesen wurde,[4] weil niemand ihm *glaubte*, daß dies der Grund sei.

5 Ein weiterer Unterschied gegenüber Amerika ist der: Bei uns hat im allgemeinen der Privatdozent *weniger* mit Vorlesungen zu tun, als er wünscht. Er kann zwar dem Rechte nach jede Vorlesung[a] seines Faches lesen. Das gilt aber | als ungehörige Rücksichtslosigkeit ge- A 5 genüber den älteren vorhandenen Dozenten, und in der Regel hält 10 die „großen" Vorlesungen der Fachvertreter, und der Dozent begnügt sich mit Nebenvorlesungen. Der Vorteil ist: er hat, wennschon etwas unfreiwillig, seine jungen Jahre für die wissenschaftliche Arbeit frei.

In Amerika ist das prinzipiell anders geordnet. Gerade in seinen 15 jungen Jahren ist der Dozent absolut überlastet, weil er eben *bezahlt* ist. In einer germanistischen Abteilung z. B. wird der ordentliche Professor etwa ein dreistündiges Kolleg über Goethe lesen und damit: genug –, während der jüngere *assistant* froh ist, wenn er, bei zwölf Stunden die Woche, neben dem Einbläuen der deutschen 20 Sprache etwa bis zu Dichtern vom Range Uhlands hinauf etwas zugewiesen bekommt. Denn den Lehrplan schreiben die amtlichen Fachinstanzen vor, und darin ist der *assistant* ebenso wie bei uns der Institutsassistent abhängig.

**a** A: Vorlesungen

**4** Weber denkt hier möglicherweise an seinen Schüler Robert Liefmann (1874–1941). Liefmann hatte in den 1890er Jahren in Freiburg bei Max Weber studiert und dort 1897 mit einer Arbeit über Unternehmerverbände promoviert. Wie aus einer Reihe von Briefen Liefmanns an Weber, der mittlerweile nach Heidelberg übergewechselt war, aus dem Jahr 1900 hervorgeht, stießen seine Bemühungen, sich anschließend zu habilitieren, sowohl in Freiburg als auch in Bonn und Göttingen bei einigen der jeweiligen Fachvertreter auf Widerstand. Er zeigte sich erleichtert darüber, daß Weber schließlich erklärt habe, „daß er, wie die Sachen jetzt stünden, seine früheren Bedenken gegen die Habilitation eines seiner Schüler in Heidelberg nicht mehr in gleichem Maße hege." (Brief Robert Liefmanns an Max Weber vom 24. Febr. 1900, Bestand Max Weber-Schäfer, Deponat BSB München, Ana 446.) Offensichtlich scheiterte jedoch auch der Plan, Liefmann in Heidelberg zu habilitieren. Liefmann wandte sich daraufhin an die Philosophische Fakultät der Universität Gießen, die im Sommer 1900 eine gutachterliche Äußerung Webers über Liefmann erbat und auch erhielt. (Brief Marianne Webers an Helene Weber vom 10. Juli [1900], ebd.) Liefmann wurde schließlich in Gießen bei Magnus Biermer mit einer Arbeit über „Die Allianzen, gemeinsame monopolistische Vereinigungen der Unternehmer und Arbeiter in England". – Jena: Gustav Fischer 1900, habilitiert.

Nun können wir bei uns mit Deutlichkeit beobachten: daß die neueste Entwicklung des Universitätswesens auf breiten Gebieten der Wissenschaft in der Richtung des amerikanischen verläuft. Die großen Institute medizinischer oder naturwissenschaftlicher Art sind „staatskapitalistische" Unternehmungen. Sie können nicht verwaltet 5 werden ohne Betriebsmittel größten Umfangs. Und es tritt da der gleiche Umstand ein wie überall, wo der kapitalistische Betrieb einsetzt: die „Trennung des Arbeiters von den Produktionsmitteln".[5] Der Arbeiter, der Assistent also, ist angewiesen auf die Arbeitsmittel, die vom Staat zur Verfügung gestellt werden; er ist 10 infolgedessen vom Institutsdirektor ebenso abhängig wie ein Angestellter in einer Fabrik: – denn der Institutsdirektor stellt sich ganz gutgläubig vor, daß dies Institut *„sein"* Institut sei, und schaltet darin, – und er steht häufig ähnlich prekär wie jede „proletaroide" Existenz[6] und wie der assistent der amerikanischen Universität. 15

Unser deutsches Universitätsleben amerikanisiert sich, wie unser Leben überhaupt, in sehr wichtigen Punkten, und diese Entwick-
A 6 lung, das bin ich überzeugt, wird weiter übergreifen | auch auf die Fächer, wo, wie es heute noch in meinem Fache in starkem Maße der Fall ist, der Handwerker das Arbeitsmittel (im wesentlichen: die 20 Bibliothek) selbst besitzt, ganz entsprechend, wie es der alte Handwerker in der Vergangenheit innerhalb des Gewerbes auch tat. Die Entwicklung ist in vollem Gange.

Die technischen Vorzüge sind ganz unzweifelhaft, wie bei allen kapitalistischen und zugleich bureaukratisierten Betrieben. Aber 25 der „Geist", der in ihnen herrscht, ist ein anderer als die althistori-

---

**5** Vermutlich Anspielung auf die Analyse von Karl Marx: „Der Process, der das Kapitalverhältniss schafft, kann also nichts andres sein als der Scheidungsprocess des Arbeiters vom Eigenthum an seinen Arbeitsbedingungen, ein Process, der einerseits die gesellschaftlichen Lebens- und Produktionsmittel in Kapital verwandelt, andrerseits die unmittelbaren Producenten in Lohnarbeiter. Die sog. ursprüngliche Akkumulation ist also nichts als der historische Scheidungsprocess von Producent und Produktionsmittel." Marx, Karl, Das Kapital. Kritik der politischen Ökonomie, Band 1, 5. Aufl., hg. von Friedrich Engels. – Hamburg: Otto Meissner 1903, S. 680.
**6** Bei Sombart, Werner, Das Proletariat. Bilder und Studien. – Frankfurt a. M.: Rütten & Loening 1906, S. 5 ff., wird zwischen „proletarischen" und „proletaroiden" Existenzen unterschieden, wobei Sombart der ersten Gruppe, den sog. „Vollblutproletariern", alle lohnabhängigen Arbeiter und kleinen Angestellten, der zweiten Gruppe, die er „Halbblut" nennt, unter anderem eine als selbständige „Habenichtse" bezeichnete Bevölkerungsschicht zurechnet, die das für einen unabhängigen Status erforderliche Kapital nicht besitzt.

sche Atmosphäre der deutschen Universitäten. Es besteht eine
außerordentlich starke Kluft, äußerlich und innerlich, zwischen dem
Chef eines solchen großen kapitalistischen Universitätsunterneh-
mens und dem gewöhnlichen Ordinarius alten Stils. Auch in der
5 inneren Haltung. Ich möchte das hier nicht weiter ausführen. Innerlich ebenso wie äußerlich ist die alte Universitäts*verfassung* fiktiv
geworden.[7] Geblieben aber und wesentlich gesteigert ist ein der
Universitäts*laufbahn* eigenes Moment: Ob es einem solchen Privatdozenten, vollends einem Assistenten, jemals gelingt, in die Stelle
10 eines vollen Ordinarius und gar eines Institutsvorstandes einzurük-
ken, ist eine Angelegenheit, die einfach *Hazard* ist. Gewiß: nicht nur
der Zufall herrscht, aber er herrscht doch in ungewöhnlich hohem
Grade. Ich kenne kaum eine Laufbahn auf Erden, wo er eine solche
Rolle spielt. Ich darf das um so mehr sagen, als ich persönlich es
15 einigen absoluten Zufälligkeiten zu verdanken habe, daß ich seinerzeit in sehr jungen Jahren in eine ordentliche Professur eines Faches
berufen wurde,[8] in welchem damals Altersgenossen unzweifelhaft
mehr als ich geleistet hatten. Und ich bilde mir allerdings ein, auf
Grund dieser Erfahrung ein geschärftes Auge für das unverdiente
20 Schicksal der vielen zu haben, bei denen der Zufall gerade umge-

---

**7** Die deutsche Universitätsverfassung beruhte in erster Linie auf der Idee der Einheit der
Wissenschaft, der Einheit von Forschung und Lehre sowie der Einheit von Lehrenden und
Lernenden. Die kleinste Organisationseinheit war der Lehrstuhl, dessen Inhaber, der
Ordinarius, für eine angemessene Vertretung seines Fachs in Forschung und Lehre zu
sorgen hatte. Um die Jahrhundertwende begann, vor allem in Preußen unter der Leitung
Friedrich Althoffs, ein systematischer Ausbau der Universitäten zu wissenschaftlichen
Großbetrieben. Damit wurde das Prinzip der Vertretung der einzelnen Fachgebiete durch
jeweils einen Ordinarius zunehmend ausgehöhlt. Durch Eingriffe der staatlichen Bürokra-
tie in die Hochschulautonomie, durch die finanzielle Beteiligung privater Geldgeber an
wissenschaftlichen Großprojekten und durch die Etablierung universitätsunabhängiger
Wissenschafts- und Forschungsinstitute, so unter anderem der Kaiser-Wilhelm-Institute,
wurde diese Entwicklung verstärkt. Vgl. dazu u. a. Brocke, Bernhard vom, Hochschul- und
Wissenschaftspolitik in Preußen und im Deutschen Kaiserreich 1882–1907: das „System
Althoff", in: Bildungspolitik in Preußen zur Zeit des Kaiserreichs, hg. von Peter Baumgart. –
Stuttgart: Klett-Cotta 1980, S. 9–118.
**8** Max Weber war gerade 30 Jahre alt, als er am 25. April 1894 zum ordentlichen Professor
für „Nationalökonomie und Finanzwissenschaft" an der Universität Freiburg ernannt
wurde, obwohl er sich nicht für dieses Fach, sondern für „Römisches (Staats- und Privat-)
Recht und Handelsrecht" habilitiert hatte. In nationalökonomischen Fachkreisen war man
auf ihn vor allem durch seine 1892 im Rahmen einer Enquete des Vereins für Socialpolitik
erschienene Arbeit „Die Lage der Landarbeiter im ostelbischen Deutschland" (Schriften
des Vereins für Socialpolitik 55). – Leipzig: Duncker & Humblot 1892 (MWG I/3), aufmerk-
sam geworden.

kehrt gespielt hat und noch spielt, und die trotz aller Tüchtigkeit
innerhalb dieses Ausleseapparates nicht an die Stelle gelangen, die
ihnen gebühren würde.

Daß nun der Hazard und nicht die Tüchtigkeit als solche eine so
große Rolle spielt, liegt nicht allein und nicht einmal vorzugsweise an     5
A 7  den Menschlichkeiten, die natürlich bei dieser | Auslese ganz ebenso
vorkommen wie bei jeder anderen. Es wäre unrecht, für den Umstand, daß zweifellos so viele Mittelmäßigkeiten an den Universitäten eine hervorragende Rolle spielen, persönliche Minderwertigkei-
ten von Fakultäten oder Ministerien verantwortlich zu machen. Son-     10
dern das liegt an den Gesetzen menschlichen Zusammenwirkens,
zumal eines Zusammenwirkens mehrerer Körperschaften, hier: der
vorschlagenden Fakultäten mit den Ministerien, an sich. Ein Gegen-
stück: wir können durch viele Jahrhunderte die Vorgänge bei den
Papstwahlen[9] verfolgen: das wichtigste kontrollierbare Beispiel     15
gleichartiger Personenauslese. Nur selten hat der Kardinal, von dem
man sagt: er ist „Favorit", die Chance, durchzukommen. Sondern in
der Regel der Kandidat Nummer zwei oder drei. Das gleiche beim
Präsidenten der Vereinigten Staaten: nur ausnahmsweise der allererste, aber: prononcierteste, Mann, sondern meist Nummer zwei, oft     20
Nummer drei, kommt in die „Nomination" der Parteikonventionen
hinein und nachher in den Wahlgang: die Amerikaner haben für
diese Kategorien schon technisch soziologische Ausdrücke gebildet,[10] und es wäre ganz interessant, an diesen Beispielen die Gesetze
einer Auslese durch Kollektivwillensbildung zu untersuchen. Das     25

---

**9** Seit dem Hochmittelalter wird der Papst unter zunehmendem Ausschluß der Öffentlichkeit, im sog. Konklave, von den Kardinälen gewählt. Die Wahl kann durch Akklamation
stattfinden, wird jedoch üblicherweise in geheimer Abstimmung, bei der eine Zweidrittel-
Mehrheit erforderlich ist, vollzogen.

**10** Seit der Mitte des 19. Jahrhunderts erfolgt die Nominierung der Präsidentschaftskan-
didaten einer Partei in den sog. „National Conventions", die wenige Monate vor der
Präsidentschaftswahl stattfinden und deren Delegierte den Willen der jeweiligen Parteian-
hänger repräsentieren. Nach Bryce, James, The American Commonwealth, Vol. 2. –
London: Macmillan 1888, S. 551 ff., unterteilen sich die auf den Konventen vorgestellten
Bewerber in drei Kategorien: die „Favourites", die „Dark Horses" und die „Favourite
Sons". Die „Favourites" sind populäre Politiker, die die größten Chancen haben, die
Delegiertenstimmen auf sich zu vereinigen, die „Dark Horses" sind in der Parteiarbeit
ausgewiesene Außenseiter, auf die der Konvent zurückgreift, falls der Favorit doch keine
Mehrheit findet, und die „Favourite Sons" besitzen zwar ähnliche Führungseigenschaften
wie die „Favourites", haben aber einen geringeren Bekanntheitsgrad. Sie sind wie die
„Dark Horses" Außenseiter.

tun wir heute hier nicht. Aber sie gelten auch für Universitätskollegien, und zu wundern hat man sich nicht darüber, daß da öfter Fehlgriffe erfolgen, sondern daß eben doch, verhältnismäßig angesehen, immerhin die Zahl der *richtigen* Besetzungen eine trotz allem
5 sehr bedeutende ist. Nur wo, wie in einzelnen Ländern, die Parlamente oder, wie bei uns bisher, die Monarchen (beides wirkt ganz gleichartig) oder jetzt revolutionäre Gewalthaber aus *politischen* Gründen eingreifen,[11] kann man sicher sein, daß bequeme Mittelmäßigkeiten oder Streber allein die Chancen für sich haben.

[11] Zu den zahlreichen Eingriffen des preußischen Kultusministeriums bei Lehrstuhlbesetzungen vgl. u.a. Huber, Ernst Rudolf, Deutsche Verfassungsgeschichte seit 1789, Band 4, 2. Aufl. – Stuttgart/Berlin/Köln/Mainz: W. Kohlhammer 1982, S. 949–970. Weber selbst hatte sich im Jahre 1908 mit einigen Zeitungsartikeln in den Konflikt um den Berliner Nationalökonomen Ludwig Bernhard eingeschaltet, dem das preußische Kultusministerium, ohne Rücksprache mit der Berliner Philosophischen Fakultät, einen Lehrstuhl zugesichert hatte. Siehe: Frankfurter Zeitung, Nr. 168 vom 18. Juni 1908, 1. Mo.Bl., S. 1; Nr. 172 vom 22. Juni 1908, Ab.Bl., S. 1; Nr. 174 vom 24. Juni 1908, 2. Mo.Bl., S. 1; sowie Nr. 190 vom 10. Juli 1908, 4. Mo.Bl., S. 1 (MWG I/13). Seit November 1918 versuchten die verschiedenen deutschen Revolutionsregierungen, Einfluß auf Berufungsverfahren zu nehmen. So wurden beispielsweise die beiden sozialdemokratischen Journalisten Heinrich Cunow (1862–1936) und Paul Lensch (1873–1926) auf Wunsch der mehrheitssozialdemokratischen Mitglieder im Rat der Volksbeauftragten zu a.o. Professoren für Sozial- und Wirtschaftsgeschichte an der Universität Berlin ernannt. Siehe dazu: Karl Kautsky, in: Die Volkswirtschaftslehre der Gegenwart in Selbstdarstellungen, Band 1, hg. von Felix Meiner. – Leipzig: Felix Meiner 1924, S. 146. Auch die Verhandlungen über die Nachfolge des Nationalökonomen Lujo Brentano an der Universität München, auf dessen Lehrstuhl Max Weber im Frühjahr 1919 berufen wurde, waren nicht frei von politischen Einflüssen. Entgegen der Vorschlagsliste der Fakultät, die den Nationalökonomen Moritz Julius Bonn an die erste Stelle und den Nationalökonomen Gerhart von Schulze-Gaevernitz gemeinsam mit Max Weber an die zweite Stelle gesetzt hatte, beschloß der bayerische Ministerrat in seiner Sitzung am 18. Januar 1919, die Verhandlungen mit Max Weber aufzunehmen. Siehe dazu: Die Regierung Eisner 1918/19. Ministerratsprotokolle und Dokumente, bearb. von Franz J. Bauer. – Düsseldorf: Droste 1987, S. 313. Webers Berufung wurde am 26. März 1919 auf einer Sitzung des Aktionsausschusses der Arbeiter- und Soldatenräte heftig kritisiert; es wurde gefordert, den Lehrstuhl für Nationalökonomie mit einer Persönlichkeit zu besetzen, die „die Gesinnung der Jugend mit sozialistischem Geist zu durchtränken versteht." Max Weber habe sich dagegen stets in „bürgerlich-kapitalistischen Gedankengängen" bewegt. (Protokoll der Aktions-Ausschuß-Sitzung vom 26. März 1919. BayHStA, Arbeiter- und Soldatenrat 4, fol. 4 f.). In der Resolution (Resolutionsentwurf: BayHStA, Arbeiter- und Soldatenrat 17), die einstimmig verabschiedet wurde und die explizit gegen Max Weber gerichtet war, verlangte der Aktionsausschuß, „daß der freigewordene Lehrstuhl für Nationalökonomie lediglich von einem Manne besetzt wird, der tiefes Verständnis hat für die Nöte des schwerringenden Volkes, vor allem aber dem Sozialismus nicht feindselig gegenübersteht." Vgl. dazu Linse, Ulrich, Hochschulrevolution. Zur Ideologie und Praxis sozialistischer Studentengruppen während der deutschen Revolutionszeit 1918/19, in: Archiv für Sozialgeschichte, Band 14, 1974, S. 11 f.

Kein Universitätslehrer denkt gern an Besetzungserörterungen
zurück, denn sie sind selten angenehm. Und doch darf ich sagen: der
gute *Wille*, rein sachliche Gründe entscheiden zu lassen, war in den
mir bekannten zahlreichen Fällen ohne Ausnahme da.

A 8    Denn man muß sich weiter verdeutlichen: es liegt nicht nur | an der     5
Unzulänglichkeit der Auslese durch kollektive Willensbildung, daß
die Entscheidung der akademischen Schicksale so weitgehend „Hazard" ist. Jeder junge Mann, der sich zum Gelehrten berufen fühlt,
muß sich vielmehr klarmachen, daß die Aufgabe, die ihn erwartet,
ein Doppelgesicht hat. Er soll qualifiziert sein als Gelehrter nicht    10
nur, sondern auch: als Lehrer. Und beides fällt ganz und gar nicht
zusammen. Es kann jemand ein ganz hervorragender Gelehrter und
ein geradezu entsetzlich schlechter Lehrer sein. Ich erinnere an die
Lehrtätigkeit von Männern wie Helmholtz oder wie Ranke. Und das
sind nicht etwa seltene Ausnahmen. Nun liegen aber die Dinge so,    15
daß unsere Universitäten, zumal die kleinen Universitäten, untereinander in einer Frequenzkonkurrenz lächerlichster Art sich befinden. Die Hausagrarier[12] der Universitätsstädte feiern den tausend-
sten Studenten durch eine Festlichkeit, den zweitausendsten Studenten aber am liebsten durch einen Fackelzug.[13] Die Kolleggeldinter-    20
essen[14] – man soll das doch offen zugeben – werden durch eine
„zugkräftige" Besetzung der nächstbenachbarten Fächer mitbe-
rührt, und auch abgesehen davon ist nun einmal die Hörerzahl ein
ziffernmäßig greifbares Bewährungsmerkmal, während die Gelehr-
tenqualität unwägbar und gerade bei kühnen Neuerern oft (und ganz    25
natürlicherweise) umstritten ist. Unter dieser Suggestion von dem

---

**12** Herkunft und Bedeutung dieses Begriffs sind umstritten. Zum einen konnten damit die
Eigentümer von kleinen Bauernstellen gemeint sein; zum anderen wurden mit „Hausagra-
riern" auch Mitglieder der städtischen Haus- und Grundbesitzervereine bezeichnet, die im
Kaiserreich eine rigide Interessenpolitik zur Wahrung ihres Besitzstandes betrieben. Vgl.
dazu Becker, C., Hausagrarier, in: Die Nation. Wochenschrift für Politik, Volkswirthschaft
und Litteratur, 18. Jg., Nr. 46 vom 17. Aug. 1901, S. 725–727.
**13** Seit den 60er Jahren des 19. Jahrhunderts stellten etwa die Heidelberger Prorektoren
die Frequenzentwicklung an ihrer Universität an den Anfang ihrer alljährlichen Rechen-
schaftsberichte. Dabei entwickelte sich gegen Ende des Jahrhunderts ein regelrechter
Wettstreit zwischen den beiden badischen Universitäten Heidelberg und Freiburg um die
Studentenzahlen, in dessen Verlauf die Überschreitung einer neuen Tausender-Grenze in
Freiburg sogar mit Universitätsfesten begangen wurde. Vgl. dazu Riese, Reinhard, Die
Hochschule auf dem Wege zum wissenschaftlichen Großbetrieb. Die Universität Heidel-
berg und das badische Hochschulwesen 1860–1914. – Stuttgart: Ernst Klett 1977,
S. 58 ff.
**14** Vgl. oben, S. 71, Anm. 1.

unermeßlichen Segen und Wert der großen Hörerzahl steht daher meist alles. Wenn es von einem Dozenten heißt: er ist ein schlechter Lehrer, so ist das für ihn meist das akademische Todesurteil, mag er der allererste Gelehrte der Welt sein. Die Frage aber: ob einer ein
5 guter oder ein schlechter Lehrer ist, wird beantwortet durch die Frequenz, mit der ihn die Herren Studenten beehren. Nun ist es aber eine Tatsache, daß der Umstand, daß die Studenten einem Lehrer zuströmen, in weitgehendstem Maße von reinen Äußerlichkeiten bestimmt ist: Temperament, sogar Stimmfall, – in einem Grade, wie
10 man es nicht für möglich halten sollte. Ich habe nach immerhin ziemlich ausgiebigen Erfahrungen und nüchterner Überlegung ein tiefes Mißtrauen gegen die Massenkollegien,[15] so unvermeidbar gewiß auch sie sind. Die Demokratie da, wo sie hingehört. Wissenschaftliche | Schulung aber, wie wir sie nach der Tradition der deut- A 9
15 schen Universitäten an diesen betreiben sollen, ist eine *geistesaristo-kratische* Angelegenheit, das sollten wir uns nicht verhehlen. Nun ist es freilich andererseits wahr: die Darlegung wissenschaftlicher Probleme so, daß ein ungeschulter, aber aufnahmefähiger Kopf sie versteht, und daß er – was für uns das allein Entscheidende ist – zum
20 selbständigen Denken darüber gelangt, ist vielleicht die pädagogisch schwierigste Aufgabe von allen. Gewiß: aber darüber, ob sie gelöst wird, entscheiden nicht die Hörerzahlen. Und – um wieder auf unser Thema zu kommen – eben diese Kunst ist eine persönliche Gabe und fällt mit den wissenschaftlichen Qualitäten eines Gelehrten ganz und
25 gar nicht zusammen. Im Gegensatz zu Frankreich aber haben wir keine Körperschaft der „Unsterblichen"[16] der Wissenschaft, sondern es sollen unserer Tradition gemäß die Universitäten beiden Anforderungen: der Forschung und der Lehre, gerecht werden. Ob die Fähigkeiten dazu sich aber in einem Menschen zusammenfinden,
30 ist absoluter Zufall.

Das akademische Leben ist also ein wilder Hazard. Wenn junge Gelehrte um Rat fragen kommen wegen Habilitation, so ist die

---

15 Hier dürfte Max Weber unter anderem auf seine Erfahrungen an der Universität Wien anspielen, an der er im Sommersemester 1918 gelehrt hatte. Seine Vorlesungen waren ständig überfüllt, was ihn sehr belastete. Siehe dazu Heuss, Theodor, Erinnerungen 1905–1933, 5. Aufl. – Tübingen: Rainer Wunderlich Verlag Hermann Leins 1964, S. 225.
16 Gemeint ist die im 17. Jahrhundert gegründete „Académie française", deren Aufgabe es ist, die französische Sprache rein zu erhalten und zu fördern. Ihre Mitglieder – hauptsächlich französische Schriftsteller – werden aufgrund der Devise der Akademie: „A l'immortalité", häufig die „Unsterblichen" genannt.

Verantwortung des Zuredens fast nicht zu tragen. Ist er ein Jude, so
sagt man ihm natürlich: lasciate ogni speranza.[17] Aber auch jeden
anderen muß man auf das Gewissen fragen: Glauben Sie, daß Sie es
aushalten, daß Jahr um Jahr Mittelmäßigkeit nach Mittelmäßigkeit
über Sie hinaussteigt, ohne innerlich zu verbittern und zu verderben?          5
Dann bekommt man selbstverständlich jedesmal die Antwort: Natürlich, ich lebe nur meinem „Beruf"; – aber ich wenigstens habe es
nur von sehr wenigen erlebt, daß sie das ohne inneren Schaden für
sich aushielten.

Soviel schien nötig über die äußeren Bedingungen des Gelehrten-          10
berufs zu sagen.

Ich glaube nun aber, Sie wollen in Wirklichkeit von etwas anderem: von dem *inneren* Berufe zur Wissenschaft, hören. In der heutigen Zeit ist die innere Lage gegenüber dem Betrieb der Wissenschaft
als Beruf bedingt zunächst dadurch, daß die Wissenschaft in ein          15
A 10    Stadium der Spezialisierung einge|treten ist, wie es früher unbekannt
war, und daß dies in alle Zukunft so bleiben wird. Nicht nur äußerlich, nein, gerade innerlich liegt die Sache so: daß der einzelne das
sichere Bewußtsein, etwas wirklich ganz Vollkommenes auf wissenschaftlichem Gebiet zu leisten, nur im Falle strengster Spezialisie-          20
rung sich verschaffen kann. Alle Arbeiten, welche auf Nachbarge-
biete übergreifen, wie wir sie gelegentlich machen, wie gerade z. B.
die Soziologen sie notwendig immer wieder machen müssen, sind mit
dem resignierten Bewußtsein belastet: daß man allenfalls dem Fachmann nützliche *Fragestellungen* liefert, auf die dieser von seinen          25
Fachgesichtspunkten aus nicht so leicht verfällt, daß aber die eigene
Arbeit unvermeidlich höchst unvollkommen bleiben muß. Nur
durch strenge Spezialisierung kann der wissenschaftliche Arbeiter
tatsächlich das Vollgefühl, einmal und vielleicht nie wieder im Leben, sich zu eigen machen: hier habe ich etwas geleistet, was *dauern*          30
wird. Eine wirklich endgültige und tüchtige Leistung ist heute stets:
eine spezialistische Leistung. Und wer also nicht die Fähigkeit besitzt, sich einmal sozusagen Scheuklappen anzuziehen und sich hin-
einzusteigern in die Vorstellung, daß das Schicksal seiner Seele
davon abhängt: ob er diese, gerade diese Konjektur an dieser Stelle          35

---

**17** „Laßt alle Hoffnung fahren." Teil des letzten Verses der Inschrift über der Höllenpforte
in Dante Alighieris „Göttlicher Komödie", Inferno III/9. Im Kaiserreich wurde Wissenschaftlern jüdischer Abkunft zwar nicht der Zugang zur akademischen Laufbahn verwehrt,
doch wurden sie bei der Besetzung von Ordinariaten nur selten berücksichtigt.

dieser Handschrift richtig macht, der bleibe der Wissenschaft nur ja
fern. Niemals wird er in sich das durchmachen, was man das „Erlebnis" der Wissenschaft nennen kann. Ohne diesen seltsamen, von
jedem Draußenstehenden belächelten Rausch, diese Leidenschaft,
5 dieses: „Jahrtausende mußten vergehen, ehe du ins Leben tratest,
und andere Jahrtausende warten schweigend":[18] – darauf, ob dir
diese Konjektur gelingt, hat einer den Beruf zur Wissenschaft *nicht*
und tue etwas anderes. Denn nichts ist für den Menschen als Menschen etwas wert, was er nicht mit *Leidenschaft* tun *kann*.
10   Nun ist es aber Tatsache: daß mit noch so viel von solcher Leidenschaft, so echt und tief sie sein mag, das Resultat sich noch lange
nicht erzwingen läßt. Freilich ist sie eine Vorbedingung des Entscheidenden: der „Eingebung". Es ist ja wohl heute in den Kreisen der
Jugend die Vorstellung sehr verbreitet, die Wissenschaft sei ein
15 Rechenexempel geworden, das | in Laboratorien oder statistischen   A 11
Kartotheken[b] mit dem kühlen Verstand allein und nicht mit der
ganzen „Seele" fabriziert werde, so wie „in einer Fabrik". Wobei vor
allem zu bemerken ist: daß dabei meist weder über das, was in einer
Fabrik noch was in einem Laboratorium vorgeht, irgendwelche Klar-
20 heit besteht. Hier wie dort muß dem Menschen etwas – und zwar das
richtige – *einfallen*, damit er irgend etwas Wertvolles leistet. Dieser
Einfall aber läßt sich nicht erzwingen. Mit irgendwelchem kalten
Rechnen hat er nichts zu tun. Gewiß: auch das ist unumgängliche
Vorbedingung. Jeder Soziologe z. B. darf sich nun einmal nicht zu
25 schade dafür sein, auch noch auf seine alten Tage vielleicht monate-
lang viele zehntausende ganz trivialer Rechenexempel im Kopfe zu

**b** A: Karthoteken

18 Es handelt sich um einen von Max Weber häufig zitierten Ausspruch, den er an anderer
Stelle dem britischen Schriftsteller und Historiker Thomas Carlyle zuschreibt; vgl. Weber,
Max, Zur Lage der bürgerlichen Demokratie in Rußland, Beilage zum 1. Heft des 22. Bandes des AfSS, 1906, S. 349f. (MWG I/10, S. 273). In dieser Form ist das Zitat in den
Werken Carlyles jedoch nicht nachgewiesen. Es könnte sich allenfalls auf Äußerungen
Carlyles über Dante beziehen, den er als die „Stimme zehn schweigender Jahrhunderte"
bezeichnete. Carlyle, Thomas, Über Helden, Heldenverehrung und das Heldenthümliche
in der Geschichte. – Leipzig: Otto Wigand 1895, S. 98 ff. Vermutlich hat Weber das Zitat
und die Zuordnung von dem deutschen Philosophen und Carlyle-Forscher Paul Hensel
übernommen, der es während seines Vortrags auf dem Kongreß anläßlich der Weltausstellung in St. Louis im Jahre 1904 gebrauchte. Vgl. Congress of Arts and Science.
Universal Exposition, St. Louis 1904, hg. von Howard J. Rogers, Vol. 1. – Boston/New
York: Houghton, Mifflin and Co. 1905, S. 414. Max Weber hat es dort dann bei seinem
eigenen Vortrag erstmals benutzt, ebd., Vol. 7, 1906, S. 746 (MWG I/8).

machen.[19] Man versucht nicht ungestraft, das auf mechanische Hilfskräfte ganz und gar abzuwälzen, wenn man etwas herausbekommen
will, – und was schließlich herauskommt, ist oft blutwenig. Aber,
wenn ihm nicht doch etwas Bestimmtes über die Richtung seines
Rechnens und, während des Rechnens, über die Tragweite der ent-  5
stehenden Einzelresultate „einfällt", dann kommt selbst dies Blut-
wenige nicht heraus. Nur auf dem Boden ganz harter Arbeit bereitet
sich normalerweise der Einfall vor. Gewiß: nicht immer. Der Einfall
eines Dilettanten kann wissenschaftlich genau die gleiche oder größere Tragweite haben wie der des Fachmanns. Viele unserer allerbe-  10
sten Problemstellungen und Erkenntnisse verdanken wir gerade Dilettanten. Der Dilettant unterscheidet sich vom Fachmann – wie
Helmholtz über Robert Mayer gesagt hat – nur dadurch, daß ihm die
feste Sicherheit der Arbeitsmethode fehlt, und daß er daher den
Einfall meist nicht in seiner Tragweite nachzukontrollieren und ab-  15
zuschätzen oder durchzuführen in der Lage ist.[20] Der Einfall ersetzt
nicht die Arbeit. Und die Arbeit ihrerseits kann den Einfall nicht
ersetzen oder erzwingen, so wenig wie die Leidenschaft es tut. Beide
– vor allem: beide *zusammen* – locken ihn. Aber er kommt, wenn es

**19** Max Weber spielt hier auf eigene Erfahrungen an; so hatte er unter anderem für seine
Untersuchung „Zur Psychophysik der industriellen Arbeit", in: AfSS, Band 27, 1908,
S. 730–770, Band 28, 1909, S. 219–277 und 719–761, sowie Band 29, 1909,
S. 513–542 (MWG I/11), „*50000* Rechenexempel in 6 Wochen" eigenhändig durchgeführt. Brief Max Webers an Paul Siebeck vom 8. Jan. 1909, VA Mohr/Siebeck, Deponat
BSB München, Ana 446.
**20** Als Zitat nicht nachgewiesen. Robert Mayer hatte während seiner Tätigkeit als Schiffs-
arzt zu Beginn der 40er Jahre des 19. Jahrhunderts das Gesetz von der Erhaltung der
Energie entdeckt. Insbesondere die mangelnde Fähigkeit Mayers, seine Entdeckung
physikalisch korrekt zu formulieren, führte dazu, daß seine Forschungen in Fachkreisen
zunächst nicht zur Kenntnis genommen wurden. Hermann von Helmholtz, dessen eigene
Abhandlung „Über die Erhaltung der Kraft" 1847 erschienen war, würdigte später in einem
Zusatz anläßlich der Neuveröffentlichung dieser Schrift die Leistungen Mayers und ging
dann grundsätzlich auf das Verhältnis von wissenschaftlicher Entdeckung und deren
experimenteller Überprüfung ein. Dabei kam er zu dem Ergebnis, daß der Erfinder einer
Idee nicht notwendig verpflichtet sei, den zweiten, experimentellen Teil der Arbeit auch
selbst durchzuführen. Allerdings warnte Helmholtz davor, Mayer nun „als einen Heros im
Felde des reinen Gedankens" zu feiern, denn die von Mayer „metaphysisch formulirten
Scheinbeweise" mußten „jedem an strenge wissenschaftliche Methodik gewöhnten Naturforscher [...] als die schwächste Stelle seiner Auseinandersetzungen erscheinen."
Helmholtz, Hermann von, Über die Erhaltung der Kraft. – Leipzig: Wilhelm Engelmann
1889, S. 56 ff. Ähnlich argumentierte Helmholtz auch in seinen Bemerkungen über „Ro-
bert Mayer's Priorität", abgedruckt in: Helmholtz, Hermann von, Vorträge und Reden,
Band 1, 5. Aufl. – Braunschweig: Friedrich Vieweg und Sohn 1903, S. 401–414.

ihm, nicht, wenn es uns beliebt. Es ist in der Tat richtig, daß die besten Dinge einem so, wie Ihering es schildert: bei der Zigarre auf dem Kanapee,[21] oder | wie Helmholtz mit naturwissenschaftlicher A 12 Genauigkeit für sich angibt: beim Spaziergang auf langsam steigen-
5 der Straße,[22] oder ähnlich, jedenfalls aber dann, wenn man sie nicht erwartet, einfallen, und nicht während des Grübelns und Suchens am Schreibtisch. Sie wären einem nur freilich nicht eingefallen, wenn man jenes Grübeln am Schreibtisch und wenn man das leidenschaftliche Fragen nicht hinter sich gehabt hätte. Wie dem aber sei: – diesen
10 Hazard, der bei jeder wissenschaftlichen Arbeit mit unterläuft: kommt die „Eingebung" oder nicht? auch den muß der wissenschaftliche Arbeiter in Kauf nehmen. Es kann einer ein vorzüglicher Arbeiter sein und doch nie einen eigenen wertvollen Einfall gehabt haben. Nur ist es ein schwerer Irrtum, zu glauben, das sei nur in der
15 Wissenschaft so und z. B. in einem Kontor gehe es etwa anders zu wie in einem Laboratorium. Ein Kaufmann oder Großindustrieller ohne „kaufmännische Phantasie", d. h. ohne Einfälle, geniale Einfälle, der ist sein Leben lang nur ein Mann, der am besten Kommis oder technischer Beamter bliebe: nie wird er organisatorische Neuschöp-
20 fungen gestalten. Die Eingebung spielt auf dem Gebiete der Wissenschaft ganz und gar nicht – wie sich der Gelehrtendünkel einbildet – eine größere Rolle als auf dem Gebiete der Bewältigung von Problemen des praktischen Lebens durch einen modernen Unternehmer. Und sie spielt andererseits – was auch oft verkannt wird – keine
25 geringere Rolle als auf dem Gebiete der Kunst. Es ist eine kindliche Vorstellung, daß ein Mathematiker an einem Schreibtisch mit einem Lineal oder mit anderen mechanischen Mitteln oder Rechenmaschinen zu irgendwelchem wissenschaftlich wertvollen Resultat käme: die mathematische Phantasie eines Weierstraß ist natürlich dem Sinn
30 und Resultat nach ganz anders ausgerichtet als die eines Künstlers und qualitativ von ihr grundverschieden. Aber nicht dem psychologischen Vorgang nach. Beide sind: Rausch (im Sinne von Platons „Mania"[23]) und „Eingebung".

---

21 Ihering, Rudolf von, Scherz und Ernst in der Jurisprudenz. Eine Weihnachtsgabe für das juristische Publikum, 10. Aufl. – Leipzig: Breitkopf und Härtel 1909, S. 125 ff.
22 Hermann von Helmholtz in der Tischrede anläßlich seines 70. Geburtstags, abgedruckt in: Helmholtz, Vorträge und Reden, Band 1, S. 15 f.
23 Platon, Phaidros, 244 a – 245 a.

Nun: ob jemand wissenschaftliche Eingebungen hat, das hängt ab
von uns verborgenen Schicksalen, außerdem aber von „Gabe".
Nicht zuletzt auf Grund jener zweifellosen Wahrheit hat nun eine
A 13 ganz begreiflicherweise gerade bei der | Jugend sehr populäre Ein-
stellung sich in den Dienst einiger Götzen gestellt, deren Kult wir 5
heute an allen Straßenecken und in allen Zeitschriften sich breit
machen finden. Jene Götzen sind: die „Persönlichkeit" und das
„Erleben". Beide sind eng verbunden: die Vorstellung herrscht, das
letztere mache die erstere aus und gehöre zu ihr. Man quält sich ab,
zu „erleben", – denn das gehört ja zur standesgemäßen Lebensfüh- 10
rung einer Persönlichkeit, – und gelingt es nicht, dann muß man
wenigstens so tun, als habe man diese Gnadengabe. Früher nannte
man dies „Erlebnis" auf deutsch: „Sensation". Und von dem, was
„Persönlichkeit" sei und bedeute, hatte man eine – ich glaube –
zutreffendere Vorstellung. 15
    Verehrte Anwesende! „Persönlichkeit" auf wissenschaftlichem
Gebiet hat nur der, der *rein der Sache* dient. Und nicht nur auf
wissenschaftlichem Gebiet ist es so. Wir kennen keinen großen
Künstler, der je etwas anderes getan hätte, als seiner Sache und nur
ihr zu dienen. Es hat sich, soweit seine Kunst in Betracht kommt, 20
selbst bei einer Persönlichkeit vom Range Goethes gerächt, daß er
sich die Freiheit nahm: sein „Leben" zum Kunstwerk machen zu
wollen.[24] Aber mag man das bezweifeln, – jedenfalls muß man eben
ein Goethe sein, um sich das überhaupt erlauben zu dürfen, und
wenigstens das wird jeder zugeben: unbezahlt ist es auch bei jemand 25
wie ihm, der alle Jahrtausende einmal erscheint, nicht geblieben. Es
steht in der Politik nicht anders. Davon heute nichts.[25] Auf dem
Gebiet der Wissenschaft aber ist derjenige ganz gewiß keine „Persönlichkeit", der als Impresario der Sache, der er sich hingeben
sollte, mit auf die Bühne tritt, sich durch „Erleben" legitimieren 30
möchte und fragt: Wie beweise ich, daß ich etwas anderes bin als nur
ein „Fachmann", wie mache ich es, daß ich, in der Form oder in der

---

24 Diese Einschätzung geht möglicherweise auf eine Bemerkung Wilhelm Diltheys zu-
rück, der es als „poetische Grundrichtung" Goethes bezeichnet hatte, „das eigene
Leben, die eigene Persönlichkeit zum Kunstwerk zu formen". Dilthey, Wilhelm, Das
Erlebnis und die Dichtung. Lessing, Goethe, Novalis, Hölderlin, 3., erw. Aufl. – Leipzig:
B. G. Teubner 1910, S. 216f.
25 Möglicherweise Hinweis auf den Vortrag „Politik als Beruf", den Max Weber am 28.
Januar 1919 hielt.

Sache, etwas sage, das so noch keiner gesagt hat wie ich: – eine heute
massenhaft auftretende Erscheinung, die überall kleinlich wirkt, und
die denjenigen herabsetzt, der so fragt, statt daß ihn die innere
Hingabe an die Aufgabe und nur an sie auf die Höhe und zu der
5 Würde der Sache emporhöbe, der er zu dienen vorgibt. Auch das ist
beim Künstler nicht anders. – |

Diesen mit der Kunst gemeinsamen Vorbedingungen unserer Ar- A 14
beit steht nun gegenüber ein Schicksal, das sie von der künstlerischen
Arbeit tief unterscheidet. Die wissenschaftliche Arbeit ist einge-
10 spannt in den Ablauf des *Fortschritts*. Auf dem Gebiete der Kunst
dagegen gibt es – in diesem Sinne – keinen Fortschritt. Es ist nicht
wahr, daß ein Kunstwerk einer Zeit, welche neue technische Mittel
oder etwa die Gesetze der Perspektive sich erarbeitet hatte, um
deswillen rein künstlerisch höher stehe als ein aller Kenntnis jener
15 Mittel und Gesetze entblößtes Kunstwerk, – *wenn* es nur material-
und formgerecht war, das heißt: wenn es seinen Gegenstand so
wählte und formte, wie dies ohne Anwendung jener Bedingungen
und Mittel kunstgerecht zu leisten war. Ein Kunstwerk, das wirklich
„Erfüllung" ist, wird nie überboten, es wird nie veralten; der einzel-
20 ne kann seine Bedeutsamkeit für sich persönlich verschieden ein-
schätzen; aber niemand wird von einem Werk, das wirklich im künstlerischen Sinne „Erfüllung" ist, jemals sagen können, daß es durch
ein anderes, das ebenfalls „Erfüllung" ist, „überholt" sei. Jeder von
uns dagegen in der Wissenschaft weiß, daß das, was er gearbeitet hat,
25 in 10, 20, 50 Jahren veraltet ist. Das ist das Schicksal, ja: das ist der
*Sinn* der Arbeit der Wissenschaft, dem sie, in ganz spezifischem
Sinne gegenüber allen anderen Kulturelementen, für die es sonst
noch gilt, unterworfen und hingegeben ist: jede wissenschaftliche
„Erfüllung" bedeutet neue „Fragen" und *will* „überboten" werden
30 und veralten. Damit hat sich jeder abzufinden, der der Wissenschaft
dienen will. Wissenschaftliche Arbeiten können gewiß dauernd, als
„Genußmittel" ihrer künstlerischen Qualität wegen, oder als Mittel
der Schulung zur Arbeit, wichtig bleiben. Wissenschaftlich aber
überholt zu werden, ist – es sei wiederholt – nicht nur unser aller
35 Schicksal, sondern unser aller Zweck. Wir können nicht arbeiten,
ohne zu hoffen, daß andere weiter kommen werden als wir. Prinzipiell geht dieser Fortschritt in das Unendliche. Und damit kommen
wir zu dem *Sinnproblem* der Wissenschaft. Denn das versteht sich ja
doch nicht so von selbst, daß etwas, das einem solchen Gesetz

A 15 unterstellt ist, Sinn und Verstand | in sich selbst hat. Warum betreibt
man etwas, das in der Wirklichkeit nie zu Ende kommt und kommen
kann? Nun zunächst: zu rein praktischen, im weiteren Wortsinn:
technischen Zwecken: um unser praktisches Handeln an den Erwartungen orientieren zu können, welche die wissenschaftliche Erfah-   5
rung uns an die Hand gibt. Gut. Aber das bedeutet nur etwas für den
Praktiker. Welches aber ist die innere Stellung des Mannes der
Wissenschaft selbst zu seinem Beruf? – wenn er nämlich nach einer
solchen überhaupt sucht. Er behauptet: die Wissenschaft „um ihrer
selbst willen" und nicht nur dazu zu betreiben, weil andere damit   10
geschäftliche oder technische Erfolge herbeiführen, sich besser nähren, kleiden, beleuchten, regieren können. Was glaubt er denn aber
Sinnvolles damit, mit diesen stets zum Veralten bestimmten Schöp-
fungen, zu leisten, damit also, daß er sich in diesen fachgeteilten, ins
Unendliche laufenden Betrieb einspannen läßt? Das erfordert einige   15
allgemeine Erwägungen.

Der wissenschaftliche Fortschritt ist ein Bruchteil, und zwar der
wichtigste Bruchteil jenes Intellektualisierungsprozesses, dem wir
seit Jahrtausenden unterliegen, und zu dem heute üblicherweise in so
außerordentlich negativer Art Stellung genommen wird.   20

Machen wir uns zunächst klar, was denn eigentlich diese intellektualistische Rationalisierung durch Wissenschaft und wissenschaftlich orientierte Technik praktisch bedeutet. Etwa, daß wir heute,
jeder z. B., der hier im Saale sitzt, eine größere Kenntnis der Lebensbedingungen hat, unter denen er existiert, als ein Indianer oder ein   25
Hottentotte? Schwerlich. Wer von uns auf der Straßenbahn fährt,
hat – wenn er nicht Fachphysiker ist – keine Ahnung, wie sie das
macht, sich in Bewegung zu setzen. Er braucht auch nichts davon zu
wissen. Es genügt ihm, daß er auf das Verhalten des Straßenbahnwa-
gens „rechnen" kann, er orientiert sein Verhalten daran; aber wie   30
man eine Trambahn so herstellt, daß sie sich bewegt, davon weiß er
nichts. Der Wilde weiß das von seinen Werkzeugen ungleich besser.
Wenn wir heute Geld ausgeben, so wette ich, daß, sogar wenn
A 16 nationalökonomische Fachkollegen im Saale | sind, fast jeder eine
andere Antwort bereit halten wird auf die Frage: Wie macht das   35
Geld es, daß man dafür etwas – bald viel, bald wenig – kaufen kann?
Wie der Wilde es macht, um zu seiner täglichen Nahrung zu kommen, und welche Institutionen ihm dabei dienen, das weiß er. Die
zunehmende Intellektualisierung und Rationalisierung bedeutet also

*nicht* eine zunehmende allgemeine Kenntnis der Lebensbedingungen, unter denen man steht. Sondern sie bedeutet etwas anderes: das
Wissen davon oder den Glauben daran: daß man, wenn man *nur*
*wollte*, es jederzeit erfahren *könnte*, daß es also prinzipiell keine
geheimnisvollen unberechenbaren° Mächte gebe, die da hineinspielen, daß man vielmehr alle Dinge – im Prinzip – durch *Berechnen*
*beherrschen* könne. Das aber bedeutet: die Entzauberung der Welt.
Nicht mehr, wie der Wilde, für den es solche Mächte gab, muß man
zu magischen Mitteln greifen, um die Geister zu beherrschen oder zu
erbitten. Sondern technische Mittel und Berechnung leisten das.
Dies vor allem bedeutet die Intellektualisierung als solche.

Hat denn aber nun dieser in der okzidentalen Kultur durch Jahrtausende fortgesetzte Entzauberungsprozeß und überhaupt: dieser
„Fortschritt", dem die Wissenschaft als Glied und Triebkraft mit
angehört, irgendeinen über dies rein Praktische und Technische
hinausgehenden Sinn? Aufgeworfen finden Sie diese Frage am prin-
zipiellsten in den Werken Leo Tolstojs. Auf einem eigentümlichen
Wege kam er dazu. Das ganze Problem seines Grübelns drehte sich
zunehmend um die Frage: ob der *Tod* eine sinnvolle Erscheinung sei
oder nicht. Und die Antwort lautet bei ihm: für den Kulturmenschen
– nein.[26] Und zwar deshalb nicht, weil ja das zivilisierte, in den
„Fortschritt", in das Unendliche hineingestellte einzelne Leben seinem eigenen immanenten Sinn nach kein Ende haben dürfte. Denn
es liegt ja immer noch ein weiterer Fortschritt vor dem, der darin

c  A: unberechenbare

[26] Tolstoj hat sich wiederholt, so etwa in „Drei Tode" (Leo N. Tolstoj. Sämtliche Werke,
hg. von Raphael Löwenfeld, III. Serie, Band 4. – Leipzig: Eugen Diederichs 1901,
S. 304–328) oder in „Der Tod des Iwan Iljitsch" (Gesammelte Werke, I. Serie, Band 7. –
Jena: Eugen Diederichs 1911, S. 6–114), mit der Problematik des Todes auseinandergesetzt und die These vertreten, daß vor allem der Mensch höherer Bildung der Angst vor
dem Tod unterliege. In einem Brief an die Gräfin Aleksandra Andreevna Tolstoja verdeut-
licht Tolstoj seine Einschätzung unter Hinweis auf das Sterben einer Adeligen und eines
einfachen Mannes in „Drei Tode": „Die Barynja ist beklagenswert und widerwärtig [...]
Das Christentum, wie sie es versteht, löst für sie die Frage des Lebens und des Todes
nicht. Wozu sterben, wenn man leben will? [...] Der Muschik stirbt ruhig [...] Seine
Religion ist die Natur, mit der er gelebt hat. Er fällte Bäume, säte Roggen, mähte ihn, er
schlachtete Hämmel, Hämmel wurden bei ihm geboren und Kinder kamen bei ihm zur
Welt, Greise starben, und er kennt dieses Gesetz, von dem er sich nie abgewendet hat,
[...] genau und hat ihm direkt und einfach ins Auge geschaut." Leo Tolstoi's Briefwechsel
mit der Gräfin A. A. Tolstoi 1857–1903. – München: Georg Müller 1913, S. 115.

steht; niemand, der stirbt, steht auf der Höhe, welche in der Unend-
lichkeit liegt. Abraham oder irgendein Bauer der alten Zeiten starb
„alt und lebensgesättigt",[27] weil er im organischen Kreislauf des
A 17  Lebens stand, weil sein Leben auch | seinem Sinn nach ihm am
Abend seiner Tage gebracht hatte, was es bieten konnte, weil für ihn      5
keine Rätsel, die er zu lösen wünschte, übrig blieben und er deshalb
„genug" daran haben konnte. Ein Kulturmensch aber, hineingestellt
in die fortwährende Anreicherung der Zivilisation mit Gedanken,
Wissen, Problemen, der kann „lebensmüde" werden, aber nicht:
lebensgesättigt. Denn er erhascht von dem, was das Leben des          10
Geistes stets neu gebiert, ja nur den winzigsten Teil, und immer nur
etwas Vorläufiges, nichts Endgültiges, und deshalb ist der Tod für
ihn eine sinnlose Begebenheit. Und weil der Tod sinnlos ist, ist es
auch das Kulturleben als solches, welches ja eben durch seine sinnlose „Fortschrittlichkeit" den Tod zur Sinnlosigkeit stempelt. Überall      15
in seinen späten Romanen findet sich dieser Gedanke als Grundton
der Tolstojschen Kunst.

Wie stellt man sich dazu? Hat der „Fortschritt" als solcher einen
erkennbaren, über das Technische hinausreichenden Sinn, so daß
dadurch der Dienst an ihm ein sinnvoller Beruf würde? Die Frage      20
muß aufgeworfen werden. Das ist nun aber nicht mehr nur die Frage
des Berufs *für* die Wissenschaft, das Problem also: Was bedeutet die
Wissenschaft als Beruf für den, der sich ihr hingibt, sondern schon
die andere: Welches ist der *Beruf der Wissenschaft* innerhalb des
Gesamtlebens der Menschheit? und welches ihr Wert?          25

Ungeheuer ist da nun der Gegensatz zwischen Vergangenheit und
Gegenwart. Wenn Sie sich erinnern an das wundervolle Bild zu
Anfang des siebenten Buches von Platons Politeia:[28] jene gefesselten
Höhlenmenschen, deren Gesicht gerichtet ist auf die Felswand vor
ihnen, hinter ihnen liegt die Lichtquelle, die sie nicht sehen können,      30
sie befassen sich daher nur mit den Schattenbildern, die sie auf die
Wand wirft, und suchen ihren Zusammenhang zu ergründen. Bis es
einem von ihnen gelingt, die Fesseln zu sprengen, und er dreht sich
um und erblickt: die Sonne. Geblendet tappt er umher und stammelt
von dem, was er sah. Die anderen sagen, er sei irre. Aber allmählich      35

27  1. Mose 25,8.
28  Platon, Politeia, 514a–517a.

lernt er in das Licht zu schauen, und dann ist seine Aufgabe, hinabzu-
steigen zu den Höhlenmenschen und sie empor|zuführen an das   A 18
Licht. Er ist der Philosoph, die Sonne aber ist die Wahrheit der
Wissenschaft, die allein nicht nach Scheingebilden und Schatten
5 hascht, sondern nach dem wahren Sein.

Ja, wer steht heute so zur Wissenschaft? Heute ist die Empfindung
gerade der Jugend wohl eher die umgekehrte: Die Gedankengebilde
der Wissenschaft sind ein hinterweltliches Reich von künstlichen
Abstraktionen, die mit ihren dürren Händen Blut und Saft des
10 wirklichen Lebens einzufangen trachten, ohne es doch je zu erha-
schen. Hier im Leben aber, in dem, was für Platon das Schattenspiel
an den Wänden der Höhle war, pulsiert die wirkliche Realität: das
andere sind von ihr abgeleitete und leblose Gespenster und sonst
nichts. Wie vollzog sich diese Wandlung? Die leidenschaftliche Be-
15 geisterung Platons in der Politeia erklärt sich letztlich daraus, daß
damals zuerst der Sinn eines der großen Mittel allen$^d$ wissenschaftlichen Erkennens bewußt gefunden war: des *Begriffs*. Von Sokrates ist
er in seiner Tragweite entdeckt. Nicht von ihm allein in der Welt. Sie
können in Indien ganz ähnliche Ansätze einer Logik finden,[29] wie die
20 des Aristoteles ist. Aber nirgends mit diesem Bewußtsein der Bedeutung. Hier zum erstenmal schien ein Mittel zur Hand, womit man
jemanden in den logischen Schraubstock setzen konnte, so daß er
nicht herauskam, ohne zuzugeben: entweder daß er nichts wisse:
oder daß dies und nichts anderes die Wahrheit sei, die *ewige* Wahr-
25 heit, die nie vergehen würde, wie das Tun und Treiben der blinden
Menschen. Das war das ungeheure Erlebnis, das den Schülern des
Sokrates aufging. Und daraus schien zu folgen, daß, wenn man nur
den rechten Begriff des Schönen, des Guten, oder auch etwa der
Tapferkeit, der Seele – und was es sei – gefunden habe, daß man
30 dann auch ihr wahres Sein erfassen könne, und das wieder schien den
Weg an die Hand zu geben, zu wissen und zu lehren: wie man im

---

**d** A: aller

---

**29** Gemeint ist vermutlich das philosophische System des Nyāya-Vaiśeṣika, in dem die
Ordnung des Weltbildes sachlich-realistisch durchgeführt wird, ohne Rückgang auf ein
transzendentes Prinzip. Im Zentrum stehen eine Kategorienlehre sowie eine auf logischen
Analogieschlüssen basierende Erkenntnistheorie, die die gesamte indische Philosophie
beeinflußte.

Leben, vor allem: als Staatsbürger, richtig handle. Denn auf diese
Frage kam den durch und durch politisch denkenden Hellenen alles
an. Deshalb betrieb man Wissenschaft.

Neben diese Entdeckung des hellenischen Geistes trat nun als
A 19 Kind der Renaissancezeit das zweite große Werkzeug | wissenschaft-      5
licher Arbeit: das rationale Experiment, als Mittel zuverlässig kon-
trollierter Erfahrung, ohne welches die heutige empirische Wissenschaft unmöglich wäre. Experimentiert hatte man auch früher: phy-
siologisch z. B. in Indien im Dienst der asketischen Technik des
Yogi,[30] in der hellenischen Antike mathematisch zu kriegstechni-      10
schen Zwecken, im Mittelalter z. B. zum Zwecke des Bergbaus.
Aber das Experiment zum Prinzip der Forschung als solcher erhoben
zu haben, ist die Leistung der Renaissance. Und zwar bildeten die
Bahnbrecher die großen Neuerer auf dem Gebiete der *Kunst*: Lionardo und seinesgleichen, vor allem charakteristisch die Experimen-      15
tatoren in der Musik des 16. Jahrhunderts mit ihren Versuchsklavie-
ren.[31] Von ihnen wanderte das Experiment in die Wissenschaft vor
allem durch Galilei, in die Theorie durch Bacon; und dann übernah-
men es die exakten Einzeldisziplinen an Universitäten des Konti-
nents, zunächst vor allem in Italien und den Niederlanden.      20

Was bedeutete nun die Wissenschaft diesen Menschen an der
Schwelle der Neuzeit? Den künstlerischen Experimentatoren von
der Art Lionardos und den musikalischen Neuerern bedeutete sie
den Weg zur *wahren* Kunst, und das hieß für sie zugleich: zur wahren
*Natur*. Die Kunst sollte zum Rang einer Wissenschaft, und das hieß      25
zugleich und vor allem: der Künstler zum Rang eines Doktors, sozial
und dem Sinne seines Lebens nach, erhoben werden. Das ist der
Ehrgeiz, der z. B. auch Lionardos Malerbuch[32] zugrunde liegt. Und

---

**30** Anhänger des Yoga, eines indischen philosophischen Systems, das von der Möglichkeit der Selbsterlösung durch Meditation und Askese ausging und dabei eine komplizierte
Lehre hinsichtlich der äußeren Hilfsmittel zur Konzentration des Denkvermögens entwik-
kelte.
**31** Den Musikexperimentatoren des 16. Jahrhunderts ging es dabei in erster Linie um die
„Herstellung von reingestimmten Instrumenten für vielstimmige Kompositionen". Siehe
dazu Webers eigene Arbeit: Die rationalen und soziologischen Grundlagen der Musik. –
München: Drei Masken Verlag 1921, S. 91 (MWG I/14).
**32** Gemeint ist der von Francesco Melzi um 1530 aus Manuskripten Leonardo da Vincis
zusammengestellte „Trattato della Pittura", in dem sich Leonardo ausführlich mit der
Frage beschäftigt, inwieweit die Malerei zu den Wissenschaften zählt. Siehe Ludwig,
Heinrich (Hg.), Lionardo da Vinci. Das Buch von der Malerei. Deutsche Ausgabe. Nach
dem Codex Vaticanus 1270, 2 Bände. – Wien: Wilhelm Braumüller 1882.

heute? „Die Wissenschaft als der Weg zur Natur" – das würde der
Jugend klingen wie eine Blasphemie. Nein, umgekehrt: Erlösung
vom Intellektualismus der Wissenschaft, um zur eigenen Natur und
damit zur Natur überhaupt zurückzukommen! Als Weg zur Kunst
5 vollends? Da bedarf es keiner Kritik. – Aber man erwartete von der
Wissenschaft im Zeitalter der Entstehung der exakten Naturwissenschaften noch mehr. Wenn Sie sich an den Ausspruch Swammer-
dams erinnern: „ich bringe Ihnen hier den Nachweis der Vorsehung
Gottes in der Anatomie einer Laus",[33] so sehen Sie, was die (indi-
10 rekt) protestantisch und puritanisch beeinflußte wissenschaftliche
Arbeit damals sich als ihre eigene Aufgabe dachte: den | Weg zu  A 20
Gott. Den fand man damals nicht mehr bei den Philosophen und
ihren Begriffen und Deduktionen: – daß Gott auf diesem Weg nicht
zu finden sei, auf dem ihn das Mittelalter gesucht hatte, das wußte die
15 ganze pietistische Theologie der damaligen Zeit, Spener vor allem.[34]

**33** Sowohl die Schreibweisen Swammerdam wie Swammerdamm sind überliefert. Das
Zitat findet sich bei Swammerdamm, Johann, Bibel der Natur, worinnen die Insekten in
gewisse Classen vertheilt, sorgfältig beschrieben, zergliedert, in saubern Kupferstichen
vorgestellt, mit vielen Anmerkungen über die Seltenheiten der Natur erleutert, und zum
Beweis der Allmacht und Weisheit des Schöpfers angewendet werden. – Leipzig: Johann
Friedrich Gleditschens Buchhandlung 1752. Dort heißt es auf S. 30: „Sendschreiben von
der Menschen Laus an den hoch angesehnen Herrn Thevenot, ehedem Abgesandten des
Königs von Frankreich an den freyen Staat von Genua. Hochedler Herr. Ich stelle hiermit
Ew. Hochedl. in der Zergliederung einer Laus den allmächtigen Finger GOttes vor Augen."
**34** Spener, Philipp Jacob, Theologische Bedencken und andere Brieffliche Antworten auf
geistliche / sonderlich zur erbauung gerichtete materien / zu unterschiedenen zeiten
aufgesetzet / endlich auf langwieriges Anhalten Christlicher Freunde in einige Ordnung
gebracht / und nun zum dritten mal heraus gegeben. Erster Theil. – Halle: In Verlegung des
Waysen-Hauses 1712. In der Sectio XLVI: „Von einrichtung der Philosophischen wissen-
schafften / sonderlich der Physic, zur Christlichen erbauung", S. 232, heißt es: „Und halte
ich es vor eine in dem 2. geboth ernstlich verbotene entheiligung göttlichen namens / wo
man dessen wercke in der natur also ansihet / daß man auf denselben bloß stehen bleibet /
und nicht ihrem eigenen zweck gemäß / als welche ja zu der ehr und preiß ihres GOttes
erschaffen sind / in ihnen auch den Schöpffer erkennen zu lernen trachtet / und also
solche erkantnus ferner zu seinem dienst und liebe richtet. Aller fleiß und arbeit / so hieran
gethan wird / wird wohl und tausendmal besser angeleget seyn / als alle in Physicis
unnützliche Aristotelische Metaphysische grillen / damit (ob wol sonsten die Metaphysic
dero abstractiones und die contemplationes transcendentales nicht weniger an ihrem ort
ihren nutzen haben) unsre physic lang gantz verdorben geblieben / und ob sie von einiger
zeit durch mehrere beobachtung der experimenten an statt voriger speculation in einen
bessern stand ist gesetzet worden". In dem von Max Weber benutzten Exemplar dieses
Werkes in der Universitätsbibliothek Heidelberg finden sich an dieser Stelle Unterstrei-
chungen und Marginalien von Webers Hand. Die Marginalien lauten: „also: die *Früchte*
des Schöpfers ausforschend", „*deshalb* gegen die Metaphysic *als* Grundlage der Wissenschaftslehre des Pietismus".

Gott ist verborgen, seine Wege sind nicht unsere Wege, seine Gedanken nicht unsere Gedanken.[35] In den exakten Naturwissenschaften aber, wo man seine Werke physisch greifen konnte, da hoffte
man, seinen Absichten mit der Welt auf die Spur zu kommen. Und
heute? Wer – außer einigen großen Kindern, wie sie sich gerade in      5
den Naturwissenschaften finden – glaubt heute noch, daß Erkenntnisse der Astronomie oder der Biologie oder der Physik oder Chemie
uns etwas über den *Sinn* der Welt, ja auch nur etwas darüber lehren
könnten: auf welchem Weg man einem solchen „Sinn" – wenn es ihn
gibt – auf die Spur kommen könnte? Wenn irgend etwas, so sind sie   10
geeignet, den Glauben daran: *daß* es so etwas wie einen „Sinn" der
Welt gebe, in der Wurzel absterben zu lassen! Und vollends: die
Wissenschaft als Weg „zu Gott"? Sie, die spezifisch gottfremde
Macht? Daß sie das ist, darüber wird – mag er es sich zugestehen oder
nicht – in seinem letzten Innern heute niemand im Zweifel sein.     15
Erlösung von dem Rationalismus und Intellektualismus der Wissenschaft ist die Grundvoraussetzung des Lebens in der Gemeinschaft
mit dem Göttlichen: dies oder etwas dem Sinn nach Gleiches ist eine
der Grundparolen, die man aus allem Empfinden unserer religiös
gestimmten oder nach religiösem Erlebnis strebenden Jugend her-     20
aushört. Und nicht nur für das religiöse, nein für das Erlebnis überhaupt. Befremdlich ist nur der Weg, der nun eingeschlagen wird: daß
nämlich das einzige, was bis dahin der Intellektualismus noch nicht
berührt hatte: eben jene Sphären des Irrationalen, jetzt ins Bewußtsein erhoben und unter seine Lupe genommen werden. Denn darauf   25
kommt die moderne intellektualistische Romantik des Irrationalen
praktisch hinaus. Dieser Weg zur Befreiung vom Intellektualismus
bringt wohl das gerade Gegenteil von dem, was diejenigen, die ihn
A 21   beschreiten, als Ziel darunter sich vorstellen. – Daß man schließ|lich
in naivem Optimismus die Wissenschaft, das heißt: die auf sie ge-   30
gründete Technik der Beherrschung des Lebens, als Weg zum *Glück*
gefeiert hat – dies darf ich wohl, nach Nietzsches vernichtender
Kritik an jenen „letzten Menschen", die „das Glück erfunden haben",[36] ganz beiseite lassen. Wer glaubt daran? – außer einigen
großen Kindern auf dem Katheder oder in Redaktionsstuben?        35

---

**35** Bei Jesaja 55,8 heißt es: „Denn meine Gedanken sind nicht eure Gedanken, und eure
Wege sind nicht meine Wege, spricht der HErr."
**36** Siehe „Zarathustras Vorrede" in „Also sprach Zarathustra", in: Nietzsche's Werke.
I. Abt., Band 6. – Leipzig: C. G. Naumann 1896, S. 18–21.

Kehren wir zurück. Was ist unter diesen inneren Voraussetzungen der Sinn der Wissenschaft als Beruf, da alle diese früheren Illusionen: „Weg zum wahren Sein", „Weg zur wahren Kunst", „Weg zur wahren Natur", „Weg zum wahren Gott", „Weg zum wahren
5 Glück", versunken sind. Die einfachste Antwort hat Tolstoj gegeben mit den Worten: „Sie ist sinnlos, weil sie auf die allein für uns wichtige Frage: ,Was sollen wir tun? Wie sollen wir leben?' keine Antwort gibt."[37] Die Tatsache, daß sie diese Antwort nicht gibt, ist schlechthin unbestreitbar. Die Frage ist nur, in welchem Sinne sie
10 „keine" Antwort gibt, und ob sie statt dessen nicht doch vielleicht dem, der die Frage richtig stellt, etwas leisten könnte. – Man pflegt heute häufig von „voraussetzungsloser" Wissenschaft zu sprechen.[38] Gibt es das? Es kommt darauf an, was man darunter versteht. Vorausgesetzt ist bei jeder wissenschaftlichen Arbeit immer die Gel-
15 tung der Regeln der Logik und Methodik: dieser allgemeinen Grundlagen unserer Orientierung in der Welt. Nun, diese Voraussetzungen sind, wenigstens für unsere besondere Frage, am wenigsten problematisch. Vorausgesetzt ist aber ferner: daß das, was bei wissenschaftlicher Arbeit herauskommt, *wichtig* im Sinn von „wis-
20 senswert" sei. Und da stecken nun offenbar alle unsere Probleme darin. Denn diese Voraussetzung ist nicht wieder ihrerseits mit den Mitteln der Wissenschaft beweisbar. Sie läßt sich nur auf ihren letzten Sinn *deuten*, den man dann ablehnen oder annehmen muß, je nach der eigenen letzten Stellungnahme zum Leben.

---

**37** Im ersten Teil seiner sozialkritischen Schrift: „Was sollen wir denn thun?" wirft Tolstoj der Wissenschaft, insbesondere der politischen Ökonomie, vor, sie vermeide „sorgfältig jede Antwort auf die einfachsten und wichtigsten Fragen." Sämtliche Werke, I. Serie, Band 3. – Leipzig: Eugen Diederichs 1902, S. 235 f.
**38** Die Formulierung geht auf das berühmte Protestschreiben zurück, das Theodor Mommsen anläßlich der im Jahre 1901 aus politischen Gründen erfolgten Oktroyierung des Historikers Martin Spahn auf eine ausschließlich Katholiken vorbehaltene Professur an der Universität Straßburg verfaßte. Darin bezeichnete er die „Voraussetzungslosigkeit aller wissenschaftlichen Forschung" als das „ideale Ziel" und den Konfessionalismus als einen „Todfeind des Universitätswesens". Mommsen, Theodor, Universitätsunterricht und Konfession, in: ders., Reden und Aufsätze, 2. Aufl. – Berlin: Weidmannsche Buchhandlung 1905, S. 432–436. Heinrich Rickert bezog sich auf diese Formulierung im Zusammenhang mit der methodologischen Frage, in welchem Sinne Kulturwerte die historische Begriffsbildung leiten. Rickert, Heinrich, Die Grenzen der naturwissenschaftlichen Begriffsbildung. Eine logische Einleitung in die historischen Wissenschaften. – Tübingen/Leipzig: J. C. B. Mohr (Paul Siebeck) 1902, S. VII f. und 633 f., Anm. 1. „Voraussetzungslose Wissenschaft" wurde so zu einem stehenden Begriff in der damals aktuellen Werturteilsdebatte.

Sehr verschieden ist ferner die Art der Beziehung der wissenschaftlichen Arbeit zu diesen ihren Voraussetzungen, je nach der
A 22  Struktur dieser. Naturwissenschaften wie etwa die | Physik, Che-
mie, Astronomie setzen als selbstverständlich voraus, daß die –
soweit die Wissenschaft reicht, konstruierbaren – letzten Gesetze     5
des kosmischen Geschehens wert sind, gekannt zu werden. Nicht
nur, weil man mit diesen Kenntnissen technische Erfolge erzielen
kann, sondern wenn sie „Beruf" sein sollen, „um ihrer selbst willen". Diese Voraussetzung ist selbst schlechthin nicht beweisbar.
Und ob diese Welt, die sie beschreiben, wert ist, zu existieren: ob    10
sie[e] einen „Sinn" hat, und ob es einen Sinn hat: in ihr zu existieren,
erst recht nicht. Danach fragen sie nicht. Oder nehmen Sie eine
wissenschaftlich so hoch entwickelte praktische Kunstlehre wie die
moderne Medizin. Die allgemeine „Voraussetzung" des medizinischen Betriebs ist, trivial ausgedrückt: daß die Aufgabe der Erhal-   15
tung des Lebens rein als solchen und die möglichste Verminderung
des Leidens rein als solchen bejaht werde. Und das ist problematisch. Der Mediziner erhält mit seinen Mitteln den Todkran-
ken, auch wenn er um Erlösung vom Leben fleht, auch wenn die
Angehörigen, denen dies Leben wertlos ist, die ihm die Erlösung   20
vom Leiden gönnen, denen die Kosten der Erhaltung des wertlosen
Lebens unerträglich werden – es handelt sich vielleicht um einen
armseligen Irren – seinen Tod, eingestandener- oder uneingestan-
denermaßen, wünschen und wünschen müssen. Allein die Voraussetzungen der Medizin und das Strafgesetzbuch hindern den Arzt,   25
davon abzugehen. Ob das Leben lebenswert ist und wann? – danach
fragt sie nicht. Alle Naturwissenschaften geben uns Antwort auf die
Frage: Was sollen wir tun, *wenn* wir das Leben *technisch* beherrschen wollen? Ob wir es aber technisch beherrschen sollen und
wollen, und ob das letztlich eigentlich Sinn hat: – das lassen sie ganz   30
dahingestellt oder setzen es für ihre Zwecke voraus. Oder nehmen
sie eine Disziplin wie die Kunstwissenschaft. Die Tatsache, daß es
Kunstwerke gibt, ist der Ästhetik gegeben. Sie sucht zu ergründen,
unter welchen Bedingungen dieser Sachverhalt vorliegt. Aber sie
wirft die Frage nicht auf, ob das Reich der Kunst nicht vielleicht ein   35
Reich diabolischer Herrlichkeit sei, ein Reich von dieser Welt, deshalb widergöttlich im tiefsten Innern und in seinem tiefinnerlichst

**e** A: die

aristokratischen | Geist widerbrüderlich. Danach also fragt sie A 23
nicht: ob es Kunstwerke geben *solle*. – Oder die Jurisprudenz: – sie
stellt fest, was^f nach den Regeln des teils zwingend logisch, teils
durch konventionell gegebene Schemata gebundenen juristischen
5 Denkens gilt, also: *wenn* bestimmte Rechtsregeln und bestimmte
Methoden ihrer Deutung als verbindlich anerkannt sind. *Ob es*
Recht geben solle, und *ob* man gerade diese Regeln aufstellen solle,
darauf antwortet sie nicht; sondern sie kann nur angeben: wenn man
den Erfolg will, so ist diese Rechtsregel nach den Normen unseres
10 Rechtsdenkens das geeignete Mittel, ihn zu erreichen. Oder nehmen
Sie die historischen Kulturwissenschaften. Sie lehren politische,
künstlerische, literarische und soziale Kulturerscheinungen in den
Bedingungen ihres Entstehens verstehen. Weder aber geben sie von
sich aus Antwort auf die Frage: ob diese Kulturerscheinungen es *wert*
15 waren und sind, zu bestehen. Noch antworten sie auf die andere
Frage: ob es der Mühe wert ist, sie zu kennen. Sie setzen voraus, daß
es ein Interesse habe, durch dies Verfahren teilzuhaben an der
Gemeinschaft der „Kulturmenschen". Aber daß dies der Fall sei,
vermögen sie „wissenschaftlich" niemandem zu beweisen, und daß
20 sie es voraussetzen, beweist durchaus nicht, daß es selbstverständlich
sei. Das ist es in der Tat ganz und gar nicht.
  Bleiben wir nun einmal bei den mir nächstliegenden Disziplinen,
also bei der Soziologie, Geschichte, Nationalökonomie und Staatslehre und jenen Arten von Kulturphilosophie, welche sich ihre Deu-
25 tung zur Aufgabe machen. Man sagt, und ich unterschreibe das:
Politik gehört nicht in den Hörsaal. Sie gehört nicht dahin von seiten
der Studenten. Ich würde es z. B. ganz ebenso beklagen, wenn etwa
im Hörsaal meines früheren Kollegen Dietrich Schäfer[39] in Berlin
pazifistische Studenten sich um das Katheder stellten und Lärm von
30 der Art machten, wie es antipazifistische Studenten gegenüber dem
Professor Foerster, dem ich in meinen Anschauungen in vielem so

---

f A: was,

39 Dietrich Schäfer war während des Ersten Weltkriegs einer der führenden Exponenten
der alldeutschen Propaganda für weitreichende Kriegsziele und den uneingeschränkten
U-Boot-Krieg. Er zögerte nicht, sein wissenschaftliches Ansehen als Professor für Ge-
schichte an der Universität Berlin für die Förderung seiner politischen Ziele einzusetzen.
Zwischen 1896 und 1903 hatte Schäfer in Heidelberg gelehrt, wo Max Weber 1897 den
Lehrstuhl für Nationalökonomie und Finanzwissenschaft übernommen hatte.

fern wie möglich stehe, getan haben sollen.[40] Aber Politik gehört
allerdings auch nicht dahin von seiten des Dozenten. Gerade dann
A 24 nicht, wenn er sich wissenschaftlich mit Politik | befaßt, und dann am
allerwenigsten. Denn praktisch-politische Stellungnahme und wissenschaftliche Analyse politischer Gebilde und Parteistellungen[g] ist        5
zweierlei. Wenn man in einer Volksversammlung über Demokratie
spricht, so macht man aus seiner persönlichen Stellungnahme kein
Hehl: gerade das: deutlich erkennbar Partei zu nehmen, ist da die
verdammte Pflicht und Schuldigkeit. Die Worte, die man braucht,
sind dann nicht Mittel wissenschaftlicher Analyse, sondern politi-    10
schen Werbens um die Stellungnahme der anderen. Sie sind nicht
Pflugscharen zur Lockerung des Erdreiches des kontemplativen
Denkens, sondern Schwerter gegen die Gegner:[41] Kampfmittel. In
einer Vorlesung oder im Hörsaal dagegen wäre es Frevel, das Wort
in dieser Art zu gebrauchen. Da wird man, wenn etwa von „Demo-    15
kratie" die Rede ist, deren verschiedene Formen vornehmen, sie
analysieren in der Art, wie sie funktionieren, feststellen, welche
einzelne Folgen für die Lebensverhältnisse die eine oder andere hat,
dann die anderen nicht demokratischen Formen der politischen Ordnung ihnen gegenüberstellen und versuchen, so weit zu gelangen,    20
daß der Hörer in der Lage ist, den Punkt zu finden, von dem aus *er*
von *seinen* letzten Idealen aus Stellung dazu nehmen kann. Aber der
echte Lehrer wird sich sehr hüten, vom Katheder herunter ihm

---

**g** A: Parteistellung

**40** Der Philosoph und Pädagoge Friedrich Wilhelm Foerster vertrat christlich motivierte
radikal pazifistische Ansichten und gehörte während des Ersten Weltkrieges zu den
entschiedenen Gegnern einer expansiven Kriegszielpolitik. Im Sommer 1917 war er vom
österreichischen Kaiser empfangen worden, was die Gerüchte über einen möglicherweise bevorstehenden Separatfrieden Österreich-Ungarns nährte. Die Wiener Vorgänge
wurden im Deutschen Reich – insbesondere in Bayern – mit Besorgnis beobachtet und
führten vor allem in der Studentenschaft zu Protestaktionen. Foerster berichtet, daß bei
der Wiederaufnahme seiner Vorlesungen Ende Oktober 1917 im Auditorium Maximum der
Münchener Universität „etwa 500 Studenten versammelt" gewesen seien, „die mich mit
betäubendem Lärm, unter Anwendung verschiedenster Musikinstrumente empfingen."
Foerster, Friedrich Wilhelm, Erlebte Weltgeschichte 1869–1953. Memoiren. – Nürnberg:
Glock und Lutz 1953, S. 209f. Näheres zum „Fall Foerster" im Editorischen Bericht zu
„Politik als Beruf", unten, S. 115.
**41** Bei Jesaja 2,4 heißt es: „Und er wird richten unter den Heiden, und strafen viele
Völker. Da werden sie ihre Schwerter zu Pflugscharen, und ihre Spieße zu Sicheln
machen."

irgendeine Stellungnahme, sei es ausdrücklich, sei es durch Suggestion – denn das ist natürlich die illoyalste Art, wenn man „die
Tatsachen sprechen läßt" – aufzudrängen.

Warum sollen wir das nun eigentlich nicht tun? Ich schicke voraus,
5 daß manche sehr geschätzte Kollegen der Meinung sind, diese
Selbstbescheidung durchzuführen ginge überhaupt nicht, und wenn
es ginge, wäre es eine Marotte, das zu vermeiden.[42] Nun kann man
niemandem wissenschaftlich vordemonstrieren, was seine Pflicht als
akademischer Lehrer sei. Verlangen kann man von ihm nur die
10 intellektuelle Rechtschaffenheit: einzusehen, daß Tatsachenfeststel-
lung, Feststellung mathematischer oder logischer Sachverhalte oder
der inneren Struktur von Kulturgütern einerseits, und andererseits
die Beantwortung der Frage nach dem *Wert* der Kultur und ihrer
einzelnen Inhalte und danach: wie man innerhalb der Kultur|ge-     A 25
15 meinschaft und der politischen Verbände *handeln* solle – daß dies
beides ganz und gar *heterogene* Probleme sind. Fragt er dann weiter,
warum er nicht beide im Hörsaale behandeln solle, so ist darauf zu
antworten: weil der Prophet und der Demagoge nicht auf den Katheder eines Hörsaals gehören. Dem Propheten wie dem Demagogen ist
20 gesagt: „Gehe hinaus auf die Gassen und rede öffentlich."[43] Da,
heißt das, wo Kritik möglich ist. Im Hörsaal, wo man seinen Zuhörern gegenübersitzt, haben sie zu schweigen und der Lehrer zu
reden, und ich halte es für unverantwortlich, diesen Umstand, daß
die Studenten um ihres Fortkommens willen das Kolleg eines Leh-
25 rers besuchen müssen, und daß dort niemand zugegen ist, der diesem
mit Kritik entgegentritt, auszunützen, um den Hörern nicht, wie es
seine Aufgabe ist, mit seinen Kenntnissen und wissenschaftlichen
Erfahrungen nützlich zu sein, sondern sie zu stempeln nach seiner
persönlichen politischen Anschauung. Es ist gewiß möglich, daß es

---

**42** Derartige Äußerungen dürften in der sog. Werturteilsdebatte, wie sie unter anderem
seit 1905 im Verein für Sozialpolitik geführt wurde, gefallen sein. Webers Forderung nach
Trennung von wissenschaftlicher Analyse und sozialpolitischer Stellungnahme war dort
auf teilweise harte Kritik gestoßen. Vgl. dazu Lindenlaub, Dieter, Richtungskämpfe im
Verein für Sozialpolitik. Wissenschaft und Sozialpolitik im Kaiserreich vornehmlich vom
Beginn des „Neuen Kurses" bis zum Ausbruch des Ersten Weltkrieges (1890–1914). –
Wiesbaden: Franz Steiner 1967, S. 433–443. Die Debatte fand ihren Höhepunkt auf der
internen Tagung des Vereins für Sozialpolitik im Januar 1914.
**43** Bei Jeremia 2,2 heißt es: „Gehe hin, und predige öffentlich zu Jerusalem."

dem einzelnen nur ungenügend gelingt, seine subjektive Sympathie
auszuschalten. Dann setzt er sich der schärfsten Kritik vor dem
Forum seines eigenen Gewissens aus. Und es beweist nichts, denn
auch andere, rein tatsächliche Irrtümer sind möglich und beweisen
doch nichts gegen die Pflicht: die Wahrheit zu suchen. Auch und    5
gerade im rein wissenschaftlichen Interesse lehne ich es ab. Ich
erbiete mich, an den Werken unserer Historiker den Nachweis zu
führen, daß, wo immer der Mann der Wissenschaft mit seinem
eigenen Werturteil kommt, das volle Verstehen der Tatsachen *auf-
hört*. Doch geht das über das Thema des heutigen Abends hinaus und  10
würde lange Auseinandersetzungen erfordern.

Ich frage nur: Wie soll auf der einen Seite ein gläubiger Katholik,
auf der anderen Seite ein Freimaurer in einem Kolleg über die
Kirchen- und Staatsformen oder über Religionsgeschichte, – wie
sollen sie jemals über diese Dinge zur gleichen *Wertung* gebracht    15
werden! Das ist ausgeschlossen. Und doch muß der akademische
Lehrer den Wunsch haben und die Forderung an sich selbst stellen,
dem einen wie dem andern durch seine Kenntnisse und Methoden
nützlich zu sein. Nun werden Sie mit Recht sagen: der gläubige
A 26 Katholik wird auch | über die Tatsachen des Herganges bei der    20
Entstehung des Christentums niemals die Ansicht annehmen, die ein
von seinen dogmatischen Voraussetzungen freier Lehrer ihm vor-
trägt. Gewiß! Der Unterschied aber liegt im folgenden: Die im Sinne
der Ablehnung religiöser Gebundenheit „voraussetzungslose" Wissenschaft kennt in der Tat ihrerseits das „Wunder" und die „Offen-   25
barung" nicht. Sie würde ihren eigenen „Voraussetzungen" damit
untreu. Der Gläubige kennt beides. Und jene „voraussetzungslose"
Wissenschaft mutet ihm nicht weniger – aber: auch *nicht mehr* – zu als
das Anerkenntnis: daß, *wenn* der Hergang ohne jene übernatürli-
chen, für eine empirische Erklärung als ursächliche Momente aus-    30
scheidenden Eingriffe erklärt werden solle, er so, wie sie es versucht,
erklärt werden müsse. Das aber kann er, ohne seinem Glauben
untreu zu werden.

Aber hat denn nun die Leistung der Wissenschaft gar keinen Sinn
für jemanden, dem die Tatsache als solche gleichgültig und nur die   35
praktische Stellungnahme wichtig ist? Vielleicht doch. Zunächst
schon eins. Wenn jemand ein brauchbarer Lehrer ist, dann ist es
seine erste Aufgabe, seine Schüler *unbequeme* Tatsachen anerken-
nen zu lehren, solche, meine ich, die für seine Parteimeinung unbe-

quem sind; und es gibt für jede Parteimeinung – z. B. auch für die meinige – solche äußerst unbequeme Tatsachen. Ich glaube, wenn der akademische Lehrer seine Zuhörer nötigt, sich daran zu gewöhnen, daß er dann mehr als eine nur intellektuelle Leistung vollbringt,
5 ich würde so unbescheiden sein, sogar den Ausdruck „sittliche Leistung" darauf anzuwenden, wenn das auch vielleicht etwas zu pathetisch für eine so schlichte Selbstverständlichkeit klingen mag.

Bisher sprach ich nur von *praktischen* Gründen der Vermeidung eines Aufdrängens persönlicher Stellungnahme. Aber dabei bleibt es
10 nicht. Die Unmöglichkeit „wissenschaftlicher" Vertretung von praktischen Stellungnahmen – außer im Falle der Erörterung der Mittel für einen als fest *gegeben* vorausgesetzten Zweck – folgt aus weit tiefer liegenden Gründen. Sie ist prinzipiell deshalb sinnlos, weil die verschiedenen Wertordnungen der Welt in unlöslichem Kampf un-
15 tereinander stehen. | Der alte Mill, dessen Philosophie ich sonst nicht A 27 loben will, aber in diesem Punkt hat er recht, sagt einmal: wenn man von der reinen Erfahrung ausgehe, komme man zum Polytheismus.[44] Das ist flach formuliert und klingt paradox, und doch steckt Wahrheit darin. Wenn irgend etwas, so wissen wir es heute wieder:
20 daß etwas heilig sein kann nicht nur: obwohl es nicht schön ist, sondern: *weil* und *insofern* es nicht schön ist, – in dem 53. Kapitel des Jesaiasbuches[45] und im 21. Psalm[46] können Sie die Belege dafür finden, – und daß etwas schön sein kann nicht nur: obwohl, sondern: in dem, worin es nicht gut ist, das wissen wir seit Nietzsche wieder,[47]

---

44 Wie aus Webers Artikel „Zwischen zwei Gesetzen", in: Die Frau, 23. Jg., Heft 5, 1916, S. 277–279 (MWG I/15, S. 95–98), und der Notiz im Stichwortmanuskript zu „Politik als Beruf", unten, S. 151, hervorgeht, bezieht sich Max Weber hier auf John Stuart Mill, der in einem Essay „Theismus" geschrieben hatte, „daß der Glaube an Götter dem menschlichen Geiste unendlich viel natürlicher ist, als der Glaube an einen Urheber und Lenker der Natur"; die Mannigfaltigkeit der Naturerscheinungen verleite dazu, sie als „das Ergebniß von durchaus heterogenen Kräften, von denen eine jede ganz unabhängig von der anderen" sei, zu verstehen. Da der „Polytheismus an und für sich [...] keine Tendenz" habe, „sich freiwillig in Monotheismus umzuwandeln", habe ein solcher Wandel „erst nach einer ziemlich langen Pflege wissenschaftlichen Denkens Gemeingut werden" können. Mill, John Stuart, Über Religion. Natur. Die Nützlichkeit der Religion. Theismus. Drei nachgelassene Essays. – Berlin: Franz Duncker 1875, S. 111 f.
45 Der Prophet Jesaja spricht hier davon, daß der Erlöser unter den Menschen als der „allerverachtteste und unwertheste, voller Schmerzen und Krankheit" erscheinen werde.
46 Gemeint ist vermutlich der 22. Psalm, der sog. Christi Leidenspsalm, in dem der erwartete Erlöser beklagt, er sei „ein Spott der Leute und Verachtung des Volks".
47 Diese Thematik durchzieht das gesamte Werk Nietzsches. Für ihn war es „die größte

und vorher finden Sie es gestaltet in den „fleurs du mal“, wie Baudelaire seinen Gedichtband nannte,[48] – und eine Alltagsweisheit ist es,
daß etwas wahr sein kann, obwohl und indem es nicht schön und
nicht heilig und nicht gut ist. Aber das sind nur die elementarsten
Fälle dieses Kampfes der Götter der einzelnen Ordnungen und Wer-    5
te. Wie man es machen will, „wissenschaftlich“ zu entscheiden zwischen dem *Wert* der französischen und deutschen Kultur, weiß ich
nicht. Hier streiten eben auch verschiedene Götter miteinander, und
zwar für alle Zeit. Es ist wie in der alten, noch nicht von ihren
Göttern und Dämonen entzauberten Welt, nur in anderem Sinne:     10
wie der Hellene einmal der Aphrodite opferte, und dann dem Apol-
lon und vor allem jeder den Göttern seiner Stadt, so ist es, entzaubert
und entkleidet der mythischen, aber innerlich wahren Plastik jenes
Verhaltens, noch heute. Und über diesen Göttern und in ihrem
Kampf waltet das Schicksal, aber ganz gewiß keine „Wissenschaft“.   15
Es läßt sich nur verstehen, *was* das Göttliche für die eine und für die
andere oder: in der einen und der anderen Ordnung ist. Damit ist
aber die Sache für jede Erörterung in einem Hörsaal und durch einen
Professor schlechterdings zu Ende, so wenig natürlich das darin
steckende gewaltige *Lebens*problem selbst damit zu Ende ist. Aber   20
andere Mächte als die Katheder der Universitäten haben da das
Wort. Welcher Mensch wird sich vermessen, die Ethik der Bergpredigt, etwa den Satz: „Widerstehe nicht dem Übel“[49] oder das Bild
A 28  von der einen oder der anderen Backe,[50] „wissenschaft|lich widerle-
gen“ zu wollen? Und doch ist klar: es ist, innerweltlich angesehen,    25
eine Ethik der Würdelosigkeit, die hier gepredigt wird: man hat zu
wählen zwischen der religiösen Würde, die diese Ethik bringt, und
der Manneswürde, die etwas ganz anderes predigt: „Widerstehe dem

---

aller Schwindeleien und Selbstverlogenheiten, zwischen gut, wahr und schön eine Identi-
tät zu setzen und diese Einheit *darzustellen.*“ Siehe: Werke, II. Abt., Band 14, 1904,
Nr. 244, S. 115.
**48** Baudelaire, Charles, Les fleurs du mal. – Paris: Poulet-Malassis 1857. Die Irritation, die
von diesen Gedichten ausging, beruhte, wie Baudelaire selbst bemerkte, unter anderem
darauf, daß für den Leser „das dichterische Bewußtsein, einst unendliche Quelle von
Freuden, [...] jetzt zum unerschöpflichen Arsenal von Marterwerkzeugen geworden“ ist.
Siehe Friedrich, Hugo, Die Struktur der modernen Lyrik, 5. Aufl. der erw. Neuausgabe. –
Hamburg: Rowohlt 1973, S. 45.
**49** Bei Matthäus 5,39 heißt es: „Ich aber sage euch, daß ihr nicht widerstreben sollt dem
Übel“.
**50** Ebd.: „[...] so dir Jemand einen Streich gibt auf deinen rechten Backen, dem biete den
andern auch dar.“

Übel, – sonst bist du für seine Übergewalt mitverantwortlich". Je nach der letzten Stellungnahme ist für den einzelnen das eine der Teufel und das andere der Gott, und der einzelne hat sich zu entscheiden, welches *für ihn* der Gott und welches der Teufel ist. Und so
5 geht es durch alle Ordnungen des Lebens hindurch. Der großartige Rationalismus der ethisch-methodischen Lebensführung, der aus jeder religiösen Prophetie quillt, hatte diese Vielgötterei entthront zugunsten des „Einen, das not tut"[51] – und hatte dann, angesichts der Realitäten des äußeren und inneren Lebens, sich zu jenen Kompro-
10 missen und Relativierungen genötigt gesehen, die wir alle aus der Geschichte des Christentums kennen. Heute aber ist es religiöser „Alltag". Die alten vielen Götter, entzaubert und daher in Gestalt unpersönlicher Mächte, entsteigen ihren Gräbern, streben nach Gewalt über unser Leben und beginnen untereinander wieder ihren
15 ewigen Kampf. Das aber, was gerade dem modernen Menschen so schwer wird, und der jungen Generation am schwersten, ist: einem solchen *Alltag* gewachsen zu sein. Alles Jagen nach dem „Erlebnis" stammt aus dieser Schwäche. Denn Schwäche ist es: dem Schicksal der Zeit nicht in sein ernstes Antlitz blicken zu können.
20 Schicksal unserer Kultur aber ist, daß wir uns dessen wieder deutlicher bewußt werden, nachdem durch ein Jahrtausend die angeblich oder vermeintlich ausschließliche Orientierung an dem großartigen Pathos der christlichen Ethik die Augen dafür geblendet hatte.

Doch genug von diesen sehr ins Weite führenden Fragen. Denn
25 der Irrtum, den ein Teil unserer Jugend begeht, wenn er auf all das antworten würde: „Ja, aber wir kommen nun einmal in die Vorlesung, um etwas anderes zu erleben als nur Analysen und Tatsachenfeststellungen", – der Irrtum ist der, daß sie in dem Professor etwas anderes suchen, als ihnen | dort gegenübersteht, – einen *Führer* und  A 29
30 nicht: einen *Lehrer*. Aber nur als *Lehrer* sind wir auf das Katheder gestellt. Das ist zweierlei, und daß es das ist, davon kann man sich leicht überzeugen. Erlauben Sie, daß ich Sie noch einmal nach Amerika führe, weil man dort solche Dinge oft in ihrer massivsten Ursprünglichkeit sehen kann. Der amerikanische Knabe lernt unsagbar
35 viel weniger als der unsrige. Er ist trotz unglaublich vielen Examinierens doch dem *Sinn* seines Schullebens nach noch nicht jener absolute Examensmensch geworden, wie es der deutsche ist. Denn die

---

**51** Lukas 10,42: „Eines aber ist Noth."

Bureaukratie, die das Examensdiplom als Eintrittsbillet ins Reich
der Amtspfründen voraussetzt, ist dort erst in den Anfängen. Der
junge Amerikaner hat vor nichts und niemand, vor keiner Tradition
und keinem Amt Respekt, es sei denn vor der persönlich eigenen
Leistung des Betreffenden: *das* nennt der Amerikaner „Demokra-     5
tie". Wie verzerrt auch immer die Realität diesem Sinngehalt gegenüber sich verhalten möge, der Sinngehalt ist dieser, und darauf
kommt es hier an. Der Lehrer, der ihm gegenübersteht, von dem hat
er die Vorstellung: er verkauft mir seine Kenntnisse und Methoden
für meines Vaters Geld, ganz ebenso wie die Gemüsefrau meiner      10
Mutter den Kohl. Damit fertig. Allerdings: wenn der Lehrer etwa ein
football-Meister ist, dann ist er auf diesem Gebiet sein Führer. Ist er
das (oder etwas Ähnliches auf anderem Sportgebiet) aber nicht, so
ist er eben nur Lehrer und weiter nichts, und keinem amerikanischen
jungen Manne wird es einfallen, sich von ihm „Weltanschauungen"   15
oder maßgebliche Regeln für seine Lebensführung verkaufen zu
lassen. Nun, in dieser Formulierung werden wir das ablehnen. Aber
es fragt sich, ob hier in dieser von mir absichtlich noch etwas ins
Extreme gesteigerten Empfindungsweise nicht doch ein Korn Wahrheit steckt.                                                        20

Kommilitonen oder Kommilitoninnen! Sie kommen mit diesen
Ansprüchen an unsere Führerqualitäten in die Vorlesungen zu uns
und sagen sich vorher nicht: daß von hundert Professoren mindestens neunundneunzig nicht nur keine football-Meister des Lebens,
sondern überhaupt nicht „Führer" in Angelegenheiten der Lebens-  25
A 30  führung zu sein in Anspruch nehmen | und nehmen dürfen. Beden-
ken Sie: es hängt der Wert des Menschen ja nicht davon ab, ob er
Führerqualitäten besitzt. Und jedenfalls sind es nicht die Qualitäten,
die jemanden zu einem ausgezeichneten Gelehrten und akademischen Lehrer machen, die ihn zum Führer auf dem Gebiet der       30
praktischen Lebensorientierung oder, spezieller, der Politik machen. Es ist der reine Zufall, wenn jemand auch diese Qualität
besitzt, und sehr bedenklich ist es, wenn jeder, der auf dem Katheder
steht, sich vor die Zumutung gestellt fühlt, sie in Anspruch zu nehmen. Noch bedenklicher, wenn es jedem akademischen Lehrer über-  35
lassen bleibt, sich im Hörsaal als Führer aufzuspielen. Denn die,
welche sich am meisten dafür halten, sind es oft am wenigsten, und
vor allem: ob sie es sind oder nicht, dafür bietet die Situation auf dem
Katheder schlechterdings keine Möglichkeit der *Bewährung*. Der

Professor, der sich zum Berater der Jugend berufen fühlt und ihr
Vertrauen genießt, möge im persönlichen Verkehr von Mensch zu
Mensch mit ihr seinen Mann stehen. Und fühlt er sich zum Eingreifen in die Kämpfe der Weltanschauungen und Parteimeinungen
5 berufen, so möge er das draußen auf dem Markt des Lebens tun: in
der Presse, in Versammlungen, in Vereinen, wo immer er will. Aber
es ist doch etwas allzu bequem, seinen Bekennermut da zu zeigen,
wo die Anwesenden und vielleicht Andersdenkenden zum Schweigen verurteilt sind.

10 Sie werden schließlich die Frage stellen: wenn dem so ist, was
leistet denn nun eigentlich die Wissenschaft Positives für das praktische und persönliche „Leben"?[h] Und damit sind wir wieder bei dem
Problem ihres „Berufs". Zunächst natürlich: Kenntnisse über die
Technik, wie man das Leben, die äußeren Dinge sowohl wie das
15 Handeln der Menschen, durch Berechnung beherrscht: – nun, das ist
aber[i] doch nur die Gemüsefrau des amerikanischen Knaben, werden
Sie sagen. Ganz meine Meinung. Zweitens, was diese Gemüsefrau
schon immerhin nicht tut: Methoden des Denkens, das Handwerkszeug und die Schulung dazu. Sie werden vielleicht sagen: nun, das ist
20 nicht Gemüse, aber es ist auch nicht mehr als das Mittel, sich Gemüse
zu verschaffen. Gut, lassen wir das | heute dahingestellt. Aber damit  A 31
ist die Leistung der Wissenschaft glücklicherweise auch noch nicht zu
Ende, sondern wir sind in der Lage, Ihnen zu einem Dritten zu
verhelfen: zur *Klarheit*. Vorausgesetzt natürlich, daß wir sie selbst
25 besitzen. Soweit dies der Fall ist, können wir Ihnen deutlich machen:
man kann zu dem Wertproblem, um das es sich jeweils handelt – ich
bitte Sie der Einfachheit halber an soziale Erscheinungen als Beispiel
zu denken ¬[,] praktisch die und die verschiedene Stellung einneh-
men. *Wenn* man die und die Stellung einnimmt, so muß man nach
30 den Erfahrungen der Wissenschaft die und die *Mittel* anwenden, um
sie praktisch zur Durchführung zu bringen. Diese Mittel sind nun
vielleicht schon an sich solche, die Sie ablehnen zu müssen glauben.
Dann muß man zwischen dem Zweck und den unvermeidlichen
Mitteln eben wählen. „Heiligt" der Zweck diese Mittel oder nicht?
35 Der Lehrer kann die Notwendigkeit dieser Wahl vor Sie hinstellen,
mehr kann er, solange er Lehrer bleibt und nicht Demagoge werden will, nicht. Er kann Ihnen ferner natürlich sagen: wenn Sie den

**h** A: „Leben?"    **i** A: eber

und den Zweck wollen, dann müssen Sie die und die Nebenerfolge,
die dann erfahrungsgemäß eintreten, mit in Kauf nehmen: wieder
die gleiche Lage. Indessen das sind alles noch Probleme, wie sie für
jeden Techniker auch entstehen können, der ja auch in zahlreichen
Fällen nach dem Prinzip des kleineren Übels oder des relativ Besten     5
sich entscheiden muß. Nur daß für ihn eins, die Hauptsache, gegeben
zu sein pflegt: der *Zweck*. Aber eben dies ist nun für uns, sobald es
sich um wirklich „letzte" Probleme handelt, *nicht* der Fall. Und
damit erst gelangen wir zu der letzten Leistung, welche die Wissenschaft als solche im Dienste der Klarheit vollbringen kann, und     10
zugleich zu ihren Grenzen: wir können – und sollen – Ihnen auch
sagen: die und die praktische Stellungnahme läßt sich mit innerer
Konsequenz und also: Ehrlichkeit ihrem *Sinn* nach ableiten aus der
und der letzten weltanschauungsmäßigen Grundposition – es kann
sein, aus nur einer, oder es können vielleicht verschiedene sein –,     15
aber aus den und den anderen nicht. Ihr dient, bildlich geredet,
diesem Gott *und kränkt jenen anderen*, wenn Ihr Euch für diese
A 32    Stellungnahme entschließt. | Denn Ihr kommt notwendig zu diesen
und diesen letzten inneren sinnhaften *Konsequenzen*, wenn Ihr Euch
treu bleibt. Das läßt sich, im Prinzip wenigstens[,] leisten. Die Fach-     20
disziplin der Philosophie und die dem Wesen nach philosophischen
prinzipiellen Erörterungen der Einzeldisziplinen versuchen das zu
leisten. Wir können so, wenn wir unsere Sache verstehen (was hier
einmal vorausgesetzt werden muß), den einzelnen nötigen, oder
wenigstens ihm dabei helfen, sich selbst *Rechenschaft zu geben über*     25
*den letzten Sinn seines eigenen Tuns*. Es scheint mir das nicht so sehr
wenig zu sein, auch für das rein persönliche Leben. Ich bin auch hier
versucht, wenn einem Lehrer das gelingt, zu sagen: er stehe im
Dienst „sittlicher" Mächte: der Pflicht, Klarheit und Verantwortungsgefühl zu schaffen, und ich glaube, er wird dieser Leistung um     30
so eher fähig sein, je gewissenhafter er es vermeidet, seinerseits dem
Zuhörer eine Stellungnahme aufoktroyieren oder ansuggerieren zu
wollen.

Überall freilich geht diese Annahme, die ich Ihnen hier vortrage,
aus von dem einen Grundsachverhalt: daß das Leben, so lange es in     35
sich selbst beruht und aus sich selbst verstanden wird, nur den ewigen
Kampf jener Götter miteinander kennt, – unbildlich gesprochen: die
Unvereinbarkeit und also die Unaustragbarkeit des Kampfes der
letzten überhaupt *möglichen* Standpunkte zum Leben, die Notwen-

digkeit also: zwischen ihnen sich zu *entscheiden.* Ob unter solchen
Verhältnissen die Wissenschaft wert ist, für jemand ein „Beruf" zu
werden[,] und ob sie selbst einen objektiv wertvollen „Beruf" hat –
das ist wieder ein Werturteil, über welches im Hörsaal nichts auszu-
5 sagen ist. Denn für die Lehre dort ist die Bejahung *Voraussetzung.*
Ich persönlich bejahe schon durch meine eigene Arbeit die Frage.
Und zwar auch und gerade für den Standpunkt, der den Intellektualismus, wie es heute die Jugend tut oder – und meist – zu tun nur sich
einbildet, als den schlimmsten Teufel haßt. Denn dann gilt für sie das
10 Wort: „Bedenkt, der Teufel, der ist alt, so werdet alt[,] ihn zu
verstehen."[52] Das ist nicht im Sinne der Geburtsurkunde gemeint,
sondern in dem Sinn: daß man auch vor diesem Teufel, wenn man |
mit ihm fertig werden will, nicht – die Flucht ergreifen darf, wie es A 33
heute so gern geschieht, sondern daß man seine Wege erst einmal zu
15 Ende überschauen muß, um seine Macht und seine Schranken zu
sehen.
Daß Wissenschaft heute ein *fachlich* betriebener „Beruf" ist im
Dienst der Selbstbesinnung und der Erkenntnis tatsächlicher Zusammenhänge, und nicht eine Heilsgüter und Offenbarungen spendende
20 Gnadengabe von Sehern, Propheten oder ein Bestandteil des Nachdenkens von Weisen und Philosophen über den *Sinn* der Welt –, das
freilich ist eine unentrinnbare Gegebenheit unserer historischen Situation, aus der wir, wenn wir uns selbst treu bleiben, nicht herauskommen können. Und wenn nun wieder Tolstoj in Ihnen aufsteht
25 und fragt: „Wer beantwortet, da es die Wissenschaft nicht tut, die
Frage: was sollen wir denn tun? und: wie sollen wir unser Leben
einrichten?"[53] oder in der heute abend hier gebrauchten Sprache:
„welchem der kämpfenden Götter sollen wir dienen? oder vielleicht
einem ganz anderen, und wer ist das?" – dann ist zu sagen: nur ein
30 Prophet oder ein Heiland. Wenn der nicht da ist oder wenn seiner
Verkündigung nicht mehr geglaubt wird, dann werden Sie ihn ganz
gewiß nicht dadurch auf die Erde zwingen, daß Tausende von Professoren als staatlich besoldete oder privilegierte kleine Propheten in
ihren Hörsälen ihm seine Rolle abzunehmen versuchen. Sie werden
35 damit nur das eine fertig bringen, daß das Wissen um den entscheidenden Sachverhalt: der Prophet, nach dem sich so viele unserer
jüngsten Generation sehnen, ist eben *nicht* da, ihnen niemals in der

---

**52** Goethe, Faust, Teil 2, Vers 6817/18.
**53** Vgl. oben, S. 93, Anm. 37.

ganzen Wucht seiner Bedeutung lebendig wird. Es kann, glaube ich,
gerade dem inneren Interesse eines wirklich religiös „musikalischen"
Menschen[54] nun und nimmermehr gedient sein, wenn ihm und anderen diese Grundtatsache, daß er in einer gottfremden, prophetenlo-
sen Zeit zu leben das Schicksal hat, durch ein Surrogat, wie es alle      5
diese Katjederprophetien sind, verhüllt wird. Die Ehrlichkeit seines
religiösen Organs müßte, scheint mir, dagegen sich auflehnen. Nun
werden Sie geneigt sein, zu sagen: Aber wie stellt man sich denn zu
A 34  der Tatsache der Existenz der „Theologie" und | ihrer Ansprüche
darauf: „Wissenschaft" zu sein?[j] Drücken wir uns um die Antwort   10
nicht herum. „Theologie" und „Dogmen" gibt es zwar nicht univer-
sell, aber doch nicht gerade nur im Christentum. Sondern (rück-
wärtsschreitend in der Zeit) in stark entwickelter Form auch im
Islam, im Manichäismus[k], in der Gnosis, in der Orphik, im Parsis-
mus, im Buddhismus, in den hinduistischen Sekten, im Taoismus    15
und in den Upanischaden und natürlich auch im Judentum. Nur
freilich in höchst verschiedenem Maße systematisch entwickelt. Und
es ist kein Zufall, daß das okzidentale Christentum nicht nur – im
Gegensatz zu dem, was z. B. das Judentum an Theologie besitzt – sie
systematischer ausgebaut hat oder danach strebt, sondern daß hier   20
ihre Entwickelung die weitaus stärkste historische Bedeutung gehabt
hat. Der hellenische Geist hat das hervorgebracht, und alle Theologie des Westens geht auf ihn zurück, wie (offenbar) alle Theologie
des Ostens auf das indische Denken. Alle Theologie ist intellektuelle
*Rationalisierung* religiösen Heilsbesitzes. Keine Wissenschaft ist ab-  25
solut voraussetzungslos, und keine kann für den, der diese Voraussetzungen ablehnt, ihren eigenen Wert begründen. Aber allerdings:
jede Theologie fügt für ihre Arbeit und damit für die Rechtfertigung
ihrer eigenen Existenz einige spezifische Voraussetzungen hinzu. In
verschiedenem Sinn und Umfang. Für *jede* Theologie, z. B. auch für   30
die hinduistische, gilt die Voraussetzung: die Welt müsse einen *Sinn*
haben – und ihre Frage ist: wie muß man ihn deuten, damit dies
denkmöglich sei? Ganz ebenso wie Kants Erkenntnistheorie von der

---

**j** A: sein.    **k** A: Manachäismus

---

**54** Max Weber verwendet den Begriff „religiös ‚musikalisch'" im Sinne von Fähigkeit zu
religiöser Gläubigkeit. Dies wird deutlich in seinem Brief an Ferdinand Tönnies vom
19. Febr. 1909, Abschrift Marianne Weber (masch.), ZStA Merseburg, Rep. 92, Nl. Max
Weber, Nr. 30/7, in dem er sich selbst als „religiös absolut ‚unmusikalisch'" bezeichnete.

Voraussetzung ausging: „Wissenschaftliche Wahrheit gibt es, und sie *gilt*" – und dann fragte: Unter welchen Denkvoraussetzungen ist das (sinnvoll) möglich?[55] Oder wie die modernen Ästhetiker (ausdrücklich – wie z. B. G. v. Lukacs – oder tatsächlich) von der Voraussetzung ausgehen: „es *gibt* Kunstwerke" – und nun fragen: Wie ist das (sinnvoll) möglich?[56] Allerdings begnügen sich die Theologien mit jener (wesentlich religions-philosophischen) Voraussetzung in aller Regel nicht. Sondern sie gehen regelmäßig von der ferneren Voraussetzung aus: daß bestimmte „Offenbarungen" als | heilswichtige A 35 Tatsachen – als solche also, welche eine sinnvolle Lebensführung erst ermöglichen – schlechthin zu glauben sind und daß bestimmte Zuständlichkeiten und Handlungen die Qualität der Heiligkeit besitzen – das heißt: eine religiös-sinnvolle Lebensführung oder doch deren Bestandteile bilden. Und ihre Frage ist dann wiederum: Wie lassen sich diese schlechthin anzunehmenden Voraussetzungen innerhalb eines Gesamtweltbildes sinnvoll deuten? Jene Voraussetzungen selbst liegen dabei für die Theologie jenseits dessen, was „Wissenschaft" ist. Sie sind kein „Wissen" im gewöhnlich verstandenen Sinn,

---

**55** Vgl. dazu Kants „Vorrede" zur zweiten Auflage der „Kritik der reinen Vernunft" von 1787, in: Kant, Immanuel, Kritik der reinen Vernunft, hg. von Karl Vorländer. – Halle/S.: Otto Hendel [1899], S. 15–39.
**56** Georg Lukács war 1912 nach Heidelberg gekommen und hatte sehr bald Kontakt zu Max Weber gewonnen. Lukács dachte daran, sich in Heidelberg zu habilitieren, und begann dort mit Arbeiten an einer systematischen Ästhetik, die Weber, wie Lukács berichtet, stets mit „wohlwollend-kritischem Interesse" begleitete (Lukács, Georg, Vorwort zu „Die Eigenart des Ästhetischen", in: Georg Lukács. Werke, Band 11. – Neuwied: Luchterhand 1963, S. 31). Es entstand eine Reihe von Manuskripten, die Max Weber zumindest teilweise von Lukács zugänglich gemacht worden sind. Diese Manuskripte sind 1974 als „Heidelberger Philosophie der Kunst (1912–1914)" (ebd., Band 16) und als „Heidelberger Ästhetik (1916–1918)" (ebd., Band 17) von György Márkus und Frank Benseler aus dem Nachlaß herausgegeben worden. Lukács geht darin einleitend jeweils von derselben Fragestellung aus, daß die Ästhetik, welche ohne illegitime Voraussetzungen begründet werden soll, mit dieser Frage anzufangen habe: „‚es gibt Kunstwerke – wie sind sie möglich?'" (ebd., Band 16 und Band 17, jeweils S. 9). Weber begrüßte diesen Ansatz und schrieb Lukács, es sei „eine Wohlthat", daß, „nachdem man Ästhetik vom ‚Standpunkt' des Rezipierenden, dann jetzt von dem des Schaffenden zu treiben versucht hat, nun endlich das ‚Werk' als solches zu Wort kommt" (Brief an Georg Lukács vom 10. März [1913], ZStA Merseburg, Rep. 92, Nl. Max Weber, Nr. 22). Lukács erinnerte sich, daß er dieses Thema auch mündlich mit Weber diskutiert hatte, „daß ich zu Weber einmal gesagt habe, nach Kant sei das ästhetische Urteil das Wesen des Ästhetischen. Ich meinte, daß das ästhetische Urteil keine Priorität besitze, sondern die Priorität komme dem Sein zu. ‚Es existieren Kunstwerke. Wie sind sie möglich?' Diese Frage stellte ich Max Weber, und sie machte ihm tiefen Eindruck." Lukács, Georg, Gelebtes Denken. Eine Autobiographie im Dialog. – Frankfurt a. M.: Suhrkamp 1981, S. 58 f.

sondern ein „Haben". Wer sie – den Glauben oder die sonstigen heiligen Zuständlichkeiten – nicht „hat", dem kann sie keine Theologie ersetzen. Erst recht nicht eine andere Wissenschaft. Im Gegenteil: in jeder „positiven" Theologie[57] gelangt der Gläubige an den Punkt, wo der Augustinische Satz gilt: credo non quod, sed *quia*    5 absurdum est.[58] Die Fähigkeit zu dieser Virtuosenleistung des „Opfers des Intellekts"[59] ist das entscheidende Merkmal des positiv religiösen Menschen. Und daß dem so ist: – dieser Sachverhalt zeigt, daß trotz (vielmehr infolge) der Theologie (die ihn ja enthüllt) die Spannung zwischen der Wertsphäre der „Wissenschaft" und der des    10 religiösen Heils unüberbrückbar ist.

Das „Opfer des Intellekts" bringt rechtmäßigerweise nur der Jünger dem Propheten, der Gläubige der Kirche. Noch nie ist aber eine neue Prophetie dadurch entstanden (ich wiederhole dieses Bild, das manchen anstößig gewesen ist, hier absichtlich:) daß manche moderne Intellektuelle das Bedürfnis haben, sich in ihrer Seele sozusagen    15 mit garantiert echten, alten Sachen auszumöblieren[,][60] und sich dabei dann noch daran erinnern, daß dazu auch die Religion gehört

---

**57** Gemeint ist eine Theologie, die sich explizit auf eine historische Offenbarung bezieht und diese als unverrückbare Größe ansieht. Vgl. dazu die Artikel „Theologie", in: Die Religion in Geschichte und Gegenwart, hg. von Friedrich Michael Schiele und Leopold Zscharnack, Band 5. – Tübingen: J. C. B. Mohr (Paul Siebeck) 1913, Sp. 1197 ff., sowie „Modern-positiv", ebd., Band 4, Sp. 418 ff.
**58** Die in der zeitgenössischen Literatur häufig Augustinus zugeschriebene Formel „credo quia absurdum" geht vermutlich auf Tertullian, de carne Christi, V, 3, zurück und heißt: „Et mortuus est Dei Filius; prorsus credibile, quia ineptum est." Vgl. zur Interpretation dieser Passage auch Windelband, Wilhelm, Lehrbuch der Geschichte der Philosophie, 4. Aufl. – Tübingen: J. C. B. Mohr (Paul Siebeck) 1907, S. 187: „Das Evangelium ist nicht nur unbegreiflich, sondern es ist auch im notwendigen Widerspruch mit der weltlichen Einsicht: *credibile est, quia ineptum est; certum est, quia impossibile est* – *credo quia absurdum.*" Der letzte Teil des lateinischen Satzes ist in dem Exemplar aus Webers Bibliothek, das sich heute im Max Weber-Archiv, München, befindet, unterstrichen.
**59** Die Begriffe ‚sacrificium intellectus' oder ‚sacrifizio dell' intelletto' als Ausdruck für die Preisgabe der eigenen Überzeugung infolge des Machtanspruchs einer anderen Meinung wurden insbesondere nach dem Vatikanischen Konzil 1869/70, auf dem das Dogma von der Unfehlbarkeit des Papstes verkündet worden war, häufig gebraucht. Möglicherweise gehen sie auf 2. Korinther 10,5 zurück, wo es heißt: „Damit wir verstören die Anschläge und alle Höhe, die sich erhebet wider die Erkenntniß GOttes, und nehmen gefangen alle Vernunft unter den Gehorsam Christi."
**60** Bereits in seiner 1915 erschienenen „Einleitung" zur „Wirtschaftsethik der Weltreligionen", in: AfSS, Band 41, S. 14 (MWG I/19, S. 101), hatte Max Weber geschrieben, daß die „modernen Intellektuellen das Bedürfnis empfinden, neben allerlei andern Sensationen auch die eines ‚religiösen' Zustandes als ‚Erlebnis' zu genießen, gewissermaßen um ihr inneres Ameublement stilvoll mit garantiert echten alten Gerätschaften auszustatten."

hat, die sie nun einmal nicht haben, für die sie nun aber eine Art von
spielerisch mit Heiligenbildchen aus aller Herren Länder möblierter
Hauskapelle als Ersatz sich aufputzen oder ein Surrogat schaffen in
allerhand Arten des Erlebens, denen sie die Würde mystischen Hei-
5 ligkeitsbesitzes zuschreiben und mit dem sie – auf dem Büchermarkt
hausieren gehen.[61] Das ist einfach: Schwindel oder Selbstbetrug.
Durchaus kein Schwindel, son|dern etwas sehr Ernstes und Wahr-   A 36
haftes, aber vielleicht zuweilen sich selbst in seinem Sinn Mißdeuten-
des ist es dagegen, wenn manche jener Jugendgemeinschaften, die in
10 der Stille in den letzten Jahren gewachsen sind, ihrer eigenen
menschlichen Gemeinschaftsbeziehung die Deutung einer religiösen, kosmischen oder mystischen Beziehung geben.[62] So wahr es ist,
daß jeder Akt echter Brüderlichkeit sich mit dem Wissen darum zu
verknüpfen vermag, daß dadurch einem überpersönlichen Reich
15 etwas hinzugefügt wird, was unverlierbar bleibt, so zweifelhaft
scheint mir, ob die Würde rein menschlicher Gemeinschaftsbezie-
hungen durch jene religiösen Deutungen gesteigert wird. – Indessen,
das gehört nicht mehr hierher. –
   Es ist das Schicksal unserer Zeit, mit der ihr eigenen Rationalisie-
20 rung und Intellektualisierung, vor allem: Entzauberung der Welt,
daß gerade die letzten und sublimsten Werte zurückgetreten sind aus
der Öffentlichkeit, entweder in das hinterweltliche Reich mystischen

---

**61** Anspielung auf den „neumystischen" Verlag Eugen Diederichs, der vor allem den
Kritikern des modernen Rationalismus als Forum diente. Siehe dazu Hübinger, Gangolf,
Kulturkritik und Kulturpolitik des Eugen-Diederichs-Verlags im Wilhelminismus. Auswege
aus der Krise der Moderne? In: Troeltsch-Studien, Band 4: Umstrittene Moderne. Die
Zukunft der Neuzeit im Urteil der Epoche Ernst Troeltschs, hg. von Horst Renz und
Friedrich Wilhelm Graf. – Gütersloh: Gerd Mohn 1987, S. 92–114. Webers Wort von der
„Hauskapelle" bezieht sich möglicherweise darauf, daß Diederichs bei der Internationalen
Buch- und Graphikausstellung 1914 in Leipzig den letzten Raum der kulturhistorischen
Abteilung in Form einer Kapelle ausstatten ließ, um so den „vorwärtsdrängenden Kräften"
der Zeit einen angemessenen Rahmen zu schaffen. Vgl. Viehöfer, Erich, Der Verleger als
Organisator. Eugen Diederichs und die bürgerlichen Reformbewegungen der Jahrhundertwende. – Frankfurt a. M.: Buchhändler-Vereinigung 1988, S. 17f. Weber hat den
Aktivitäten Diederichs kritisch gegenübergestanden; so soll er die im Jahre 1917 von
Diederichs veranstalteten Lauensteiner Kulturtagungen, an denen er selbst mit Vorträgen
teilnahm (siehe dazu den Editorischen Bericht, oben, S. 57f.), als „Warenhaus für Weltanschauungen" bezeichnet haben. Siehe Heuss, Erinnerungen, S. 214.
**62** Weber spielt hier auf die Ideale der Jugendbewegung um Gustav Wyneken an, die in
ihrer Gemeinschaft keine profane Verbindung, sondern gleichsam eine sakramentale
Vereinigung sah. Vgl. dazu Kupffer, Heinrich, Gustav Wyneken. – Stuttgart: Ernst Klett
1970, insb. Kap. 8: „Der Religionsstifter", S. 168–182.

Lebens oder in die Brüderlichkeit unmittelbarer Beziehungen der einzelnen zueinander. Es ist weder zufällig, daß unsere höchste Kunst eine intime und keine monumentale ist, noch daß heute nur innerhalb der kleinsten Gemeinschaftskreise, von Mensch zu Mensch, im pianissimo, jenes Etwas pulsiert, das dem entspricht, 5 was früher als prophetisches Pneuma[63] in stürmischem Feuer durch die großen Gemeinden ging und sie zusammenschweißte. Versuchen wir, monumentale Kunstgesinnung zu erzwingen und zu „erfinden", dann entsteht ein so jämmerliches Mißgebilde wie in den vielen Denkmälern der letzten 20 Jahre.[64] Versucht man religiöse Neubil- 10 dungen zu ergrübeln ohne neue, echte Prophetie, so entsteht im innerlichen Sinn etwas Ähnliches, was noch übler wirken muß. Und die Kathederprophetie wird vollends nur fanatische Sekten, aber nie eine echte Gemeinschaft schaffen. Wer dies Schicksal der Zeit nicht männlich ertragen kann, dem muß man sagen: Er kehre lieber, 15 schweigend, ohne die übliche öffentliche Renegatenreklame, son- dern schlicht und einfach, in die weit und erbarmend geöffneten Arme der alten Kirchen zurück. Sie machen es ihm ja nicht schwer.

A 37 Irgendwie hat er dabei – das ist unvermeid|lich – das „Opfer des Intellektes" zu bringen, so oder so. Wir werden ihn darum nicht 20 schelten, wenn er es wirklich vermag. Denn ein solches Opfer des Intellekts zugunsten einer bedingungslosen religiösen Hingabe ist sittlich immerhin doch etwas anderes als jene Umgehung der schlich- ten intellektuellen Rechtschaffenheitspflicht, die eintritt, wenn man sich selbst nicht klar zu werden den Mut hat über die eigene letzte 25 Stellungnahme, sondern diese Pflicht durch schwächliche Relativie- rung sich erleichtert. Und mir steht sie auch höher als jene Katheder- prophetie, die sich darüber nicht klar ist, daß innerhalb der Räume des Hörsaals nun einmal keine andere Tugend gilt als eben: schlichte intellektuelle Rechtschaffenheit. Sie aber gebietet uns, festzustellen, 30 daß heute für alle jene vielen, die auf neue Propheten und Heilande harren, die Lage die gleiche ist, wie sie aus jenem schönen, unter die

---

**63** Gemeint ist das Zusammengehörigkeitsgefühl der frühchristlichen, noch durch keine Amtskirche organisierten Gemeinden, das durch die mit göttlichem Geist Begabten ge- weckt worden sei. Vgl. dazu insb. 1. Korinther 14.
**64** Als Beispiel dafür nannte Weber an anderer Stelle einmal das von Reinhold Begas entworfene „Scheusal von Bismarck-Denkmal", das 1901 vor dem Reichstag in Berlin aufgestellt worden war. Weber, Max, Wahlrecht und Demokratie in Deutschland. – Berlin- Schöneberg: Fortschritt (Buchverlag der „Hilfe") 1917, S. 27 (MWG I/15, S. 375).

Jesaja-Orakel aufgenommenen edomitischen Wächterlied in der
Exilszeit klingt: „Es kommt ein Ruf aus Seir in Edom: Wächter, wie
lang noch die Nacht? Der Wächter spricht: Es kommt der Morgen,
aber noch ist es Nacht. Wenn ihr fragen wollt, kommt ein ander Mal
5  wieder."[65] Das Volk, dem das gesagt wurde, hat gefragt und geharrt
durch weit mehr als zwei Jahrtausende, und wir kennen sein erschüt-
terndes Schicksal. Daraus wollen wir die Lehre ziehen: daß es mit
dem Sehnen und Harren allein nicht getan ist, und es anders machen:
an unsere Arbeit gehen und der „Forderung des Tages"[66] gerecht
10  werden – menschlich sowohl wie beruflich. Die aber ist schlicht und
einfach, wenn jeder den Dämon findet und ihm gehorcht, der *seines*
Lebens Fäden hält.

**65** Jesaja 21, 11/12: „[...] Man ruft zu mir aus Seir: Hüter, ist die Nacht schier hin? Hüter,
ist die Nacht schier hin? Der Hüter aber sprach: Wenn der Morgen schon kommt, so wird
es doch Nacht sein. Wenn ihr schon fragt, so werdet ihr doch wieder kommen, und wieder
fragen."
**66** In Goethes „Betrachtungen im Sinne der Wanderer" aus „Wilhelm Meisters Wanderjahren" heißt es: „Was aber ist deine Pflicht? Die Forderung des Tages." Goethes Werke,
hg. im Auftrage der Großherzogin Sophie von Sachsen, Band 42, Abt. II. – Weimar:
Hermann Böhlaus Nachfolger 1907, S. 167.

# Politik als Beruf

## Editorischer Bericht

### Zur Entstehung

Wie „Wissenschaft als Beruf" ist auch „Politik als Beruf" aus einem Vortrag hervorgegangen, den Max Weber im Rahmen einer vom bayerischen Landesverband des Freistudentischen Bundes veranstalteten Vortragsreihe zum Thema „Geistige Arbeit als Beruf" in München hielt.[1] Er fand am 28. Januar 1919 statt.

Das Thema „Politik und Beruf" spielte in der kulturkritischen Diskussion im Kaiserreich schon in den letzten Vorkriegsjahren eine große Rolle. Werner Sombart hatte 1907 im „Morgen", einer von ihm herausgegebenen „Wochenschrift für deutsche Kultur", behauptet, daß unter den obwaltenden politischen Umständen die Gebildeten jedes Interesse an der Politik verloren hätten. Dabei sprach er von „der unseligen Spezies der Berufspolitiker", die sich der Tagespolitik widmeten, die zu „einer Art von unehrlichem Gewerbe" geworden sei.[2] In einem zweiten Artikel „Die Politik als Beruf" hatte er das politische Geschäft, das unvermeidlich mit der Simplifizierung aller Probleme und der „Mechanisierung der geistigen Vorgänge" einhergehe, als „geistig öde, ethisch verlogen, ästhetisch roh" bezeichnet. Die „berufspolitische Tätigkeit" sei „eine unheimliche und unwirkliche Kunst", die denjenigen, der sie ausübe, „ von dem Quell des Lebens" abdränge und in eine „unwirkliche, verzerrte, verwaschene Begriffswelt des politischen Schlagworts" einschließe.[3] Diesen Äußerungen Sombarts war Friedrich Naumann entgegengetreten und hatte die Berufspolitiker verteidigt: „[...] was uns Berufspolitiker aufrecht erhält in einer harten und [...] von vielen Enttäuschungen durchsetzten opfervollen Arbeit, ist der Glaube, daß die Bearbeitung des Staates ein allgemeines Interesse ersten Grades ist."[4]

---

[1] Zur Geschichte der Freistudentischen Bewegung und der Vortragsreihe „Geistige Arbeit als Beruf" siehe den Editorischen Bericht zu „Wissenschaft als Beruf", oben, S. 49ff.

[2] Sombart, Werner, Unser Interesse an der Politik, in: Morgen. Wochenschrift für deutsche Kultur, 1. Jg., Nr. 2 vom 21. Juni 1907, S. 40–44, Zitat S. 41.

[3] Sombart, Werner, Die Politik als Beruf, ebd., Nr. 7 vom 26. Juli 1907, S. 195–199, Zitat S. 197ff.

[4] Naumann, Friedrich, An Herrn Professor W. Sombart, ebd., Nr. 13 vom 6. Sept. 1907, S. 383–387, Zitat S. 387. Man darf mit einiger Sicherheit davon ausgehen, daß Max Weber,

Dies hatte Sombart freilich nur dazu veranlaßt, die „intellektuelle Minderwertigkeit", ästhetische Dürftigkeit und Unaufrichtigkeit der berufspolitischen Tätigkeit noch schärfer herauszustellen. Die Gebildeten hätten, so sein Fazit, „gerade jetzt in Deutschland Besseres zu tun, als sich im Dienst der Tages- und Berufspolitik" zu verbrauchen.[5] Diese negative Einschätzung aller Politik, insbesondere aber aller Berufspolitik, war demnach in den Kreisen der Gebildeten weit verbreitet und blieb auch während des Weltkrieges nahezu unverändert bestehen. Noch 1918 sprach beispielsweise Thomas Mann vom „Politiker in des Wortes praktisch-gemeiner Bedeutung, vom Fach- und Berufspolitiker also", in äußerst negativer Weise; dieser sei „ein niedriges und korruptes Wesen, das in geistiger Sphäre eine Rolle zu spielen keineswegs geschaffen" sei.[6] Auch die öffentlichen Debatten über die Notwendigkeit einer Parlamentarisierung der Reichsverfassung, die gegen Ende des Krieges wieder aufflammten, konnten dem verbreiteten Vorurteil, daß Politik, und namentlich Parteipolitik, ein schmutziges Geschäft sei, nicht Abbruch tun. Hingegen rumorte es in der jüngeren Generation, die angesichts der sich stetig verschlechternden Kriegslage zunehmend politisiert wurde. Vor diesem Hintergrund ist es nicht überraschend und zugleich von einiger Bedeutung, daß der Freistudentische Bund das Thema „Politik als Beruf" in die Vortragsreihe über „Geistige Arbeit als Beruf" aufnahm.[7] Der Sache nach mußte dies auf eine Neuauflage der Kontroverse zwischen Sombart und Naumann hinauslaufen, hatte doch ersterer schlichtweg bestritten, daß Politik überhaupt eine geistige Tätigkeit darstelle.

der Naumann und Sombart eng verbunden war, diese Kontroverse zur Kenntnis genommen hat.
**5** Sombart, Werner, An Friedrich Naumann, ebd., Nr. 14 vom 13. Sept. 1907, S. 415–421, Zitat S. 420.
**6** Mann, Thomas, Betrachtungen eines Unpolitischen. – Berlin: S. Fischer 1918, S. 213.
**7** Soweit wir wissen, sah der ursprüngliche Plan für die Vortragsreihe bereits das Thema „Politik als Beruf" vor. (Brief Immanuel Birnbaums an Georg Kerschensteiner vom 13. Okt. 1917, Münchner Stadtbibliothek, Handschriften-Abteilung, Archiv Kerschensteiner), doch bestand über die Frage, wer dieses Thema behandeln sollte, „längerer Zweifel" (Brief Frithjof Noacks an Marianne Weber vom 26. Okt. 1924, Bestand Max Weber-Schäfer, Deponat BSB München, Ana 446). Aus dem Zeitungsbericht über die Rede Max Webers „Wissenschaft als Beruf" vom 9. November 1917 geht nur hervor, daß die Reihe insgesamt vier Vorträge umfassen sollte, wobei zu diesem Zeitpunkt aber offenbar erst für zwei andere Vorträge Thema und Redner feststanden; so heißt es in den Münchner Neuesten Nachrichten, Nr. 567 vom 9. Nov. 1917, Mo.Bl., S. 3: „An den nächsten Abenden werden sprechen Dr. Hausenstein über ‚Kunst als Beruf', Dr. Kerschensteiner über ‚Erziehung als Beruf'". Dies könnte damit zusammenhängen, daß der Freistudentische Bund zeitweilig auch an einen Vortrag über „Priester (resp. Priestertum) als Beruf" bzw. „Religion als Beruf" gedacht hat. (Vgl. dazu die Bemerkung Immanuel Birnbaums in dem Gespräch mit Horst J. Helle am 3. März 1982, Protokoll, S. 3, Max Weber-Archiv, München; den Brief Immanuel Birnbaums an Johannes Winckelmann vom 15. Juli 1970, ebd., sowie Birnbaum, Immanuel, Politik als Beruf. Vor 60 Jahren hielt Max Weber seinen

Darüber hinaus rückte mit den immer größeren Kriegsanstrengungen der kriegführenden Mächte und der stetig steigenden Zahl von Kriegsopfern ein weiterer Aspekt ins Blickfeld, nämlich die Frage nach der ethischen Berechtigung des Krieges und, im weiteren Sinne, das Verhältnis von Ethik und Politik. Auch unter der Studentenschaft kam es darüber zu lebhaften Auseinandersetzungen. Wenn sich auch die große Mehrheit der Studenten der allgemeinen Kriegsbegeisterung nicht entzog, so gewann insbesondere unter den Kriegsheimkehrern jene Richtung an Boden, die – nunmehr von der Sinnlosigkeit des Krieges überzeugt – mit sozialistischen und pazifistischen Idealen sympathisierte.[8] Eine der Symbolfiguren der pazifistischen Richtung unter den Studenten war der an der Universität München lehrende Philosoph und Pädagoge Friedrich Wilhelm Foerster, der auf der Grundlage einer religiös geprägten Weltanschauung die Kriegszielpolitik des Deutschen Reiches einer scharfen Kritik unterzog.[9] Foersters Plädoyer für einen Verständigungsfrieden, mit dem er im Sommer 1917 auch in Österreich-Ungarn Anhang gewann, spaltete die Studentenschaft. Insbesondere an der Münchener Universität kam es im Herbst 1917 zu geradezu tumultartigen Auseinandersetzungen zwischen der nationalgesinnten Mehrheit der Studenten und den pazifistischen Gruppen. Während die rechtsgerichteten Studenten gegen die Positionen Foersters protestierten und Störungen seiner Vorlesungen organisierten, bildete sich auf der Gegenseite ein Ausschuß, der Foerster in Schutz nahm.[10] Der „Fall Foerster" erregte auch an anderen Universitäten erhebliches Aufsehen. Unter der Federführung Ernst Tollers unterzeichneten im November 1917 zahlreiche Studenten an der Universität Heidelberg einen Aufruf, der unter Hinweis auf die „Achtung gebietende Persönlichkeit" Foersters die von den rechtsgerichteten Münchener Studenten aufgeführten „Lärmszenen" scharf verurteilte.[11]

berühmten Vortrag, in: Süddeutsche Zeitung, Nr. 231 vom 6./7. Okt. 1979.) Birnbaums Erinnerung zufolge war als Redner der Jesuitenpater Peter Lippert vorgesehen.
**8** Vgl. dazu u. a. Linse, Ulrich, Hochschulrevolution. Zur Ideologie und Praxis sozialistischer Studentengruppen während der deutschen Revolutionszeit 1918/19, in: Archiv für Sozialgeschichte, Band 14, 1974, S. 1–114, insb. S. 31 ff.
**9** Vgl. dazu u. a. Foerster, Friedrich Wilhelm, Erlebte Weltgeschichte 1869–1953. Memoiren. – Nürnberg: Glock & Lutz 1953, S. 187 ff. Eine Sammlung verstreuter Schriften Foersters auch aus der Zeit des Ersten Weltkriegs findet sich in: Hipler, Bruno (Hg.), Friedrich Wilhelm Foerster: Manifest für den Frieden. Eine Auswahl aus seinen Schriften (1893–1933). – Paderborn: Ferdinand Schöningh 1988. In „Politik als Beruf" hat sich Max Weber mit der Position Foersters auseinandergesetzt (siehe den Text unten, S. 240 f.).
**10** Birnbaum, Immanuel, Achtzig Jahre dabei gewesen. Erinnerungen eines Journalisten. – München: Süddeutscher Verlag 1974, S. 59.
**11** Die Tat. Monatsschrift für die Zukunft deutscher Kultur, 9. Jg., Heft 9, Dez. 1917, S. 820. Wie aus „Wissenschaft als Beruf" hervorgeht, teilte Max Weber diese Kritik (siehe den Text, oben, S. 95 f.).

Max Weber war mit der Vorstellungswelt der pazifistisch-sozialistischen Studentenbewegung sehr gut vertraut.[12] Insbesondere während der von dem Jenaer Verleger Eugen Diederichs veranstalteten Kulturtagungen auf Burg Lauenstein im Frühjahr und Herbst 1917[13] war er mit zahlreichen Studenten unterschiedlicher Richtungen, auch solchen mit pazifistischen und revolutionär-sozialistischen Auffassungen, zusammengetroffen. Webers Bereitschaft, sich auf ihre Vorstellungen einzulassen und stundenlang mit ihnen zu diskutieren,[14] übte auf viele Teilnehmer eine geradezu faszinierende Wirkung aus: „Die Jugend klammert sich an Max Weber", schrieb Ernst Toller, „seine Persönlichkeit, seine intellektuelle Rechtschaffenheit zieht sie an."[15] Auch später riß der Kontakt zu den pazifistisch bzw. sozialistisch eingestellten Studenten nicht ab. Ernst Toller, der im Wintersemester 1917/18 in Heidelberg studierte, nahm mit anderen „sozialistischen und pazifistischen Studenten an Webers Sonntagen" teil.[16] Allerdings versagte Max Weber dem von Toller zu dieser Zeit begründeten „Kulturpolitischen Bund der Jugend in Deutschland", dessen Leitsätze eine Mischung aus religiöser Inbrunst, radikalem Pazifismus und sozialistischen Forderungen darstellten,[17] die von diesem erbetene Mitarbeit an führender Stelle.[18] Marianne Weber zufolge war Max Weber geradezu entsetzt über die „Verworrenheit" des Programms und den darin zum Ausdruck kommenden „Mangel an Wirklichkeitssinn."[19] Gleichwohl war er auch weiterhin bereit, sich der Auseinandersetzung mit dieser durch das Kriegserlebnis erschütterten und in das linke Lager gedrängten Generation zu stellen. Dem Schrift-

**12** Weber, Marianne, Max Weber. Ein Lebensbild. – Tübingen: J.C.B. Mohr (Paul Siebeck) 1926 (Nachdruck = 3. Aufl. Tübingen 1984), S. 608 ff. Vgl. dazu auch Dahlmann, Dittmar, Max Webers Verhältnis zum Anarchismus und den Anarchisten am Beispiel Ernst Tollers, in: Max Weber und seine Zeitgenossen, hg. von Wolfgang J. Mommsen und Wolfgang Schwentker. – Göttingen/Zürich: Vandenhoeck und Ruprecht 1988. S. 506–523.
**13** Vgl. dazu Weber, Marianne, Lebensbild¹, S. 608 ff. Die Frühjahrstagung, die unter dem Thema „Sinn und Aufgabe unserer Zeit" stand, fand vom 29. bis 31. Mai 1917 statt. Die Herbsttagung vom 29. September bis 3. Oktober 1917 behandelte das Thema „Das Führerproblem im Staate und in der Kultur". Siehe dazu die Editorischen Berichte zu Max Webers „Vorträgen während der Lauensteiner Kulturtagungen", in: MWG I/15, S. 701 ff.
**14** Weber, Marianne, Lebensbild¹, S. 611.
**15** Toller, Ernst, Eine Jugend in Deutschland, in: Ernst Toller. Gesammelte Werke, Band 4. – München: Hanser 1978, S. 78.
**16** Weber, Marianne, Lebensbild¹, S. 613.
**17** Abgedruckt in Toller. Werke, Band 1, S. 31–34. Vgl. dazu auch Dahlmann, Max Webers Verhältnis zum Anarchismus, S. 512.
**18** Weber, Marianne, Lebensbild¹, S. 613. Eine Erklärung für sein Verhalten gibt Max Weber auch in dem Brief an Julius Goldstein vom 13. Nov. 1918, ZStA Merseburg, Rep. 92, Nl. Max Weber, Nr. 30/10 (Abschrift Marianne Weber, masch.), abgedruckt bei Weber, Marianne, Lebensbild¹, S. 614.
**19** Weber, Marianne, Lebensbild¹, S. 613.

steller Erich Trummler gegenüber erklärte Weber im Januar 1918 seine Bereitschaft, „in *rückhaltlos* ‚bekennender' Art" in die Diskussion über das Thema „Pazifismus" einzutreten. Gerade die Erörterung politischer Themen erschien Weber in diesem Rahmen wichtig, „denn da handelt es sich um Vorbereitung der rein äußeren Lebensmöglichkeit und Wirkungsmöglichkeit der künftig Heimkehrenden."[20]

Angesichts seines Engagements in diesen Fragen ist es nicht verwunderlich, daß Max Weber von dem Freistudentischen Bund als der geeignete Redner für den Vortrag „Politik als Beruf" betrachtet wurde. Darüber hinaus könnte es auch eine Rolle gespielt haben, daß Max Weber bei der zweiten Lauensteiner Kulturtagung, die unter dem Thema „Das Führerproblem im Staate und in der Kultur" stand, in seinem Eröffnungsvortrag „Die Persönlichkeit und die Lebensordnungen"[21] über politisches Führertum unter den Bedingungen der Moderne gesprochen und dabei offensichtlich auch den Typ des Berufspolitikers und die inneren Motive, die ihn bei seinem Tun leiten, behandelt hatte.[22]

Wann und unter welchen Umständen der Freistudentische Bund mit der Bitte an Max Weber herangetreten ist, auch den Vortrag „Politik als Beruf" zu übernehmen, ist jedoch nicht bekannt. Es ist nicht sonderlich wahrscheinlich, daß dies bereits im Zusammenhang mit Max Webers Rede „Wissenschaft als Beruf" geschah, denn in der sich an diesen Vortrag anschließenden Korrespondenz zwischen Immanuel Birnbaum, dem Organisator der Vortragsreihe „Geistige Arbeit als Beruf", und Max Weber findet sich darüber kein Wort.[23] Insgesamt ist die Überlieferung zu dieser Frage lückenhaft und nicht frei von Widersprüchen. Immanuel Birnbaum berichtet in seinen „Erinnerungen an Max Weber", er sei es gewesen, der diesen zu *beiden* Vorträgen bewogen habe. Während Weber den Vortrag „Wissenschaft als Beruf" sofort übernommen habe, weil ihm das gestellte Thema am Herzen lag, habe er sich zum Vortrag „Politik als Beruf" zunächst „nicht herbeilassen" wollen. Die „Aufforderung", zu diesem Thema im Rahmen

---

**20** Brief Max Webers an Erich Trummler vom 17. Januar 1918, Deponat Max Weber, BSB München, Ana 446, OB 3.
**21** Zum Titel dieses Vortrags siehe die Ausführungen in der Studienausgabe der MWG, MWS I/15, S. 402f.
**22** Max Weber tat dies allerdings im Rahmen einer systematischen soziologischen Analyse politischer Systeme, die unter anderem auch die drei reinen Typen legitimer Herrschaft behandelte. Den knappen Notizen Ferdinand Tönnies' zufolge (Schleswig-Holsteinische Landesbibliothek Kiel, Nl. Ferdinand Tönnies, Cb 54, 11:15) hat Weber dabei folgende Sachverhalte angesprochen: „Regierung (Führung) 1. rational 2. tradition[al] 3. Charisma. Führerproblem. Sociale Auslese 1. d[as] Material 2. d[ie] Methoden 3. d[ie] Auslesenden" (MWG I/15, S. 707).
**23** Brief Immanuel Birnbaums an Max Weber vom 26. Nov. 1917, Bestand Max Weber-Schäfer, Deponat BSB München, Ana 446.

der Reihe zu sprechen, sei erst „nach der Novemberrevolution von 1918"
an ihn ergangen.[24] Dies trifft jedoch nicht zu. Über eine eventuelle Übernahme des Vortrags ist bereits wesentlich früher verhandelt worden, und zwar
vermutlich schon Anfang April 1918, als sich Max Weber auf der Reise nach
Wien zur Aufnahme seiner Professur zum Sommersemester für zwei Tage,
Samstag und Sonntag, den 6. und 7. April, in München aufhielt. Bei dieser
Gelegenheit traf er mit Immanuel Birnbaum zusammen. Über den Ablauf
des Sonntags berichtete Max Weber am 9. April an Marianne Weber: „9 Uhr
Herr Toller (ist jetzt ganz in Ordnung), ½ 10 Uhr Herr Birnbaum (Studenten,
Vorträge pp.)".[25] Dies dürfte sich auf die beiden Vorträge „Wissenschaft als
Beruf" und „Politik als Beruf" beziehen. Jedenfalls vermochte Birnbaum
nur wenige Wochen später, im Juni 1918, in Verhandlungen mit dem Verlag
Duncker & Humblot über die Veröffentlichung der Vortragsreihe „Geistige
Arbeit als Beruf" Max Weber als Autor für „Politik als Beruf" zu benennen.[26]
Die Besprechung zwischen Birnbaum und dem Direktor und Syndikus des
Verlags, Ludwig Feuchtwanger, fand am 8. Juni 1918 statt und führte zu
folgender Vereinbarung: „Landesverband Bayern des freien studentischen
Bundes, vertreten durch die Herren Werner Mahrholz und Immanuel Birn-
baum, bietet dem Verlag durch Herrn Birnbaum an: ‚Geistige Arbeit als
Beruf', 4 Vorträge. Inhalt: 1) Max Weber, Wissenschaft als Beruf, 2) Ker-
schensteiner, Erziehung als Beruf, 3) Hausenstein, Kunst als Beruf, 4) Max
Weber, Politik als Beruf. Je ein ¾ stünd[iger] Vortrag." Nach Regelungen
über Honorar, Auflage und Spesen für die Herstellung der Stenogramme
heißt es weiter: „Gehalten ist bisher nur der Vortrag zu 1), 2–4 werden im
Laufe des Jahres 1918 noch gehalten."[27]

   Der Freistudentische Bund rechnete seitdem fest damit, daß Max Weber
auch den Vortrag „Politik als Beruf" halten werde. In einem Brief an den
Pädagogen Georg Kerschensteiner vom 29. September 1918 ließ Birnbaum keinen Zweifel daran, daß Max Weber über „Politik als Beruf" spre-

---

**24** Birnbaum, Immanuel, Erinnerungen an Max Weber, in: Max Weber zum Gedächtnis,
hg. von René König und Johannes Winckelmann, 2. Aufl. – Köln/Opladen: Westdeutscher
Verlag 1985, S. 20.
**25** Brief Max Webers an Marianne Weber von „Dienstag" [9. April 1918], Bestand Max
Weber-Schäfer, Deponat BSB München, Ana 446. Übrigens spricht die stichwortartige
Mitteilung dafür, daß Marianne Weber über den Sachverhalt informiert war, daß also schon
zuvor Gespräche über eine eventuelle Übernahme auch des zweiten Vortrags geführt
worden sein dürften.
**26** Vereinbarung zwischen dem „Freistudentischen Bund. Landesverband Bayern" und
dem Verlag Duncker & Humblot vom 8. Juni 1918, Verlagsarchiv Duncker & Humblot,
Privatbesitz.
**27** Ebd. Diese Vereinbarung wurde später seitens des Freistudentischen Bundes [Datum
unleserlich] und seitens des Verlags am 8. Juli 1918 bestätigt, ebd.

chen werde.[28] Am 4. November 1918 trafen Birnbaum und Weber anläßlich von Max Webers Rede „Deutschlands politische Neuordnung"[29] erneut in München zusammen.[30] Es kann sein, daß bei dieser Gelegenheit für „Politik als Beruf" ein Termin im Januar 1919 vereinbart wurde. Denn Birnbaum teilte Kerschensteiner im Dezember 1918 mit, daß die „Vortragsreihe [...] im Januar [...] Prof. Max Weber [...] zu uns führen wird."[31]

Berücksichtigt man die Darstellung Birnbaums, so könnte Max Weber seine Zusage Ende Dezember oder Anfang Januar 1919 wieder zurückgezogen haben, weil er über die politischen Verhältnisse aufs äußerste irritiert war und es angesichts der sich in raschem Fluß befindlichen politischen Entwicklung nicht für opportun hielt, Grundsätzliches über den Beruf zur Politik zu sagen.[32] Eine Rolle könnte dabei auch seine Ablehnung radikal pazifistischer Tendenzen, wie sie insbesondere von der bayerischen Regierung unter dem Linkssozialisten Kurt Eisner vertreten wurden, gespielt haben. Bekanntlich beklagte Weber Ende November 1918 zutiefst deprimiert den „ekelhaften Exhibitionismus der innerlich Zusammengebrochenen", den „politisch-sozialen Masochismus jener würdelosen Pazifisten, die jetzt wollüstig in ‚Schuld'-Gefühlen wühlen."[33] Persönliche Enttäuschung dürfte hinzugekommen sein. Denn ungeachtet seines großen Engagements im Wahlkampf für die Deutsche Demokratische Partei[34] war seine Kandidatur für die Wahlen zur Nationalversammlung Ende Dezember gescheitert.[35] So berichtet Birnbaum, daß Max Weber seine Ablehnung mit

---

28 Brief Immanuel Birnbaums an Georg Kerschensteiner vom 29. Sept. 1918, Münchner Stadtbibliothek, Handschriften-Abteilung, Archiv Kerschensteiner.
29 Berichte über diese Rede finden sich in verschiedenen Münchener Tageszeitungen, u. a. in den Münchner Neuesten Nachrichten, Nr. 559 vom 5. Nov. 1918, S. 1 f. (MWG I/16, S. 359−369). Dabei stieß Webers Warnung vor einer rein gesinnungsethisch motivierten Politik bei einer „chiliastisch-revolutionär bewegten Minderheit" unter seinen Zuhörern auf Kritik. Dies geht aus dem Brief Frithjof Noacks an Marianne Weber vom 26. Okt. 1924, Bestand Max Weber-Schäfer, Deponat BSB München, Ana 446, hervor.
30 Siehe dazu die auf Erinnerungen Birnbaums basierenden Bemerkungen in dem Brief Frithjof Noacks an Marianne Weber vom 26. Okt. 1924, ebd.
31 Brief Immanuel Birnbaums an Georg Kerschensteiner, undat. [Dez. 1918], Münchner Stadtbibliothek, Handschriften-Abteilung, Archiv Kerschensteiner. Die Datierung ergibt sich daraus, daß Birnbaum in diesem Brief auf die Anfang Dezember 1918 erfolgte Ernennung Kerschensteiners zum außerordentlichen Professor an der Universität München anspielt.
32 Vgl. dazu auch Birnbaum, Erinnerungen an Max Weber, in: König/Winckelmann (Hg.), Gedächtnis, S. 20 f.
33 Brief an Friedrich [gemeint ist Otto] Crusius vom 24. Nov. 1918, abgedruckt in: Max Weber. Gesammelte Politische Schriften. − München: Drei Masken Verlag 1921, S. 482 ff.
34 Siehe dazu Mommsen, Wolfgang J., Max Weber und die deutsche Politik 1890−1920, 2. Aufl. − Tübingen: J. C. B. Mohr (Paul Siebeck) 1974, S. 328 ff.
35 Vgl. ebd., sowie Webers „Erklärung zum Scheitern der Kandidatur für die Wahlen zur

den Worten begründet habe: „Ich bin kein Politiker, ich bin ein Gescheiterter der Demokratischen Partei."[36] Darüber hinaus hatte Max Weber vom 2. bis 17. Januar 1919 im Rahmen des Wahlkampfes für die Nationalversammlung eine größere Zahl von Wahlreden übernommen, die ihn in erheblichem Maße in Anspruch nahmen.[37] Offenbar hat Max Weber damals Friedrich Naumann als Redner für „Politik als Beruf" empfohlen; gegenüber Birnbaum bezeichnete er diesen „als den repräsentativen deutschen Politiker der Zeit schlechthin."[38] Jedoch wurde er, nachdem Friedrich Naumann wegen Krankheit abgelehnt hatte, bedrängt, den Vortrag nun doch selbst zu übernehmen; dazu hat offensichtlich der Hinweis Birnbaums beigetragen, daß „einige radikale Kommilitonen" den bayerischen Ministerpräsidenten Kurt Eisner als Redner vorgeschlagen hätten. Dieser war in Webers Augen ein „Gesinnungspolitiker ohne Augenmaß für die Folgen seiner Handlungen", dem er offenbar nicht das Feld hat überlassen wollen.[39] Spätestens

Nationalversammlung im Wahlkreis 19 (Hessen-Nassau)", Frankfurter Zeitung, Nr. 12 vom 5. Jan. 1919, 2. Mo.Bl., S. 1, (MWG I/16, S. 152–156).
**36** Siehe das Gespräch Birnbaums mit Horst J. Helle am 3. März 1982, Protokoll, S. 3, Max Weber-Archiv, München. Vgl. ferner Birnbaum, Achtzig Jahre, S. 80.
**37** Berichte über diese Reden finden sich in: MWG I/16, S. 410–474.
**38** Dies geht aus den auf Erinnerungen Birnbaums basierenden Bemerkungen in dem Brief Frithjof Noacks an Marianne Weber vom 26. Okt. 1924, Bestand Max Weber-Schäfer, Deponat BSB München, Ana 446, hervor.
**39** Vgl. Birnbaums Bericht in seinen „Erinnerungen an Max Weber", in: König/Winckelmann (Hg.), Gedächtnis, S. 21: „Er schrieb mir, niemand sei weniger berufen als er, über den Beruf des Politikers zu reden. An seiner Stelle schlug er Friedrich Naumann vor, den er seit langem als den gegebenen Führer Deutschlands auf dem Wege zur Demokratie ansah. Aber Naumann war damals schon schwer krank und lehnte ab. Als Weber trotzdem den Vortrag nicht übernehmen wollte, schrieb ich ihm, einige radikale Kommilitonen neigten jetzt dazu, Kurt Eisner als Sprecher an seiner Stelle einzuladen. In Eisner sah Weber den Typ eines Gesinnungspolitikers ohne Augenmaß für die Folgen seiner Handlungen. Die Drohung half daher. Weber sagte umgehend zu, kam und hielt einen Vortrag, dessen Text ein kleines Meisterwerk der Theorie der Politik und ein Dokument des Standes demokratischen Denkens in jenem kritischen Augenblick deutscher Geschichte wurde." Birnbaum hat diese Darstellung des Ablaufs der Dinge auch an anderen Stellen mitgeteilt, so gegenüber Frithjof Noack, den Marianne Weber mit Recherchen über einige Vorträge Webers beauftragt hatte; Brief Frithjof Noacks an Marianne Weber vom 26. Okt. 1924, Bestand Max Weber-Schäfer, BSB München, Ana 446. Später gab Birnbaum dieselbe Schilderung in seinen Memoiren, Achtzig Jahre, S. 80 f. Gleichlautend äußerte er sich auch in Briefen an Johannes Winckelmann vom 14. Dez. 1961 und 15. Juli 1970, Max Weber-Archiv, München, sowie in dem Gespräch mit Horst J. Helle am 3. März 1982, Protokoll, S. 3, ebd. Die Drohung, statt seiner Eisner sprechen zu lassen, ist von Birnbaum sicherlich nicht nachträglich erfunden, möglicherweise aber in der Erinnerung um einiges aufgebauscht worden. Sie ist nur für die Zeit nach der Novemberrevolution wahrscheinlich. Eisner saß ja wegen der Vorbereitung und Leitung des Massenstreiks seit dem 1. Februar 1918 in München in Untersuchungshaft und wurde erst am 14. Oktober 1918

am 12. Januar 1919 dürfte Webers endgültige Zusage vorgelegen haben; so berichtete er Else Jaffé in einem allerdings undatierten Brief von seinen Planungen für die Zeit vom 13. bis 17. Januar 1919 und bemerkte dann abschließend: „Mit dem Münchener Vortrag mache ich es nach Anweisung."[40]

Über die Einzelheiten der Durchführung und den endgültigen Termin des Vortrags ist noch in der dritten Januarwoche verhandelt worden. Dies geht aus mehreren Briefen an Else Jaffé vom 19. bis 22. Januar 1919 hervor, in denen von einem Telegrammwechsel mit den „Studenten" wegen der Festlegung des endgültigen Termins die Rede ist.[41] Jedenfalls war sich Max Weber noch am 22. Januar nicht ganz sicher, ob der Vortrag denn nun wirklich stattfinden würde.[42] Erst am folgenden Tag, dem 23. Januar, wurde dieser dann definitiv auf den 28. Januar 1919 anberaumt.[43] Weber schrieb in diesen Tagen an Else Jaffé: „Der Vortrag am 28. [Januar] wird schlecht, denn ich werde sehr Anderes als den ‚Beruf' eines ‚Politikers' im Kopf haben".[44] Die Bitte der Studenten, dem Vortrag am 29. Januar eine Diskussion im kleinen Kreis folgen zu lassen, schlug Weber offenbar aus persönlichen Gründen zunächst ab,[45] doch ist ein solches Treffen dann doch noch zustande gekommen.[46]

Eine erste offizielle Ankündigung des Vortrags findet sich in der Morgenausgabe der Münchner Neuesten Nachrichten vom 25. Januar 1919:

> „Prof. Dr. Max *Weber* (Heidelberg) spricht Dienstag, 28. Jan., im Kunstsaal Steinicke, abends 7½ Uhr, über ‚Politik als Beruf'. Karten bei Steinicke, Adalbertstr. 15, Jaffé, Briennerstr. 53, und an der Abendkasse."[47]

---

entlassen, also nur etwa drei Wochen vor der Revolution in Bayern vom 7./8. November 1918, durch die er Ministerpräsident und Außenminister des Freistaats Bayern wurde. Außerdem hatte wohl erst Eisners Entscheidung vom 23. November 1918, ohne Absprache mit dem Rat der Volksbeauftragten, Deutschland einseitig belastende Dokumente zur Frage der Kriegsschuld zu veröffentlichen, Weber gegen ihn so aufgebracht, daß er für eine „Erpressung" dieser Art tauglich war.

**40** Brief Max Webers an Else Jaffé, undat. [vor dem 13. Jan. 1919], Privatbesitz.

**41** Briefe Max Webers an Else Jaffé von „Sonntag Mittag" [19. Jan. 1919], von „Montag" [20. Jan. 1919] und von „Mittwoch früh" [22. Jan. 1919], Privatbesitz.

**42** Brief Max Webers an Else Jaffé von „Mittwoch früh" [22. Jan. 1919], Privatbesitz.

**43** Brief Max Webers an Else Jaffé von „Donnerstag früh" [23. Jan. 1919], ebd.

**44** Brief Max Webers an Else Jaffé von „Sonntag Mittag" [19. Jan. 1919], ebd. Fast gleichlautend äußerte er sich in einem Brief an Else Jaffé von „Donnerstag früh" [23. Jan. 1919], ebd.

**45** Brief Max Webers an Else Jaffé von „Donnerstag früh" [23. Jan. 1919], ebd.

**46** Vgl. unten, S. 123 f.

**47** Münchner Neueste Nachrichten, Nr. 41 vom 25. Jan. 1919, Mo.Bl., S. 2.

Außerdem war die Rede auch in der Münchener Universität angekündigt worden; der Jurist und Wirtschaftswissenschaftler Max Rehm erinnert sich, daß er dort einen „Anschlag am Schwarzen Brett: Professor *Max Weber* von der Universität Wien hält einen Vortrag über ‚Politik als Beruf'" gesehen habe, der ihn zum Besuch der Veranstaltung veranlaßte.[48]

Den Erinnerungen Birnbaums zufolge hat sich Max Weber wie schon bei „Wissenschaft als Beruf" auch bei „Politik als Beruf" hauptsächlich an „eine Gruppe dichterisch revolutionär gesinnter Studenten" gewandt; insbesondere bei „Politik als Beruf" seien seine Ausführungen vor allem an Ernst Toller gerichtet gewesen.[49] Über die Veranstaltung, deren Vorsitz nach einleitenden Worten Birnbaums der Literaturhistoriker Werner Mahrholz übernahm,[50] sind nur wenige knappe Berichte von Teilnehmern überliefert. So schrieb der ehemalige Freistudent Frithjof Noack in den 1920er Jahren an Marianne Weber:

„Ich war selber unter den Zuhörern + erinnere mich lebhaft der souveränen Nichtachtung, mit der M[ax] W[eber] an dieser od[er] jener Stelle *(damals!)* über Arbeiter- + Soldatenrätewirtschaft sprach; an einer anderen Stelle erwähnte er auch beiläufig die Bedrohung durch solcher Räte Maschinengewehre bei den Verhandlungen des bad[ischen] Landtages, an denen Sie als Abgeordnete teilgenommen haben."[51]

Max Rehm schreibt in seinen Erinnerungen:

„Es war an einem Winterabend, in düsterem, schmalem Saal, kaum hundert Personen fassend. Eine alte Dame, in leicht gebeugter Haltung, geht am Stock die Stuhlreihen entlang, nimmt vorn Platz: Ricarda Huch. Max Weber tritt hervor, stattlichen Wuchses, doch hager. Das mächtige Haupt ganz den Hörern zugewandt, spricht er frei, nur auf Handzettel gestützt, mit klangvoller, doch gebändigter Stimme, nach heftiger Kopfbewegung sich über Haar und Bart streichend. Er fesselt seine Hörer durch zwingende Gedankenfolge, treffende Beispiele, geschichtlich begründete Erkenntnisse. In der strengen Forderung an den Politiker – Leidenschaft, Verantwortungsgefühl, Augenmaß; nicht Gesinnungsethik, sondern Verantwor-

---

48 Rehm, Max, Erinnerungen an Max Weber, in: König/Winckelmann (Hg.), Gedächtnis, S. 24–28, Zitat S. 25.
49 Brief Frithjof Noacks an Marianne Weber vom 26. Okt. 1924, Bestand Max Weber-Schäfer, BSB München, Ana 446. Bei seiner Aussage im Prozeß Toller im Juli 1919 hat Weber erklärt, daß ihm Toller „im Januar 1919 [...] in einer öffentlichen Versammlung als Diskussionsredner" gegenübergetreten sei; Münchner Neueste Nachrichten, Nr. 277 vom 16. Juli 1919, Ab.Bl., S. 2 (MWG I/16, S. 489). Zur Möglichkeit, daß es sich bei dieser Versammlung um den Vortrag „Politik als Beruf" gehandelt haben könnte, siehe Dahlmann, Max Webers Verhältnis zum Anarchismus, S. 517, Anm. 62.
50 Brief Immanuel Birnbaums an Johannes Winckelmann vom 15. Juli 1970, Max Weber-Archiv, München.
51 Brief Frithjof Noacks an Marianne Weber vom 26. Okt. 1924, Bestand Max Weber-Schäfer, BSB München, Ana 446.

tungsethik – gibt er, es ist zu spüren, ein Bekenntnis. Ricarda Huch, die Seelenkundige, Geschichtsbewußte, mag den Ruf der historischen Stunde vernommen haben, die wir anderen Zeugen eher professiv ahnend miterlebten."[52]

Die Dichterin Ricarda Huch selbst erinnerte sich jedoch noch Jahre später mit einem gewissen Unbehagen an den einzigen Vortrag, den sie von Max Weber je gehört habe und bei dem es sich, wenn die Ausführungen Rehms zutreffen, um „Politik als Beruf" gehandelt haben muß. Bei der Lektüre des von Marianne Weber verfaßten „Lebensbilds" Max Webers sei ihr, so schrieb sie im Jahre 1928 an Marie Baum, aufgefallen,

> „daß ich plötzlich von Max Weber wieder das Gefühl hatte, als sei er ein Schauspieler. Dasselbe hatte ich ganz spontan – denn ich war ja auf ganz anderes gefaßt –, als ich ihn das einzige Mal einen Vortrag halten hörte. Ich denke mir, es kommt daher, daß der Quell der Instinkte in seinem Innern nicht strömte und daß er das mit seinem Bewußtsein ersetzte, wogegen ich nun einmal sehr empfindlich bin."[53]

Einen ähnlich verhaltenen Eindruck machte die Rede auf den damals ebenfalls anwesenden Philosophiestudenten Karl Löwith, den „Wissenschaft als Beruf" tief ergriffen hatte. Von „Politik als Beruf" wußte er nur zu berichten, daß dieser Vortrag „nicht mehr denselben hinreißenden Schwung" gehabt habe.[54]

Nach den Erinnerungen Julie Meyer-Franks, die damals in München studierte, erschien nach Webers Vortrag, „jener großen und traurigen Abrechnung mit den ‚Gesinnungspolitikern' der Revolution", der Eigentümer des Saales, der Buchhändler Steinicke, und teilte den Anwesenden mit, daß „Eisner-Anhänger [...] die Versammlung sprengen" wollten.[55] Daraufhin seien die Teilnehmer in ihre Wohnung gegangen, und Max Weber habe mit diesen „bis in die Morgenstunden" hinein diskutiert. Keiner habe, so Julie Meyer-Frank, „diese Stunde[n] vergessen, in denen der Lehrer einer wertfreien Wissenschaft leidenschaftlich für seine Werte eintrat, als er Tatsachen an Tatsachen reihte und sie maß."[56]

Max Weber selbst schrieb in einem Brief an Mina Tobler vom 29. Januar 1919, daß er froh sei, „nun diese doch beträchtlichen Strapazen los zu sein (es ist mehr die *innere* Angespanntheit, die einen erfaßt, sobald man auf

---

**52** Rehm, Erinnerungen an Max Weber, in: König/Winckelmann (Hg.), Gedächtnis, S. 25.
**53** Brief Ricarda Huchs an Marie Baum vom 2. Okt. 1928, in: Ricarda Huch. Briefe an die Freunde, hg. von Marie Baum, neubearb. von Jens Jessen. – Zürich: Manesse 1986, S. 172f.
**54** Löwith, Karl, Mein Leben in Deutschland vor und nach 1933. Ein Bericht. – Stuttgart: J. B. Metzler 1986, S. 16f.
**55** Meyer-Frank, Julie, Erinnerungen an meine Studienzeit, in: Vergangene Tage. Jüdische Kultur in München, hg. von Hans Lamm. – München/Wien: Albert Langen – Georg Müller 1982, S. 212–216, Zitat S. 213f.
**56** Ebd.

politisches Gebiet übergreift)". Über den Vortrag berichtete er: „Besuch war mäßig, immerhin nicht klein, ‚Erfolg' ganz befriedigend, nachher Zusammensitzen, zuletzt in einem wunderbaren Atelier eines Literaten inmitten der alten Stadt und hoch über ihr auf einer Altane bis Nachts 2 Uhr".[57] Dabei dürfte es sich um die Wohnung von Julie Meyer-Frank gehandelt haben.

Max Weber hat seinen Vortrag, wie Max Rehm berichtet und wie er dies ja auch sonst zu tun pflegte, „auf Handzettel gestützt" frei vorgetragen. Diese „Handzettel" sind in Form eines Stichwortmanuskripts überliefert, das uns leider nicht mehr im Original, sondern nur in einer 1958 gefertigten Kopie sowie älteren Fotos von drei Blättern erhalten ist.[58] Dieses Manuskript besteht aus insgesamt 8 Blättern, die jedoch in zwei Teilstücke, hier $A_I$ und $A_{II}$ genannt, zerfallen. Diese sind je für sich paginiert und unterscheiden sich sowohl aufgrund äußerer Merkmale wie auch in ihrem Inhalt deutlich voneinander. Die ersten drei Blätter des Teilstücks $A_I$ sind eigenhändig von 1–3 paginiert, während das vierte Blatt unpaginiert ist. Die Übereinstimmung von Papierart und Papierformat, darüber hinaus die Tatsache, daß je zwei dieser Blätter durch die Halbierung eines Briefbogens gefertigt sind, lassen den Schluß zu, daß auch das unpaginierte vierte Blatt von vornherein zu diesem Konvolut gehört hat. Das Teilstück $A_{II}$ ist ebenfalls eigenständig paginiert, und zwar von 2–4; das erste Blatt ist unpaginiert. Das letzte Blatt ist auch rückseitig beschrieben; auf S. 4 unten findet sich der Vermerk „*verte!*" als Hinweis auf die Fortsetzung des Textes auf der Rückseite des Blattes.[59] Die vier Blätter von $A_{II}$ sind durch Drittelung von Briefbögen gleich jenen wie von $A_I$ gefertigt worden und gehören ebenfalls zusammen.[60]

$A_I$ und $A_{II}$ unterscheiden sich also äußerlich nach Papierformat und Paginierung. Hinzu kommt, daß sie auch nach Schriftduktus und Anordnung des Schriftguts verschieden sind. Während bei $A_I$ in einen Kerntext, der jeweils auf der rechten Seite des Blattes angeordnet ist, zahlreiche Ergänzungen eingeschoben sind, die sich durchweg auf der linken Seite des Blattes finden, handelt es sich bei $A_{II}$ um ein Stichwortmanuskript aus einem Guß, ohne wesentliche Einschübe und sonstige Änderungen.[61]

$A_I$ behandelt die Formen politischer Herrschaft vor einem breiten historischen Hintergrund sowie die Geschichte der Parteienentwicklung und die damit verbundenen Typen von politischer Machtausübung und von Politi-

---

**57** Brief Max Webers an Mina Tobler, undat. [29. Jan. 1919], Privatbesitz.
**58** Vgl. unten, S. 134.
**59** Siehe den Text, unten, S. 153.
**60** Vgl. die genaue Zeugenbeschreibung im zweiten Teil des Editorischen Berichts „Zur Überlieferung und Edition", unten, S. 135f.
**61** Siehe den Text, unten, S. 147–155.

kern; man könnte auch sagen: Bedingungen und Voraussetzungen des „äußeren Berufs zur Politik". In $A_{II}$ hingegen wird das Verhältnis von Ethik und Politik erörtert, eine Thematik, die am Kopf des Blattes nach Art eines Titels, wenn auch erst in der dritten Zeile, eigens hervorgehoben ist.[62] Diese Ausführungen haben die ethischen Grundlagen, zugleich aber auch die Machtbezogenheit politischen Handelns zum Gegenstand. Sie richten sich primär gegen die pazifistische und revolutionäre Gesinnungspolitik, wie sie damals in Teilen der deutschen Öffentlichkeit, insbesondere der Studentenschaft, weit verbreitet war, aber auch gegen die verschiedenen Varianten gesinnungsloser Realpolitik. Sie zielen darauf ab, die Berufspolitik als verantwortungsethisches Handeln zu legitimieren.

Dieser formale und inhaltliche Befund legt die Vermutung nahe, daß $A_I$ und $A_{II}$ aus verschiedenen Anlässen entstanden sind. Die Sachlage wird darüber hinaus dadurch noch weiter verkompliziert, daß das Stichwortmanuskript $A_I$ aus zwei oder sogar mehreren Schichten besteht, die sich inhaltlich und teilweise auch formal voneinander unterscheiden.

$A_I$ ist aller Wahrscheinlichkeit nach in mehreren Arbeitsgängen zustande gekommen. Die vorwiegend auf der linken Seite der Blätter stehenden zahlreichen Einschaltungen stellen gegenüber dem auf der rechten Seite der Blätter 1–[4] angeordneten Kerntext vermutlich eine eigenständige Textschicht dar. Dies ergibt sich insbesondere aus dem Hinweis am Rand von S. 3: „Auf S. *1* unten!",[63] der offenbar eine Verschiebung der Passagen über den modernen Berufspolitiker oberhalb des Querstrichs auf S. 3 in die eingeschaltete Passage „*Gelegenheits*-Pol[itiker] [...] *Welcher* Typus?"[64] auf S. 1 Mitte links verlangt; eine entsprechende Anordnung findet sich dann auch in der Druckfassung wieder, wobei die Passagen über den modernen Berufspolitiker freilich modifiziert und dem Gesamtzusammenhang angepaßt wurden.[65] Die Einschaltungen beziehen sich fast durchweg auf die Art des jeweils vorherrschenden politischen Personals bzw. die unterschiedlichen Typen von Politikern, m.a.W. auf „Politik als Beruf" im engeren Sinne. Einzelne Zusätze, insbesondere die Eintragungen „Trotzkij" und „A[rbeiter]- u[nd] S[oldaten-]Räte" am linken Rand von S. 1,[66] sollten vermutlich die Darlegungen des Kerntextes aktualisieren. Dies alles spricht dafür, daß der Kerntext von $A_I$ für eine Verwendung im Rahmen der Rede „Politik als Beruf" bearbeitet bzw. ergänzt worden ist.

---

**62** Siehe das Faksimile, unten, S. 146.
**63** Siehe den Text, unten, S. 143.
**64** Siehe den Text, unten, S. 139.
**65** Siehe den Text, unten, S. 169 f.
**66** Siehe den Text, unten, S. 139.

Darüber hinaus weist der Kerntext von $A_I$ drei Teile auf, die sich vor allem unter inhaltlichen Gesichtspunkten voneinander unterscheiden. Die Ausführungen von S. 1 bis S. 3 beschäftigen sich mit Herrschaftsformen und Politikertypen in universalgeschichtlicher Perspektive. Nach einem über die ganze Breite des Kerntextes gezogenen Querstrich folgen Ausführungen über die verschiedenen Typen der Parteien in Großbritannien und Deutschland seit der Mitte des 19. Jahrhunderts. Während es in England im Rahmen des parlamentarischen Systems zur Ausbildung von plebiszitärer Herrschaft gekommen sei, habe man in Deutschland „Führer" perhorresziert. Darauf folgt, durch einen breiten Freiraum abgesetzt, ein dritter Abschnitt, der mit den Worten beginnt: „Jetzt: Alles in Umordnung".[67] Dieser Abschnitt behandelt die Verhältnisse nach Ausbruch der Revolution im November 1918. Ferner fällt auf, daß den Notizen über die bürokratische Struktur der deutschen Sozialdemokratie auf S. [4] oben möglicherweise nachträglich mit besonders starker Federführung die Worte: *„ Vor der Revol[ution]"* vorangestellt worden sind, vermutlich als Pendant zu der Passage „Jetzt: Alles in Umordnung".[68] Dies könnte bedeuten, daß der Kerntext von $A_I$ bis zu dieser Passage bereits vor der Novemberrevolution niedergeschrieben war, während die nachfolgenden Notizen im Zuge der „Bearbeitung" zeitgleich mit den vorgenannten zahlreichen Einschaltungen entstanden sind.

Der Kerntext von $A_I$ steht bis S. [4] Mitte den Ausführungen in „Parlament und Regierung im neugeordneten Deutschland" aus dem Sommer 1917 inhaltlich sehr nahe.[69] Dagegen weisen die Erörterungen über die Verfassungsfragen, wie sie sich in der mit „Jetzt: Alles in Umordnung" eingeleiteten Passage auf S. [4] unten finden, enge Parallelen zu Max Webers Abhandlung „Deutschlands künftige Staatsform" auf, die Ende November/Anfang Dezember 1918 entstand.[70] Hier wird noch davon ausgegangen, daß der Bundesrat in seiner alten Form erhalten bleiben und deshalb ein Reichsparlamentarismus ausgeschlossen sein werde,[71] eine Frage, die Max Weber in „Deutschlands künftige Staatsform" eingehend erörtert hat-

---

**67** Siehe den Text, unten, S. 145. Möglicherweise heißt es: „Unordnung".
**68** Siehe den Text, unten, S. 145.
**69** Weber, Max, Parlament und Regierung im neugeordneten Deutschland. Zur politischen Kritik des Beamtentums und Parteiwesens. – München/Leipzig: Duncker & Humblot 1918, insb. S. 23f., S. 102f., S. 107, S. 112f. (MWG I/15, S. 432−596, insb. S. 458f., 529, 533, 537f.).
**70** Weber, Max, Deutschlands künftige Staatsform. – Frankfurt a. M.: Verlag der Frankfurter Societäts-Druckerei 1919 (MWG I/16, S. 91−146).
**71** Siehe den Text, unten, S. 145. Allerdings enthält auch die Druckfassung noch einen Hinweis auf diesen Sachverhalt, jedoch in abgeschwächter Form. Siehe den Text, unten, S. 224f.

te.[72] Darüber hinaus läßt sich aus dem Stichwort „Liebknecht Märtyrer" folgern, daß der Kerntext von A$_I$ vor dem 15. Januar 1919 entstanden ist, da sich der Hinweis auf die Märtyrerrolle Liebknechts nicht auf dessen Ermordung, sondern auf dessen Zuchthausstrafe während des Krieges bezieht.[73] Nach der Ermordung Liebknechts wäre ein solcher Hinweis in dieser Form für Max Weber nicht mehr sinnvoll gewesen. Er hat das Stichwort denn auch, vermutlich bei der Aktualisierung des Textes, wieder gestrichen. Wenn wir weiterhin berücksichtigen, daß Max Weber vom 2. bis 17. Januar fortlaufend Wahlreden für die DDP hielt und für andere Dinge kaum Zeit gehabt haben dürfte, ergibt sich als *terminus ante quem* für die Entstehung des Kerntextes von A$_I$ der 1. Januar 1919. Vor allem inhaltliche Kriterien sprechen dafür, daß es sich mit Ausnahme des letzten Teils ab „Jetzt: Alles in Umordnung" um eine ältere Textschicht handelt, die vor November 1918 entstanden ist. Da das Original verloren ist, kann jedoch nicht mehr mit Sicherheit festgestellt werden, ob die genannten Textschichten tatsächlich zeitlich nennenswert auseinanderliegen.

Hingegen spricht die formale Ähnlichkeit des Stichwortmanuskripts A$_{II}$ mit dem Mitte Januar entstandenen Stichwortmanuskript für die Rede „[Der freie Volksstaat]"[74] dafür, daß es im Januar 1919 entstanden ist. Beide sind auf Papier gleichen Formats und in einem sehr ähnlichen Schriftduktus niedergeschrieben worden. Der Hinweis in der ersten Zeile des Manuskripts: „Wer hat *Beruf* zur Politik (Eisner)",[75] dürfte im Zusammenhang mit der Absicht der Freistudenten stehen, nach Webers Rücktritt von dem Vortrag „Politik als Beruf" an Eisner als Redner heranzutreten. Auch dies legt eine Datierung des Stichwortmanuskripts A$_{II}$ in den Januar 1919 nahe. Allerdings könnte die etwas gequetschte Plazierung der ersten beiden Zeilen des Stichwortmanuskripts A$_{II}$ oberhalb der hervorgehobenen Worte „Ethik – Politik", deren Schriftzüge geringfügig angeschnitten wurden,[76] auch für deren nachträgliche Hinzufügung sprechen.

**72** Weber, Staatsform, S. 19ff. (MWG I/16, S. 120ff.).
**73** Siehe den Text, unten, S. 145. Daß Max Weber mit seiner Bemerkung „Märtyrer Liebknecht" nicht die Ermordung Liebknechts am 15. Januar 1919, sondern dessen Verurteilung zu einer Zuchthausstrafe im Jahre 1916 im Auge hatte, ergibt sich aus anderen Äußerungen Webers über den „Märtyrer" Liebknecht. Siehe Webers Stichwortmanuskript [Der freie Volksstaat], Deponat Max Weber, BSB München, Ana 446, OM9, S. 1[2] (MWG I/16, S. 163) sowie das Flugblatt des Heidelberger Ortsvereins der DDP über die Rede Max Webers [Der freie Volksstaat] am 17. Jan. 1919, BA Koblenz, Z.Sg. 1–27/19 (2) (MWG I/16, S. 461).
**74** Siehe Webers Stichwortmanuskript [Der freie Volksstaat], Deponat Max Weber, BSB München, Ana 446, OM9 (MWG I/16, S. 160–173). Vgl. dazu auch unten, S. 135.
**75** Siehe den Text, unten, S. 147.
**76** Siehe das Faksimile, unten, S. 146.

Aufgrund des geschilderten Befundes könnte also zumindest die ältere Schicht von A$_I$ für einen anderen Vortrag bzw. andere Vorträge verfaßt und erst nachträglich als Vorlage für die Rede „Politik als Beruf" herangezogen worden sein. Allerdings läßt sich das Teilmanuskript A$_I$ den uns bekannten Vorträgen Max Webers aus den Jahren 1917 bis 1919 nicht zuordnen. Die Vorträge auf Burg Lauenstein und vor der Soziologischen Gesellschaft in Wien am 25. Oktober 1917 kommen dafür nicht in Frage, da sie eine wesentlich andere Thematik behandelt haben,[77] und ebenso auch nicht der Vortrag in Heppenheim über „Staat und Verfassung", der für den 18. September 1917 geplant war.[78] Allenfalls könnte das Stichwortmanuskript A$_I$ für einen Kurs an der Odenwaldschule gedient haben, den Max Weber im Spätsommer 1918 gleichsam als „Ferien-Vergnügen" halten wollte. Er dachte dabei an einen „14tägigen Kurs geschichtlicher (kulturgeschichtlicher und politisch-geschichtlicher) Art", wobei es ihn vor allem interessierte, „ob man pädagogisch gewisse geschichtliche Dinge für so junge Altersklassen behandeln kann."[79]

Weniger wahrscheinlich ist dagegen eine ursprünglich anderweitige Verwendung des Teilmanuskripts A$_{II}$. Immerhin legt die augenfällige Hervorhebung der Passage „Ethik – Politik" am Anfang, die ursprünglich als Titel gedacht gewesen sein könnte, auch hier die Erwägung nahe, ob A$_{II}$ nicht für einen Vortrag über das Verhältnis von „Ethik [und] Politik" konzipiert worden sein dürfte, da, wie bereits erwähnt, die Schriftzüge der Großbuchstaben der Passage „Ethik – Politik" angeschnitten sind und die Passage „Wer hat *Beruf* zur Politik (Eisner) *Innere Sachverhalte*: Spannungen g[e]g[en] Leben"[80] nachträglich hinzugefügt sein könnte. Doch ist uns von einem Vortrag dieses Themas nichts bekannt. Vermutlich wurde A$_{II}$ demgemäß unmittelbar für „Politik als Beruf" geschrieben; dafür spricht auch, daß sich die entsprechenden Stichworte mit Ausnahme einiger weniger Passagen[81] in der Druckfassung durchgängig wiederfinden.

Insgesamt läßt die unbefriedigende Überlieferungslage verschiedene Hypothesen über die Entstehung des Stichwortmanuskriptes zu. Berücksichtigt man die verfügbaren Informationen und Max Webers Lebensum-

**77** Zu den Vorträgen auf Burg Lauenstein vgl. oben, S. 57 f. und S. 117; zu dem Wiener Vortrag über „Probleme der Staatssoziologie" vgl. den Bericht der Neuen Freien Presse, Nr. 19102 vom 26. Okt. 1917, S. 10.
**78** Zu dem Vortrag in Heppenheim vgl. die Einleitung zu MWG I/15, S. 19, Anm. 26. Eine kurze inhaltliche Skizze des geplanten Vortrags findet sich in dem Brief Max Webers an Martin Spahn vom 15. Sept. [1917], Privatbesitz.
**79** Siehe Briefe Max Webers an Lili Schäfer vom 7. Dez. [1917] und 25. April [1918], ZStA Merseburg, Rep. 92, Nl. Max Weber, Nr. 26.
**80** Siehe den Text, unten, S. 147.
**81** Siehe unten, S. 130.

stände im Herbst 1918 und Januar 1919, so erscheint der folgende Ablauf am plausibelsten:

Nachdem es Anfang November 1918 sicher schien, daß Weber den Vortrag „Politik als Beruf" bald halten werde, könnte er in der zweiten Hälfte Dezember, nach seiner Rückkehr aus Berlin, wo er an den Verfassungsberatungen teilgenommen hatte, zur Vorbereitung auf diesen ein älteres Stichwortmanuskript herangezogen und bearbeitet haben. Dafür spricht insbesondere die inhaltliche Nähe der Ausführungen über die Verhältnisse in Deutschland seit der Novemberrevolution zu seiner Abhandlung „Deutschlands künftige Staatsform", die in dieser Form in seinen Wahlreden nicht nachzuweisen ist. In diesem Zusammenhang könnten die zahlreichen Einschaltungen entstanden sein, die sich auf die Frage des äußeren „Berufs zur Politik" unter den Bedingungen der Moderne beziehen und die dem Kerntext von $A_I$, der vorwiegend historisch gehalten ist, die Ausrichtung gaben, die ihn als Vorlage für „Politik als Beruf" überhaupt erst geeignet machte.

Ende Dezember 1918 zog Weber sich dann, verbittert über das Scheitern seiner Kandidatur für die Nationalversammlung, von der eingegangenen Verpflichtung zurück und ließ sich nur mit einiger Mühe wieder umstimmen, den Vortrag schließlich doch zu halten. In der ersten Hälfte Januar 1919 war er aber für die DDP ständig unterwegs und innerlich wie äußerlich viel zu beschäftigt, um sich weiter der Ausarbeitung des Vortrags „Politik als Beruf" widmen zu können. Erst im Zuge der Verhandlungen über die Durchführung und den endgültigen Termin für „Politik als Beruf", die am 23. Januar 1919 abgeschlossen waren, dürfte er wieder an die Vortragsvorbereitungen gegangen sein. Die Mitteilungen an Else Jaffé am 19. und 23. Januar, daß der Vortrag „schlecht" würde,[82] sprechen, obwohl sie sich primär auf private Motive beziehen, immerhin dafür, daß er zu diesem Zeitpunkt mit der konzeptionellen Ausarbeitung noch in den Anfängen stand.

Vermutlich unternahm Max Weber in den darauf folgenden Tagen einen ganz neuen Anlauf und schrieb am Leitfaden der ihn intensiv beschäftigenden Thematik des antinomischen Verhältnisses von großer verantwortlicher Machtpolitik und ethisch motivierter Gesinnungspolitik das Stichwortmanuskript $A_{II}$ in einem Zuge nieder, ohne wesentliche Ergänzungen oder Einschübe, und zwar zwischen dem 23. und dem 28. Januar; dafür spricht insbesondere die äußere Ähnlichkeit mit dem kurz vor dem 17. Januar entstandenen Stichwortmanuskript „[Der freie Volksstaat]", aber auch die Bezugnahme auf Kurt Eisner gleich zu Beginn des Manuskriptes.

Dieser Ablauf würde die großen formalen und inhaltlichen Unterschiede von $A_I$ und $A_{II}$ verständlich machen und erklären, weshalb sie keine durch-

---

**82** Siehe oben, S. 121.

gehende Paginierung aufweisen. Es ist jedoch auch denkbar, daß Max Weber im Anschluß an die Abfassung von A$_{II}$, also nur wenig vor dem 28. Januar 1919, eine Bearbeitung des Kerntextes von A$_I$, der ja bereits im Dezember 1918 vorgelegen haben muß, vornahm. Diese Annahme fände eine Stütze in dem Umstand, daß Weber den Hinweis auf Liebknecht als Märtyrer wieder gestrichen hat. Doch ist dies angesichts des sehr unterschiedlichen Erscheinungsbilds beider Teilmanuskripte weniger wahrscheinlich.

Für den mündlichen Vortrag dürfte Max Weber dann beide Vorlagen miteinander kombiniert und seinen Ausführungen zugrunde gelegt haben. Allerdings gibt es über den Vortrag am 28. Januar 1919 nur wenige und nicht sehr aussagekräftige Schilderungen von Teilnehmern. Daher wissen wir nicht, ob Max Weber das Schwergewicht auf A$_I$ oder A$_{II}$ gelegt hat. Aufgrund des Charakters der Vortragsreihe ist jedoch anzunehmen, daß die Überlegungen zum ‚inneren Beruf der Politik‘, die sich in A$_{II}$ finden, im Vordergrund standen.

Für die Druckfassung (B) wurde dann das Stichwortmanuskript als Ganzes berücksichtigt. Fast alle darin aufgeführten Stichworte finden sich in der gedruckten Abhandlung wieder, wenn auch teilweise in erheblich veränderter Abfolge. Nur für wenige Stichworte gibt es keine Entsprechung. Dies gilt etwa für die Aussage, daß in den Einzelstaaten eine „Tendenz zur *Parlaments*-Omnipotenz" vorherrsche,[83] für den Hinweis auf John Stuart Mill,[84] der zwar in „Wissenschaft als Beruf",[85] nicht aber in der Druckfassung von „Politik als Beruf" erwähnt wird, für die in A$_{II}$ mit „*Reife*" eingeleitete Passage „Liebe des *reifen* Mannes anders als die der Jugend (gesättigt mit *Wissen*)"[86] und für den Hinweis auf „Siegmund" in Richard Wagners Walküre.[87] Letztere finden sich hingegen in Webers religionssoziologischen Aufsätzen wieder.[88] Die Passagen des Stichwortmanuskripts A$_I$ „Aristokratie lebt *für* die Politik" und „Demokratisierung notwendige Folge: leben *von* der Politik,"[89] kehren in der Druckfassung nur in einer sehr veränderten Form wieder.[90]

---

**83** Siehe den Text, unten, S. 145.
**84** Siehe den Text, unten, S. 151.
**85** Siehe den Text, oben, S. 99.
**86** Siehe den Text, unten, S. 155.
**87** Siehe den Text, unten, S. 151.
**88** Siehe dazu Weber, Max, Zwischenbetrachtung, in: Gesammelte Aufsätze zur Religionssoziologie, Band 1. – Tübingen: J. C. B. Mohr (Paul Siebeck) 1920, S. 561 (MWG I/19, S. 507), und Weber, Max, Die protestantische Ethik und der Geist des Kapitalismus, ebd., S. 98 (MWG I/18).
**89** Siehe den Text, unten, S. 141.
**90** Siehe den Text, unten, S. 171 f.

Nachdem der Vortrag „Politik als Beruf" am 28. Januar 1919 stattgefunden hatte, ging Immanuel Birnbaum unverzüglich daran, dessen Drucklegung zu betreiben. Da es inzwischen ganz unsicher geworden war, wann
die beiden anderen Vorträge zu den Themen „Erziehung als Beruf" und
„Kunst als Beruf" stattfinden würden,[91] nahm er von seinem ursprünglichen Plan Abstand, alle vier Vorträge in einem Sammelband unter dem Titel
„Geistige Arbeit als Beruf" zu publizieren. Unter Hinweis auf die Vereinbarung vom 8. Juni 1918[92] schlug Birnbaum dem Verlag Duncker & Humblot
am 30. Januar 1919 die eigenständige Veröffentlichung der beiden Vorträge
„Wissenschaft als Beruf" und „Politik als Beruf" vor, um deren Erscheinen
„nicht allzulange herauszuzögern."[93] Der Verlag stimmte diesem Vorschlag sofort zu. Der Anregung Birnbaums, die im Juni 1918 vereinbarten
Konditionen hinsichtlich der Auflagenhöhe und des Honorars für Weber zu
verbessern, folgte der Verlag allerdings nur teilweise. Während er bei „Wissenschaft als Beruf" bei der für die Gesamtreihe einmal vereinbarten Auflage von 2200 Exemplaren und einem Honorar für Max Weber von 300 Mark
bleiben wollte, war er bereit, für „Politik als Beruf" die Auflage auf 3000 Ex-
emplare und das Honorar auf 450 Mark zu erhöhen.[94]

Der Vortrag Webers über „Politik als Beruf" wurde ebenso wie „Wissenschaft als Beruf" von einem Stenographen aufgenommen. Die Reinschrift
des Stenogramms dürfte Weber zusammen mit dem Spesenhonorar von
120 Mark Anfang Februar 1919 übersandt worden sein; dies geht aus einem
Brief Birnbaums vom 9. Februar 1919 hervor, in dem er Max Weber „um
freundliche Durchsicht und Korrektur der Nachschrift" bat, die er ja bereits
in den Händen halte.[95] Am 21. Februar 1919 übergab Birnbaum dem Verlag
Duncker & Humblot das Manuskript von „Wissenschaft als Beruf" und
kündigte an, daß das Manuskript von „Politik als Beruf" in wenigen Tagen
folgen werde.[96] Offensichtlich sind dann jedoch Verzögerungen eingetreten. Anläßlich der Übersendung der ersten Fahnen von „Wissenschaft als
Beruf" ersuchte der Verlag am 3. März 1919 Weber dringend um das
Manuskript von „Politik als Beruf", da er beide Schriften gemeinsam an den
Buchhandel ausliefern wolle.[97] Max Weber antwortete am 5. März, daß sich

---

**91** Siehe dazu den Editorischen Bericht zu „Wissenschaft als Beruf", oben, S. 56f.
**92** Siehe dazu oben, S. 118, sowie den Editorischen Bericht zu „Wissenschaft als Beruf",
oben, S. 62.
**93** Brief Immanuel Birnbaums an den Verlag Duncker & Humblot vom 30. Jan. 1919,
Verlagsarchiv Duncker & Humblot, Privatbesitz.
**94** Brief des Verlags Duncker & Humblot an Immanuel Birnbaum vom 31. Jan. 1919, ebd.
**95** Siehe Brief Immanuel Birnbaums an Max Weber vom 9. Febr. 1919, Bestand Max
Weber-Schäfer, Deponat BSB München, Ana 446.
**96** Vermerk über ein Gespräch zwischen Immanuel Birnbaum und dem Verlag Duncker &
Humblot vom 21. Febr. 1919, Verlagsarchiv Duncker & Humblot, Privatbesitz.
**97** Brief des Verlags Duncker & Humblot an Max Weber vom 3. März 1919, ebd.

das Manuskript bereits seit einigen Tagen in den Händen Birnbaums befinden müsse.[98] Auf eine entsprechende Anfrage hin teilte Birnbaum jedoch am 10. März dem Verlag mit, daß er das Manuskript bisher noch nicht erhalten habe.[99] Es dauerte dann vermutlich noch über eine Woche, bis das Manuskript beim Verlag einging, da dieser es erst am 19. März der Piererschen Hofbuchdruckerei übergeben konnte.[100]

Wie aus Äußerungen von Max Weber und den an der Drucklegung beteiligten Personen hervorgeht, hat dieser die stenographische Mitschrift seines Vortrags „Politik als Beruf" für die Druckfassung erheblich überarbeitet. Offenbar fand Max Weber seine im Januar wiederholt geäußerte Befürchtung, daß die Rede am 28. Januar sicher „schlecht" werden würde,[101] bei der Lektüre des Stenogramms bestätigt; so schrieb er an Else Jaffé, daß er den Vortrag in seiner mitstenographierten Fassung als „doch *recht* mäßig" empfunden habe.[102] Er habe ihn deshalb so „umgestaltet, daß er druckfähig" und „jetzt wenigstens passabel" sei.[103] Offensichtlich hat es sich bei dieser Umgestaltung vor allem um eine Erweiterung des Textes gehandelt. Dies geht auch aus dem Begleitbrief des Verlags Duncker & Humblot an die Druckerei anläßlich der Übersendung des Manuskripts vom 19. März 1919 hervor, demzufolge das Manuskript 32 Blätter „mit Einschaltungen" (gegenüber 24 Blättern für „Wissenschaft als Beruf") umfaßt habe.[104] Auch Immanuel Birnbaum erinnerte sich noch Jahre später daran, daß Max Weber die stenographische Mitschrift „außerordentlich" erweitert und umgearbeitet habe. Die Entzifferung der „schwer leserlichen, riesigen Einschaltungen" habe insbesondere die Druckerei vor erhebliche Probleme gestellt; man sei – so referierte Birnbaum die Aussage eines Verlagsmitarbeiters – schließlich froh gewesen, einen Setzer mit Spezialkenntnissen von Webers Schrift zu finden, damit das Manuskript überhaupt einwandfrei habe gelesen werden können.[105]

Leider sind wir über den genauen Umfang dieser handschriftlichen Erweiterungen nicht unterrichtet. Im Hinblick auf den Umstand, daß in der Druck-

**98** Brief Max Webers an den Verlag Duncker & Humblot vom 5. März 1919, ebd.
**99** Brief Immanuel Birnbaums an den Verlag Duncker & Humblot vom 10. März 1919, ebd.
**100** Brief des Verlags Duncker & Humblot an die Pierersche Hofbuchdruckerei vom 19. März 1919, ebd.
**101** Siehe oben, S. 121.
**102** Brief Max Webers an Else Jaffé von „Dienstag" [4. März 1919], Privatbesitz.
**103** Ebd.
**104** Brief des Verlags Duncker & Humblot an die Pierersche Hofbuchdruckerei vom 19. März 1919, Verlagsarchiv Duncker & Humblot, Privatbesitz.
**105** Dies geht aus dem Brief Frithjof Noacks an Marianne Weber vom 26. Okt. 1924, Bestand Max Weber-Schäfer, Deponat BSB München, Ana 446, hervor. In ihrer „Vorbemerkung" zur 2. Auflage von „Politik als Beruf", die 1926 bei Duncker & Humblot erschien, betonte Marianne Weber ausdrücklich, daß Max Weber „seine Ausführungen nachträglich für den Druck" ergänzt habe.

fassung eine Reihe von Sachverhalten behandelt werden, die im Stichwortmanuskript nicht oder nur beiläufig erwähnt werden, darf vermutet werden, daß sie in der Redefassung vom 28. Januar 1919 noch nicht vorhanden gewesen und erst später hinzugefügt worden sind. Dies gilt unter anderem für jene Ausführungen Webers, die sich mit den „Drei Typen der Herrschaft",[106] mit der Rolle der Presse und den Aufstiegsmöglichkeiten von Journalisten zu politischen Führern[107] sowie mit dem Parteiensystem in den USA beschäftigen,[108] vor allem aber für die berühmten Formulierungen über die „Führerdemokratie mit ‚Maschine'".[109] Da im folgenden das Stichwortmanuskript dem Text als Marginalie beigesetzt wird und dadurch die Erweiterungen der Druckfassung gegenüber der Vortragsfassung deutlich werden, erübrigt sich an dieser Stelle eine eingehendere Darstellung.

Darüber hinaus nahm Max Weber im Zuge seiner Überarbeitung der Redefassung, wie bereits erwähnt, zahlreiche Umstellungen in der Abfolge der Argumentation vor. So wurde in der Druckfassung die Unterscheidung zwischen „Gelegenheits- und Gewohnheitspolitikern" auf S. 1 des Stichwortmanuskripts $A_I$ hinter die Überlegungen über das „Streben des Fürsten nach Enteignung der *Stände*" geschoben, die sich im Stichwortmanuskript $A_I$ erst auf S. 2 finden.[110] Auch gegenüber dem Stichwortmanuskript $A_{II}$ gibt es in der Druckfassung von „Politik als Beruf" zahlreiche Umstellungen.[111] Eine Übersicht läßt sich aus dem Vergleich des Stichwortmanuskripts mit den der Druckfassung marginal beigegebenen Stichworten gewinnen. Die Zuordnung der Stichworte zur Druckfassung ist allerdings vielfach nicht mit letzter Eindeutigkeit möglich, weil nicht selten Veränderungen in der Abfolge der Argumentation vorliegen und diese zuweilen in anderen Zusammenhängen neu aufgenommen wird.

---

**106** Siehe den Text, unten, S. 160f.
**107** Siehe den Text, unten, S. 191–196.
**108** Siehe den Text, unten, S. 212–218.
**109** Siehe den Text, unten, S. 224.
**110** Siehe den Text, unten, S. 139, 141 und 165–171.
**111** Einige Beispiele mögen hier genügen. Während sich die Begriffe „Leidenschaft" und „Augenmaß" im Stichwortmanuskript $A_{II}$ erst auf Blatt 4 finden (siehe den Text, unten, S. 153), bildet die berühmte Forderung Webers an den Politiker nach „Leidenschaft – Verantwortungsgefühl – Augenmaß" in der Druckfassung die Überleitung zu seinen Ausführungen über Ethik und Politik (siehe den Text, unten, S. 227). Die Passagen auf Seite 2 Mitte des Stichwortmanuskripts $A_{II}$ „2 Arten von Ethik [...] rechnet damit, daß die Welt dumm ist" wurden vor die Passage gerückt, die den Stichworten von $A_{II}$ auf Seite 2 oben „Also: Verschiedene Ethik?" entsprechen (siehe den Text, unten, S. 149 und 237f.). Augenscheinlich hat Max Weber für die Druckfassung auch einen anderen Schluß als bei der Rede am 28. Januar 1919 gewählt; wie aufgrund des Stichwortmanuskripts anzunehmen ist, dürfte die Rede mit dem Luther-Zitat geendet haben: „‚ich *kann* nicht anders'" (siehe den Text, unten, S. 155). Dieser Ausspruch wird in der Druckfassung bereits an früherer Stelle zitiert (siehe den Text, unten, S. 250).

Wie wir aus dem Schriftwechsel zwischen dem Verlag Duncker & Humblot und der Piererschen Hofbuchdruckerei wissen, haben sich der Satz und die anschließende Fahnenkorrektur von „Politik als Beruf" bis Ende Mai 1919 hingezogen.[112] Beide Broschüren waren Ende Juni oder Anfang Juli 1919 fertiggestellt; Max Weber teilte Marianne Weber am 5. Juli 1919 mit, daß „‚Politik als Beruf' und ‚Wissenschaft als Beruf' […] nun fertig versandt" seien und daß er Freiexemplare an eine Reihe von Kollegen schicken wolle.[113] Der genaue Zeitpunkt der Auslieferung an den Buchhandel ist jedoch nicht zu ermitteln; im „Börsenblatt für den Deutschen Buchhandel" werden sowohl „Wissenschaft als Beruf" als auch „Politik als Beruf" am 13. Oktober 1919 in der Rubrik „Erschienene Neuigkeiten des deutschen Buchhandels" aufgeführt.[114]

## Zur Überlieferung und Edition

Als älteste Fassung des vorliegenden Textes hat das eigenhändige Stichwortmanuskript zu gelten, auf dessen Grundlage Max Weber am 28. Januar 1919 seinen Vortrag „Politik als Beruf" gehalten haben dürfte. Dieses „Stichwortmanuskript" wurde Mitte der 1950er Jahre von Eduard Baumgarten, der es aus dem Nachlaß Marianne Webers erhalten hatte, dem Max Weber-Archiv, München, überlassen. Auszüge davon sind bei Baumgarten, Eduard, Max Weber. Werk und Person. – Tübingen: J. C. B. Mohr (Paul Siebeck) 1964, Tafel 12, 14 und 16 abgebildet. In den „Erläuterungen zu den Bildtafeln" wurde es von Baumgarten als „Vortragsmanuskript" bezeichnet. Offenbar aufgrund einer mündlichen, auf Marianne Weber zurückgehenden Überlieferung hielt er es für sicher, daß es sich dabei um die Vorlage der Redefassung von „Politik als Beruf" gehandelt hat. Das Original ist in den 1970er Jahren verschollen. Wolfgang J. Mommsen hatte 1958 davon eine Kopie angefertigt, die heute in der Arbeitsstelle der Max Weber-Gesamtausgabe am Historischen Seminar der Universität Düsseldorf aufbewahrt wird. Kopien einzelner Seiten des Manuskripts, die seinerzeit von dem Original gefertigt worden sind, finden sich auch in der Arbeitsstelle der Max Weber-Gesamtausgabe in München. Dort befinden sich auch Abzüge der Fotografien, die seinerzeit für Baumgartens Buch „Max Weber. Werk und Person" angefertigt wurden.

---

**112** Brief der Piererschen Hofbuchdruckerei an den Verlag Duncker & Humblot vom 25. Mai 1919, Verlagsarchiv Duncker & Humblot, Privatbesitz.
**113** Brief Max Webers an Marianne Weber von „Samstag" [5. Juli 1919], Bestand Max Weber-Schäfer, Deponat BSB München, Ana 446.
**114** Siehe: Börsenblatt für den Deutschen Buchhandel, Nr. 24 vom 13. Okt. 1919, S. 10009.

Das Stichwortmanuskript besteht aus zwei[1] eigenständig paginierten Teilmanuskripten (A$_I$ und A$_{II}$), die sich aufgrund formaler und inhaltlicher Merkmale unterscheiden.[2] A$_I$ besteht aus vier Blättern mit einer Abmessung von 14,2 × 22,2 cm. Benutzt wurden dabei offenbar Papierbögen eines schwach senkrecht geprägten Papiers der Abmessung 28,5 × 22,2 cm, die in der Mitte längs durchgerissen wurden. A$_{II}$ besteht ebenfalls aus vier Blättern, jedoch mit einer Abmessung von 9,5 × 22,2 cm. Benutzt wurden dabei Papierbögen des gleichen Formats und der gleichen Art wie im Falle von A$_I$, doch wurden diese jeweils in drei Blätter gerissen. Dies ergibt sich aus einem Vergleich von A$_{II}$ mit dem uns erhaltenen Stichwortmanuskript „[Der freie Volksstaat]“, das Anfang Januar 1919 entstanden ist und A$_{II}$ in der äußeren Textgestaltung und im Schriftduktus sehr nahesteht.[3] Hier lassen sich die ebenfalls ca. 9,5 × 22,2 cm großen Blätter des Originals fugenlos zu Bögen einer Abmessung von 28,5 × 22,2 zusammenschieben. Ersichtlich sind in allen drei Fällen die gleichen Papierbögen verwendet worden, die jedoch im Falle von A$_I$ halbiert, im Falle von A$_{II}$ und „[Der freie Volksstaat]“ gedrittelt wurden.

Die ersten drei Seiten von A$_I$ sind von Max Weber eigenhändig paginiert, während Blatt 4 unpaginiert ist. A$_{II}$ ist von Seite 2 bis 4 paginiert, Blatt 1 ist unpaginiert; auf Seite 4 findet sich mit *„verte!“* ein Hinweis auf die Fortsetzung des Textes auf der Rückseite.

A$_I$ besteht aus einem „Kerntext“, der auf der rechten Seite der Blätter angeordnet ist. In diesen wurden zahlreiche Passagen, die auf der linken Seite der Blätter stehen, mit den entsprechenden Strichen eingefügt. Die Abfolge der einzelnen Passagen des „Kerntextes“ blieb im wesentlichen auch in der Druckfassung erhalten,[4] während die Einschübe dort zum Teil anders plaziert wurden. Auf Seite 3 des Stichwortmanuskripts A$_I$ findet sich eine Passage „*Moderner* Berufspolitiker […] (Beruf ideell materiell)“, die von Max Weber eigenhändig als „*Auf S. 1 unten!*“ zu plazieren gekenn-

---

**1** Es ist zwar davon auszugehen, daß das uns überlieferte Manuskript vollständig ist, doch kann nicht ausgeschlossen werden, daß es noch weitere Teilstücke gegeben hat.
**2** Zu den sich daraus möglicherweise ergebenden Konsequenzen vgl. oben, S. 124–130.
**3** Das Stichwortmanuskript [Der freie Volksstaat] befindet sich im Deponat Max Weber, BSB München, Ana 446, OM 9. Es ist abgedruckt in: MWG I/16, S. 160–173.
**4** In ihrer Anordnung vertauscht wurden beispielsweise die Passagen „*Zweck* […] materielles Ziel“ und „*Das* ist ‚politisch‘ […] was die Art der *Macht*verteilung betrifft“ auf Seite 1 des Stichwortmanuskripts A$_I$. (Siehe den Text, unten, S. 139 und 159). Die unter dem Stichwort „*Berufs*politiker“ subsumierte Listung auf Seite 2 des Stichwortmanuskripts A$_I$ (Siehe den Text, unten, S. 141) wurde insofern verändert, als in der Druckfassung die Position „2. *Juristen*[-] Stand“ hinter „5. *Patriziat:* [,]Gentry‘ in England“ gesetzt wurde. (Siehe den Text, unten, S. 185 f.) Dies ist vermutlich geschehen, weil Max Weber in der Druckfassung an dieser Stelle der Bedeutung der Juristen für die Entwicklung des okzidentalen Staates einen sehr umfangreichen Abschnitt widmet.

zeichnet wurde.[5] Wie der Vergleich mit der Druckfassung ergibt, sollte diese in den Einschub auf Seite 1 des Stichwortmanuskripts A$_I$ „*Gelegenheits-Pol[itiker]* [...] *Welcher* Typus?" inseriert werden.[6] Die Einschübe, deren Duktus zuweilen von dem des „Kerntextes" abweicht, finden sich, wie bereits erwähnt, in der Druckfassung teilweise an anderer Stelle, als dies im Stichwortmanuskript vorgesehen war.[7]

Anders als bei A$_I$ finden sich bei A$_{II}$ kaum Einschübe. Die Vorlage ist offenbar in einem Zuge niedergeschrieben worden. Auffallend ist freilich die Gestaltung der dritten Zeile „Ethik – Politik", die stark hervorgehoben ist[8] und möglicherweise gar als „Titel" bzw. „Untertitel" gedacht war.

Als zweite Fassung von „Politik als Beruf" muß die stenographische Mitschrift der Rede Max Webers vom 28. Januar 1919 gelten. Jedoch sind uns weder das Stenogramm noch die davon angefertigte Reinschrift, die Max Weber Anfang Februar 1919 zugeschickt wurde,[9] erhalten.

Diese Reinschrift hat Max Weber vor der Drucklegung im März 1919 einer umfassenden Bearbeitung unterzogen. Im Zuge dieser Bearbeitung wurde der Text, wie Birnbaum berichtet, um „riesige Einschaltungen" erweitert.[10] Auch diese dritte Fassung ist uns nicht überliefert. Jedoch läßt sich der Umfang der Einschaltungen aus einem Vergleich des Stichwortmanuskripts mit der Druckfassung wenigstens in groben Zügen rekonstruieren. Dafür ist das Stichwortmanuskript dem Text der Druckfassung im folgenden als Marginalie beigesetzt.

Als vierte Fassung muß die uns ebenfalls nicht überlieferte Fahnenkorrektur Max Webers gelten, von der wir jedoch nicht wissen, zu welchem Zeitpunkt sie stattgefunden hat.

Im folgenden kommt zunächst das „Stichwortmanuskript" (**A**) zum Abdruck, wobei die Transkription die als Faksimile wiedergegebene handschriftliche Fassung[11] mit ihren Einschüben und Streichungen genau wider-

---

**5** Siehe den Text, unten, S. 143.
**6** Siehe den Text, unten, S. 169.
**7** Dies gilt beispielsweise für die Passage „*Gelegenheits*-Pol[itiker] [...] *Welcher* Typus" auf Seite 1 des Stichwortmanuskripts A$_I$, (siehe den Text, unten, S. 139) die in der Druckfassung hinter die den Stichworten auf Seite 2 des Stichwortmanuskripts A$_I$ „Streben des Fürsten [...] Prozeß der Entstehung des modernen Staates" (siehe den Text, unten, S. 141) entsprechenden Passagen geschoben worden ist (siehe den Text, unten, S. 165–171). Auch erfuhr der Einschub auf Seite 3 des Stichwortmanuskripts A$_I$ „Örtl[iche] Honoratioren [...] Schneider", (siehe den Text, unten, S. 143) eine Umstellung. In der Druckfassung schließt er direkt an die dem Stichwortmanuskript A$_I$ entsprechende Passage auf derselben Seite „Entwicklung in England: [...] Gefolgschaft im Lande u[nd] *deren* Gefolge" an. (Siehe den Text, unten, S. 206).
**8** Siehe das Faksimile, unten, S. 146.
**9** Siehe oben, S. 131.
**10** Siehe oben, S. 132.
**11** Das Faksimile wird aus den besten vorhandenen Reproduktionen zusammengestellt.

spiegelt. Dabei werden von den Herausgebern hinzugefügte Satzzeichen in eckige Klammern gesetzt, Abkürzungen werden in eckigen Klammern aufgelöst. Unleserliche Wörter und Zeichen werden mit [? ?] wiedergegeben. Von Max Weber gestrichene Wörter werden in spitze Klammern gesetzt; falls sich die Streichungen nicht entziffern lassen, steht <? ?>. Textänderungen von Webers Hand werden im textkritischen Apparat mit dem Zeichen > für „wird zu" wiedergegeben. Dem Abdruck liegt die Kopie des verlorenen Originals zugrunde, die sich im Besitz von W. J. Mommsen, Arbeitsstelle der Max Weber-Gesamtausgabe, Düsseldorf, befindet. Auf eine Kommentierung wird hier verzichtet, mit Ausnahme eines einzigen Stichworts, für das es in der Druckfassung keine Entsprechung gibt.

Anschließend kommt der Text in der Fassung zum Abdruck, in der er als eigenständige Broschüre: „Geistige Arbeit als Beruf. Vier Vorträge vor dem Freistudentischen Bund. Zweiter Vortrag: Max Weber. Politik als Beruf. – München und Leipzig: Duncker & Humblot 1919", erschienen ist (**B**). Die jeweils korrespondierenden Stichworte des „Stichwortmanuskripts" werden ohne den textkritischen Apparat als Marginalien wiedergegeben, um dem Leser einen durchgängigen Vergleich beider Texte zu ermöglichen. An einer einzigen Stelle greift die Edition eine Umstellung im Text auf, die Marianne Weber beim Abdruck von „Politik als Beruf" in: Max Weber. Gesammelte Politische Schriften, 1. Aufl. – München: Drei Masken Verlag 1921, S. 396−450, vorgenommen hat, da diese sich als sachlich plausibel erweist und durch die Abfolge der Stichworte des Stichwortmanuskripts gestützt wird. Es handelt sich dabei um die Passage, die mit „Jeder Herrschaftsbetrieb [...]" beginnt und mit „[...] die sachlichen Verwaltungsmittel" endet.[12] Diese Passage war in B zwischen der Passage, die mit „[...] Menschengruppen, die er umschließt" endet, und der Passage, die mit „Das entspricht im wesentlichen [...]" beginnt,[13] plaziert. Es ist möglich, daß Marianne Weber bei ihrer Umstellung auf eine wie auch immer geartete Instruktion Max Webers zurückgreifen konnte. Ansonsten wird der Abdruck in den GPS vernachlässigt.

Ein kurzer Auszug aus „Politik als Beruf" wurde in der Deutschen Allgemeinen Zeitung, Nr. 610 vom 11. Dezember 1919, S. 2, unter der Überschrift „Der Journalist" nachgedruckt. Es handelt sich dabei um die Passagen „Die Soziologie der modernen politischen Journalistik [...] wie Außenstehende es nicht leicht vermuten".[14] Da dieser Teilnachdruck bis auf das Fehlen der Hervorhebungen sowie einige wenige Auslassungen, die von der Redaktion der Deutschen Allgemeinen Zeitung vorgenommen sein dürften, keine Änderungen gegenüber der bei Duncker & Humblot veröffentlichten Fassung aufweist, kann er hier vernachlässigt werden.

---

**12** Siehe den Text, unten, S. 162f.   **13** Siehe den Text, unten, S. 159.
**14** Siehe den Text, unten, S. 191−196.

1
Dividenden- u[nd]
Abschreibungs-Politik

„Politik" (Diskontpolitik u.s.w.)
Leitung oder Beeinflussung der Leitung e[ines]
polit[ischen] *Verbandes (Staates)*

Charakteristisch f[ür] *Staat* nicht *Ziel*,
sondern *Mittel*
Gewaltsamkeit *(physische!)*
(*nicht einziges*, aber: *spezifisches*[ )]
*Monopol legitimer* Gewaltsamkeit.
(dies *fehlte* ihm früher)

cf. Trotzkij
A[rbeiter]- u[nd] S[oldaten-]Räte

*Gelegenheits*-Pol[itiker] (Abstimmung[b]
gelegentl[iche] Dienste[c])
*Gewohnheits*-Pol[itiker]

„Politik treiben"
Anteil *haben* oder *erstreben* an spezifischen
Machtmitteln
Verwendung
*Beeinflussung* ihrer Verwendung.

<Dauer->Gewohnheits- u[nd] Dauer-

2 Arten von  „Politikern".
a) *für* die Pol[itik] leben
b) *von* der Pol[itik] leben
im *Neben*beruf: *Honoratioren*
*Abkömmlichkeit* Erfordernis
Grundherr [d]– Rentner[d]
nicht: Unternehmer – Arbeiter

*Zweck* kann sein: ideales Ziel
Macht als solche
materielles Ziel

Redakteur –      (Gewerkschaft)
Beamter – *Advokat*[e] – nicht: Arzt.
*Welcher* Typus?

*Das* ist „politisch" an einer Frage,
einem Betrieb, einem Gesetz, e[iner] Leitung,
einer Bestrebung[a], einem Beamten
was die Art der *Macht*-
verteilung betrifft.

*Art* der Machtmittel:
1) Einstellung von Menschen zum
Gehorsam *(Apparat)*

Der Apparat durch *Interessen*
u[nd] *Ehre* am[f] Gehorsam
interessiert:
a) Lehen – Pfründen –
Ämter
b) <Amt> Standesehre

2) Sachliche Verwaltungsmittel
u[nd] Kriegsmittel
2 Systeme:   a) Selbstequipierung
der Verwalter[g] *besitzt* die Pr[oduktions-]M[ittel][h]
b) *Trennung* v[on] Prod[uktions-]Mitteln

Vasallen pp.
α) *Diener* –      β) *Beamte*

**a** Unsichere Lesung.   **b** Unsichere Lesung.   **c** Unsichere Lesung.   **d** Unsichere Lesung.   **e** Zweifach unterstrichen.   **f** <??>> am   **g** Arbeiter> Verwalter   **h** Unsichere Lesung.

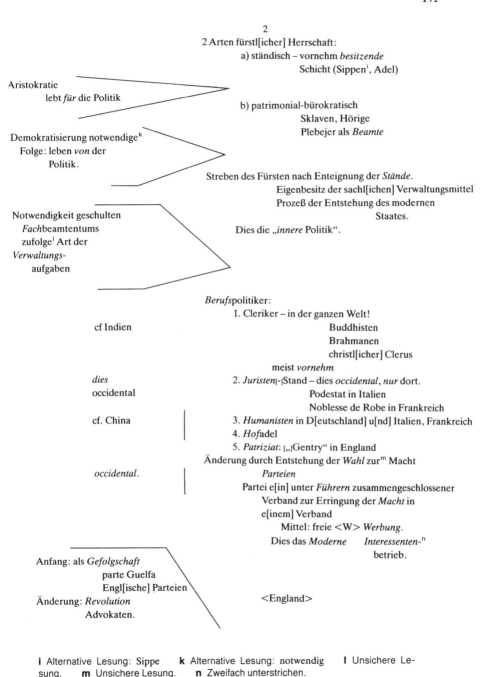

2

2 Arten fürstl[icher] Herrschaft:
a) ständisch – vornehm *besitzende*
Schicht (Sippen[i], Adel)

Aristokratie
lebt *für* die Politik

b) patrimonial-bürokratisch
Sklaven, Hörige
Plebejer als *Beamte*

Demokratisierung notwendige[k]
Folge: leben *von* der
Politik.

Streben des Fürsten nach Enteignung der *Stände*.
Eigenbesitz der sachl[ichen] Verwaltungsmittel
Prozeß der Entstehung des modernen
Staates.

Notwendigkeit geschulten
*Fach*beamtentums
zufolge[l] Art der
*Verwaltungs-*
*aufgaben*

Dies die „*innere* Politik".

*Berufs*politiker:
1. Cleriker – in der ganzen Welt!

cf Indien

Buddhisten
Brahmanen
christl[icher] Clerus

meist *vornehm*

*dies*
occidental

2. *Juristen*[-]Stand – dies *occidental*, nur dort.
Podestat in Italien
Noblesse de Robe in Frankreich

cf. China

3. *Humanisten* in D[eutschland] u[nd] Italien, Frankreich
4. *Hof*adel
5. *Patriziat*: [„]Gentry" in England
Änderung durch Entstehung der *Wahl* zur[m] Macht

*occidental*.

*Parteien*
Partei e[in] unter *Führern* zusammengeschlossener
Verband zur Erringung der *Macht* in
e[inem] Verband
Mittel: freie <W> *Werbung*.
Dies das *Moderne*   *Interessenten-*[n]
betrieb.

Anfang: als *Gefolgschaft*
parte Guelfa
Engl[ische] Parteien
Änderung: *Revolution*
Advokaten.

<England>

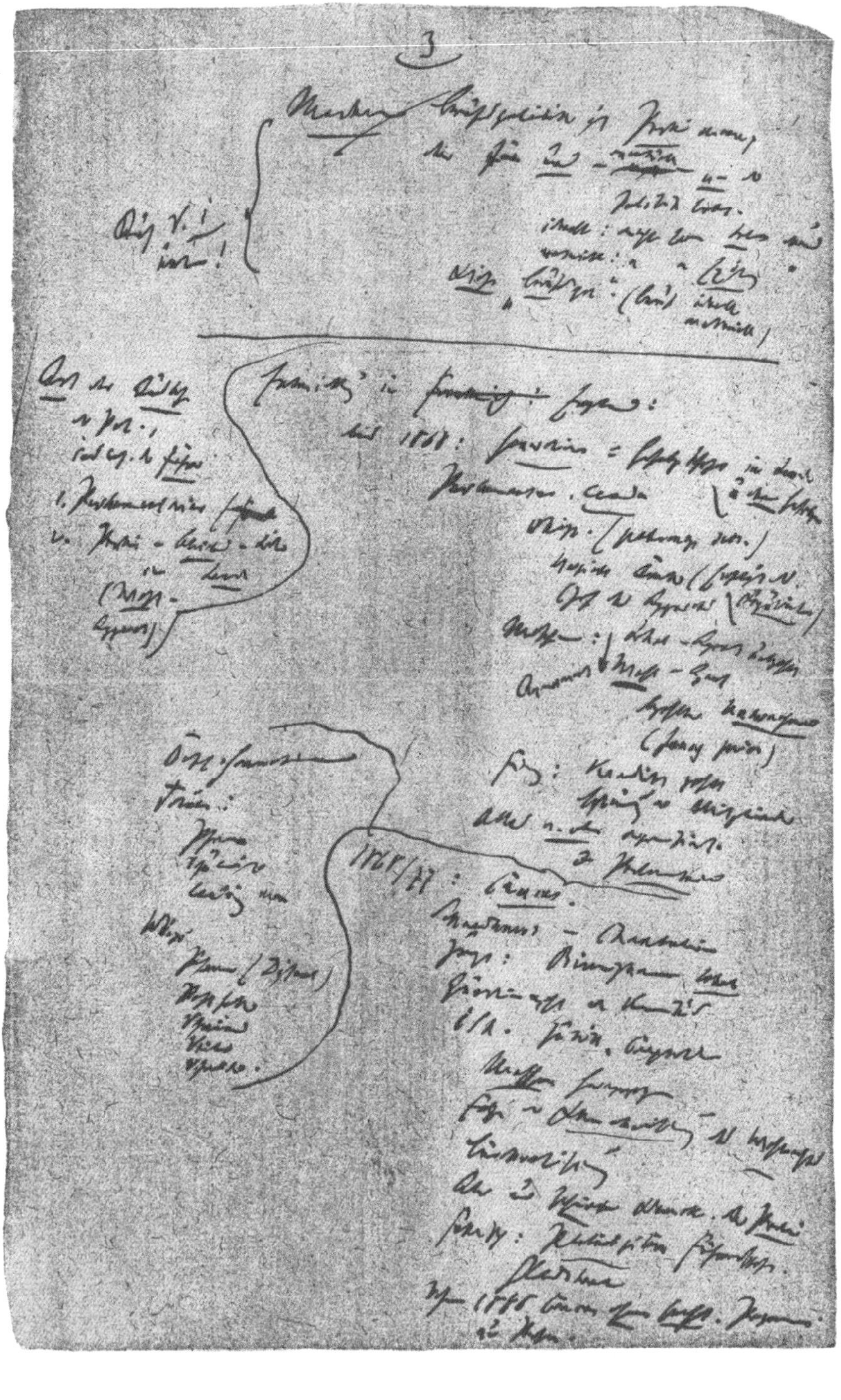
3

1848:

1868/77:

1885

3

Auf S. *1*
unten!

*Moderner* Berufspolitiker ist *Partei*mann,
der für *und* – eventuell° – *von* der
Politik lebt.

ideell: macht sein *Leben* daraus
materiell: ”   ”   *Existenz*   ”
Diese „*Berufs*pol[itiker]“ (Beruf ideell
materiell)

---

*Art* der *Auslese*
der Pol[itiker],
insbes[ondere] der *Führer*
1. Parlamentarier <Frank>
2. Partei- *Betriebs*ᵖ-Leiter
im *Lande*
(*Wahl-*
Apparat)

Entwicklung in <Frankreich:> England:
bis 1868: *Honoratioren* = Gefolgschaft im Lande
u[nd] ۹*deren* Gefolge۹
Parlamentar[ische] *leader*
whip. (patronage secr[etary])
Vergiebt Ämter (Einfluß der
*Deputierten*)
Chef des Apparats
Maschine: Lokal-Agent unbezahlt
↓ *Wahl*-Agent
Avancement
bezahlter *Unternehmer*
(fancy prior)ʳ
Finanz: Kandidat zahlt
Bestimmungˢ der Mitglieder
Alles *v[on]*ᵗ *oben* organisiert.
durch *Parlamentarier*

Örtl[iche] Honoratioren
Tories:
Pfarrer
Schulmeister
leading men
Whigs
Pfarrer (Dissenterᵘ)
Posthalter
Schreiner
Seiler
Schneider.

1868/77: *Caucus.*
Schnadhorst – Chamberlain
zuerst: Birmingham *lokal*
Quartierwahl der Komitee's
[??] Zutritt, Cooptation
*Massen* herangezogen
Folge der *Demokratisierung* des *Wahl*rechts
Bürokratisierung
Aber nur *scheinbare* Demok[ratisierung] der *Partei*
Faktisch: *Plebiszitäre* Führerschaft.
Gladstone
Schon 1886 Caucus *ohne sachl[iches]* Programm.
nur Person.

---

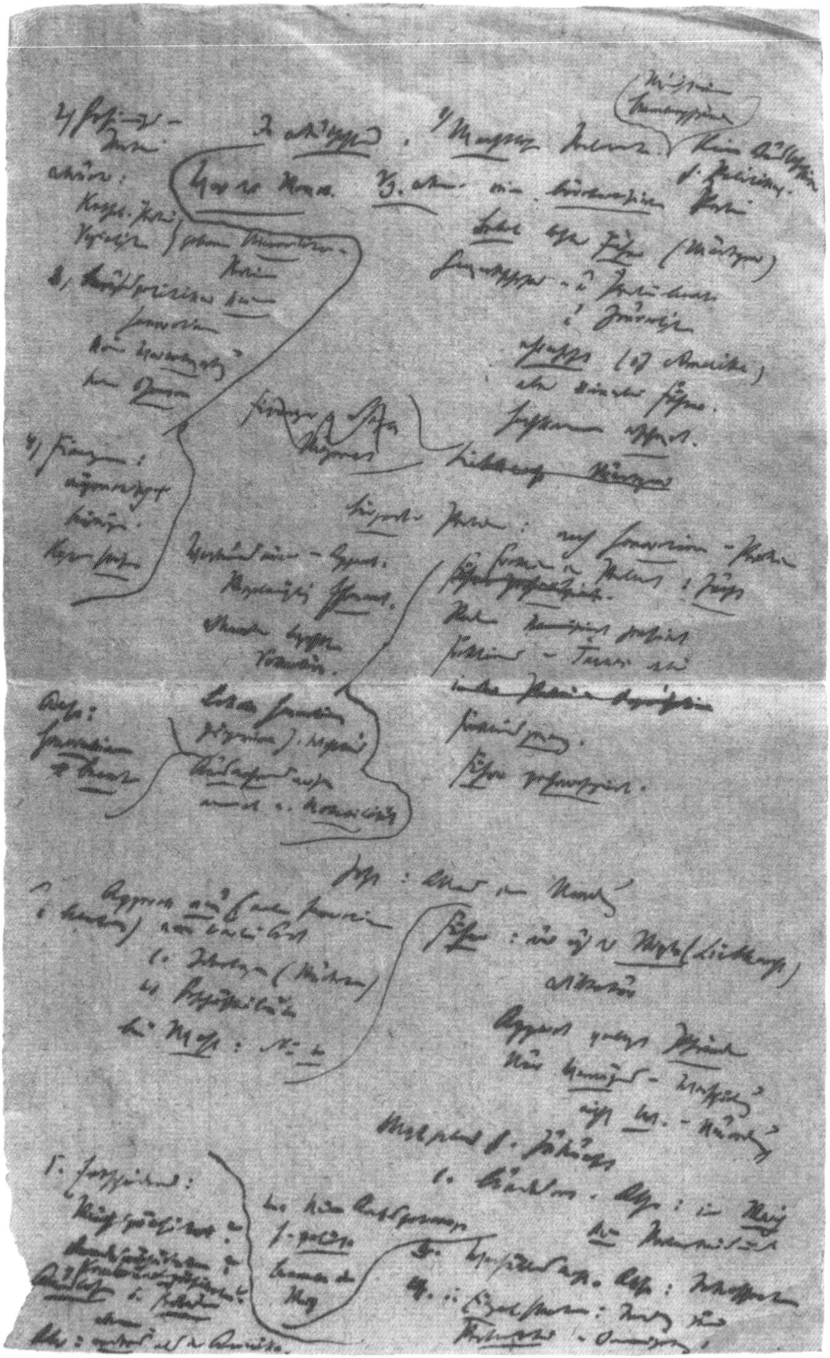

[4]

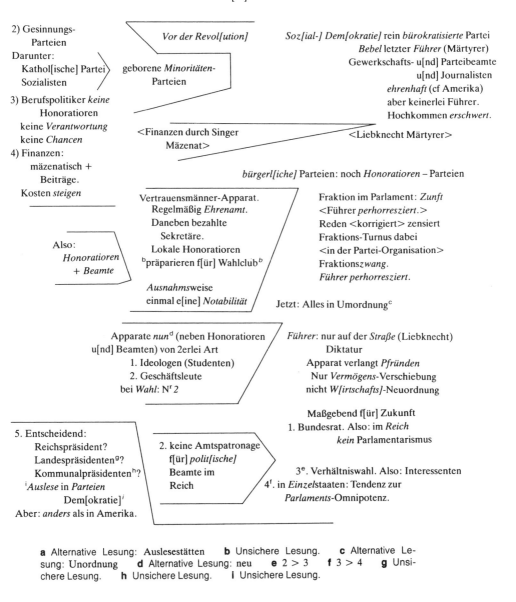

Ministerien
Beamtenpfründen

In *Deutschland*. 1) *Machtlose* Parlamente. Keine Auslesestätte[a]
f[ür] Politiker.

2) Gesinnungs-
   Parteien
Darunter:
   Kathol[ische] Partei⟩
   Sozialisten

*Vor der Revol[ution]*

geborene *Minoritäten-*
Parteien

*Soz[ial-] Dem[okratie]* rein *bürokratisierte* Partei
   *Bebel* letzter *Führer* (Märtyrer)
   Gewerkschafts- u[nd] Parteibeamte
      u[nd] Journalisten
   *ehrenhaft* (cf Amerika)
   aber keinerlei Führer.
   Hochkommen *erschwert*.

3) Berufspolitiker *keine*
   Honoratioren
   keine *Verantwortung*
   keine *Chancen*
4) Finanzen:
   mäzenatisch +
   Beiträge.
   Kosten *steigen*

⟨Finanzen durch Singer
Mäzenat⟩

⟨Liebknecht Märtyrer⟩

*bürgerl[iche]* Parteien: noch *Honoratioren* – Parteien

Also:
*Honoratioren*
+ *Beamte*

Vertrauensmänner-Apparat.
Regelmäßig *Ehrenamt*.
Daneben bezahlte
   Sekretäre.
Lokale Honoratioren
[b]präparieren f[ür] Wahlclub[b]

*Ausnahms*weise
einmal e[ine] *Notabilität*

Fraktion im Parlament: *Zunft*
⟨Führer *perhorresziert*.⟩
Reden ⟨korrigiert⟩ zensiert
Fraktions-Turnus dabei
⟨in der Partei-Organisation⟩
Fraktions*zwang*.
*Führer perhorresziert.*

Jetzt: Alles in Umordnung[c]

Apparate *nun*[d] (neben Honoratioren
u[nd] Beamten) von 2erlei Art
   1. Ideologen (Studenten)
   2. Geschäftsleute
   bei *Wahl*: N[r] 2

*Führer*: nur auf der *Straße* (Liebknecht)
   Diktatur
   Apparat verlangt *Pfründen*
   Nur *Vermögens*-Verschiebung
   nicht *W[irtschafts]*-Neuordnung

Maßgebend f[ür] Zukunft
1. Bundesrat. Also: im *Reich*
   *kein Parlamentarismus*

5. Entscheidend:
   Reichspräsident?
   Landespräsidenten[g]?
   Kommunalpräsidenten[h]?
   [i]*Auslese* in *Parteien*
   Dem[okratie][i]
Aber: *anders* als in Amerika.

2. keine Amtspatronage
   f[ür] *polit[ische]*
   Beamte im
   Reich

3[e]. Verhältniswahl. Also: Interessenten
4[f]. in *Einzel*staaten: Tendenz zur
   *Parlaments*-Omnipotenz.

**a** Alternative Lesung: Auslesestätten   **b** Unsichere Lesung.   **c** Alternative Le-
sung: Unordnung   **d** Alternative Lesung: neu   **e** 2 > 3   **f** 3 > 4   **g** Unsichere Lesung.   **h** Unsichere Lesung.   **i** Unsichere Lesung.

Ethik — Politik.

1. Ethik funktioniert:
als Legitimierung

...
(Schicksal)
Kriegsausschnitt. (Recht)

2. ...
a) ...
b) ...
c) Kriegsschuld: —
...
d) ...
Revolution
Krieg ...

[1]

Wer hat *Beruf* zur Politik (Eisner)
*Innere Sachverhalte*: Spannungen g[e]g[en] *Leben*
Ethik – Politik.
   1. Ethik funktioniert:
   als *Legitimierung*
     Beispiel: Ehemann
       (Schicksal)
     Kriegsmüdigkeit. (*Recht*)
       Schuldgefühl
       Nur *starke* gelten!
   pseudo-ethisch

Christl[iche]     2. *Bergpredigt – <radikal>*
Ethik
*radikal*
     a) Andere Backe.
      ich: würdelos (*Heiliger*)
     b) Reicher Jüngling – *unbedingt*
      ich: <Politik> Expropriation <aller>
              *geordnet.*
     c) Kriegsschuld: – *unbedingt*
      ("responsibility[k] is separate")
      ich: auf Gegenseitigkeit
  Würde!: nicht auf den *Straßenecken*
       *schweigen* können würdig.
     Werkheiligkeit!
     d) Widerstehe nicht dem Übel mit Gewalt
       (absoluter Pazifismus)
          Streiks (Gelbe)
          Revolution
    Krieg?
       Status quo
        dann: *sinnlos!*
*Widerstehe* dem Übel mit Gewalt
     sonst: *verantwortlich* f[ür]
       Folgen.

**k** A: „responsability"

Also: Verschiedene[1] Ethik?
*Ja* – aber ganz *generell*
1. *Mittel* zum Zweck
2. *Neben*erfolge
Für Politik:
Mittel die *Gewaltsamkeit*
v[on] Menschen g[e]g[en] Menschen
*Max Adler* (3 Jahre Krieg)
Zweck heiligt die Mittel
Spartakus (nur
Vermögensverschiebung)

2 Arten von Ethik:
[„]*Christ thut Recht*"    1) Gesinnung
                            2) Verantwortung
                                f[ür] *Folgen*.
ad 1: Verantwortung f[ür] *Folgen* abgelehnt
Syndikalist.
Verantwortung für *Gesinnung* des Protestes
Nur die *Welt*[m] ist *dumm*, wenn
Folgen *schlecht*.
ad 2: *rechnet* damit, daß die
Welt dumm ist
(Dostojewski's Großinquisitor)
Absolut *abzulehnen* nur:
Förster: „aus Gutem kann
nur Gutes kommen."
aus Bösem Böses
*Grades Gegenteil richtig*

Menschheit ...
Schöpfung ... lebt ...
... über Religion!
Stadien des Jahrhunderts:
    Christus
    Indien
    Persien
    Calvin – Denkzwang
alte Geschichte:
    Christus
    J. S. Mill

Wer das nicht ..., ...
... gehört nicht.
ich habe nicht ...
ich gehöre nicht ...
    jedes Kind

Erzogen z. Typen:
    höhere Bildung.
    Indien: Bhagavad Gita
Krieger u.           Marschiere weiter.
Feldwebel        
    Kasse u. Kirche:
        Frauen . Kasserin .
        ... u. ...:
            ... ...
            ... ...!
Marschieski: Linke ...
                        ...
Wagner: Siegmund
... ...: Das Material:
    Sozialismus – ...

3

Weltgeschichte dag[e]g[en]
Erfahrung des Alltags
Entwicklung *aller* Religionen!
Denken der Jahrtausende:
Theodizee
Indien
Persien
Calvin – Deuterojesaja
altes Christentum:
*Dämonen*
J[ohn] St[uart] Mill
Wer das *nicht* sieht, sieht
*Lebens*problem[n] *nicht*.
ist Leben nicht gewachsen
ist politisch nicht *reif*,
sondern Kind
Verfolgen durch Typen:
Hellene Polytheist.
Indien: Bhagavadgita
Krieger in        *Macchiavellismus.*
Indras Walhall

Kathol[ische] Kirche:
Evangel[ische] Ratschläge.
Ethik der *Bergpredigt*:
heiliger Franz.
Ist kein *Fiaker*!
Macchiavelli: Liebe zum
Vaterland
Wagner: Siegmund[1]
bei Marck: statt Vaterland:
Sozialismus – Pazifismus.

---

**n** Alternative Lesung: Lebensprobleme

---

**1** Wie aus Bemerkungen Max Webers an anderer Stelle über „Siegmund" hervorgeht, bezieht sich dieses Stichwort auf die Szene kurz vor dem Tode Siegmunds in Richard Wagners Oper „Die Walküre". Für Max Weber sind die Worte Siegmunds zur Walküre: „Grüße mir Wotan, grüße mir Walhall [...] Doch von Walhall's spröden Wonnen sprich du wahrlich mir nicht", ein Ausdruck für das Freisein von „qualvoller Angst vor dem Tode und dem Nachher". Weber, Max, Die Protestantische Ethik und der Geist des Kapitalismus, in: Gesammelte Aufsätze zur Religionssoziologie, Band 1. – Tübingen: J. C. B. Mohr (Paul Siebeck) 1920, S. 98 (MWG I/18).

4

Nach 10 Jahren
Ich wollte gern:
„Damals war Lenz..."
Aber: *Polarnacht!*
Was geblieben?
Was aus Ihnen geworden?
Verbitterung – Banausen
– Indifferenz
*Weltflucht.*
weil der Welt nicht *gewachsen.*

Prakt[ische] Bedeutung?
*Macht*politik?
Selbstzweck *Macht?*
Nein.
Aber: wer Pol[itik] treibt, verbündet
s[ich] mit diabolischen Mächten
„Der Teufel der ist alt..."
*Verantwortung.*
Gesinnungs – <Macht> Verantwortungs-
politik *nicht*
entscheidbar.
Politik bedarf:
<echte> Augenmaß = Distanz zu
den Dingen
*Gewachsenheit* den Realitäten
(nicht aus der Bahn!)
Echte *Leidenschaft* – nicht
sterile Aufgeregtheit.

*verte!*

*Reife*

> Liebe des *reifen* Mannes anders
> als die der Jugend
> (gesättigt mit *Wissen*)
> <Erschü> „Gesinnungspolitiker" in *9* von
> 10 Fällen *Windbeutel*
> Nur bei *voller* Übersicht über
> Verantwortung
> an *irgend* einem Punkt:
> „ich *kann* nicht anders"
> – *das* erschütternd – u[nd]
> menschlich echt.

# Geistige Arbeit als Beruf

Vier Vorträge vor dem
Freistudentischen Bund

Zweiter Vortrag:

# Max Weber

## Politik als Beruf

München und Leipzig
Verlag von Duncker & Humblot
1919

# Politik als Beruf

Der Vortrag, den ich auf Ihren Wunsch zu halten
habe, wird Sie nach verschiedenen Richtungen notwendig enttäuschen. In einer Rede über Politik als
5 Beruf werden Sie unwillkürlich eine Stellungnahme
zu aktuellen Tagesfragen erwarten. Das wird aber
nur in einer rein formalen Art am Schlusse geschehen anläßlich bestimmter Fragen der Bedeutung
des politischen Tuns innerhalb der gesamten Le-
10 bensführung. Ganz ausgeschaltet werden müssen
dagegen in dem heutigen Vortrag alle Fragen, die
sich darauf beziehen: *welche* Politik man treiben,
welche *Inhalte*, heißt das, man seinem politischen
Tun geben *soll*. Denn das hat mit der allgemeinen
15 Frage: was Politik als Beruf ist und bedeuten kann,
nichts zu tun. – Damit zur Sache! –
    Was verstehen wir unter Politik? Der Begriff ist      „Politik"
außerordentlich weit und umfaßt jede Art selbstän-
dig *leitender* Tätigkeit. Man spricht von der Devi-      (Diskontpolitik
20 senpolitik der Banken, von der Diskontpolitik der        Dividenden- u[nd]
Reichsbank, von der Politik einer Gewerkschaft in         Abschreibungs-
einem Streik, man kann sprechen von der Schulpo-          Politik u.s.w.)
litik einer Stadt- oder Dorfgemeinde, von der Poli-
tik eines Vereinsvorstandes bei dessen Leitung, ja
25 schließlich von der Politik einer klugen Frau, die
ihren Mann zu lenken trachtet. Ein derartig weiter
Begriff liegt unseren Betrachtungen vom heutigen
Abend natürlich nicht zugrunde. Wir wollen heute       Leitung oder Be-
darunter nur verstehen: die Leitung oder die Beein-    einflussung der
                                                        Leitung e[ines]
30 flussung der Leitung eines *politischen* Verbandes,    polit[ischen] *Ver-
heute also: eines *Staates*.                            bandes (Staates)*
    Was ist nun aber vom Standpunkt der soziologi-
schen Betrachtung aus ein „politischer" Verband?
Was ist: ein „Staat"? Auch er läßt sich soziologisch   Charakteristisch
35 nicht definieren aus dem Inhalt dessen, was er tut.   f[ür] *Staat* nicht
                                                        *Ziel,*

Es gibt fast keine Aufgabe, die nicht ein politischer
Verband hier und da in die Hand genommen hätte,
anderseits auch keine, von der man sagen könnte,
daß sie jederzeit, vollends: daß sie immer *aus-*
*schließlich* denjenigen Verbänden, die man als poli-          5
tische, heute: als Staaten, bezeichnet, oder welche
geschichtlich die Vorfahren des modernen Staates
waren, eigen gewesen wäre. Man kann vielmehr
B 4 den modernen | Staat soziologisch letztlich nur defi-
nieren aus einem spezifischen *Mittel*, das ihm, wie          sondern *Mittel*          10
jedem politischen Verband, eignet: der physischen          Gewaltsamkeit
Gewaltsamkeit. „Jeder Staat wird auf Gewalt ge-          *(physische!)*
gründet," sagte seinerzeit Trozkij in Brest-Li-          cf. Trotzkij
towsk.[1] Das ist in der Tat richtig. Wenn nur soziale
Gebilde beständen, denen die Gewaltsamkeit als          15
Mittel unbekannt wäre, *dann* würde der Begriff
„Staat" fortgefallen sein, *dann* wäre eingetreten,
was man in diesem besonderen Sinne des Wortes als
„Anarchie" bezeichnen würde. Gewaltsamkeit ist
natürlich nicht etwa das normale oder einzige Mit-          *(nicht einziges,*          20
tel des Staates: – davon ist keine Rede –, wohl aber:          aber: *spezifi-*
das ihm spezifische. Gerade heute ist die Beziehung          *sches*[)]
des Staates zur Gewaltsamkeit besonders intim. In
der Vergangenheit haben die verschiedensten Verbände – von der Sippe angefangen – physische Ge-          25
waltsamkeit als ganz normales Mittel gekannt.
Heute dagegen werden wir sagen müssen: Staat ist
diejenige menschliche Gemeinschaft, welche innerhalb eines bestimmten Gebietes – dies: das „Ge-

---

**1** Dies bezieht sich vermutlich auf eine Äußerung, die Lev D. Trockij in seiner Eigenschaft
als Leiter der russischen Delegation bei den Friedensverhandlungen von Brest-Litovsk
machte, wie die Frankfurter Zeitung berichtete: „Wenn General *Hoffmann* darauf hingewiesen habe, daß die russische Regierung sich *auf ihre Machtstellung gründe* und mit
Gewalt vorgehe gegen alle Andersdenkenden, die sie als Gegenrevolutionäre und Bour-
geoisie stempele, so müsse allerdings bemerkt werden, daß auch die russische Regierung auf der Macht fuße. In der ganzen Geschichte kenne man bisher keine anderen
Regierungen. Solange die Gesellschaft aus kämpfenden Klassen bestehe, solange werde
sich die Macht einer Regierung auf Kraft begründen und durch Gewalt ihre Herrschaft
behaupten." Frankfurter Zeitung, Nr. 17 vom 17. Jan. 1918, 2. Mo.Bl., S. 1.

biet", gehört zum Merkmal – das *Monopol legitimer physischer Gewaltsamkeit* für sich (mit Erfolg) beansprucht. Denn das der Gegenwart Spezifische ist: daß man allen anderen Verbänden oder Einzelper-
5 sonen das Recht zur physischen Gewaltsamkeit nur so weit zuschreibt, als der *Staat* sie von ihrer Seite zuläßt: er gilt als alleinige Quelle des „Rechts" auf Gewaltsamkeit. „Politik" würde für uns also heißen: Streben nach Machtanteil oder nach Beein-
10 flussung der Machtverteilung, sei es zwischen Staaten, sei es innerhalb eines Staates zwischen den Menschengruppen, die er umschließt.[a]

Das entspricht im wesentlichen ja auch dem Sprachgebrauch. Wenn man von einer Frage sagt:
15 sie sei eine „politische" | Frage, von einem Minister oder Beamten: er sei ein „politischer" Beamter, von einem Entschluß: er sei „politisch" bedingt, so ist damit immer gemeint: Machtverteilungs-, Machterhaltungs- oder Machtverschiebungsinter-
20 essen sind maßgebend für die Antwort auf jene Frage oder bedingen diesen Entschluß oder bestimmen die Tätigkeitssphäre des betreffenden Beamten. – Wer Politik treibt, erstrebt Macht, – Macht entweder als Mittel im Dienst anderer Ziele – idea-
25 ler oder egoistischer – oder Macht „um ihrer selbst willen": um das Prestigegefühl, das sie gibt, zu genießen.

Der Staat ist, ebenso wie die ihm geschichtlich vorausgehenden politischen Verbände, ein auf das
30 Mittel der legitimen (das heißt: als legitim angese-

*Monopol legitimer Gewaltsamkeit.* (dies *fehlte* ihm früher)

„Politik treiben"
Anteil *haben* oder *erstreben* an spezifischen Machtmitteln
Verwendung
*Beeinflussung* ihrer Verwendung.
*Das* ist „politisch" an einer Frage, einem Betrieb, einem Gesetz, e[iner] Leitung, einer Bestrebung, einem Beamten was die Art der *Macht*verteilung betrifft.

B 5

*Zweck* kann sein: ideales Ziel Macht als solche materielles Ziel

---

**a** In B folgt hier sachlich falsch plaziert: Jeder Herrschaftsbetrieb, welcher kontinuierliche Verwaltung erheischt, braucht einerseits die Einstellung menschlichen Handelns auf den Gehorsam gegenüber jenen Herren, welche Träger der legitimen Gewalt zu sein beanspruchen, und andrerseits, vermittelst dieses Gehorsams, die Verfügung über diejenigen Sachgüter, welche gegebenenfalls zur Durchführung der physischen Gewaltanwendung erforderlich sind: den personalen Verwaltungsstab und die sachlichen Verwaltungsmittel. Die Umstellung nach unten, S. 162 f., entspricht der Abfolge der entsprechenden Stichworte im Stichwortmanuskript (oben, S. 139); sie wird im Editorischen Bericht oben, S. 137, näher begründet.

henen) Gewaltsamkeit gestütztes *Herrschafts*verhältnis von Menschen über Menschen. Damit er
bestehe, müssen sich also die beherrschten Menschen der beanspruchten Autorität der jeweils herrschenden *fügen*. Wann und warum tun sie das? Auf
welche inneren Rechtfertigungsgründe und auf
welche äußeren Mittel stützt sich diese Herrschaft?

Es gibt der inneren Rechtfertigungen, also: der
*Legitimitäts*gründe einer Herrschaft – um mit ihnen
zu beginnen – im Prinzip drei. Einmal die Autorität
des „ewig Gestrigen": der durch unvordenkliche
Geltung und gewohnheitsmäßige Einstellung auf
ihre Innehaltung geheiligten *Sitte*: „traditionale"
Herrschaft, wie sie der Patriarch und der Patrimo-
nialfürst alten Schlages übten. Dann: die Autorität
der außeralltäglichen persönlichen *Gnadengabe*
(Charisma), die ganz persönliche Hingabe und das
persönliche Vertrauen zu Offenbarungen, Helden-
tum oder anderen Führereigenschaften eines einzelnen: „charismatische" Herrschaft, wie sie der
Prophet oder – auf dem Gebiet des Politischen – der
gekorene Kriegsfürst oder der plebiszitäre Herrscher, der große Demagoge und politische Parteiführer ausüben. Endlich: Herrschaft kraft „Legali-
tät", kraft des Glaubens an die Geltung legaler
*Satzung* und der durch rational geschaffene Regeln
begründeten sachlichen „Kompetenz", also: der
Einstellung auf Gehorsam in der Erfüllung sat-
zungsmäßiger Pflichten: eine | Herrschaft, wie sie
der moderne „Staatsdiener" und alle jene Träger
von Macht ausüben, die ihm in dieser Hinsicht äh-
neln. – Es versteht sich, daß in der Realität höchst
massive Motive der Furcht und der Hoffnung –
Furcht vor der Rache magischer Mächte oder des
Machthabers, Hoffnung auf jenseitigen oder dies-
seitigen Lohn – und daneben Interessen verschiedenster Art die Fügsamkeit bedingen. Davon sogleich. Aber wenn man nach den „Legitimitäts"-
gründen dieser Fügsamkeit fragt, dann allerdings

stößt man auf diese drei „reinen" Typen. Und diese
Legitimitätsvorstellungen und ihre innere Begründung sind für die Struktur der Herrschaft von sehr
erheblicher Bedeutung. Die reinen Typen finden
5 sich freilich in der Wirklichkeit selten. Aber es kann
heute auf die höchst verwickelten Abwandlungen,
Übergänge und Kombinationen dieser reinen Typen nicht eingegangen werden: das gehört zu dem
Problem der „allgemeinen Staatslehre".[2] Uns inter-
10 essiert hier vor allem der zweite von jenen Typen:
die Herrschaft kraft Hingabe der Gehorchenden an
das rein persönliche „Charisma" des „Führers".
Denn hier wurzelt der Gedanke des *Berufs* in seiner
höchsten Ausprägung. Die Hingabe an das Charis-
15 ma des Propheten oder des Führers im Kriege oder
des ganz großen Demagogen in der Ekklesia[3] oder
im Parlament bedeutet ja, daß er persönlich als der
innerlich „berufene" Leiter der Menschen gilt, daß
diese sich ihm nicht kraft Sitte oder Satzung fügen,
20 sondern weil sie an ihn glauben. Er selbst zwar lebt
seiner Sache, „trachtet nach seinem Werk",[4] wenn
er mehr ist als ein enger und eitler Emporkömmling
des Augenblicks. Seiner Person und ihren Qualitäten aber gilt die Hingabe seines Anhanges: der

---

**2** Nach Georg Jellinek gliedert sich die allgemeine Staatslehre in eine allgemeine Staats-
rechtslehre, die der „Erkenntnis der rechtlichen Natur des Staates und der staatsrechtli-
chen Grundbegriffe" dient, und in eine allgemeine Soziallehre des Staates, deren Aufgabe
es ist, „den Staat als gesellschaftliches Gebilde in der Totalität seines Wesens" zu
betrachten. Jellinek, Georg, Allgemeine Staatslehre, 3. durchges. und erg. Aufl., hg. von
Walter Jellinek. – Berlin: O. Häring 1914, S. 9 ff. In einer Gedenkrede auf Georg Jellinek
sagte Max Weber, daß dessen „Prägung des Begriffs der ,sozialen Staatslehre' für die
Klärung der verschwimmenden Aufgaben der Soziologie" ihm „wesentlichste Anregungen" geliefert habe. Zitiert nach: Max Weber zum Gedächtnis, hg. von René König und
Johannes Winckelmann, 2. Aufl. – Köln/Opladen: Westdeutscher Verlag 1985, S. 15.
**3** In den griechischen Stadtstaaten war die „Ekklesia" die Versammlung aller freien
Bürger, in der wichtige Entscheidungen für die Polis getroffen wurden.
**4** Dies bezieht sich auf eine Passage in Nietzsches „Also sprach Zarathustra": „[...] da
giengen seine Thiere nachdenklich um ihn herum und stellten sich endlich vor ihn hin. ,Oh
Zarathustra, sagten sie, schaust du wohl aus nach deinem Glücke?' – ,Was liegt am
Glücke! antwortete er, ich trachte lange nicht mehr nach Glücke, ich trachte nach meinem
Werke.'" Nietzsche's Werke, I. Abt., Band 6. – Leipzig: C. G. Naumann 1896, S. 343.
Ähnlich auch formuliert, ebd., S. 476.

Jüngerschaft, der Gefolgschaft, der ganz persönlichen Parteigängerschaft. In den beiden in der Vergangenheit wichtigsten Figuren: des Magiers und Propheten einerseits, des gekorenen Kriegsfürsten, Bandenführers, Condottiere anderseits, ist das Führertum in allen Gebieten und historischen Epochen aufgetreten. Dem Okzident eigentümlich ist aber, was uns näher angeht: das *politische* Führertum in der Gestalt zuerst des freien „Demagogen", der auf dem Boden des nur dem Abendland, vor B 7 allem der mittelländischen Kultur, eigenen | Stadtstaates, und dann des parlamentarischen „Parteiführers", der auf dem Boden des ebenfalls nur im Abendland bodenständigen Verfassungsstaates gewachsen ist.

Diese Politiker kraft „Berufes" in des Wortes eigentlichster Bedeutung sind nun aber natürlich nirgends die allein maßgebenden Figuren im Getriebe des politischen Machtkampfes. Höchst entscheidend ist vielmehr die Art der Hilfsmittel, die ihnen zur Verfügung stehen. Wie fangen die politisch herrschenden Gewalten es an, sich in ihrer Herrschaft zu behaupten? Die Frage gilt für jede Art von Herrschaft, also auch für die politische Herrschaft in allen ihren Formen: für die traditionale ebenso wie für die legale und die charismatische.

ᵇJeder Herrschaftsbetrieb, welcher kontinuierliche Verwaltung erheischt, braucht einerseits die Einstellung menschlichen Handelns auf den Gehorsam gegenüber jenen Herren, welche Träger der legitimen Gewalt zu sein beanspruchen, und andrerseits, vermittelst dieses Gehorsams, die Verfügung über diejenigen Sachgüter, welche gegebenenfalls zur Durchführung der physischen Gewalt-

*Art* der Machtmittel:
1) Einstellung von Menschen zum Gehorsam *(Apparat)*

---

**b–b** Fehlt in B an dieser Stelle. Vgl. oben, S. 159, Anm. a, sowie die Begründung für die Umstellung im Editorischen Bericht, oben, S. 137.

anwendung erforderlich sind: den personalen Verwaltungsstab und die sachlichen Verwaltungsmittel.[b]

5 Der Verwaltungsstab, der den politischen Herrschaftsbetrieb wie jeden anderen Betrieb in seiner
äußeren Erscheinung darstellt, ist nun natürlich
nicht nur durch jene Legitimitätsvorstellung, von
der eben die Rede war, an den Gehorsam gegenüber dem Gewalthaber gekettet. Sondern durch
10 zwei Mittel, welche an das persönliche Interesse
appellieren: materieller Entgelt und soziale[c] Ehre.
Lehen der Vasallen, Pfründen der Patrimonialbe-
amten, Gehalt der modernen Staatsdiener, – Rit-
terehre, ständische Privilegien, Beamtenehre bil-
15 den den Lohn, und die Angst, sie zu verlieren, die
letzte entscheidende Grundlage für die Solidarität
des Verwaltungsstabes mit dem Gewalthaber.
Auch für die charismatische Führerherrschaft gilt
das: Kriegsehre und Beute für die kriegerische, die
20 „spoils“:[5] Ausbeutung der Beherrschten durch
Ämtermonopol, politisch bedingte Profite und Ei-
telkeitsprämien für die demagogische Gefolgschaft.
Zur Aufrechterhaltung jeder gewaltsamen Herr-
25 schaft bedarf es gewisser materieller äußerer Sachgüter, ganz wie bei einem wirtschaftlichen Betrieb.
Alle Staatsordnungen lassen sich nun danach glie-
dern, ob sie auf dem Prinzip beruhen, daß jener
Stab von Menschen: – Beamte oder wer sie sonst
30 sein mögen –, auf deren Gehorsam der Gewalthaber muß rechnen können, im *eigenen* Besitze der
Verwaltungsmittel, mögen sie bestehen in Geld,
Gebäuden, Kriegsmaterial, Wagenparks, | Pfer-

*Marginalia:*

Der Apparat durch *Interessen* u[nd] *Ehre* am Gehorsam interessiert:

a) Lehen – Pfründen – Ämter
b) Standesehre

2. Sachliche Verwaltungsmittel u[nd] Kriegsmittel

2 Systeme:

a) Selbstequipierung der Verwalter *besitzt* die Pr[oduktions-]M[ittel]

B 8

---

c B: sozialer

5 In der amerikanischen Verfassungstradition des frühen 19. Jahrhunderts waren die „spoils“ vor allem Staatsämter, die nach den Präsidentschaftswahlen von den Anhängern der verlierenden Partei geräumt und von dem siegreichen Kandidaten an seine Gefolgsleute übertragen wurden. Vgl. dazu unten, S. 213, Anm. 91.

den, oder was sonst immer, sich befinden, oder ob
der Verwaltungsstab von den Verwaltungsmitteln
„getrennt" ist, im gleichen Sinn, wie heute der Angestellte und Proletarier innerhalb des kapitalistischen Betriebes „getrennt" ist von den sachlichen
Produktionsmitteln.[6] Ob also der Gewalthaber die
Verwaltung in *eigener* von ihm organisierter *Regie*
hat und durch persönliche Diener oder angestellte
Beamte oder persönliche Günstlinge und Vertraute
verwalten läßt, welche nicht Eigentümer: Besitzer
zu eigenem Recht, der sachlichen Betriebsmittel
sind, sondern vom Herrn darin dirigiert werden,
oder ob das Gegenteil der Fall ist. Der Unterschied
geht durch alle Verwaltungsorganisationen der
Vergangenheit hindurch.

Einen politischen Verband, bei dem die sachlichen Verwaltungsmittel ganz oder teilweise in der
Eigenmacht des abhängigen Verwaltungsstabes
sich befinden, wollen wir einen *„ständisch"* geglie-
derten Verband nennen. Der Vasall z. B. im Lehns-
verband bestritt die Verwaltung und Rechtspflege
des ihm verlehnten Bezirks aus eigener Tasche,
equipierte und verproviantierte sich selbst für den
Krieg; seine Untervasallen taten das gleiche. Das
hatte natürlich Konsequenzen für die Machtstellung des Herrn, die nur auf dem persönlichen Treu-
bund und darauf ruhte, daß der Lehnsbesitz und die
soziale Ehre des Vasallen ihre „Legitimität" vom
Herrn ableiteten.

Überall aber, bis in die frühesten politischen Bil-
dungen zurück, finden wir auch die eigene Regie
des Herrn: durch persönlich von ihm Abhängige:

b) *Trennung* v[on]
Prod[uktions-]
Mitteln

5

α) *Diener* – β) *Be-
amte*

10

2 Arten fürstl[i-
cher] Herrschaft:

15

a) ständisch – vor-
nehm *besitzende*
Schicht (Sippen,
Adel)

20

25

30

b) patriomonial-
bürokratisch

---

**6** Vermutlich Anspielung auf die Analyse von Karl Marx: „Der Process, der das Kapitalverhältniss schafft, kann also nichts andres sein als der Scheidungsprocess des Arbeiters
vom Eigenthum an seinen Arbeitsbedingungen, ein Process, der einerseits die gesellschaftlichen Lebens- und Produktionsmittel in Kapital verwandelt, andrerseits die unmittelbaren Producenten in Lohnarbeiter." Marx, Karl, Das Kapital. Kritik der politischen
Ökonomie, Band 1, 5. Aufl., hg. von Friedrich Engels. – Hamburg: Otto Meissner 1903,
S. 680.

Sklaven, Hausbeamte, Dienstleute, persönliche
„Günstlinge" und aus seinen Vorratskammern mit
Natural- und Gelddeputaten entlohnte[d] Pfründner[,] sucht er die Verwaltung in eigene Hand zu
5 bekommen, die Mittel aus eigener Tasche, aus Er-
trägnissen seines Patrimoniums zu bestreiten, ein
rein persönlich von ihm abhängiges, weil aus seinen
Speichern, Magazinen, Rüstkammern equipiertes
und verproviantiertes Heer zu schaffen. Während
10 im „ständischen" Verband der Herr mit Hilfe einer
eigenständigen „Aristokratie" herrscht, also mit ihr
die Herrschaft teilt, stützt er sich hier entweder auf
Haushörige oder auf Plebejer: besitzlose, der eigenen sozialen Ehre entbehrende Schichten, die ma-
15 teriell | gänzlich an ihn gekettet sind und keinerlei
konkurrierende eigene Macht unter den Füßen haben. Alle Formen patriarchaler und patrimonialer
Herrschaft, sultanistischer Despotie und bureau-
kratischer Staatsordnung gehören zu diesem Ty-
20 pus. Insbesondere: die bureaukratische Staatsordnung, also die, in ihrer rationalsten Ausbildung,
auch und gerade dem modernen Staat charakteristische.
　　Überall kommt die Entwicklung des modernen
25 Staates dadurch in Fluß, daß von seiten des Fürsten
die Enteignung der neben ihm stehenden selbständigen „privaten" Träger von Verwaltungsmacht:
jener Eigenbesitzer von Verwaltungs- und Kriegs-
betriebsmitteln, Finanzbetriebsmitteln und poli-
30 tisch verwendbaren Gütern aller Art, in die Wege
geleitet wird. Der ganze Prozeß ist eine vollständige
Parallele zu der Entwicklung des kapitalistischen
Betriebs durch allmähliche Enteignung der selbständigen Produzenten. Am Ende sehen wir, daß in
35 dem modernen Staat tatsächlich in einer einzigen
Spitze die Verfügung über die gesamten politischen

Sklaven, Hörige
Plebejer als
*Beamte*

B 9

Streben des Für-
sten nach Enteig-
nung der *Stände*.
Eigenbesitz der
sachl[ichen] Ver-
waltungsmittel
Prozeß der Entste-
hung des moder-
nen Staates.

**d** B: entlehnte

Betriebsmittel zusammenläuft, kein einziger Beamter mehr persönlicher Eigentümer des Geldes
ist, das er verausgabt, oder der Gebäude, Vorräte,
Werkzeuge, Kriegsmaschinen, über die er verfügt.
Vollständig durchgeführt ist also im heutigen
„Staat" – das ist ihm begriffswesentlich – die „Trennung" des Verwaltungsstabes: der Verwaltungsbe-
amten und Verwaltungsarbeiter, von den sachlichen Betriebsmitteln. Hier setzt nun die allermo-
dernste Entwicklung ein und versucht vor unseren
Augen die Expropriation dieses Expropriateurs[7]
der politischen Mittel und damit der politischen
Macht in die Wege zu leiten. Das hat die Revolution wenigstens insofern geleistet, als an die Stelle
der gesatzten Obrigkeiten Führer getreten sind,
welche durch Usurpation oder Wahl sich in die
Verfügungsgewalt über den politischen Menschen-
stab und Sachgüterapparat gesetzt haben und ihre
Legitimität – einerlei mit wieviel Recht – vom Willen der Beherrschten ableiten. Eine andere Frage
ist, ob sie auf Grund dieses – wenigstens scheinba-
ren – Erfolges mit Recht die Hoffnung hegen kann:
auch die Expropriation innerhalb der kapitalisti-
B 10  schen Wirtschaftsbetriebe durch|zuführen, deren
Leitung sich trotz weitgehender Analogien im In-
nersten nach ganz anderen Gesetzen richtet als die
politische Verwaltung. Dazu nehmen wir heute
nicht Stellung. Ich stelle für unsere Betrachtung nur
das rein *Begriffliche* fest: daß der moderne Staat ein
anstaltsmäßiger Herrschaftsverband ist, der innerhalb eines Gebietes die legitime physische Gewaltsamkeit als Mittel der Herrschaft zu monopolisie-
ren mit Erfolg getrachtet hat und zu diesem Zweck
die sachlichen Betriebsmittel in der Hand seiner

---

7 Max Weber nimmt hier eine Wendung von Karl Marx auf. Dieser hatte prognostiziert,
daß einmal die „Stunde des kapitalistischen Privateigenthums" schlagen werde: „Die
Expropriateurs werden exropriirt." Marx, Kapital, Band 1, S. 728.

Leiter vereinigt, die sämtlichen eigenberechtigten
ständischen Funktionäre aber, die früher zu Eigenrecht darüber verfügten, enteignet und sich selbst in
seiner höchsten Spitze an deren Stelle gesetzt hat.
5 Im Verlaufe dieses politischen Enteignungspro-
zesses nun, der in allen Ländern der Erde mit wech-
selndem Erfolge spielte, sind, und zwar zuerst im
Dienste des Fürsten, die ersten Kategorien von
„Berufspolitikern" in einem *zweiten* Sinn aufgetre-
10 ten, von Leuten, die nicht selbst Herren sein wollten, wie die charismatischen Führer, sondern *in den
Dienst* von politischen Herren traten. Sie stellten
sich in diesem Kampfe dem e Fürsten zur Verfügung
und machten aus der Besorgung von dessen Politik
15 einen materiellen Lebenserwerb einerseits, einen
ideellen Lebensinhalt anderseits. Wieder *nur* im
Okzident finden wir *diese* Art von Berufspolitikern
auch im Dienst anderer Mächte als nur der Fürsten.
In der Vergangenheit waren sie deren wichtigstes
20 Macht- und politisches Expropriationsinstrument.
Machen wir uns, ehe wir näher auf sie eingehen,
den Sachverhalt, den die Existenz solcher „Berufspolitiker" darstellt, nach allen Seiten unzweideutig
klar. Man kann „Politik" treiben – also: die Macht-
25 verteilung zwischen und innerhalb politischer Gebilde zu beeinflussen trachten – sowohl als „Gelegenheits"politiker wie als nebenberuflicher oder
hauptberuflicher Politiker, genau wie beim ökonomischen Erwerb. „Gelegenheits"politiker sind wir
30 alle, wenn wir unseren Wahlzettel abgeben oder
eine ähnliche Willensäußerung: etwa Beifall oder
Protest in einer „politischen" Versammlung, voll-
ziehen, eine „politische" Rede halten usw., – und
bei vielen Menschen beschränkt sich | ihre ganze
35 Beziehung zur Politik darauf. „Nebenberufliche"
Politiker sind heute z.B. alle jene Vertrauensmän-

*Gelegenheits-
Pol[itiker]*

(Abstimmung ge-
legentl[iche]
Dienste)

B 11

---

**e** B: den

ner[8] und Vorstände von parteipolitischen Vereinen, welche diese Tätigkeit – wie es durchaus die
Regel ist – nur im Bedarfsfalle ausüben und weder
materiell noch ideell in *erster* Linie daraus „ihr Leben machen". Ebenso jene Mitglieder von Staatsrä-          5
ten und ähnlichen Beratungskörperschaften, die
nur auf Anfordern in Funktion treten. Ebenso aber
auch ziemlich breite Schichten unserer Parlamentarier, die nur in Zeiten der Session Politik treiben. In
der Vergangenheit finden wir solche Schichten na-          10
mentlich unter den Ständen. „Stände" sollen uns
heißen die eigenberechtigten Besitzer militärischer
oder für die Verwaltung wichtiger sachlicher Betriebsmittel oder persönlicher Herrengewalten. Ein
großer Teil von ihnen war weit davon entfernt, sein          15
Leben ganz oder auch nur vorzugsweise oder mehr
als gelegentlich in den Dienst der Politik zu stellen.
Sie nützten vielmehr ihre Herrenmacht im Interesse der Erzielung von Renten oder auch geradezu
von Profit und wurden politisch, im Dienst des poli-          20
tischen Verbandes, nur tätig, wenn der Herr oder
wenn ihre Standesgenossen dies besonders verlangten. Nicht anders auch ein Teil jener Hilfskräfte,
die der Fürst im Kampf um die Schaffung eines
politischen Eigenbetriebes, der nur ihm zur Verfü-          25
gung stehen sollte, heranzog. Die „Räte von Haus
aus"[9] und, noch weiter zurück, ein erheblicher Teil
der in der „Curia"[10] und den anderen beratenden

---

**8** Die „Vertrauensmänner" bildeten insbesondere auf dem Lande oder in Gebieten, wo
ein Wahlkreis eine große Zahl von Gemeinden umfaßte, das Bindeglied zwischen einer
Partei und ihren Wählern. Die Aufgabe der Vertrauensmänner lag vor allem in der Werbung
für die Partei sowie in der organisatorischen Vorbereitung der Wahlen, wie etwa der
Ausgabe von Wahlzetteln.
**9** Vom späteren Mittelalter bis ins 17. Jahrhundert in einigen deutschen Territorien Bezeichnung für die Mitglieder des fürstlichen Rates, die nicht ständig am Hof des Lan-
desherrn lebten, sondern ihre Dienste von ihrem Haus aus leisteten und am Rat nur
teilnahmen, wenn der Fürst in ihrer Gegend weilte.
**10** Die „curia regis" war eine am jeweiligen Aufenthaltsort des Königs tagende Versammlung, an der sowohl die Großen des Reiches als auch persönliche Berater des Königs und
seine obersten Beamten teilnahmen. Insbesondere im hochmittelalterlichen Frankreich

Körperschaften der Fürsten zusammentretenden
Ratgeber hatten diesen Charakter. Aber mit diesen
nur gelegentlichen oder nebenberuflichen Hilfs-
kräften kam der Fürst natürlich nicht aus. Er mußte
5 sich einen Stab von ganz und ausschließlich seinem
Dienst gewidmeten, also *haupt*beruflichen, Hilfs-
kräften zu schaffen suchen. Davon, woher er diese
nahm, hing zum sehr wesentlichen Teil die Struktur
des entstehenden dynastischen politischen Gebil-
10 des und nicht nur sie, sondern das ganze Gepräge
der betreffenden Kultur ab. Erst recht in die gleiche
Notwendigkeit versetzt waren diejenigen politischen Verbände, welche unter völliger Beseitigung
oder weitgehender Beschränkung der Fürsten-
15 macht sich als (sogenannte) „freie" | Gemeinwesen
politisch konstituierten, – „frei" nicht im Sinne der
Freiheit von gewaltsamer Herrschaft, sondern im
Sinne von: Fehlen der kraft Tradition legitimen
(meist religiös geweihten) Fürstengewalt als aus-
20 schließlicher Quelle aller Autorität. Sie haben geschichtlich ihre Heimstätte durchaus im Okzident,
und ihr Keim war: die Stadt als politischer Verband, als welche sie zuerst im mittelländischen Kul-
turkreis aufgetreten ist. Wie sahen in allen diesen
25 Fällen die „*haupt*beruflichen" Politiker aus?

Es gibt zwei Arten, aus der Politik seinen Beruf
zu machen. Entweder: man lebt „für" die Politik –
oder aber: „von" der Politik. Der Gegensatz ist
keineswegs ein exklusiver. In aller Regel vielmehr
30 tut man, mindestens ideell, meist aber auch materiell, beides: wer „für" die Politik lebt, macht im
*inner*lichen Sinne „sein Leben daraus": er genießt
entweder den nackten Besitz der Macht, die er

*Gewohnheits-*
Pol[itiker]

B 12

2 Arten von Ge-
wohnheits- u[nd]
Dauer- „Politi-
kern".
a) *für* die Pol[itik]
leben
b) *von* der Pol[i-
tik] leben

*Moderner* Berufs-
politiker ist *Partei-*
mann, der für *und*

und England suchten die Könige den Einfluß der Kronvasallen zurückzudrängen, und sie
gingen allmählich dazu über, bestimmte Fragen in einem „engeren Rat" innerhalb der
curia regis zu behandeln, dem nur ihre eigenen Beamten und besonderen Vertrauensleute
angehörten. Damit bahnte sich eine Spezialisierung der Geschäfte und deren Behandlung
durch Sachverständige an.

ausübt, oder er speist sein inneres Gleichgewicht und Selbstgefühl aus dem Bewußtsein, durch Dienst an einer „Sache" seinem Leben einen *Sinn* zu verleihen. In diesem innerlichen Sinn lebt wohl jeder ernste Mensch, der für eine Sache lebt, auch von dieser Sache. Die Unterscheidung bezieht sich also auf eine viel massivere Seite des Sachverhaltes: auf die ökonomische. „Von" der Politik als Beruf lebt, wer danach strebt, daraus eine dauernde *Einnahme*quelle zu machen, – „für" die Politik der, bei dem dies nicht der Fall ist. Damit jemand in diesem ökonomischen Sinn „für" die Politik leben könne, müssen unter der Herrschaft der Privateigentumsordnung einige, wenn Sie wollen, sehr triviale Voraussetzungen vorliegen: er muß – unter normalen Verhältnissen – ökonomisch von den Einnahmen, welche die Politik ihm bringen kann, unabhängig sein. Das heißt ganz einfach: er muß vermögend oder in einer privaten Lebensstellung sein, welche ihm auskömmliche Einkünfte abwirft. So steht es wenigstens unter normalen Verhältnissen. Zwar die Gefolgschaft des Kriegsfürsten fragt ebensowenig nach den Bedingungen normaler Wirtschaft wie die Gefolgschaft des revolutionären Helden der Straße. Beide leben von Beute, Raub, Konfiskationen, Kontributionen, Aufdrängung von wert|losen Zwangszahlungsmitteln: – was dem Wesen nach alles das Gleiche ist. Aber das sind notwendig außeralltägliche Erscheinungen: in der Alltagswirtschaft leistet nur eigenes Vermögen diesen Dienst. Aber damit allein nicht genug: er muß überdies wirtschaftlich „abkömmlich" sein, d. h. seine Einkünfte dürfen nicht davon abhängen, daß er ständig persönlich seine Arbeitskraft und sein Denken voll oder doch weit überwiegend in den Dienst ihres Erwerbes stellt. Abkömmlich in diesem Sinne ist nun am unbedingtesten: der Rentner, derjenige also, der vollkommen arbeitsloses Einkommen, sei es, wie die Grundherren der Vergangenheit, die

B 13

Marginal notes:

– eventuell – *von* der Politik lebt. ideell: macht sein *Leben* daraus materiell: macht seine *Existenz* daraus     5

*Diese „Berufs*pol[itiker]" (Beruf ideell materiell)

10

15

im *Neben*beruf: *Honoratioren*     20

25

30

*Abkömmlichkeit* Erfordernis

35

Grundherr – Rentner

Großgrundbesitzer und die Standesherren der Gegenwart, aus Grundrenten – in der Antike und im
Mittelalter auch Sklaven- oder Hörigenrenten –
oder aus Wertpapier- oder ähnlichen modernen
5 Rentenquellen bezieht. Weder der Arbeiter *noch* – nicht: Unterneh-
was sehr zu beachten ist – der Unternehmer –, auch mer – Arbeiter
*und gerade* der moderne Großunternehmer – ist in
diesem Sinn abkömmlich. Denn auch und *gerade*
der Unternehmer – der gewerbliche sehr viel mehr
10 als, bei dem Saisoncharakter der Landwirtschaft,
der landwirtschaftliche Unternehmer – ist an seinen
Betrieb gebunden und *nicht* abkömmlich. Es ist für
ihn meist sehr schwer, sich auch nur zeitweilig vertreten zu lassen. Ebensowenig ist dies z. B. der
15 Arzt, je hervorragender und beschäftigter er ist, Redakteur-Beam-
desto weniger. Leichter schon, aus rein betriebs- ter – (Gewerk-
technischen Gründen, der Advokat – der deshalb schaft) *Advokat* –
auch als Berufspolitiker eine ungleich größere, oft nicht: Arzt.
eine geradezu beherrschende Rolle gespielt hat. – *Welcher* Typus?
20 Wir wollen diese Kasuistik nicht weiter verfolgen,
sondern wir machen uns einige Konsequenzen klar.
  Die Leitung eines Staates oder einer Partei durch
Leute, welche (im ökonomischen Sinn des Wortes)
ausschließlich für die Politik und nicht von der Poli- Aristokratie lebt
25 tik leben, bedeutet notwendig eine „plutokrati- *für* die Politik
sche“ Rekrutierung der politisch führenden Schich-
ten. Damit ist freilich nicht auch das Umgekehrte
gesagt: daß eine solche plutokratische Leitung auch
zugleich bedeutete, daß die politisch herrschende
30 Schicht *nicht* auch „von“ der Politik zu leben trach-
tete, also ihre politische Herrschaft | nicht auch für B 14
ihre privaten ökonomischen Interessen auszunut-
zen pflegte. Davon ist natürlich gar keine Rede. Es
hat keine Schicht gegeben, die das nicht irgendwie
35 getan hätte. Nur dies bedeutet es: daß die Berufspolitiker nicht unmittelbar *für* ihre politische Leistung Entgelt zu suchen genötigt sind, wie das jeder
Mittellose schlechthin in Anspruch nehmen muß.
Und andrerseits bedeutet es nicht etwa, daß vermö-

genslose Politiker lediglich oder auch nur vornehmlich ihre privatwirtschaftliche Versorgung durch die
Politik im Auge hätten, nicht oder doch nicht vornehmlich „an die Sache" dächten. Nichts wäre un-
richtiger. Dem vermögenden Mann ist die Sorge          5
um die ökonomische „Sekurität" seiner Existenz
erfahrungsgemäß – bewußt oder unbewußt – ein
Kardinalpunkt seiner ganzen Lebensorientierung.
Der ganz rücksichts- und voraussetzungslose politische Idealismus findet sich, wenn nicht ausschließ-          10
lich, so doch wenigstens gerade, bei den infolge
ihrer Vermögenslosigkeit ganz außerhalb der an
der Erhaltung der ökonomischen Ordnung einer
bestimmten Gesellschaft Interessierten[f] stehenden
Schichten: das gilt zumal in außeralltäglichen, also          15
revolutionären, Epochen. Sondern nur dies bedeu-
tet es: daß eine *nicht* plutokratische Rekrutierung
der politischen Interessenten, der Führerschaft und
ihrer Gefolgschaft, an die selbstverständliche Voraussetzung gebunden ist, daß diesen Interessenten          20
aus dem Betrieb der Politik regelmäßige und ver-
läßliche Einnahmen zufließen. Die Politik kann
entweder „ehrenamtlich" und dann von, wie man
zu sagen pflegt, „unabhängigen", d. h. vermögenden Leuten, Rentnern vor allem, geführt werden.          25
Oder aber ihre Führung wird Vermögenslosen zugänglich gemacht, und dann muß sie entgolten werden. Der *von* der Politik lebende Berufspolitiker
kann sein: reiner „Pfründner" oder besoldeter „Beamter". Entweder bezieht er dann Einnahmen aus          30
Gebühren und Sporteln[11] für bestimmte Leistungen – Trinkgelder und Bestechungssummen sind
nur eine regellose und formell illegale Abart dieser
Kategorie von Einkünften –, oder er bezieht ein

*Marginalie (rechts, Zeile 15):* Demokratisierung notwendige Folge: leben *von* der Politik.

---

**f** Fehlt in B. Interessierten sinngemäß ergänzt.

**11** Sporteln hießen seit dem Mittelalter die Gebühren, die für Amtshandlungen zu entrich-
ten waren.

festes Naturaliendeputat oder Geldgehalt, oder
beides nebeneinander. Er kann den Charakter eines „Unternehmers" annehmen, wie der Kondot-
tiere oder der Amts|pächter oder Amtskäufer der
5 Vergangenheit[12] oder wie der amerikanische
Boss,[13] der seine Unkosten wie eine Kapitalanlage
ansieht, die er durch Ausnutzung seines Einflusses
Ertrag bringen läßt. Oder er kann einen festen
Lohn beziehen, wie ein Redakteur oder Parteise-
10 kretär oder ein moderner Minister oder politischer
Beamter. In der Vergangenheit waren Lehen, Bo-
denschenkungen, Pfründen aller Art, mit Entwicklung der Geldwirtschaft aber besonders Sportel-
pfründen der typische Entgelt von Fürsten, siegrei-
15 chen Eroberern oder erfolgreichen Parteihäuptern
für ihre Gefolgschaft; heute sind es Ämter aller Art
in Parteien, Zeitungen, Genossenschaften, Kran-
kenkassen, Gemeinden und Staaten, welche von
den Parteiführern für treue Dienste vergeben wer-
20 den. *Alle* Parteikämpfe sind nicht nur Kämpfe um
sachliche Ziele, sondern vor allem auch: um Ämterpatronage. Alle Kämpfe zwischen partikularisti-
schen und zentralistischen Bestrebungen in
Deutschland drehen sich vor allem auch darum,
25 welche Gewalten, ob die Berliner oder die Münchener, Karlsruher, Dresdener, die Ämterpatronage
in der Hand haben. Zurücksetzungen in der Anteil-
nahme an den Ämtern werden von Parteien schwerer empfunden als Zuwiderhandlungen gegen ihre
30 sachlichen Ziele. Ein parteipolitischer Präfekten-
schub[14] in Frankreich galt immer als eine größere

B 15

---

**12** Im 17. und 18. Jahrhundert war das System des „Ämterhandels" als Verkauf von
Ämtern unter Privatleuten sowie das der „Ämterkäuflichkeit" als staatlich organisierter und
institutionalisierter Handel mit Ämtern in weiten Teilen Europas verbreitet.
**13** Zur Figur und Funktion des „boss" vgl. Webers eigene Ausführungen, unten, S. 215 ff.
**14** Im Zuge der Verwaltungsreformen der Französischen Revolution war Frankreich in
eine Vielzahl von Départements unterteilt worden. An die Spitze der Départements traten
die Präfekten, die von der Zentralregierung vor allem nach ihrer politischen Zuverlässigkeit
ausgewählt wurden. Sie sollten nicht nur für die Einhaltung der Gesetze sorgen, sondern

Umwälzung und erregte mehr Lärm als eine Modifikation des Regierungsprogramms, welches fast rein phraseologische Bedeutung hatte. Manche Parteien, so namentlich die in Amerika, sind seit dem Schwinden der alten Gegensätze über die Auslegung der Verfassung reine Stellenjägerparteien, welche ihr sachliches Programm je nach den Chancen des Stimmenfangs abändern. In Spanien wechselten bis in die letzten Jahre in Gestalt der von obenher fabrizierten „Wahlen" die beiden großen Parteien in konventionell feststehendem Turnus ab,[15] um ihre Gefolgschaft in Ämtern zu versorgen. In den spanischen Kolonialgebieten handelt es sich sowohl bei den sogenannten „Wahlen" wie den sogenannten „Revolutionen" stets um die Staatskrippe, an der die Sieger gefüttert zu werden wünschen.[16] In der Schweiz repartieren die Parteien im

auch die lokalen Verhältnisse im Sinne der offiziellen Regierungspolitik kontrollieren und beeinflussen. Deshalb waren die Präfekten von einer Veränderung der Machtverhältnisse in der Zentrale in besonderem Maße betroffen; so wurden beispielsweise im September 1870 alle Präfekten, die unter Napoléon III. im Zweiten Kaiserreich berufen worden waren, abgelöst. Max Weber spielt hier vermutlich auf die „Präfektenschübe" in der Dritten Republik an; nach den Wahlen von 1898 wurde beispielsweise mehr als ein Drittel aller Präfekten ausgewechselt. Vor allem in der regionalen Presse wurden die Möglichkeit eines Präfektenschubs und dessen Folgen für das jeweilige Département ausführlich kommentiert.

**15** Max Weber spielt hier auf das nach der Restauration der Bourbonenherrschaft in Spanien zwischen dem Führer der Liberal-Konservativen Antonio Cánovas de Castillo (1828—1897) und dem der Liberalen Don Práxedes Mateo Sagasta (1827—1903) ausgehandelte System des „turno pacífico" an, wonach sich liberal-konservative und liberale Kabinette in steter Folge abwechselten. Ermöglicht wurde dieses System dadurch, daß die Krone in aller Regel Minderheitenkabinette ernannte, die sich anschließend über Neuwahlen eine Parlamentsmehrheit beschafften. Diese wurde dann sowohl durch Fälschung von Wählerstimmen als auch durch die Steuerung des Wählerverhaltens mit Hilfe örtlicher Parteiführer, den „caciques", erreicht, in deren Händen die Amtspatronage auf lokaler Ebene lag.

**16** Gemeint sind offenbar nicht die 1919 noch in spanischem Besitz befindlichen Reste des ehemaligen spanischen Kolonialreichs, sondern die Nachfolgestaaten in Mittel- und Südamerika und in der Karibik, insbesondere Kolumbien, Venezuela und Kuba. Hier kam es im 19. und frühen 20. Jahrhundert zu einer nicht abreißenden Folge von Revolutionen, die, auch wenn sie demokratische Verhältnisse wiederherzustellen vorgaben, faktisch nur auf die Auswechselung schmaler Führungscliquen durch andere hinausliefen, die sämtlich den Staat in erster Linie als Mittel zur persönlichen Bereicherung betrachteten.

Wege des Proporzes die Ämter friedlich unter|ein-
ander,[17] und manche unserer „revolutionären"
Verfassungsentwürfe, so z. B. der erste für Baden
aufgestellte, wollte dies System auf die Minister-
5 stellen ausdehnen[18] und behandelte so den Staat
und seine Ämter als reine Pfründnerversorgungs-
anstalt. Vor allem die Zentrumspartei begeisterte
sich dafür und machte in Baden die proportionale
Verteilung der Ämter nach Konfessionen, also oh-
10 ne Rücksicht auf die Leistung, sogar zu einem Pro-
grammpunkt.[19] Mit steigender Zahl der Ämter infolge der allgemeinen Bureaukratisierung und stei-
gendem Begehr nach ihnen als einer Form spezifisch *gesicherter* Versorgung steigt für alle Parteien
15 diese Tendenz und werden sie für ihre Gefolgschaft
immer mehr Mittel zum Zweck, derart versorgt zu
werden.

Dem steht nun aber gegenüber die Entwicklung
des modernen Beamtentums zu einer spezialistisch
20 durch langjährige Vorbildung fachgeschulten hoch-
qualifizierten geistigen Arbeiterschaft mit einer im
Interesse der Integrität hochentwickelten ständischen *Ehre*, ohne welche die Gefahr furchtbarer

---

**17** Gegen Ende des 19. Jahrhunderts ging in einigen Kantonen der Schweiz die jeweilige
Mehrheitspartei zum Prinzip des „freiwilligen Proporzes" über, indem sie den Opposi-
tionsparteien Sitze in der Exekutive überließ und diese damit an der Regierung beteiligte.
**18** Gemeint ist der von dem sozialdemokratischen Karlsruher Stadtrat Eduard Dietz
(1866–1940) Ende 1918 vorgelegte Verfassungsentwurf, in dem die Zusammensetzung
des Staatsministeriums dergestalt geregelt war, „daß alle Parteien oder Gruppen von
Abgeordneten, welche allein oder zusammen mindestens $\frac{1}{7}$ der Landtagssitze umfassen,
für jedes volle $\frac{1}{7}$ je ein Mitglied des Staatsministeriums benennen." Entwurf einer neuen
badischen Verfassung. Von Stadtrat Dr. Dietz in Karlsruhe. Sonderabdruck aus dem
Karlsruher „Volksfreund". – Karlsruhe: Geck 1919, § 60, S. 78.
**19** Ob die badische Zentrumspartei als Reaktion auf den Verfassungsentwurf von Eduard
Dietz (siehe Anm. 18) die Forderung einer Besetzung der Staatsämter nach konfessionel-
lem Proporz aufgestellt hat, ist nicht bekannt. Allerdings war die Forderung nach „gleich-
mäßiger Berücksichtigung der Angehörigen und Anstalten der verschiedenen Glaubens-
bekenntnisse auf allen Gebieten des öffentlichen Lebens" bereits in den Mitte Dezember
1918 von Vertretern des rheinisch-westfälischen und des Berliner Zentrums aufgestellten
„Leitsätzen für die Politik des neuen Zentrums" enthalten. Vgl. dazu Morsey, Rudolf, Die
deutsche Zentrumspartei 1917–1923. – Düsseldorf: Droste 1966, S. 128ff.

Korruption und gemeinen Banausentums als
Schicksal über uns schweben und auch die rein technische Leistung des Staatsapparates bedrohen würde, dessen Bedeutung für die Wirtschaft, zumal mit
zunehmender Sozialisierung, stetig gestiegen ist                    5
und weiter steigen wird. Die Dilettantenverwaltung
durch Beutepolitiker, welche in den Vereinigten
Staaten Hunderttausende von Beamten, bis zum
Postboten hinunter, je nach dem Ausfall der Präsidentenwahl, wechseln ließ und den lebenslängli                    10
chen Berufsbeamten nicht kannte, ist längst durch
die Civil Service Reform durchlöchert.[20] Rein tech       Notwendigkeit genische, unabweisliche, Bedürfnisse der Verwaltung          schulten *Fach*bebedingen diese Entwicklung. In Europa ist das ar          amtentums zufolge Art der *Verwal-*
beitsteilige Fachbeamtentum in einer Entwicklung           *tungs*aufgaben
von einem halben Jahrtausend allmählich entstan                    15
den. Die italienischen Städte und Signorien machten den Anfang; von den Monarchien die normannischen Eroberstaaten. Bei den *Finanzen* der
Fürsten geschah der entscheidende Schritt. Bei den
Verwaltungsreformen des Kaisers Max kann man                       20
sehen, wie schwer selbst unter dem Druck der äu
ßersten Not und Türkenherrschaft[21] es den Beamten gelang, auf diesem Gebiet, welches ja den |
B 17   Dilettantismus eines Herrschers, der damals noch            25
vor allem: ein Ritter war, am wenigsten vertrug,
den Fürsten zu depossedieren.[22] Die Entwicklung

---

**20** Mit der „Civil Service Reform" (sog. Pendleton Act) von 1883 begann der Übergang
vom herkömmlichen „spoils system" (vgl. oben, S. 163, Anm. 5) zum „merit system",
womit die Grundlage für die Entstehung eines Berufsbeamtentums in den Vereinigten
Staaten geschaffen wurde. Zahlreiche Stellen im öffentlichen Dienst wurden nurmehr
aufgrund von Eignungsprüfungen besetzt, und die erfolgreichen Bewerber besaßen dann
den hervorgehobenen Status eines civil servant. Anfänglich erstreckte sich das „merit"-
System aber nur auf rund ein Zehntel aller im Bundesdienst Beschäftigten.
**21** Gemeint ist die kriegerische Expansion des Osmanischen Reiches, die gegen Ende
des 15. Jahrhunderts über den Balkan hinaus auf Teile Ungarns und zeitweise auch auf die
österreichischen Erblande übergriff und die als gesamteuropäische Gefahr empfunden
wurde.
**22** Max Weber spielt hier auf die von Kaiser Maximilian in den habsburgischen Erblanden
geschaffenen kollegialen Finanzbehörden an, deren Effizienz der Kaiser selbst jedoch
durch ständige eigenmächtige Eingriffe schwächte.

der Kriegstechnik bedingte den Fachoffizier, die
Verfeinerung des Rechtsganges den geschulten Juristen. Auf diesen drei Gebieten siegte das Fachbeamtentum in den entwickelteren Staaten endgültig
5 im 16. Jahrhundert. Damit war gleichzeitig mit dem
Aufstieg des Absolutismus der Fürsten gegenüber
den Ständen die allmähliche Abdankung seiner
Selbstherrschaft an die Fachbeamten, durch die
ihm jener Sieg über die Stände erst ermöglicht wur-
10 de, eingeleitet.
  Gleichzeitig mit dem Aufstieg des fachgeschulten
*Beamtentums* vollzog sich auch – wennschon in weit
unmerklicheren Übergängen – die Entwicklung der
„leitenden *Politiker*". Von jeher und in aller Welt
15 hatte es, selbstverständlich, solche tatsächlich maßgeblichen Berater der Fürsten gegeben. Im Orient
hat das Bedürfnis, den Sultan von der persönlichen
Verantwortung für den Erfolg der Regierung möglichst zu entlasten, die typische Figur des „Großwe-
20 sirs"[23] geschaffen. Im Abendland wurde die Diplomatie, vor allem unter dem Einfluß der in diplomatischen Fachkreisen mit leidenschaftlichem Eifer
gelesenen venezianischen Gesandtschaftsberichte,[24] im Zeitalter Karls V. – der Zeit Macchiavellis –
25 zuerst eine *bewußt* gepflegte Kunst, deren meist
humanistisch gebildete Adepten sich untereinander
als eine geschulte Schicht von Eingeweihten behan-

---

**23** Das Amt des Wesirs wurde in den islamischen Ländern in der Mitte des 8. Jahrhunderts n. Chr. von den Kalifen eingeführt. Die Wesire standen an der Spitze der Verwaltung
und sollten in der Öffentlichkeit als Stellvertreter des Kalifen auftreten. Im Osmanischen
Reich entstand im 14. Jahrhundert das Amt des Großwesirs, der die anderen Wesire auf
den Rang von reinen Hofbeamten, die er selbst ernannte, hinabdrückte. Allein der Groß-
wesir durfte das Siegel des Sultans führen, und er übte als dessen offizieller Vertreter in
allen Zweigen der Verwaltung zeitweise die eigentliche Herrschaft aus.
**24** Gemeint sind die umfangreichen Depeschen und Berichte, die die venezianischen
Diplomaten bei ihrer Heimkehr der Signorie vortrugen. Diese Gesandtschaftsberichte
wurden zunächst archiviert und später vielfach in allgemeinen Quellensammlungen veröffentlicht. Sie dienten vor allem dazu, die venezianische Oberschicht politisch zu erziehen.
Vgl. dazu u. a. Andreas, Willy, Staatskunst und Diplomatie der Venezianer im Spiegel ihrer
Gesandtenberichte. – Leipzig: Köhler & Amelang 1943.

delten, ähnlich den humanistischen chinesischen
Staatsmännern der letzten Teilstaatenzeit.[25] Die
Notwendigkeit einer formell einheitlichen Leitung
der *gesamten* Politik, einschließlich der inneren,
durch einen führenden Staatsmann entstand end-   5
gültig und zwingend erst durch die konstitutionelle
Entwicklung. Bis dahin hatte es zwar selbstverständlich solche Einzelpersönlichkeiten als Berater
oder vielmehr – der Sache nach – Leiter der Fürsten
immer wieder gegeben. Aber die Organisation der   10
Behörden war zunächst, auch in den am weitesten
vorgeschrittenen Staaten, andere Wege gegangen.
*Kollegiale* höchste Verwaltungsbehörden waren
entstanden. Der Theorie und, in allmählich abneh-
mendem Maße, der Tatsache nach tagten sie unter   15
B 18 dem Vorsitz des Fürsten persön|lich, der die Ent-
scheidung gab. Durch dieses kollegialische System,
welches zu Gutachten, Gegengutachten und motivierten Voten der Mehrheit und Minderheit führte[,] und ferner dadurch, daß er neben den offiziel-   20
len höchsten Behörden sich mit rein persönlichen
Vertrauten – dem „Kabinett" – umgab und durch
diese seine Entscheidungen auf die Beschlüsse des
Staatsrats – oder wie die höchste Staatsbehörde
sonst hieß – abgab, suchte der Fürst, der zuneh-   25
mend in die Lage eines Dilettanten geriet, dem
unvermeidlich wachsenden Gewicht der Fachschulung der Beamten sich zu entziehen und die oberste
Leitung in der Hand zu behalten: dieser latente
Kampf zwischen dem Fachbeamtentum und der   30
Selbstherrschaft bestand überall. Erst gegenüber
den Parlamenten und den Machtaspirationen ihrer
Parteiführer änderte sich die Lage. Sehr verschie-

---

**25** Max Weber spielt hier vermutlich auf die Zeit von 770–221 v. Chr., insbesondere auf
die Epoche der „kämpfenden Staaten" (475–221 v. Chr.), an. Ein prägnantes Beispiel für
die Bedeutung der literarischen Bildung als Amtsqualifikation ist Shang Yang (ca.
390–338 v. Chr.), der als Berater und Minister des Fürsten Hsiao von Ch'in die Verwaltung
reformierte.

den gelagerte Bedingungen führten doch zu dem
äußerlich gleichen Ergebnis. Freilich mit gewissen
Unterschieden. Wo immer die Dynastien reale
Macht in der Hand behielten – wie namentlich in
5 Deutschland –, waren nun die Interessen des Fürsten mit denen des Beamtentums solidarisch verknüpft *gegen* das Parlament und seine Machtan-
sprüche. Die Beamten hatten das Interesse daran,
daß auch die leitenden Stellen, also die Ministerpo-
10 sten, aus ihren Reihen besetzt, also Gegenstände
des Beamtenavancements, wurden. Der Monarch
seinerseits hatte das Interesse daran, die Minister
nach seinem Ermessen und aus den Reihen der ihm
ergebenen Beamten ernennen zu können. Beide
15 Teile aber waren daran interessiert, daß die politische Leitung dem Parlament einheitlich und geschlossen gegenübertrat, also: das Kollegialsystem
durch einen einheitlichen Kabinettschef ersetzt
wurde. Der Monarch bedurfte überdies, schon um
20 dem Parteikampf und den Parteiangriffen rein formell enthoben zu bleiben, einer ihn deckenden verantwortlichen, das heißt: dem Parlament Rede stehenden und ihm entgegentretenden, mit den Parteien verhandelnden Einzelpersönlichkeit. Alle
25 diese Interessen wirkten hier zusammen in der gleichen Richtung: ein einheitlich führender Beamten-
minister entstand. Noch stärker wirkte in der Richtung der Vereinheitlichung die Entwicklung der
Parlamentsmacht da, | wo sie – wie in England – die
30 Oberhand gegenüber dem Monarchen gewann.
Hier entwickelte sich das „Kabinett" mit dem einheitlichen Parlamentsführer, dem „Leader", an der
Spitze,[26] als ein Ausschuß der von den offiziellen

B 19

26 Im Zuge der schrittweisen Durchsetzung des parlamentarischen Systems entstand im
19. Jahrhundert das Amt des „Leader of the House of Commons". Dieses Amt wurde in
aller Regel vom Premierminister – sofern er dem Unterhaus angehörte – selbst wahrgenommen. Dem „Leader of the House of Commons" oblag die Koordinierung des legislato-
rischen Programms, und in dieser Funktion besaß er maßgebenden Einfluß auf den Gang
der parlamentarischen Beratungen.

Gesetzen ignorierten, tatsächlich aber allein politisch entscheidenden Macht: der jeweils im Besitz
der Mehrheit befindlichen *Partei*. Die offiziellen
kollegialen Körperschaften waren eben als solche
keine Organe der wirklich herrschenden Macht:
der Partei, und konnten also nicht Träger der wirklichen Regierung sein. Eine herrschende Partei bedurfte vielmehr, um im Innern die Gewalt zu behaupten und nach außen große Politik treiben zu
können, eines schlagkräftigen, nur aus ihren wirklich führenden Männern zusammengesetzten, ver-
traulich verhandelnden Organes: eben des Kabinetts, der Öffentlichkeit, vor allem der parlamentarischen Öffentlichkeit gegenüber aber eines für alle
Entschließungen verantwortlichen Führers: des
Kabinettschefs. Dies englische System ist dann in
Gestalt der parlamentarischen Ministerien auf den
Kontinent übernommen worden, und nur in Amerika und den von da aus beeinflußten Demokratien
wurde ihm ein ganz heterogenes System gegen-
übergestellt, welches den erkorenen Führer der sie-
genden Partei durch direkte Volkswahl[27] an die
Spitze des von ihm ernannten Beamtenapparates
stellte und ihn nur in Budget und Gesetzgebung an
die Zustimmung des Parlamentes band.

Die Entwicklung der Politik zu einem „Betrieb",
der eine Schulung im Kampf um die Macht und in
dessen Methoden erforderte, so wie sie das moderne Parteiwesen entwickelte, bedingte nun die
Scheidung der öffentlichen Funktionäre in zwei,
allerdings keineswegs schroff, aber doch deutlich
geschiedene Kategorien: Fachbeamte einerseits,
„politische Beamte" anderseits. Die im eigentlichen Wortsinn „politischen" Beamten sind äußerlich in der Regel daran kenntlich, daß sie jederzeit

**27** Der Präsident der USA wird zwar von einem Wahlmännerkollegium („Electoral Col-
lege") gewählt, doch sind die Wahlmänner bei ihrer Stimmabgabe in aller Regel an den bei
der vorhergehenden allgemeinen Wahl formulierten Wählerwillen gebunden.

beliebig versetzt und entlassen oder doch „zur Disposition gestellt" werden können, wie die französischen Präfekten[28] und die ihnen gleichartigen Beamten anderer Länder, im schroffsten Gegensatz
5 gegen die „Unabhängigkeit" der Beamten mit rich-
terlicher Funktion. In England gehören jene Beam-
ten | dazu, die nach fester Konvention bei einem      B 20
Wechsel der Parlamentsmehrheit und also des Kabinetts aus den Ämtern scheiden. Besonders dieje-
10 nigen pflegen dahin zu rechnen, deren Kompetenz
die Besorgung der allgemeinen „inneren Verwaltung" umfaßt; und der „politische" Bestandteil daran ist vor allem die Aufgabe der Erhaltung der
„Ordnung" im Lande, also: der bestehenden Herr-
15 schaftsverhältnisse. In Preußen hatten diese Beamten nach dem Puttkamerschen Erlaß,[29] bei Vermeidung der Maßregelung, die Pflicht, „die Politik der
Regierung zu vertreten", und wurden, ebenso wie
in Frankreich die Präfekten, als amtlicher Apparat
20 zur Beeinflussung der Wahlen benutzt. Die meisten
„politischen" Beamten teilten zwar nach deut-
schem System – im Gegensatz zu anderen Ländern
– die Qualität aller anderen insofern, als die Erlan-
gung auch dieser Ämter an akademisches Studium,
25 Fachprüfungen und einen bestimmten Vorberei-
tungsdienst gebunden war. Dieses spezifische

---

**28** Vgl. dazu oben, S. 173 f., Anm. 14.
**29** Der preußische Minister des Innern Robert von Puttkamer bemühte sich seit 1879, die
liberalen Elemente aus der preußischen Beamtenschaft zu eliminieren und diese auf eine
bedingungslose Loyalität gegenüber der Regierung einzuschwören. Höhepunkt dieser
Entwicklung war der von Bismarck gegengezeichnete, aber mit dem Namen Puttkamers
verbundene Erlaß Wilhelms I. vom 4. Januar 1882 an die preußische Beamtenschaft. Die
entsprechende Passage lautet: „Es ist die Aufgabe Meiner Minister, Meine verfassungs-
mäßigen Rechte durch Verwahrung gegen Zweifel und Verdunkelung zu vertreten; das
Gleiche erwarte Ich von allen Beamten, welche Mir den Amtseid geleistet haben. Mir liegt
es fern, die Freiheit der Wahlen zu beeinträchtigen, aber für diejenigen Beamten, welche
mit der Ausführung Meiner Regierungsakte betraut sind und deshalb ihres Dienstes nach
dem Disziplinargesetz enthoben werden können, erstreckt sich die durch den Diensteid
beschworene Pflicht auf Vertretung der Politik Meiner Regierung auch bei den Wahlen."
Vgl. Huber, Ernst Rudolf (Hg.), Dokumente zur Deutschen Verfassungsgeschichte,
Band 2. – Stuttgart: W. Kohlhammer 1964, Nr. 220, S. 307.

Merkmal des modernen Fachbeamtentums fehlt
bei uns nur den Chefs des politischen Apparates:
den Ministern. Preußischer Kultusminister konnte
man schon unter dem alten Regime sein, ohne
selbst jemals eine höhere Unterrichtsanstalt be-          5
sucht zu haben, während man Vortragender Rat
grundsätzlich nur auf Grund der vorgeschriebenen
Prüfungen werden konnte. Der fachgeschulte De-
zernent und Vortragende Rat war selbstverständlich – z. B. unter Althoff im preußischen Unter-          10
richtsministerium³⁰ – unendlich viel informierter
über die eigentlichen technischen Probleme des
Faches als sein Chef. In England stand es damit
nicht anders. Er war infolgedessen auch für alle
Alltagsbedürfnisse der Mächtigere. Das war auch       15
nichts an sich Widersinniges. Der Minister war
eben der Repräsentant der *politischen* Machtkon-
stellation, hatte diese politischen Maßstäbe zu vertreten und an die Vorschläge seiner unterstellten
Fachbeamten anzulegen oder ihnen die entspre-        20
chenden Direktiven politischer Art zu geben.

   Ganz ähnlich steht es ja in einem privaten Wirtschaftsbetrieb: der eigentliche „Souverän", die Ak-
tionärversammlung, ist in der Betriebsführung
B 21 ebenso einflußlos wie ein von Fach|beamten regier-     25
tes „Volk", und die für die Politik des Betriebes
ausschlaggebenden Persönlichkeiten, der von Banken beherrschte „Aufsichtsrat", geben nur die wirtschaftlichen Direktiven und leseng die Persönlichkeiten für die Verwaltung aus, ohne aber selbst        30

---

**g** B: liest

**30** Friedrich Althoff, zunächst Vortragender Rat, später Ministerialdirektor im Preußischen Kultusministerium, prägte als Leiter der Hochschulabteilung unter fünf Kultusministern das preußische und auch deutsche Hochschulwesen einschließlich der Berufung von Professoren, so daß für seine Amtszeit von 1882 bis 1907 sogar von einem „System Althoff" gesprochen werden kann. Vgl. dazu Brocke, Bernhard vom, Hochschul- und Wissenschaftspolitik in Preußen und im Deutschen Kaiserreich 1882–1907: das „System Althoff", in: Bildungspolitik in Preußen zur Zeit des Kaiserreichs, hg. von Peter Baumgart. – Stuttgart: Klett-Cotta 1980, S. 9–118.

imstande zu sein, den Betrieb technisch zu leiten.
Insofern bedeutet auch die jetzige Struktur des Re-
volutionsstaates, welcher absoluten Dilettanten,
kraft ihrer Verfügung über die Maschinengewehre,
5 die Macht über die Verwaltung in die Hand gibt und
die fachgeschulten Beamten nur als ausführende
Köpfe und Hände benutzen möchte,[31] keine grundsätzliche Neuerung. Die Schwierigkeiten dieses jetzigen Systems liegen anderswo als darin, sollen uns
10 aber heute nichts angehen. –
Wir fragen vielmehr nun nach der typischen Eigenart der Berufspolitiker, sowohl der „Führer"
wie ihrer Gefolgschaft. Sie hat gewechselt und ist
auch heute sehr verschieden.

15 „Berufspolitiker" haben sich in der Vergangen-        *Berufs*politiker:
heit, wie wir sahen, im Kampf der Fürsten mit den
Ständen entwickelt im Dienst der ersteren. Sehen
wir uns ihre Haupttypen kurz an.
Gegen die Stände stützte sich der Fürst auf poli-        1. Cleriker – in der
20 tisch verwertbare Schichten nichtständischen Cha-        ganzen Welt!
rakters. Dahin gehörten in Vorder- und Hinterin-        cf Indien
dien, im buddhistischen China und Japan und in der
lamaistischen Mongolei ganz ebenso wie in den
christlichen Gebieten des Mittelalters zunächst: die
25 Kleriker. Technisch deshalb, weil sie schriftkundig
waren. Überall ist der Import von Brahmanen,[32]        Buddhisten
buddhistischen Priestern, Lamas[33] und die Ver-        Brahmanen
wendung von Bischöfen und Priestern als politische        christl[icher]
Berater unter dem Gesichtspunkt erfolgt, schreib-        Clerus

---

**31** Anspielung auf die Tatsache, daß die Arbeiter- und Soldatenräte während der Revolution 1918/19 weithin die bisherigen Verwaltungsbehörden bestehen ließen und zur
Durchsetzung ihrer Ziele zu benutzen suchten. In der Regel entsandten die Arbeiter- und
Soldatenräte Vertrauensleute in die Behörden, die die laufenden Geschäfte kontrollieren
sollten, ohne direkt in deren Gang einzugreifen.
**32** Als Priester und Schriftgelehrte bilden die Brahmanen in der klassischen Vierkasten-
ordnung Indiens die oberste Kaste, doch wird diese Stellung bisweilen angefochten.
**33** Bezeichnung für die Vollmönche im tibetischen Buddhismus, die in Klöstern lebten.
Dabei bildeten die Klöster in Tibet nicht nur die religiösen, sondern auch die wirtschaftlichen und politischen Machtzentren des Landes.

kundige Verwaltungskräfte zu bekommen, die im
Kampf des Kaisers oder Fürsten oder Khans gegen
die Aristokratie verwertet werden konnten. Der
Kleriker, zumal der zölibatäre Kleriker, stand außerhalb des Getriebes der normalen politischen          5
und ökonomischen Interessen und kam nicht in
Versuchung, für seine Nachfahren eigene politische
Macht gegenüber seinem Herrn zu erstreben, wie
es der Lehnsmann tat. Er war von den Betriebsmitteln der fürstlichen Verwaltung durch seine eigenen    10
ständischen Qualitäten „getrennt".

Eine zweite derartige Schicht waren die humani-    3. *Humanisten* in
B 22 stisch ge|bildeten Literaten. Es gab eine Zeit, wo    D[eutschland]
man lateinische Reden und griechische Verse ma-    u[nd] Italien,
chen lernte, zu dem Zwecke, politischer Berater    Frankreich
und vor allen Dingen politischer Denkschriftenver-    15
fasser eines Fürsten zu werden. Das war die Zeit
der ersten Blüte der Humanistenschulen und der
fürstlichen Stiftungen von Professuren der „Poe-
tik":[34] bei uns eine schnell vorübergehende Epo-    20
che, die immerhin auf unser Schulwesen nachhaltig
eingewirkt hat, politisch freilich keine tieferen Folgen hatte. Anders in Ostasien. Der chinesische    cf. China
Mandarin ist oder vielmehr: war ursprünglich annähernd das, was der Humanist unserer Renaissance-    25
zeit war: ein humanistisch an den Sprachdenkmä-
lern der fernen Vergangenheit geschulter und ge-
prüfter Literat. Wenn Sie die Tagebücher des Li-
Hung-Tschang lesen, finden Sie, daß noch er am
meisten stolz darauf ist, daß er Gedichte machte    30
und ein guter Kalligraph war.[35] Diese Schicht mit

---

**34** Mit Hilfe fürstlicher Mäzene wurden in Italien im 15. Jahrhundert zahlreiche Akademien
gegründet, in denen die Humanisten, die an den traditionellen Universitäten kaum Möglichkeiten zur Entfaltung fanden, ihren wissenschaftlichen Arbeiten, insbesondere ihrer
Beschäftigung mit Autoren der Antike, nachgehen konnten. Nach diesem Modell gründete
beispielsweise Kaiser Maximilian im Jahre 1501 in Wien das „Collegium poetarum".
**35** Memoiren des Vizekönigs Li Hung Tschang. Ins Deutsche übertragen von Gräfin M.
vom Hagen. – Berlin: Karl Siegismund 1915. Darin sind zahlreiche poetische Schriften Li
Hung-changs abgedruckt. Den Memoiren zufolge soll Li Hung-chang es als den Traum
seiner Jugend bezeichnet haben, der „gekrönte Dichter" seines Landes zu werden. Ebd.,

ihren an der chinesischen Antike entwickelten
Konventionen hat das ganze Schicksal Chinas bestimmt, und ähnlich wäre vielleicht unser Schicksal
gewesen, wenn die Humanisten seinerzeit die ge-
5 ringste Chance gehabt hätten, mit gleichem Erfolge
sich durchzusetzen.

Die dritte Schicht war: der Hofadel. Nachdem es     4. *Hof*adel
den Fürsten gelungen war, den Adel in seiner ständischen politischen Macht zu enteignen, zogen sie
10 ihn an den Hof und verwendeten ihn im politischen
und diplomatischen Dienst. Der Umschwung unseres Erziehungswesens im 17. Jahrhundert war mit
dadurch bedingt, daß an Stelle der humanistischen
Literaten hofadelige Berufspolitiker in den Dienst
15 der Fürsten traten.

Die vierte Kategorie war ein spezifisch englisches     5. *Patriziat*:
Gebilde; ein den Kleinadel und das städtische     [„]Gentry" in Eng-
Rentnertum umfassendes Patriziat, technisch „gen-     land
try" genannt: – eine Schicht, die ursprünglich der
20 Fürst gegen die Barone heranzog und in den Besitz
der Ämter des „selfgovernment" setzte,[36] um später zunehmend von ihr abhängig zu werden. Sie
hielt sich im Besitz der sämtlichen Ämter der lokalen Verwaltung, indem sie dieselben gratis über-
25 nahm im Interesse ihrer eigenen sozialen Macht.
Sie hat England vor der Bureaukratisierung be-
wahrt, die das Schicksal sämtlicher Kontinen-
talstaaten war. |

Eine fünfte Schicht war dem Okzident, vor allem     2. *Juristen*[-]Stand     B 23
30 auf dem europäischen Kontinent, eigentümlich und     – dies *occidental*,
                                                     *nur* dort.

S. 149 f. Vermutlich sind die zunächst in den USA publizierten Memoiren jedoch eine
Fälschung. Siehe dazu Trevor-Roper, Hugh, The Hermit of Peking. The Hidden Life of Sir
Edmund Backhouse. – London: Macmillan 1979, S. 236.
**36** Das englische System des „selfgovernment" überließ die öffentlichen Aufgaben auf
den unteren Ebenen der staatlichen Ordnung traditionsgemäß in weitem Umfang Angehörigen des lokalen Adels, die überwiegend ehrenamtlich tätig waren. Insbesondere das Amt
des Justice of the Peace (vgl. unten, S. 210, Anm. 85) und das des Guardian of the Poor
wurden in aller Regel von Angehörigen der sog. Gentry, d. h. des niederen, bodenständi-
gen Adels, ausgeübt.

war für dessen ganze politische Struktur von aus-
schlaggebender Bedeutung: die universitätsge-
schulten Juristen. Die gewaltige Nachwirkung des
römischen Rechts, wie es der bureaukratische spät-
römische Staat umgebildet hatte, tritt in nichts                    5
deutlicher hervor als darin: daß überall die Revolu-
tionierung des politischen Betriebs im Sinne der
Entwicklung zum rationalen Staat von geschulten
Juristen getragen wurde. Auch in England, obwohl
dort die großen nationalen Juristenzünfte die Re-                  10
zeption des römischen Rechts hinderten.[37] Man fin-
det in keinem Gebiet der Erde dazu irgendeine
Analogie. Alle Ansätze rationalen juristischen
Denkens in der indischen Mimamsa-Schule[38] und
alle Weiterpflege des antiken juristischen Denkens                 15
im Islam haben die Überwucherung des rationalen
Rechtsdenkens durch theologische Denkformen
nicht hindern können. Vor allem wurde das Prozeß-
verfahren nicht voll rationalisiert. Das hat nur die
Übernahme der antik römischen Jurisprudenz, des                    20
Produkts eines aus dem Stadtstaat zur Weltherr-
schaft aufsteigenden politischen Gebildes ganz ein-
zigartigen Charakters, durch die italienischen Juristen zuwege gebracht, der „Usus modernus" der
spätmittelalterlichen Pandektisten und Kanoni-                     25
sten[39] und die aus juristischem und christlichem

---

**37** Der englische Juristenstand, schon zu Beginn des 13. Jahrhunderts auf einem vergleichsweise hohen Organisationsniveau, verteidigte das von ihm praktizierte „common
law" erfolgreich gegen den Einfluß des Römischen Rechts und bestimmte mit den von ihm
beherrschten Rechtsschulen, wie den Londoner Inns of Court, in diesem Sinne maßgeblich die Rechtsentwicklung Englands.
**38** Philosophische Lehre, die sich mit der Erörterung der heiligen Texte des Veda,
insbesondere mit der Auslegung ihrer rituellen Vorschriften, befaßt. Die auf Klarheit und
Folgerichtigkeit angelegte Interpretationskunst der Mīmāṃsakas wurde in Indien etwa
auch für die Analyse juristischer Sachverhalte beispielhaft.
**39** Die Pandekten sind Teil der Justinianischen Rechtssammlung aus dem 6. Jahrhundert
n. Chr., die mit der Rezeption des Römischen Rechts auch in den deutschen Territorien
allgemein Geltung erlangte. Zu Beginn des 17. Jahrhunderts begann sich eine Richtung
innerhalb der deutschen Rechtswissenschaft zu entwickeln, die sich durch einen freieren
Umgang mit den römisch-rechtlichen Quellen auszeichnete. An dieser Entwicklung waren
auch Kirchenrechtslehrer beteiligt. Diese Periode einer zeitgemäßen Praxis des Römi-

Denken geborenen und später säkularisierten Na-
turrechtstheorien. Im italienischen Podestat,[40] in     Podestat in Italien
den französischen Königsjuristen, welche die for-
mellen Mittel zur Untergrabung der Herrschaft der
5 Seigneurs durch die Königsmacht schufen, in den
Kanonisten und naturrechtlich denkenden Theolo-
gen des Konziliarismus,[41] in den Hofjuristen und
gelehrten Richtern der kontinentalen Fürsten, in
den niederländischen Naturrechtslehrern[h42] und
10 den Monarchomachen,[43] in den englischen Kron-
und den Parlamentsjuristen, in der Noblesse de     Noblesse de Robe
Robe[44] der französischen Parlamente, endlich in     in Frankreich
den Advokaten der Revolutionszeit hat dieser juristische Rationalismus seine großen Repräsentanten
15 gehabt. Ohne ihn ist das Entstehen des absoluten

---

h B: Naturrechtslehren

schen Rechts in der deutschen Rechtswissenschaft wird als „Usus modernus pandectar-
um" bezeichnet.
**40** Der Podestà, zumeist ein juristisch geschulter Adliger, ist seit dem 12. Jahrhundert in
den ober- und mittelitalienischen Städten das Oberhaupt der Verwaltung. Der Podestà
mußte grundsätzlich aus einer anderen Stadt stammen und wurde entweder von der
Kommune für eine begrenzte Zeit gewählt oder, in den vom Reich abhängigen Städten,
vom Kaiser ernannt.
**41** Die Theorie des Konziliarismus entstand als Reaktion auf die Krise des Papsttums im
14./15. Jahrhundert. Ihrzufolge besitzt nicht allein der Papst, sondern auch das die Ge-
samtkirche repräsentierende Konzil die Vollmacht, verbindliche Normen für Lehre und
Leben der Kirche zu erlassen.
**42** Max Weber wird sich hier in erster Linie auf den Philosophen Justus Lipsius
(1547–1606) und den Rechtsdenker Hugo Grotius (1583–1645) beziehen. Grotius entwickelte in seinen Schriften ein naturrechtlich begründetes, von der Moraltheologie der
Spätscholastik emanzipiertes System des Völkerrechts und beeinflußte als Begründer des
modernen Naturrechts sowohl die niederländische als auch die europäische Rechtsge-
schichte maßgeblich.
**43** „Monarchomachos" („Monarchenbekämpfer") nannte der katholische Royalist William Barclay (1543–1608) jene politischen Kräfte, die eine Beschränkung der königlichen
Macht und ein verfassungsmäßiges Widerstandsrecht forderten. In einem engeren Sinne
wird damit gewöhnlich eine Gruppe französischer Publizisten, wie etwa François Hotman,
Théodore de Bèze, Hubert Languet sowie Philippe Duplessis-Mornay, bezeichnet, die
nach den hugenottenfeindlichen Ausschreitungen der Bartholomäusnacht im Jahre 1572
unter Berufung auf ein vom Prinzip der Volkssouveränität abgeleitetes Widerstandsrecht
die Beseitigung tyrannischer, ihrem Glauben feindlicher Herrscher postulierten.
**44** Bezeichnung für den Amtsadel in Frankreich. Er entstand dadurch, daß bei der Verlei-
hung bestimmter Ämter der Inhaber stets geadelt wurde, so daß schließlich der Adelstitel
als mit dem Amt verbunden galt. Im Laufe der Zeit wurden Amt und Adelstitel erblich.

Staates so wenig denkbar wie die Revolution.
Wenn Sie die Remonstrationen der französischen
Parlamente[45] oder die Cahiers der französischen
B 24 General|stände[46] seit dem 16. Jahrhundert bis in
das Jahr 1789 durchsehen, finden Sie[i] überall: Juri-                    5
stengeist. Und wenn Sie die Berufszugehörigkeit
der Mitglieder des französischen Konvents durch-
mustern,[47] so finden Sie da – obwohl er nach gleichem Wahlrecht gewählt war – einen einzigen Pro-
letarier, sehr wenige bürgerliche Unternehmer, da-                    10
gegen massenhaft Juristen aller Art, ohne die der
spezifische Geist, der diese radikalen Intellektuellen und ihre Entwürfe beseelte, ganz undenkbar
wäre. Der moderne Advokat und die moderne De-
mokratie gehören seitdem schlechthin zusammen,                    15
– und Advokaten in unserem Sinn, als ein selbstän-
diger Stand, existieren wiederum nur im Okzident,
seit dem Mittelalter, wo sie aus dem „Fürsprech"[48]
des formalistischen germanischen Prozeßverfah-
rens unter dem Einfluß der Rationalisierung des                    20
Prozesses sich entwickelten.

Die Bedeutung der Advokaten in der okzidentalen Politik seit dem Aufkommen der Parteien ist
nichts Zufälliges. Der politische Betrieb durch Parteien bedeutet eben: Interessentenbetrieb – wir                    25
werden bald sehen, was das besagen will. Und eine
Sache für Interessenten wirkungsvoll zu führen ist

---

i B: sie

**45** Aus ihrer Aufgabe, als oberste Gerichtshöfe des Landes die königlichen Erlasse in ihre
Register einzutragen und ihnen damit Rechtskraft zu verleihen, leiteten die französischen
Parlamente das sog. „droit de remontrance", d. h. das Recht ab, diese Erlasse einer
Überprüfung zu unterziehen und gegebenenfalls schriftlich Beschwerde einzulegen.
**46** Gemeint sind die Cahiers de doléances, in denen bei den Wahlen zu den Generalstän-
den Beschwerden und Wünsche der Wähler niedergelegt wurden. Diese Beschwerdehef-
te wurden – nach Ständen zusammengefaßt – dem König vorgelegt.
**47** Entsprechende Angaben finden sich bei Kuscinski, Auguste, Dictionnaire des conven-
tionnels. – Paris: Au Siège de la Société et à la Librairie F. Rieder 1916.
**48** Der „Fürsprech" war der Wortführer (nicht der Anwalt) einer Partei vor Gericht. Er
hatte vor allem die Aufgabe, der sog. „Gefahr" zu begegnen, die sich für die Partei aus
dem starren Formalismus des mittelalterlichen Prozeßverfahrens ergeben konnte.

das Handwerk des geschulten Advokaten. Er ist
darin – das hat uns die Überlegenheit der feindli-
chen Propaganda[49] lehren können – jedem „Beamten" überlegen. Gewiß kann er eine durch logisch
5 schwache Argumente gestützte, in diesem Sinn:
„schlechte" Sache dennoch siegreich, also technisch „gut", führen. Aber auch nur er führt eine
durch logisch „starke" Argumente zu stützende, in
diesem Sinn „gute" Sache siegreich, also in diesem
10 Sinn „gut". Der Beamte als Politiker macht nur
allzu oft durch technisch „schlechte" Führung eine
in jenem Sinn „gute" Sache zur „schlechten": – das
haben wir erleben müssen.[50] Denn die heutige Politik wird nun einmal in hervorragendem Maße in der
15 Öffentlichkeit mit den Mitteln des gesprochenen
oder geschriebenen Wortes geführt. Dessen Wirkung abzuwägen, liegt im eigentlichsten Aufgaben-
kreise des Advokaten, gar nicht aber des Fachbeamten, der kein Demagoge ist und, seinem Zweck
20 nach, sein soll, und wenn er es doch zu werden
unternimmt, ein sehr schlechter Demagoge zu wer-
den pflegt. |

Der echte Beamte – das ist für die Beurteilung                    B 25
unseres früheren Regimes entscheidend – soll sei-
25 nem eigentlichen Beruf nach nicht Politik treiben,
sondern: „verwalten", *unparteiisch* vor allem, –

**49** Die Propaganda der westlichen Mächte, die sich auf das Prinzip der Selbstbestimmung
der Völker beriefen und insbesondere den deutschen Einfall in Belgien als krasse Verletzung des Völkerrechts brandmarkten, erwies sich in den neutralen Ländern als ungewöhnlich wirksam. Demgegenüber bemühte sich die Reichsleitung um eine Rechtfertigung der
deutschen Kriegspolitik. Der im Oktober 1914 eingerichteten „Zentralstelle für Auslandsdienst", die die deutsche Propaganda im Ausland organisieren und koordinieren sollte, ist
es jedoch nie gelungen, den Vorsprung, den die westlichen Mächte auf diesem Gebiet
besaßen, einzuholen.
**50** Dies bezieht sich auf das Scheitern der deutschen Politik in der Zeit des späten
Kaiserreichs; nach damaligem Usus wurden die leitenden Minister Preußens und des
Reichs sowie der Reichskanzler in aller Regel aus der hohen Beamtenschaft rekrutiert. Zu
Max Webers Kritik an diesen Verhältnissen vgl. u. a. Weber, Max, Parlament und Regierung im neugeordneten Deutschland. Zur politischen Kritik des Beamtentums und Parteiwesens. – München/Leipzig: Duncker & Humblot 1918, insb. dort das Kapitel II: „Beamtenherrschaft und politisches Führertum", S. 13–55 (MWG I/15, S. 450–486).

auch für die sogenannten „politischen" Verwal-
tungsbeamten gilt das, offiziell wenigstens, soweit
nicht die „Staatsräson", d. h. die Lebensinteressen
der herrschenden Ordnung, in Frage stehen. Sine
ira et studio,[51] „ohne Zorn und Eingenommenheit"
soll er seines Amtes walten. Er soll also gerade das
nicht tun, was der Politiker, der Führer sowohl wie
seine Gefolgschaft, immer und notwendig tun muß:
*kämpfen.* Denn Parteinahme, Kampf, Leidenschaft – ira et studium – sind das Element des Politikers. Und vor allem: des politischen *Führers. Dessen* Handeln steht unter einem ganz anderen, gerade entgegengesetzten Prinzip der *Verantwortung*,
als die des Beamten ist. Ehre des Beamten ist die
Fähigkeit, wenn – trotz seiner Vorstellungen – die
ihm vorgesetzte Behörde auf einem ihm falsch er-
scheinenden Befehl beharrt, ihn auf Verantwortung des Befehlenden gewissenhaft und genau so
auszuführen, als ob er seiner eigenen Überzeugung
entspräche: ohne diese im höchsten Sinn sittliche
Disziplin und Selbstverleugnung[k] zerfiele der ganze
Apparat. Ehre des politischen Führers, also: des
leitenden Staatsmannes, ist dagegen gerade die ausschließliche *Eigen*verantwortung für das, was er
tut, die er nicht ablehnen oder abwälzen kann und
darf. Gerade sittlich hochstehende Beamtennatu-
ren sind schlechte, vor allem im politischen Begriff
des Wortes verantwortungslose und in diesem Sinn:
sittlich tiefstehende Politiker: – solche, wie wir sie
leider in leitenden Stellungen immer wieder gehabt
haben: das ist es, was wir „Beamtenherrschaft"
nennen; und es fällt wahrlich kein Flecken auf die
Ehre unseres Beamtentums, wenn wir das politisch,
vom Standpunkt des Erfolges aus gewertet, Falsche
dieses Systems bloßlegen. Aber kehren wir noch

**k** B: Selbverleugnung

**51** Tacitus, Annales, 1,1.

einmal zu den Typen der politischen Figuren zurück.

Der „Demagoge" ist seit dem Verfassungsstaat
und vollends seit der Demokratie der Typus des
5 führenden Politikers im Okzident. Der unangeneh-
me Beigeschmack des Wortes darf | nicht vergessen $\quad$ B 26
lassen, daß nicht Kleon, sondern Perikles der erste
war, der diesen Namen trug. Amtlos oder mit dem –
im Gegensatz zu den durchs Los besetzten Ämtern
10 der antiken Demokratie – einzigen Wahlamt: dem
des Oberstrategen, betraut, leitete er die souveräne
Ekklesia[52] des Demos von Athen. Die moderne
Demagogie bedient sich zwar auch der Rede: in
quantitativ ungeheuerlichem Umfang sogar, wenn
15 man die Wahlreden bedenkt, die ein moderner
Kandidat zu halten hat. Aber noch nachhaltiger
doch: des gedruckten Worts. Der politische Publizist und vor allem der *Journalist* ist der wichtigste
heutige Repräsentant der Gattung.

20 $\quad$ Die Soziologie der modernen politischen Journalistik auch nur zu skizzieren wäre im Rahmen dieses
Vortrags ganz unmöglich und ist in jeder Hinsicht
ein Kapitel für sich.[53] Nur weniges gehört unbedingt hierher. Der Journalist teilt mit allen Dem-
25 agogen und übrigens – wenigstens auf dem Kontinent und im Gegensatz zu den englischen und übrigens auch zu den früheren preußischen Zuständen –
auch mit dem Advokaten (und dem Künstler) das
Schicksal: der festen sozialen Klassifikation zu ent-
30 behren. Er gehört zu einer Art von Pariakaste, die
in der „Gesellschaft" stets nach ihren ethisch tiefst-
stehenden Repräsentanten sozial eingeschätzt
wird. Die seltsamsten Vorstellungen über die Jour-

---

**52** Vgl. oben, S. 161, Anm. 3.
**53** Bereits auf dem Soziologentag von 1910 hatte Max Weber eine wissenschaftliche
Untersuchung der „Soziologie des Zeitungswesens" im Rahmen der Deutschen Gesell-
schaft für Soziologie angekündigt, die unter anderem nach dem „Schicksal und der
Situation des Journalistenstandes fragen" sollte. Verhandlungen des Ersten Deutschen
Soziologentages vom 19.–22. Oktober 1910 in Frankfurt a. M. – Tübingen: J. C. B. Mohr
(Paul Siebeck) 1911, S. 39–62 (MWG I/13).

nalisten und ihre Arbeit sind daher landläufig. Daß
eine wirklich *gute* journalistische Leistung mindestens so viel „Geist" beansprucht wie irgendeine
Gelehrtenleistung – vor allem infolge der Notwendigkeit, sofort, auf Kommando, hervorgebracht zu    5
werden und: sofort *wirken* zu sollen, bei freilich
ganz anderen Bedingungen der Schöpfung, ist nicht
jedermann gegenwärtig. Daß die Verantwortung
eine weit größere ist, und daß auch das Verantwortungs*gefühl* jedes ehrenhaften Journalisten im     10
Durchschnitt nicht im mindesten tiefer steht als das
des Gelehrten: – sondern höher, wie der Krieg gelehrt hat –, wird fast nie gewürdigt, weil naturgemäß gerade die verantwortungs*losen* journalistischen Leistungen, ihrer oft furchtbaren Wirkung    15
wegen, im Gedächtnis haften. Daß vollends die
Diskretion der irgendwie tüchtigen Journalisten
B 27　durchschnittlich höher steht als die anderer | Leute,
glaubt niemand. Und doch ist es so. Die ganz unver-
gleichlich viel schwereren Versuchungen, die dieser    20
Beruf mit sich bringt, und die sonstigen Bedingungen journalistischen Wirkens in der Gegenwart er-
zeugen jene Folgen, welche das Publikum gewöhnt
haben, die Presse mit einer Mischung von Verachtung und – jämmerlicher Feigheit zu betrachten.    25
Über das, was da zu tun ist, kann heute nicht gesprochen werden. Uns interessiert hier die Frage
nach dem *politischen* Berufsschicksal der Journalisten, ihrer Chance, in politische Führerstellungen
zu gelangen. Sie war bisher nur in der sozialdemo-    30
kratischen Partei günstig. Aber innerhalb ihrer hatten Redakteurstellen weit überwiegend den Charakter einer Beamtenstellung, nicht aber waren sie
die Grundlage einer *Führer*position.[54]

---

[54] Die Arbeit der fest angestellten Redakteure der sozialdemokratischen Blätter wurde
von den jeweiligen Parteiinstanzen streng kontrolliert. Der Parteivorstand und die sog.
„Preßkommissionen" überwachten nicht nur die taktische und prinzipielle Haltung der
Parteipresse, sondern entschieden auch über Anstellung und Entlassung des Redaktions-
personals. Immerhin stellte die deutsche Sozialdemokratie vor Reichstagswahlen im

In den bürgerlichen Parteien hatte sich, im ganzen genommen, gegenüber der vorigen Generation die Chance des Aufstiegs zur politischen Macht auf diesem Wege eher verschlechtert. Presseeinfluß
5 und also Pressebeziehungen benötigte natürlich jeder Politiker von Bedeutung. Aber daß Partei*führer* aus den Reihen der Presse hervorgingen, war – man sollte es nicht erwarten – durchaus die Ausnahme. Der Grund liegt in der stark gestiegenen „Un-
10 abkömmlichkeit" des Journalisten, vor allem des vermögenslosen und also berufsgebundenen Journalisten, welche durch die ungeheure Steigerung der Intensität und Aktualität des journalistischen Betriebes bedingt ist. Die Notwendigkeit des Er-
15 werbs durch tägliches oder doch wöchentliches Schreiben von Artikeln hängt Politikern wie ein Klotz am Bein, und ich kenne Beispiele, wo Führernaturen dadurch geradezu dauernd im Machtaufstieg äußerlich und vor allem: innerlich gelähmt
20 worden sind. Daß die Beziehungen der Presse zu den herrschenden Gewalten im Staat und in den Parteien unter dem alten Regime dem Niveau des Journalismus so abträglich wie möglich waren, ist ein Kapitel für sich. Diese Verhältnisse lagen in den
25 gegnerischen Ländern anders. Aber auch dort und für alle modernen Staaten galt, scheint es, der Satz: daß der journalistische Arbeiter immer weniger, der kapitalistische Pressemagnat – nach Art etwa | des „Lord" Northcliffe[55] – immer mehr politischen      B 28
30 Einfluß gewinnt.

Bei uns waren allerdings bisher die großen kapitalistischen Zeitungskonzerne, welche sich vor al-

---

Gegensatz zu den übrigen Parteien in außerordentlich großer Zahl Journalisten als Kandidaten auf.
**55** Alfred Charles William Harmsworth, seit 1905 Baron Northcliffe, seit 1917 Viscount, schuf mit der Gründung und dem Erwerb zahlreicher Zeitungen, u.a. der „Times", zu Beginn des 20. Jahrhunderts einen der einflußreichsten Pressekonzerne Europas. Als Förderer und Berater von Lloyd George war er bemüht, mit Hilfe seiner Zeitungen dessen Politik der Kriegführung unter Einsatz aller verfügbaren Kräfte eine breite publizistische Basis zu verschaffen.

lem der Blätter mit „kleinen Anzeigen", der „Ge-
neralanzeiger", bemächtigt hatten, in aller Regel
die typischen Züchter politischer Indifferenz. Denn
an selbständiger Politik war nichts zu verdienen,
vor allem nicht das geschäftlich nützliche Wohlwol-                5
len der politisch herrschenden Gewalten. Das Inse-
ratengeschäft ist auch der Weg, auf dem man während des Krieges den Versuch einer politischen Beeinflussung der Presse im großen Stil gemacht hat[56]
und jetzt, wie es scheint, fortsetzen will. Wenn auch                10
zu erwarten ist, daß die große Presse sich dem ent-
ziehen wird, so ist die Lage für die kleinen Blätter
doch weit schwieriger. Jedenfalls aber ist bei uns
zurzeit die journalistische Laufbahn, so viel Reiz sie
im übrigen haben und welches Maß von Einfluß                15
und Wirkungsmöglichkeit, vor allem: von politischer Verantwortung, sie einbringen mag, nicht –
man muß vielleicht abwarten, ob: nicht mehr oder:
noch nicht – ein normaler Weg des Aufstiegs politischer Führer. Ob die von manchen – nicht allen –                20
Journalisten für richtig gehaltene Aufgabe des
Anonymitätsprinzips[57] darin etwas ändern würde,
läßt sich schwer sagen. Was wir in der deutschen
Presse während des Krieges an „Leitung" von Zeitungen durch besonders angeworbene schriftstel-                25

---

**56** Max Weber denkt hier vermutlich an die von Kreisen der deutschen Großindustrie
finanzierte „Allgemeine Anzeigen-Gesellschaft m.b.H." (Ala). Diese im Jahre 1917 eingerichtete Anzeigenvermittlungsstelle war zwar offiziell politisch neutral, stützte aber die ihr
nahestehenden rechtsgerichteten Zeitungen, indem sie diese bei der Vergabe von Inseraten
ten bevorzugte. Die Frankfurter Zeitung sprach schon bald nach der Gründung der „Ala"
von einem „Inseratenterrorismus", das das Ziel habe, sich „die Zeitungen hörig zu
machen". (Nr. 296 vom 26. Okt. 1917, 1. Mo.Bl.).
**57** Der Streit über das Anonymitätsprinzip, also über die Frage, ob Zeitungsartikel mit oder
ohne Namenszeichnung erscheinen sollten, hatte seit Ende des 19. Jahrhunderts im
deutschen Pressewesen eine wichtige Rolle gespielt. In einer 1892 vom Verband deutscher Journalisten und Schriftsteller veranstalteten Umfrage hatte sich die Mehrheit der
Journalisten und Verleger für die Beibehaltung dieses Prinzips ausgesprochen, ohne daß
die Kontroverse damit beendet gewesen wäre. Zu den Kritikern des Anonymitätsprinzips
gehörte der mit Max Weber gut bekannte Nationalökonom Karl Bücher; vgl. dazu Bücher,
Karl, Die Anonymität in der Presse, in: Zeitschrift für die Gesamte Staatswissenschaft,
Jg. 72, Heft 3, 1916/17, S. 289–327.

lerisch begabte Persönlichkeiten,[58] die dabei stets
ausdrücklich unter ihrem Namen auftraten, erleb-
ten, hat in einigen bekannteren Fällen leider gezeigt: daß ein erhöhtes Verantwortungsgefühl auf
5 diesem Wege *nicht* so sicher gezüchtet wird, wie
man glauben könnte. Es waren – ohne Parteiunter-
schied – zum Teil gerade die notorisch übelsten
Boulevard-Blätter, die damit einen erhöhten Ab-
satz erstrebten und auch erreichten. Vermögen ha-
10 ben die betreffenden Herren, die Verleger wie auch
die Sensationsjournalisten, gewonnen, – Ehre gewiß nicht. Damit soll nun gegen das Prinzip nichts
gesagt sein; die Frage liegt sehr verwickelt, und jene
Erscheinung gilt auch nicht allgemein. Aber es ist
15 *bisher* nicht der Weg zu echtem Führertum oder
*verantwort|lichem* Betrieb der Politik gewesen. Wie        B 29
sich die Verhältnisse weiter gestalten werden,
bleibt abzuwarten. Unter allen Umständen bleibt
aber die journalistische Laufbahn einer der wichtig-
20 sten Wege der berufsmäßigen politischen Tätigkeit.
Ein Weg nicht für jedermann. Am wenigsten für
schwache Charaktere, insbesondere für Menschen,
die nur in einer gesicherten ständischen Lage ihr
inneres Gleichgewicht behaupten können. Wenn
25 schon das Leben des jungen Gelehrten auf Hasard
gestellt ist, so sind doch feste ständische Konventionen um ihn gebaut und hüten ihn vor Entgleisung.
Das Leben des Journalisten aber ist in jeder Hinsicht Hasard schlechthin, und zwar unter Bedingun-
30 gen, welche die innere Sicherheit in einer Art auf
die Probe stellen wie wohl kaum eine andere Situation. Die oft bitteren Erfahrungen im Berufsleben
sind vielleicht nicht einmal das Schlimmste. Gerade
an den erfolgreichen Journalisten werden beson-
35 ders schwierige innere Anforderungen gestellt. Es
ist durchaus keine Kleinigkeit, in den Salons der

---

**58** Dieser Sachverhalt konnte nicht aufgeklärt werden.

Mächtigen der Erde auf scheinbar gleichem Fuß,
und oft allgemein umschmeichelt, weil gefürchtet,
zu verkehren und dabei zu wissen, daß, wenn man
kaum aus der Tür ist, der Hausherr sich vielleicht
wegen seines Verkehrs mit den „Pressebengeln"[59]     5
bei seinen Gästen besonders rechtfertigen muß, –
wie es erst recht keine Kleinigkeit ist, über alles und
jedes, was der „Markt" gerade verlangt, über alle
denkbaren Probleme des Lebens, sich prompt und
dabei überzeugend äußern zu sollen, ohne nicht nur   10
der absoluten Verflachung, sondern vor allem der
Würdelosigkeit der Selbstentblößung und ihren unerbittlichen Folgen zu verfallen. Nicht das ist erstaunlich, daß es viele menschlich ᶦentgleiste oder
entwerteteᶦ Journalisten gibt, sondern daß trotz al-   15
lem gerade diese Schicht eine so große Zahl wert-
voller und ganz echter Menschen in sich schließt,
wie Außenstehende es nicht leicht vermuten.

Wenn der Journalist als Typus des Berufspolitikers auf eine immerhin schon erhebliche Vergan-   20
genheit zurückblickt, so ist die Figur des *Parteibeamten* eine solche, die erst der Entwicklung der
B 30 letzten Jahrzehnte und, teilweise, Jahre | angehört.

*Parteien*

Wir müssen uns einer Betrachtung des Parteiwesens und der Parteiorganisation zuwenden, um die-   25
se Figur in ihrer entwicklungsgeschichtlichen Stellung zu begreifen.

In allen irgendwie umfangreichen, das heißt über
den Bereich und Aufgabenkreis kleiner ländlicher
Kantone hinausgehenden politischen Verbändenᵐ     30
mit periodischen Wahlen der Gewalthaber ist der
politische Betrieb notwendig: *Interessentenbetrieb.*

Änderung durch
Entstehung der
*Wahl* zur Macht

*Interessenten*-be-
trieb.

ᶦ B: entgleisten oder entwerteten     **m** B: Verbände

**59** Seit dem 19. Jahrhundert wurden in der deutschsprachigen Literatur Journalisten häufig abschätzig als „Pressebengel" bezeichnet. Belege dazu finden sich sowohl in den Werken Jean Pauls und Georg Christoph Lichtenbergs als auch bei Heinrich Heine, der 1841 in einem Zeitungsartikel „gegen die schöde Preßbengelei" polemisiert hatte. Abgedruckt in: Heinrich Heines Sämtliche Werke, Band 8, hg. von Oskar Walzel. – Leipzig: Insel-Verlag 1913, S. 552ff.

Das heißt, eine relativ kleine Zahl primär am politischen Leben, also an der Teilnahme an der politischen Macht, Interessierter schaffen sich Gefolgschaft durch freie Werbung, präsentieren sich oder
5 ihre Schutzbefohlenen als Wahlkandidaten, sam-
meln die Geldmittel und gehen auf den Stim-
menfang. Es ist unerfindlich, wie in großen Verbänden Wahlen ohne diesen Betrieb überhaupt sachge-
mäß zustande kommen sollten. Praktisch bedeutet
10 er die Spaltung der wahlberechtigten Staatsbürger
in politisch aktive und politisch passive Elemente,
und da dieser Unterschied auf Freiwilligkeit beruht, so kann er durch keinerlei Maßregeln, wie
Wahlpflicht oder „berufsständische" Vertretung
15 oder dergleichen ausdrücklich oder tatsächlich gegen diesen Tatbestand und damit gegen die Herrschaft der Berufspolitiker gerichtete[n] Vorschläge[,]
beseitigt werden. Führerschaft und Gefolgschaft,
als aktive Elemente freier Werbung: der Gefolg-
20 schaft sowohl wie, durch diese, der passiven Wäh-
lerschaft für die Wahl des Führers, sind notwendige
Lebenselemente jeder Partei. Verschieden aber ist
ihre Struktur. Die „Parteien" etwa der mittelalterlichen Städte, wie die Guelfen und Ghibellinen,[60]
25 waren rein persönliche Gefolgschaften. Wenn man
das Statuto[o] della parte[p] Guelfa[61] ansieht, die Kon-

*Seitenspalte:*

Partei e[in] unter *Führern* zusammengeschlossener Verband zur Erringung der *Macht* in e[inem] Verband

Mittel: freie *Wer-
bung*.

Dies das *Moderne*

Anfang: als *Ge-
folgschaft*

parte Guelfa

---

n B: gerichteten   o B: Statuta   p B: perta

---

**60** Die Bezeichnung „Guelfen" und „Ghibellinen" für die Parteien im mittelalterlichen
Italien geht auf die Zeit des Machtkampfes zwischen den vom Papst unterstützten Welfen
und den Staufern zu Anfang des 13. Jahrhunderts zurück. Die Guelfen bildeten die
papstfreundliche Gruppierung, während die Ghibellinen – nach der Stauferburg in Waiblingen benannt – kaisertreu waren. Seit Ende des 13. Jahrhunderts waren diese Parteinamen
als Bezeichnung für rivalisierende gesellschaftliche Gruppen vor allem in den ober- und
mittelitalienischen Städten verbreitet.
**61** Das älteste überlieferte Statut stammt aus dem Jahre 1335; in ihm sind die sozialpoliti-
schen und organisatorischen Grundsätze der parte Guelfa fixiert (Statuto della Parte
Guelfa di Firenze, hg. von F. Bonaini, in: Giornale Storico degli Archivi Toscani, Band 1,
1857, S. 4–41). Im folgenden bezieht sich Max Weber vermutlich auf die im Jahre 1293
unter der Herrschaft des Popolo in Florenz erlassenen „Ordinamenti di giustizia", die
strenge gegen den Adel gerichtete Bestimmungen enthielten.

fiskation der Güter der Nobili – das hieß ursprünglich aller derjenigen Familien, die ritterlich lebten,
also lehnsfähig waren –, ihren Ausschluß von Ämtern und Stimmrecht, die interlokalen Parteiaus-
schüsse und die streng militärischen Organisatio-          5
nen und ihre Denunziantenprämien, so fühlt man
sich an den Bolschewismus mit seinen Sowjets, seinen streng gesiebten Militär- und – in Rußland vor
allem – Spitzelorganisationen,[62] der Entwaffnung
und politischen Entrechtung der „Bürger", das          10
B 31 heißt | der Unternehmer, Händler, Rentner, Geist-
lichen, Abkömmlinge der Dynastie, Polizeiagen-
ten, und seinen[q] Konfiskationen erinnert. Und
wenn man auf der einen Seite sieht, daß die Militä-
rorganisation der Partei ein nach Matrikeln zu ge-          15
staltendes reines Ritterheer war und Adlige fast alle
führenden Stellen einnahmen, die Sowjets aber ihrerseits den hochentgoltenen Unternehmer, den
Akkordlohn, das Taylorsystem,[63] die Militär- und
Werkstattdisziplin beibehalten oder vielmehr wie-          20
der einführen und nach ausländischem Kapital Um-
schau halten, mit einem Wort also: schlechthin *alle*
von ihnen[r] als bürgerliche Klasseneinrichtungen
bekämpften Dinge wieder annehmen mußten, um
überhaupt Staat und Wirtschaft in Betrieb zu erhal-          25
ten, und daß sie überdies als Hauptinstrument ihrer
Staatsgewalt die Agenten der alten Ochrana[64] wie-

q B: ihren     r B: ihr

62 Gemeint ist vermutlich die Ende 1917 von der Sowjetregierung eingerichtete „Außer-
ordentliche Kommission ( „Črezvyčajnaja komissija"; abgekürzt: ČK = Tscheka) für den
Kampf gegen Konterrevolution und Sabotage", eine Geheimpolizei, die vor allem mut-
maßliche Anhänger des alten Regimes verfolgte.
63 Bezeichnung für die von dem amerikanischen Ingenieur Frederick Winslow Taylor
(1856–1915) entwickelte „wissenschaftliche Betriebsführung", die durch funktionale
Zerlegung und exakte Messung der Arbeitsabläufe maximale Arbeitsleistungen zu erreichen suchte.
64 Gemeint ist die 1881 gegründete Geheimpolizei des Zaren. Sie unterhielt ein weitver-
zweigtes Agentennetz in ganz Europa und war insbesondere in Frankreich und im Deutschen Reich aktiv.

der in Betrieb genommen haben, so wirkt diese
Analogie noch frappanter. Wir haben es aber hier
nicht mit solchen Gewaltsamkeitsorganisationen zu
tun, sondern mit Berufspolitikern, welche durch
5 nüchterne „friedliche" Werbung der Partei auf dem
Wahlstimmenmarkt zur Macht zu gelangen streben.

Auch diese Parteien in unserem üblichen Sinn waren zunächst, z. B. in England, reine Gefolg-
10 schaften der Aristokratie. Mit jedem aus irgendei-
nem Grunde erfolgenden Wechsel der Partei seitens eines Peer[65] trat alles, was von ihm abhängig
war, gleichfalls zur Gegenpartei über. Die großen
Familien des Adels, nicht zuletzt der König, hatten
15 bis zur Reformbill die Patronage einer Unmasse
von Wahlkreisen.[66] Diesen Adelsparteien nahe stehen die Honoratiorenparteien, wie sie mit Aufkommen der Macht des Bürgertums sich überall entwik-
kelten. Die Kreise von „Bildung und Besitz" unter
20 der geistigen Führung der typischen Intellektuel-
lenschichten des Okzidents schieden sich, teils nach
Klasseninteressen, teils nach Familientradition,
teils rein ideologisch bedingt, in Parteien, die sie
leiteten. Geistliche, Lehrer, Professoren, Advoka-

*Engl[ische] Partei-en*

---

**65** Als Peers werden gemeinhin die Mitglieder des britischen Oberhauses bezeichnet; traditionell waren dies in aller Regel die Spitzen der Hocharistokratie, die dank eines ausgedehnten Grundbesitzes über eine eigenständige Machtbasis im Lande verfügten.
**66** Das bis zur Reformbill von 1832 bestehende System der parlamentarischen Reprä-sentation knüpfte die Ausübung des Wahlrechts an herkömmliche Rechte und Privilegien unterschiedlichster Art. Damit waren der Patronage der grundbesitzenden Hocharistokra-tie und auch der Krone Tür und Tor geöffnet, zumal die Zahl der Wahlberechtigten im Regelfall verschwindend gering war. Es kam hinzu, daß vor allem im Süden und Südwe-sten Englands aufgrund der demographischen Veränderungen fast menschen-leere Wahlkreise (sog. rotten boroughs) entstanden waren, deren wenige Wähler durch politische Einflußnahme und durch finanzielle oder sonstige Zuwendungen leicht zur Abgabe ihrer Stimme im jeweils gewünschten Sinne gebracht werden konnten. Häufig wurden die Abgeordneten solcher Wahlkreise von den dort ansässigen Adelsfamilien gleichsam nach deren Belieben bestimmt. Der Wahlpatronage des hohen Adels, der überwiegend der Partei der Whigs angehörte, stand jene der Krone gegenüber, die in zahlreichen Wahlkreisen, in denen sie lukrative Staatsämter zu vergeben hatte, die Wah-len ebenfalls mühelos zugunsten eigener Kandidaten zu beeinflussen vermochte.

ten, Ärzte, Apotheker, vermögliche Landwirte,
Fabrikanten – in England jene ganze Schicht, die
sich zu den gentlemen rechnet – bildeten zunächst
B 32 Gelegenheits|verbände, allenfalls lokale politische
Klubs; in erregten Zeiten meldete sich das Klein- 5
bürgertum, gelegentlich einmal das Proletariat,
wenn ihm Führer erstanden, die aber in aller Regel
nicht aus seiner Mitte stammten. In diesem Stadium
bestehen interlokal organisierte Parteien als Dau-
erverbände draußen im Lande überhaupt noch 10
nicht. Den Zusammenhalt schaffen lediglich die
Parlamentarier; maßgebend für die Kandidaten-
aufstellung sind die örtlichen Honoratioren. Die
Programme entstehen teils durch die Werbeaufrufe
der Kandidaten, teils in Anlehnung an Honoratio- 15
renkongresse oder Parlamentsparteibeschlüsse.
Nebenamtlich und ehrenamtlich läuft, als Gelegen-
heitsarbeit, die Leitung der Klubs oder, wo diese
fehlen (wie meist), der gänzlich formlose Betrieb
der Politik seitens der wenigen dauernd daran In- 20
teressierten in normalen Zeiten; nur der Journalist
ist bezahlter Berufspolitiker, nur der Zeitungsbetrieb kontinuierlicher politischer Betrieb überhaupt. Daneben nur die Parlamentssession. Die
Parlamentarier und parlamentarischen Parteileiter 25
wissen zwar, an welche örtlichen Honoratioren
man sich wendet, wenn eine politische Aktion er-
wünscht erscheint. Aber nur in großen Städten bestehen dauernd Vereine der Parteien mit mäßigen
Mitgliederbeiträgen und periodischen Zusammen- 30
künften und öffentlichen Versammlungen zum Re-
chenschaftsbericht des Abgeordneten. Leben besteht nur in der Wahlzeit.
   Das Interesse der Parlamentarier an der Möglichkeit interlokaler Wahlkompromisse und an der 35
Schlagkraft einheitlicher, von breiten Kreisen des
ganzen Landes anerkannter Programme und einheitlicher Agitation im Lande überhaupt bildet die
Triebkraft des immer strafferen Parteizusam-

menschlusses. Aber wenn nun ein Netz von örtlichen Parteivereinen auch in den mittleren Städten
und daneben von „Vertrauensmännern"[67] über das
Land gespannt wird, mit denen ein Mitglied der
5 Parlamentspartei als Leiter des zentralen Parteibu-
reaus in dauernder Korrespondenz steht, bleibt im
Prinzip der Charakter des Parteiapparates als eines
Honoratiorenverbandes unverändert. Bezahlte Beamte fehlen außerhalb des Zentralbureaus noch; es
10 sind durchweg „angesehene" Leute, welche | um
der Schätzung willen, die sie sonst genießen, die
örtlichen Vereine leiten: die außerparlamentari-
schen „Honoratioren", die neben der politischen
Honoratiorenschicht der einmal im Parlament sit-
15 zenden Abgeordneten Einfluß üben. Die geistige
Nahrung für Presse und örtliche Versammlungen
beschafft allerdings zunehmend die von der Partei
herausgegebene Parteikorrespondenz. Regelmäßige Mitgliederbeiträge werden unentbehrlich; ein
20 Bruchteil muß den Geldkosten der Zentrale dienen. In diesem Stadium befanden sich noch vor
nicht allzu langer Zeit die meisten deutschen Parteiorganisationen. In Frankreich vollends herrschte
teilweise noch das erste Stadium: der ganz labile
25 Zusammenschluß der Parlamentarier und im
Lande draußen die kleine Zahl der örtlichen Honoratioren, Programme durch die Kandidaten oder
für sie von ihren Schutzpatronen im Einzelfall bei
der Bewerbung aufgestellt, wenn auch unter mehr
30 oder minder örtlicher Anlehnung an Beschlüsse
und Programme der Parlamentarier. Erst teilweise
war dies System durchbrochen. Die Zahl der haupt-
beruflichen Politiker war dabei gering und setzte
sich im wesentlichen aus den gewählten Abgeord-
35 neten, den wenigen Angestellten der Zentrale, den
Journalisten und – in Frankreich – im übrigen aus

Vertrauensmän-
ner-Apparat.

Regelmäßig *Eh-
renamt.*

Daneben bezahlte
Sekretäre.
Lokale Honora-  B 33
tioren präparieren
f[ür] Wahlclub

Also: *Honoratio-
ren + Beamte*

---

**67** Vgl. dazu oben, S. 168, Anm. 8.

jenen Stellenjägern zusammen, die sich in einem
„politischen Amt" befanden oder augenblicklich
ein solches erstrebten. Die Politik war formell weit
überwiegend Nebenberuf. Auch die Zahl der „mi-
nistrablen" Abgeordneten war eng begrenzt, aber          5
wegen des Honoratiorencharakters auch die der
Wahlkandidaten. Die Zahl der indirekt an dem
politischen Betrieb, vor allem materiell, Interessierten war aber sehr groß. Denn alle Maßregeln
eines Ministeriums und vor allem alle Erledigungen      10
von Personalfragen ergingen unter der Mitwirkung
der Frage nach ihrem Einfluß auf die Wahlchancen,
und alle und jede Art von Wünschen suchte man
durch Vermittlung des örtlichen Abgeordneten
durchzusetzen, dem der Minister, wenn er zu seiner      15
Mehrheit gehörte – und das erstrebte daher jedermann – wohl oder übel Gehör schenken mußte. Der
einzelne Deputierte hatte die Amtspatronage und
überhaupt jede Art von Patronage in allen Angele-
B 34  genheiten | seines Wahlkreises und hielt seinerseits,  20
um wiedergewählt zu werden, Verbindung mit den
örtlichen Honoratioren.
      Diesem idyllischen Zustand der Herrschaft von
Honoratiorenkreisen und vor allem: der Parlamentarier, stehen nun die modernsten Formen der Par-       25
teiorganisation scharf abweichend gegenüber. Sie
sind Kinder der Demokratie, des Massenwahl-
rechts, der Notwendigkeit der Massenwerbung und
Massenorganisation, der Entwicklung höchster
Einheit der Leitung und strengster Disziplin. Die      30
Honoratiorenherrschaft und die Lenkung durch die
Parlamentarier hört auf. „Hauptberufliche" Politiker *außerhalb* der Parlamente nehmen den Betrieb
in die Hand. Entweder als „Unternehmer" – wie
der amerikanische Boss[68] und auch der englische       35
„Election agent"[69] es der Sache nach waren – oder

---

**68** Zur Figur und Funktion des „boss" vgl. Webers eigene Ausführungen, unten, S. 215 ff.
**69** Auch nach der Wahlreform von 1832 war es durchgängig üblich, die zumeist immer

als fest besoldeter Beamter. Formell findet eine
weitgehende Demokratisierung statt. Nicht mehr
die Parlamentsfraktion schafft die maßgeblichen
Programme, und nicht mehr die örtlichen Honora-
5 tioren haben die Aufstellung der Kandidaten in der
Hand, sondern Versammlungen der organisierten
Parteimitglieder wählen die Kandidaten aus und
delegieren Mitglieder in die Versammlungen höherer Ordnung, deren es bis zum allgemeinen „Partei-
10 tag" hinauf möglicherweise mehrere gibt. Der Tatsache nach liegt aber natürlich die Macht in den
Händen derjenigen, welche *kontinuierlich* innerhalb des Betriebes die Arbeit leisten, oder aber
derjenigen, von welchen – z. B. als Mäcenaten oder
15 Leitern mächtiger politischer Interessentenklubs
(Tammany-Hall)[70] – der Betrieb in seinem Gang
pekuniär oder personal abhängig ist. Das Entscheidende ist, daß dieser ganze Menschenapparat – die
„Maschine", wie man ihn in den angelsächsischen
20 Ländern bezeichnenderweise nennt[71] – oder viel-

*Art* der *Auslese*
der Pol[itiker],
insbes[ondere] der
*Führer*
1. Parlamentarier
2. Partei- *Betriebs-*
leiter im *Lande*
(*Wahl*-Apparat)

noch wenigen Wahlberechtigten durch finanzielle oder sonstige Zuwendungen zur Abgabe ihrer Stimme für einen bestimmten Kandidaten zu bewegen. Demgemäß spielten Geld
und Patronage aller Art in den Wahlkämpfen weiterhin eine äußerst wichtige Rolle. Dabei
kam den Elections Agents, die im Auftrag der jeweils dominierenden aristokratischen
Familien oder der Krone die Gewinnung von Wählern im jeweiligen Wahlkreis betrieben,
eine Schlüsselfunktion zu. Davon abgesehen setzte die Ausübung des Wahlrechts jeweils
die Eintragung der Wähler in ein Wahlregister voraus; dies erfolgte aufgrund eines vergleichsweise komplizierten Verfahrens, das nur von juristisch qualifizierten Personen
durchgeführt werden konnte. Es war Sache der Election Agents, für die rechtlich unan-
fechtbare Eintragung einer möglichst großen Zahl von Wählern der eigenen Partei zu
sorgen, bzw. die Wahlberechtigung von Wählern der gegnerischen Partei wo immer
möglich anzufechten. Vielfach vollzogen sich die Wahlkämpfe deshalb in der Form von
Auseinandersetzungen zwischen den Election Agents der rivalisierenden Parteien über
die Rechtmäßigkeit oder Unrechtmäßigkeit der Eintragungen in die Election Lists, durch
die das Wahlergebnis gleichsam vorweggenommen wurde. Unter solchen Umständen
wuchs den Election Agents, die in aller Regel professionelle Juristen waren, in den
Wahlkämpfen in den Wahlkreisen häufig eine ausschlaggebende Bedeutung zu.
**70** Hauptquartier der autokratisch organisierten „Tammany Society". Diese Vereinigung
politischer Interessenten kontrollierte die Demokratische Partei in New York und hatte
entscheidenden Einfluß auf die Nominierung der Kandidaten und, bei erfolgreicher Wahl,
auf die Besetzung der Stellen. Siehe dazu Bryce, James, The American Commonwealth,
Vol. 3. – London: Macmillan 1888, S. 179 ff.
**71** Zum Begriff „Maschine" für die Parteiapparate in den USA vgl. Bryce, The American
Commonwealth, Vol. 2, S. 419–449.

mehr diejenigen, die ihn leiten, den Parlamentariern Schach bieten und ihnen ihren Willen ziemlich
weitgehend aufzuzwingen in der Lage sind. Und
das hat besonders Bedeutung für die Auslese der
*Führung* der Partei. Führer wird nun derjenige,                    5
dem die Maschine folgt, auch über den Kopf des
Parlaments. Die Schaffung solcher Maschinen bedeutet, mit anderen Worten, den Einzug der *plebis-
zitären* Demokratie. |

B 35  Die Parteigefolgschaft, vor allem der Parteibe-        10
amte und -unternehmer, erwarten vom Siege ihres
Führers selbstverständlich persönlichen Entgelt:
Ämter oder andere Vorteile. Von ihm – nicht oder
doch nicht nur von den einzelnen Parlamentariern:
das ist das Entscheidende. Sie erwarten vor allem:        15
daß die demagogische Wirkung der Führer*persönlichkeit* im Wahlkampf der Partei Stimmen und
Mandate, damit Macht zuführen und dadurch jene
Chancen ihrer Anhänger, für sich den erhofften
Entgelt zu finden, möglichst ausweiten werde. Und        20
ideell ist die Genugtuung, für einen Menschen in
gläubiger persönlicher Hingabe und nicht nur für
ein abstraktes Programm einer aus Mittelmäßigkeiten bestehenden Partei zu arbeiten: – dies „charismatische" Element allen Führertums, – eine der         25
Triebfedern.

In sehr verschiedenem Maß und in stetem laten-
tem Kampf mit den um ihren Einfluß ringenden
örtlichen Honoratioren und den Parlamentariern
rang sich diese Form durch. In den bürgerlichen        30
Parteien zuerst in den Vereinigten Staaten, dann in
der   sozialdemokratischen   Partei   vor   allem
Deutschlands. Stete Rückschläge treten ein, sobald
einmal kein allgemein anerkannter Führer da ist,
und Konzessionen aller Art müssen, auch wenn er         35
da ist, der Eitelkeit und Interessiertheit der Parteihonoratioren gemacht werden. Vor allem aber
kann auch die Maschine unter die Herrschaft der
Partei*beamten* geraten, in deren Händen die regel-

mäßige Arbeit liegt. Nach Ansicht mancher sozialdemokratischer Kreise sei ihre Partei dieser „Bureaukratisierung" verfallen gewesen.[72] Indessen
„Beamte" fügen sich einer demagogisch stark wir-
5 kenden Führerpersönlichkeit relativ leicht: ihre
materiellen und ideellen Interessen sind ja intim mit
der durch sie[s] erhofften Auswirkung der Partei-
macht verknüpft, und die Arbeit für einen Führer
ist an sich innerlich befriedigender. Weit schwerer
10 ist der Aufstieg von Führern da, wo – wie in den
bürgerlichen Parteien meist – neben den Beamten
die „Honoratioren" den Einfluß auf die Partei in
Händen haben. Denn diese „machen" *ideell* „ihr
Leben" aus dem Vorstands- oder Ausschußmit-
15 gliedspöstchen, das sie innehaben. Ressentiment |
gegen den Demagogen als homo novus, die Überzeugung von der Überlegenheit parteipolitischer
„Erfahrung" – die nun einmal auch tatsächlich von
erheblicher Bedeutung ist – und die ideologische
20 Besorgnis vor dem Zerbrechen der alten Parteitra-
ditionen bestimmen ihr Handeln. Und in der Partei
haben sie alle traditionalistischen Elemente für
sich. Vor allem der ländliche, aber auch der kleinbürgerliche Wähler sieht auf den ihm von altersher
25 vertrauten Honoratiorennamen und mißtraut dem
ihm unbekannten Mann, um freilich, *wenn* dieser
einmal den Erfolg für sich gehabt hat, nun ihm um
so unerschütterlicher anzuhängen. Sehen wir uns
an einigen Hauptbeispielen dieses Ringen der bei-
30 den Strukturformen und das namentlich von Ostrogorski[73] geschilderte Hochkommen der plebiszitären Form einmal an.

B 36

**s** B: ihn

**72** Weber bezieht sich hier vermutlich auf Michels, Robert, Zur Soziologie des Parteiwesens in der modernen Demokratie. Untersuchungen über die oligarchischen Tendenzen
des Gruppenlebens. – Leipzig: Dr. Werner Klinkhardt 1911. Michels, der damals noch der
SPD angehörte, hatte argumentiert, daß der von ihm konstatierte Bürokratisierungsprozeß
die revolutionären Impulse der Partei entscheidend geschwächt habe.
**73** Siehe Ostrogorski, M., Democracy and the Organization of Political Parties, 2 Vols. –

Zunächst England: dort war die Parteiorganisation bis 1868 eine fast reine Honoratioren-Organisation.[74] Die Tories stützten sich auf dem Lande etwa auf den anglikanischen Pfarrer, daneben – meist – den Schulmeister und vor allem die Großbesitzer der betreffenden county, die Whigs meist auf solche Leute wie den nonconformistischen Prediger (wo es ihn gab), den Posthalter, Schmied, Schneider, Seiler, solche Handwerker also, von denen – weil man mit ihnen am meisten plaudern kann – politischer Einfluß ausgehen konnte. In der Stadt schieden sich die Parteien teils nach ökonomischen, teils nach religiösen, teils einfach nach in den Familien überkommenen Parteimeinungen. Immer aber waren Honoratioren die Träger des politischen Betriebes. Darüber schwebte das Parlament und die Parteien mit dem Kabinett und mit dem „leader",[75] der der Vorsitzende des Ministerrates oder der Opposition war. Dieser leader hatte neben sich die wichtigste berufspolitische Persönlichkeit der Parteiorganisation: den „Einpeitscher" (whip).[76] In seinen Händen lag die Ämterpatronage; an ihn hatten sich also die Stellenjäger zu wenden, er benahm

Entwicklung in England: bis 1868: *Honoratioren* = Gefolgschaft im Lande u[nd] *deren* Gefolge 5
Ört[liche] Honoratioren
Tories:
Pfarrer
Schulmeister
leading men
Whigs 10
Pfarrer (Dissenter)
Posthalter
Schreiner
Seiler
Schneider. 15

Parlamentar[ische] *leader*

whip. (patronage secr[etary]) 20
Vergiebt Ämter

Chef des Apparats

London: Macmillan 1902. Zu dem angesprochenen Problemkreis vgl. für England, Vol. 1, S. 135ff., für die USA, Vol. 2, S. 39ff.
**74** Weber spielt hier auf die Wahlrechtsreform von 1867 an, die weitreichende Konsequenzen für die Organisation der englischen Parteien hatte. Vor dieser Zeit beruhte die Parteiorganisation vor allem in den ländlichen Wahlkreisen nahezu ausschließlich auf den persönlichen Beziehungen von Mitgliedern der Hocharistokratie zu den lokalen Honoratioren. Die Wahlrechtsreform von 1867 führte infolge der Absenkung der Besitzqualifikation und der Veränderung der Wahlkreiseinteilung nahezu zu einer Verdoppelung der Zahl der Wahlberechtigten. Dies zwang die englischen Parteien, straffere Organisationen aufzubauen, um damit ihre Erfolgsaussichten bei den kommenden Wahlen zu erhöhen.
**75** Vgl. dazu oben, S. 179, Anm. 26.
**76** Die Hauptaufgabe des „Whip" besteht darin, für die Geschlossenheit seiner Partei bei Abstimmungen im Parlament zu sorgen. Vor den Reformen des 19. Jahrhunderts verwaltete der „Chief Whip" der Regierungspartei, der traditionell zugleich auch ein hohes Kronamt bekleidete, die von der Regierung zu vergebenden Stellen und Pfründen. Überdies stand ihm in seiner Funktion als Parlamentssekretär des Schatzamtes ein Dispositionsfonds („Secret Service Money") zur Verfügung, mit dessen Hilfe er – etwa durch Stimmenkauf in bestimmten Wahlkreisen oder Bestechung einzelner Abgeordneter – die Majorität seiner Partei im Parlament zu erhalten bemüht war.

sich darüber mit den Deputierten der einzelnen
Wahlkreise. In diesen begann sich langsam eine
Berufspolitikerschicht zu entwickeln, indem lokale
Agenten geworben waren, die zunächst unbezahlt
5 waren und ungefähr die Stellung unserer „Ver|trau-
ensmänner"[77] einnahmen. Daneben aber entwik-
kelte sich für die Wahlkreise eine kapitalistische
Unternehmergestalt: der „Election Agent", dessen
Existenz in der modernen, die Wahlreinheit si-
10 chernden Gesetzgebung Englands unvermeidlich
war. Diese Gesetzgebung versuchte die Wahl-
kosten zu kontrollieren und der Macht des Geldes
entgegenzutreten, indem sie den Kandidaten verpflichtete, anzugeben, was ihn die Wahl gekostet
15 hatte:[78] denn der Kandidat hatte – weit mehr, als
dies früher auch bei uns vorkam – außer den Strapazen seiner Stimme auch das Vergnügen, den Geld-
beutel zu ziehen. Der Election Agent ließ sich von
ihm eine Pauschalsumme zahlen, wobei er ein gutes
20 Geschäft zu machen pflegte. – In der Machtverteilung zwischen „leader" und Parteihonoratioren, im
Parlament und im Lande, hatte der erstere in England von jeher, aus zwingenden Gründen der Er-
möglichung einer großen und dabei stetigen Politik,
25 eine sehr bedeutende Stellung. Immerhin war aber
der Einfluß auch der Parlamentarier und Parteihonoratioren noch erheblich.

So etwa sah die alte Parteiorganisation aus, halb
Honoratiorenwirtschaft, halb bereits Angestellten-
30 und Unternehmerbetrieb. Seit 1868 aber entwickel-

*Marginalien:*

(Einfluß der *De-putierten*)

Maschine: Lokal-Agent unbezahlt

Avancement                B 37
bezahlter *Unter-nehmer* (fancy
prior)
*Wahl*-Agent

Finanz:
Kandidat zahlt

Alles *v[on]* oben
organisiert.
durch *Parlamenta-rier*

1868/77: *Caucus.*

---

**77** Vgl. dazu oben, S. 168, Anm. 8.
**78** Dies bezieht sich vermutlich auf die „Corrupt and Illegal Practise Act" von 1883, die
der bisher von den Kandidaten und ihren Helfern, den sog. „Election Agents", geübten
Praxis der Wahlbeeinflussung mit Hilfe finanzieller Aufwendungen (vgl. oben, S. 202f.,
Anm. 69) durch eine Begrenzung der Wahlausgaben im jeweiligen Wahlkreis einen Riegel
vorzuschieben suchte. Seither ist die Höhe der Wahlkampfausgaben eines jeden Kandidaten gesetzlich fixiert. Der Election Agent wurde insofern in das britische Verfassungs-
recht eingebunden, als er nun offiziell mit der Verwaltung der vom Kandidaten eingebrach-
ten Geldmittel beauftragt wurde; nach der Wahl hatte er vor einer Prüfungskommission
über deren Verwendung Rechenschaft abzulegen.

te sich zuerst für lokale Wahlen in Birmingham, dann im ganzen Lande, das „Caucus"-System.[79] Ein nonconformistischer Pfarrer[80] und neben ihm Josef Chamberlain riefen dieses System ins Leben. Anlaß war die Demokratisierung des Wahlrechts. Zur Massengewinnung wurde es notwendig, einen ungeheuren Apparat von demokratisch aussehenden Verbänden ins Leben zu rufen, in jedem Stadtquartier einen Wahlverband zu bilden, unausgesetzt den Betrieb in Bewegung zu halten, alles straff zu bureaukratisieren: zunehmend angestellte bezahlte Beamte, von den lokalen Wahlkomitees, in denen bald im ganzen vielleicht 10% der Wähler organisiert waren, gewählte Hauptvermittler mit Kooptationsrecht als formelle Träger der Parteipolitik. Die treibende Kraft waren die lokalen, vor allem die an der Kommunalpolitik – überall der Quelle der fettesten materiellen Chancen – interessierten Kreise, die auch die Finanzmittel in erster Linie aufbrachten. Diese neuentstehende, nicht B 38 mehr parlamentarisch geleitete | Maschine hatte sehr bald Kämpfe mit den bisherigen Machthabern

*Marginalien:*
Schnadhorst – Chamberlain zuerst: Birmingham *lokal* — 5
Quartierwahl der Komitee's
Zutritt, Cooptation
*Massen* herangezogen — 10
Folge der *Demokratisierung* des *Wahl*rechts
Bürokratisierung — 15
— 20

---

**79** Die englische Wahlreform von 1867 wies unter anderem den großen Industriestädten im Norden Englands erstmals eigene Wahlkreise zu. Um sicherzustellen, daß auch die Minorität eine Repräsentation erhielt, wurden sog. Mehrerwahlkreise mit jeweils drei Mandaten eingerichtet, jedoch mit der Maßgabe, daß jeder Wähler nur zwei Stimmen abgeben konnte. Mit Hilfe eines zentral organisierten Parteiapparats („caucus") auf Wahlkreisebene suchten die Liberalen in Birmingham unter Leitung Joseph Chamberlains diese Bestimmungen zu unterlaufen. Im Jahre 1868 gelang es ihnen erstmals, durch präzise Instruktion der Wähler deren Wahlverhalten so zu steuern, daß den Liberalen alle drei Mandate zufielen.

**80** Wie aus dem Stichwortmanuskript hervorgeht, ist damit der langjährige Mitarbeiter Chamberlains, Francis Schnadhorst, gemeint. Dieser wurde allerdings erst 1873 als Nachfolger von William Harris zum Sekretär der „Birmingham Liberal Association" gewählt. In den folgenden Jahren hat Schnadhorst dann auch die Organisation der Liberal Party in anderen Städten nach dem Modell des Birmingham-„Caucus" umgestaltet. Seine Bezeichnung als „nonconformistischer Pfarrer" bezieht sich vermutlich darauf, daß sich Schnadhorst, der von Beruf Tuchhändler war und nicht der anglikanischen Hochkirche angehörte, zu Beginn seiner politischen Laufbahn als Mitglied des „Central Nonconformist Committee" in Birmingham einen Namen gemacht hatte. Vgl. dazu McGill, Barry, Francis Schnadhorst and Liberal Party Organization, in: The Journal of Modern History, Vol. 34, 1962, S. 19–39.

zu führen, vor allen mit dem whip, bestand aber,
gestützt auf die lokalen Interessenten, den Kampf
derart siegreich, daß der whip sich fügen und mit ihr
paktieren[t] mußte. Das Resultat war eine Zentrali-
5 sation der ganzen Gewalt in der Hand der wenigen
und letztlich der einen Person, die an der Spitze der
Partei stand. Denn in der liberalen Partei war das
ganze System aufgekommen in Verbindung mit
dem Emporsteigen Gladstones zur Macht. Das Fas-
10 zinierende der Gladstoneschen „großen" Demagogie, der feste Glaube der Massen an den ethischen
Gehalt seiner Politik und vor allem an den ethischen Charakter seiner Persönlichkeit war es, der
diese Maschine so schnell zum Siege über die Hono-
15 ratioren führte. Ein cäsaristisch-plebiszitäres Element in der Politik: der Diktator des Wahlschlacht-
feldes, trat auf den Plan. Das äußerte sich sehr bald.
1877 wurde der Caucus zum erstenmal bei den
staatlichen Wahlen tätig.[81] Mit glänzendem Erfolg:
20 Disraelis Sturz mitten in seinen großen Erfolgen
war das Resultat.[82] 1886[u] war die Maschine bereits
derart vollständig charismatisch an der Person
orientiert, daß, als die Home-rule-Frage aufgerollt
wurde,[83] der ganze Apparat von oben bis unten
25 nicht fragte: Stehen wir sachlich auf dem Boden

*Aber nur schein-bare* Demok[rati-sierung] der *Partei*

*Faktisch: Plebiszi-täre* Führerschaft.

Gladstone

Schon 1886 Cau-cus *ohne sachl[i-ches]* Programm. nur Person.

---

**t** B: praktieren  **u** B: 1866

81 1877 fanden keine allgemeinen Wahlen statt. Vermutlich spielt Weber mit dieser Bemerkung auf den 1877 erfolgten Zusammenschluß einer Vielzahl lokaler liberaler Parteiorganisationen zur „National Liberal Federation" an. Deren Tätigkeit schuf die Basis für den Erfolg der Liberalen bei den Wahlen von 1880.
82 Bei den Wahlen von 1880 mußte die von Disraeli geführte Konservative Partei eine empfindliche Niederlage hinnehmen; Disraeli, der mit seiner Politik der imperialen Konso-lidierung die Weltmachtstellung Großbritanniens gesichert hatte, trat daraufhin zurück und machte einer liberalen Regierung unter Gladstone Platz.
83 Die irische Nationalpartei unter Führung von Charles Parnell, die in den 80er Jahren des 19. Jahrhunderts eine Schlüsselstellung im Unterhaus besaß, machte ihre Zusam-menarbeit mit den Liberalen von der Gewährung der „Home Rule", d. h. eines autonomen Status für Irland mit eigener Regierung und eigenem Parlament im Rahmen des Vereinig-ten Königreichs, abhängig. Um sich die parlamentarische Unterstützung der irischen Abgeordneten zu sichern, brachte die Regierung Gladstone im Juni 1886 einen Gesetz-entwurf zugunsten der „Home Rule" ein.

Gladstones?, sondern einfach auf das Wort Gladstones mit ihm abschwenkte und sagte: Was er tut,
wir folgen ihm – und seinen eigenen Schöpfer,
Chamberlain, im Stich ließ.[84]

Diese Maschinerie bedarf eines erheblichen Per-
sonenapparates. Es sind immerhin wohl 2000 Personen in England, die direkt von der Politik der
Parteien leben. Sehr viel zahlreicher sind freilich
diejenigen, die rein als Stellenjäger oder als Interessenten in der Politik mitwirken, namentlich innerhalb der Gemeindepolitik. Neben den ökonomischen Chancen stehen für den brauchbaren Caucus-
Politiker Eitelkeitschancen. „J.P."[85] oder gar
„M.P."[86] zu werden, ist naturgemäß Streben des
höchsten (normalen) Ehrgeizes, und solchen Leuten, die eine gute Kinderstube aufzuweisen hatten,
„gentlemen" waren, wird das zuteil. Als Höchstes
winkte, insbesondere für große Geldmäzenaten –
die Finanzen der Parteien beruhten zu | vielleicht
50% auf Spenden ungenannt bleibender Geber ⌐[,]⌐
die Peers-Würde.

Was war nun der Effekt des ganzen Systems?
Daß heute die englischen Parlamentarier mit Ausnahme der paar Mitglieder des Kabinetts (und eini-

B 39

---

**84** Gladstones Eintreten für die Gewährung der „Home Rule" an Irland führte innerhalb
der Liberalen Partei zu erheblichen Konflikten. Chamberlain und Dilke, die Führer des
radikalen Flügels der Liberalen Partei, wandten sich entschieden gegen die Gewährung
der Autonomie an Irland und drohten mit einer Parteispaltung. Die in der 1877 gegründeten „National Liberal Federation" (siehe oben, S. 209, Anm. 81) zusammengeschlossenen liberalen Organisationen unterstützten jedoch Gladstone. Daraufhin gründete eine
Minderheit unter Führung Chamberlains eine eigene Fraktion, die sog. „liberalen Unionisten", die später mit der Konservativen Partei verschmolz.
**85** Justice of the Peace. Der Friedensrichter war seit Ende des 13. Jahrhunderts der
Vertrauensmann der Krone zur Wahrung des Friedens im Land. Neben seiner strafrichter-
lichen Zuständigkeit besaß er anfänglich auch ausgedehnte Verwaltungsbefugnisse. Das
Amt des Friedensrichters war ein unbesoldetes Ehrenamt, das zumeist von Angehörigen
der lokalen Gentry wahrgenommen wurde.
**86** Member of Parliament. Auch nach der schrittweisen Demokratisierung des Wahlrechts
blieb der aristokratische Charakter des englischen Staatslebens im wesentlichen erhalten.
Das Unterhaus galt weiterhin als eine Vereinigung von „gentlemen", und ein Abgeordne-
tenmandat brachte gesellschaftliches Ansehen und hob den sozialen Status.

ger Eigenbrödler) normalerweise nichts andres als
gut diszipliniertes Stimmvieh sind. Bei uns im
Reichstag pflegte man zum mindesten durch Erle-
digung von Privatkorrespondenz auf dem Schreib-
5 tisch vor seinem Platz zu markieren, daß man für
das Wohl des Landes tätig sei. Derartige Gesten
werden in England nicht verlangt; das Parlaments-
mitglied hat nur zu stimmen und nicht Parteiverrat
zu begehen; es hat zu erscheinen, wenn die Einpeit-
10 scher rufen, zu tun, was je nachdem das Kabinett
oder was der leader der Opposition verfügt. Die
Caucus-Maschine draußen im Lande vollends ist,
wenn ein starker Führer da ist, fast gesinnungslos
und ganz in den Händen des leader. Über dem
15 Parlament steht also damit der faktisch plebiszitäre
Diktator, der die Massen vermittelst der „Maschine" hinter sich bringt, und für den die Parlamentarier nur politische Pfründner sind, die in seiner
Gefolgschaft stehen.
20 Wie findet nun die Auslese dieser Führerschaft
statt? Zunächst: nach welcher Fähigkeit? Dafür ist
– nächst den überall in der Welt entscheidenden
Qualitäten des Willens – natürlich die Macht der
demagogischen Rede vor allem maßgebend. Ihre
25 Art hat sich geändert von den Zeiten her, wo sie
sich, wie bei Cobden, an den Verstand wandte, zu
Gladstone, der ein Techniker des scheinbar nüchternen „die-Tatsachen-sprechen-lassens" war, bis
zur Gegenwart, wo vielfach rein emotional mit Mit-
30 teln, wie sie auch die Heilsarmee verwendet, gearbeitet wird, um die Massen in Bewegung zu setzen.
Den bestehenden Zustand darf man wohl eine
„Diktatur, beruhend auf der Ausnutzung der Emo-
tionalität der Massen",[87] nennen. – Aber das sehr
35 entwickelte System der Komiteearbeit im englischen Parlament ermöglicht es und zwingt auch

---

**87** Als Zitat nicht nachgewiesen.

jeden Politiker, der auf Teilnahme an der Führung reflektiert, dort mitzu*arbeiten*. Alle erheblichen Minister der letzten Jahrzehnte haben diese sehr B 40 reale und wirksame Arbeitsschulung | hinter sich, und die Praxis der Berichterstattung und öffentlichen Kritik an diesen Beratungen bedingt es, daß diese Schule eine wirkliche Auslese bedeutet und den bloßen Demagogen ausschaltet.

So in England. Das dortige caucus-System war aber nur eine abgeschwächte Form, verglichen mit der amerikanischen Parteiorganisation, die das plebiszitäre Prinzip besonders früh und besonders rein zur Ausprägung brachte. Das Amerika Washingtons sollte nach seiner Idee ein von „gentlemen" verwaltetes Gemeinwesen sein.[88] Ein gentleman war damals auch drüben ein Grundherr oder ein Mann, der Collegeerziehung hatte. So war es auch zunächst. Als sich Parteien bildeten, nahmen anfangs die Mitglieder des Repräsentantenhauses in Anspruch, Leiter zu sein wie in England zur Zeit der Honoratiorenherrschaft. Die Parteiorganisation war ganz locker. Das dauerte bis 1824. Schon vor den zwanziger Jahren war in manchen Gemeinden – die auch hier die erste Stätte der modernen Entwicklung waren – die Parteimaschine im Werden. Aber erst die Wahl von Andrew Jackson zum Präsidenten, des Kandidaten der Bauern des Westens, warf die alten Traditionen über den Haufen.[89] Das formelle Ende der Leitung der Parteien

---

**88** Der amerikanische Verfassungskonvent, der unter der Führung George Washingtons im Mai 1787 zusammentrat, setzte sich fast ausschließlich aus Mitgliedern der Oberschicht zusammen, deren politisches Denken von der Überzeugung bestimmt war, daß die Geschicke des jungen Staates besser bei den „gentlemen" als bei den „common people" aufgehoben seien.
**89** Nach der Präsidentschaftswahl von 1824, bei der John Quincy Adams nur knapp vor Andrew Jackson gesiegt hatte, bauten die Anhänger Jacksons eine straffe Parteiorganisation auf, aus der sich später die „Demokratische Partei" entwickelte. Mit Hilfe einer großangelegten Wahlkampagne schlug Jackson Adams in der Wahl des Jahres 1828, bei der die Wahlmänner in den meisten Staaten erstmals nicht mehr von den Parlamenten der Einzelstaaten, sondern vom Volk direkt bestimmt wurden.

durch führende Parlamentarier ist bald nach 1840
eingetreten, als die großen Parlamentarier – Calhoun, Webster – aus dem politischen Leben aus-
schieden, weil das Parlament gegenüber der Partei-
5 maschine draußen im Lande fast jede Macht verloren hatte. Daß die plebiszitäre „Maschine" in Amerika sich so früh entwickelte, hatte seinen Grund
darin, daß dort, und nur dort, das Haupt der Exekutive und – darauf kam es an – der Chef der
10 Amtspatronage ein plebiszitär gewählter Präsident
und daß er infolge der „Gewaltenteilung"[90] in seiner Amtsführung vom Parlament fast unabhängig
war. Ein richtiges Beuteobjekt von Amtspfründen
winkte also als Lohn des Sieges gerade bei der
15 Präsidentenwahl. Durch das von Andrew Jackson
nun ganz systematisch zum Prinzip erhobene
ᵛ„spoils system"ᵛ[91] wurde die Konsequenz daraus
gezogen.

Was bedeutet dies ʷspoils systemʷ – die Zuwen-
20 dung aller Bundesämter an die Gefolgschaft des
siegreichen Kandidaten – für die Parteibildung heu-
te? Daß ganz gesinnungslose Parteien | einander            B 41
gegenüberstehen, reine Stellenjägerorganisatio-
nen, die für den einzelnen Wahlkampf ihre wech-
25 selnden Programme je nach der Chance des Stim-
menfanges machen – in einem Maße wechselnd,
wie dies trotz aller Analogien doch anderwärts sich
nicht findet. Die Parteien sind eben ganz und gar

---

**v** B: „spoil system"    **w** B: spoil system

**90** Das klassische Prinzip der Gewaltenteilung sieht eine scharfe Trennung von Legislati-
ve, Exekutive und Judikative vor. In dem präsidentiellen System der USA, in dem die
Exekutive, d. h. der Präsident, vom Volk gewählt wird, ist dieses Prinzip stärker als in den
meisten parlamentarischen Systemen Europas ausgebildet, in denen die Regierung aus
der Parlamentsmehrheit hervorgeht.
**91** Die Formulierung des Prinzips, Regierungsämter als Amtspfründen für eigene Anhänger anzusehen und dementsprechend zu besetzen, geht auf John Learned Marcy zurück,
der 1832 vor dem amerikanischen Senat davon sprach, daß Politiker „see nothing wrong
in the rule that to the victor belong the spoils of the enemy." Vgl. Bryce, The American
Commonwealth, Vol. 2, S. 480f., Anm. 1.

zugeschnitten auf den für die Amtspatronage wichtigsten Wahlkampf: den um die Präsidentschaft der
Union und um die Governorstellen der Einzelstaaten. Programme und Kandidaten werden in den
„Nationalkonventionen" der Parteien ohne Inter-         5
vention der Parlamentarier festgestellt: – von Par-
teitagen also, die formell sehr demokratisch von
Delegiertenversammlungen beschickt wurden,
welche ihrerseits ihr Mandat den „primaries", den
Urwählerversammlungen der Partei, verdanken.[92]      10
Schon in den primaries werden die Delegierten auf
den Namen der Staatsoberhauptskandidaten gewählt; *innerhalb* der einzelnen Parteien tobt der
erbittertste Kampf um die Frage der „Nomination". In den Händen des Präsidenten liegen im-       15
merhin 300000–400000 Beamtenernennungen, die
von ihm, nur unter Zuziehung von Senatoren der
Einzelstaaten, vollzogen werden. Die Senatoren
sind also mächtige Politiker. Das Repräsentanten-
haus dagegen ist politisch relativ sehr machtlos,     20
weil ihm die Beamtenpatronage entzogen ist, und
die Minister, reine Gehilfen des vom Volk gegen
jedermann, auch das Parlament, legitimierten Präsidenten, unabhängig von seinem Vertrauen oder
Mißtrauen ihres Amtes walten können: eine Folge    25
der „Gewaltenteilung".

Das dadurch gestützte ˣspoils systemˣ war in
Amerika technisch *möglich*, weil bei der Jugend
der amerikanischen Kultur eine reine Dilettan-
tenwirtschaft ertragen werden konnte. Denn          30
300000–400000 solcher Parteileute, die nichts für

---

x B: spoil system

**92** In den USA erfolgt die Nominierung des Präsidentschaftskandidaten einer Partei in
den sog. „National Conventions", die wenige Monate vor der Präsidentschaftswahl stattfinden und deren Delegierte den Willen der jeweiligen Parteianhänger repräsentieren. Im
19. Jahrhundert erfolgte die Delegiertenauswahl dabei durch ein abgestuftes System,
dessen unterste Ebene die „primaries", d. h. die Wahlversammlungen der Anhänger einer
Partei auf Ortsebene, bildeten.

ihre Qualifikation anzuführen hatten als die Tatsache, daß sie ihrer Partei gute Dienste geleistet hatten, – dieser Zustand konnte selbstverständlich
nicht bestehen ohne ungeheure Übelstände: Kor-
5 ruption und Vergeudung ohnegleichen, die nur ein
Land mit noch unbegrenzten ökonomischen Chancen ertrug.

Diejenige Figur nun, die mit diesem System der
plebiszitären | Parteimaschine auf der Bildfläche
10 erscheint, ist: der „Boss". Was ist der Boss? Ein
politischer kapitalistischer Unternehmer, der für
seine Rechnung und Gefahr Wahlstimmen herbei-
schafft. Er kann als Rechtsanwalt oder Kneipwirt
oder Inhaber ähnlicher Betriebe oder etwa als Kre-
15 ditgeber seine ersten Beziehungen gewonnen haben. Von da aus spinnt er seine Fäden weiter, bis er
eine bestimmte Anzahl von Stimmen zu „kontrollieren" vermag. Hat er es so weit gebracht, so tritt
er mit den Nachbarbosses in Verbindung, erregt
20 durch Eifer, Geschicklichkeit und vor allen Dingen: Diskretion die Aufmerksamkeit derjenigen,
die es in der Karriere schon weiter gebracht haben,
und steigt nun auf. Der Boss ist unentbehrlich für
die Organisation der Partei. Die liegt zentralisiert
25 in seiner Hand. Er beschafft sehr wesentlich die
Mittel. Wie kommt er zu ihnen? Nun, teilweise
durch Mitgliederbeiträge; vor allem durch Besteuerung der Gehälter jener Beamten, die durch ihn
und seine Partei ins Amt kamen. Dann durch Be-
30 stechungs- und Trinkgelder. Wer eines der zahlreichen Gesetze ungestraft verletzen will, bedarf der
Konnivenz der Bosses und muß sie bezahlen. Sonst
erwachsen ihm unweigerlich Unannehmlichkeiten.
Aber damit allein ist das erforderliche Betriebska-
35 pital noch nicht beschafft. Der Boss ist unentbehrlich als direkter Empfänger des Geldes der großen
Finanzmagnaten. Die würden keinem bezahlten
Parteibeamten oder irgend einem öffentlich rech-
nunglegenden Menschen überhaupt Geld für Wahl-

B 42

zwecke anvertrauen. Der Boss mit seiner klügli-
chen Diskretion in Geldsachen ist selbstverständlich der Mann derjenigen kapitalistischen Kreise,
welche die Wahl finanzieren. Der typische Boss ist
ein absolut nüchterner Mann. Er strebt nicht nach                5
sozialer Ehre; der „professional" ist verachtet innerhalb der „guten Gesellschaft". Er sucht ausschließlich Macht, Macht als Geldquelle, aber
auch: um ihrer selbst willen. Er arbeitet im Dunk-
len, das ist sein Gegensatz zum englischen leader.              10
Man wird ihn selbst nicht öffentlich reden hören; er
suggeriert den Rednern, was sie in zweckmäßiger
Weise zu sagen haben, er selbst aber schweigt. Er
nimmt in aller Regel kein Amt an, außer dem des
B 43 Senators | im Bundessenat. Denn da die Senatoren          15
an der Amtspatronage kraft Verfassung beteiligt
sind, sitzen die leitenden Bosses oft in Person in
dieser Körperschaft. Die Vergebung der Ämter erfolgt in erster Linie nach der Leistung für die Partei.
Aber auch der Zuschlag gegen Geldgebote kam               20
vielfach vor, und es existierten für einzelne Ämter
bestimmte Taxen: ein Ämterverkaufssystem, wie
es die Monarchien des 17. und 18. Jahrhunderts mit
Einschluß des Kirchenstaates ja auch vielfach kann-
ten.[93]                                                       25
  Der Boss hat keine festen politischen „Prinzi-
pien", er ist vollkommen gesinnungslos und fragt
nur: Was fängt Stimmen? Er ist nicht selten ein
ziemlich schlecht erzogener Mann. Er pflegt aber in
seinem Privatleben einwandfrei und korrekt zu le-              30
ben. Nur in seiner politischen Ethik paßt er sich
naturgemäß der einmal gegebenen Durchschnitts-
ethik des politischen Handelns an, wie sehr viele
von uns in der Zeit des Hamsterns[94] auch auf dem

---

**93** Vgl. dazu oben, S. 173, Anm. 12.
**94** Während des Ersten Weltkrieges hatte sich im Deutschen Reich infolge der wirtschaftlichen Blockade der Entente-Mächte die Nahrungsmittelversorgung dramatisch verschlechtert. Insbesondere die Stadtbevölkerung litt unter dem Mangel und versuchte,
durch sog. Hamsterfahrten zu den Bauern auf dem Land ihre Lage zu verbessern.

Gebiete der ökonomischen Ethik getan haben dürften. Daß man ihn als „professional", als Berufspolitiker, gesellschaftlich verachtet, ficht ihn nicht an.
Daß er selbst nicht in die großen Ämter der Union
5 gelangt und gelangen will, hat dabei den Vorzug:
daß nicht selten parteifremde Intelligenzen: Nota-
bilitäten also, und nicht immer wieder die alten
Parteihonoratioren wie bei uns, in die Kandidatur
hineinkommen, wenn die Bosses sich davon Zug-
10 kraft bei den Wahlen versprechen. Gerade die
Struktur dieser gesinnungslosen Parteien mit ihren
gesellschaftlich verachteten Machthabern hat daher tüchtigen Männern zur Präsidentschaft verhol-
fen, die bei uns niemals hochgekommen wären.
15 Freilich, gegen einen Outsider, der ihren Geld- und
Machtquellen gefährlich werden könnte, sträuben
sich die Bosses. Aber im Konkurrenzkampf um die
Gunst der Wähler haben sie nicht selten sich zur
Akzeptierung gerade von solchen Kandidaten her-
20 beilassen müssen, die als Korruptionsgegner gal-
ten.
Hier ist also ein stark kapitalistischer, von oben
bis unten straff durchorganisierter Parteibetrieb
vorhanden, gestützt auch durch die überaus festen,
25 ordensartig organisierten Klubs von der Art von
Tammany Hall,[95] die ausschließlich die Profiterzie-
lung | durch politische Beherrschung vor allem von
Kommunalverwaltungen – auch hier des wichtigsten Ausbeutungsobjektes – erstreben. Möglich
30 war diese Struktur des Parteilebens infolge der
hochgradigen Demokratie der Vereinigten Staaten
als eines „Neulandes". Dieser Zusammenhang nun
bedingt, daß dies System im langsamen Absterben
begriffen ist. Amerika kann nicht mehr nur durch
35 Dilettanten regiert werden. Von amerikanischen
Arbeitern bekam man noch vor 15 Jahren auf die

B 44

---

**95** Vgl. dazu oben, S. 203, Anm. 70.

Frage, warum sie sich so von Politikern regieren
ließen, die sie selbst zu verachten erklärten, die
Antwort: „Wir haben lieber Leute als Beamte, auf
die wir spucken, als wie bei euch eine Beamtenka-
ste, die auf uns spuckt."[96] Das war der alte Stand-        5
punkt amerikanischer „Demokratie": die Sozialisten dachten schon damals völlig anders. Der Zustand wird nicht mehr ertragen. Die Dilettantenverwaltung reicht nicht mehr aus, und die Civil
Service Reform[97] schafft lebenslängliche pensions-        10
fähige Stellen in stets wachsender Zahl, und be-
wirkt so, daß auf der Universität geschulte Beamte,
genau so unbestechlich und tüchtig wie die unsri-
gen[,] in die Ämter kommen. Rund 100000 Ämter
sind schon jetzt nicht mehr im Wahlturnus Beute-        15
objekt, sondern pensionsfähig und an Qualifika-
tionsnachweis geknüpft. Das wird das [a]spoils system[a] langsam mehr zurücktreten lassen, und die
Art der Parteileitung wird sich dann wohl ebenfalls
umbilden, wir wissen nur noch nicht, wie.        20

In *Deutschland* waren die entscheidenden Bedingungen des politischen Betriebes bisher im wesentlichen folgende. Erstens: Machtlosigkeit der Parlamente. Die Folge war: daß kein Mensch, der Füh-
rerqualität hatte, dauernd hineinging. Gesetzt den        25
Fall, man wollte hineingehen, – was konnte man
dort tun? Wenn eine Kanzleistelle frei wurde,
konnte man dem betreffenden Verwaltungschef sagen: ich habe in meinem Wahlkreis einen sehr tüch-

In *Deutschland*.
1) *Machtlose* Par-
lamente.
Ministerien Be-
amtenpfründen
Keine Auslese-
stätte f[ür] Politi-
ker.

**a** B: spoil system

**96** Als Zitat nicht nachgewiesen. Max Weber hat die bürokratiefeindliche Haltung der amerikanischen Arbeiter auch in seinem 1918 in Wien gehaltenen Vortrag „Der Sozialismus" eingehend beschrieben. Weber, Max, Der Sozialismus. – Wien: „Phöbus" Kommissionsverlag Dr. Victor Pimmer [1918], S. 6f. (MWG I/15, S. 604). Max Weber dürfte derartige Äußerungen im Jahre 1904 gehört haben, als er sich anläßlich seiner Teilnahme an einem im Rahmen der Weltausstellung organisierten wissenschaftlichen Kongreß in St. Louis mehrere Monate in den USA aufhielt und quer durch das Land reiste.
**97** Vgl. dazu oben, S. 176, Anm. 20.

tigen Mann, der wäre geeignet, nehmen Sie[b] den
doch. Und das geschah gern. Das war aber so ziemlich alles, was ein deutscher Parlamentarier für die
Befriedigung seiner Machtinstinkte erreichen
5 konnte, – wenn er solche hatte. Dazu trat – und dies
zweite Moment bedingte das erste –: die ungeheure
Bedeutung des geschulten Fachbeamtentums in
Deutschland. | Wir waren darin die ersten der Welt.          B 45
Diese Bedeutung brachte es mit sich, daß dies Fach-
10 beamtentum nicht nur die Fachbeamtenstellen,
sondern auch die Ministerposten für sich beanspruchte. Im bayerischen Landtag ist es gewesen,
wo im vorigen Jahre, als die Parlamentarisierung
zur Diskussion stand, gesagt wurde: die begabten
15 Leute werden dann nicht mehr Beamte werden,
wenn man die Parlamentarier in die Ministerien
setzt.[98] Die Beamtenverwaltung entzog sich überdies systematisch einer solchen Art von Kontrolle,
wie sie die englischen Komitee-Erörterungen be-
20 deuten, und setzte so die Parlamente außer stand –
von wenigen Ausnahmen abgesehen –, wirklich
brauchbare Verwaltungschefs in ihrer Mitte heran-
zubilden.

    Das dritte war, daß wir in Deutschland, im Ge-    2) Gesinnungs-
25 gensatz zu Amerika, gesinnungspolitische Parteien    Parteien
hatten, die zum mindesten mit subjektiver bona
fides behaupteten, daß ihre Mitglieder „Weltanschauungen" vertraten. Die beiden wichtigsten die-    Darunter: Katho-
ser Parteien: das Zentrum einerseits, die Sozialde-    l[ische] Partei
   Sozialisten
30 mokratie andererseits, waren nun aber geborene
Minoritätsparteien und zwar nach ihrer eigenen    geborene *Minori-*
Absicht. Die führenden Zentrumskreise im Reich    *täten*-Parteien

---

**b** B: sie

**98** In den Jahren 1917/18 war es im bayerischen Landtag wiederholt zu Verhandlungen
über eine Parlamentarisierung der bayerischen Verfassung gekommen. Siehe dazu u. a.
Albrecht, Willy, Landtag und Regierung in Bayern am Vorabend der Revolution von 1918.
Studien zur gesellschaftlichen und staatlichen Entwicklung Deutschlands von 1912–
1918. – Berlin: Duncker & Humblot 1968, S. 259 ff. Der Sachverhalt als solcher ließ sich
nicht aufklären.

haben nie ein Hehl daraus gemacht, daß sie deshalb
gegen den Parlamentarismus seien, weil sie fürchte-
ten, in die Minderheit zu kommen und ihnen dann
die Unterbringung von Stellenjägern wie bisher,
durch Druck auf die Regierung, erschwert würde.[99]

Die Sozialdemokratie war prinzipielle Minderheits-
partei und ein Hemmnis der Parlamentarisierung,
weil sie sich mit der gegebenen politisch-bürgerli-
chen Ordnung nicht beflecken wollte. Die Tatsache, daß beide Parteien sich ausschlossen vom parlamentarischen System, machte dieses unmöglich.
Was wurde dabei aus den deutschen Berufspolitikern? Sie hatten keine Macht, keine Verantwortung, konnten nur eine ziemlich subalterne Hono-
ratiorenrolle spielen und waren infolgedessen neu-
erlich beseelt von den überall typischen Zunftin-
stinkten[c]. Es war unmöglich, im Kreise dieser Honoratioren, die ihr Leben aus ihrem kleinen Pöst-
chen machten, hoch zu steigen für einen ihnen nicht

3) Berufspolitiker
*keine* Honoratio-
ren
keine *Verantwor-
tung*
keine *Chancen*

c B: Zunftsinstinkten

99 Bereits kurz vor den Reichstagswahlen von 1907, die wegen der scharfen Kritik des
Zentrums an der Kolonialpolitik des Reichs, einschließlich der Benachteiligung der katholischen Missionen in den afrikanischen Kolonien, herbeigeführt worden waren, hatte Max
Weber der Zentrumsführung vorgeworfen, daß diese „*nicht* die Controlle der Colonialver-
waltung durch den *Reichstag* [...], sondern die Aufrechterhaltung der *hinter* den Coulissen
herlaufenden ‚parlamentarischen *Patronage*'" verlangt habe, daß sie also, mit anderen
Worten, nicht „reale Macht der Volksvertretung *gegenüber* der Krone, sondern persönliche Bonbons" aus deren Händen angestrebt habe. In diesem Zusammenhang bezeichnete er das Zentrum als „die Partei des Scheinkonstitutionalismus". Vgl. Brief an Friedrich
Naumann vom 14. Dez. 1906, ZStA Potsdam, Nl. Friedrich Naumann, Nr. 106 (MWG II/5,
S. 201 ff.). In diesem Urteil sah er sich durch die Unentschiedenheit des Zentrums in der
Reichstagsdebatte vom November 1909 über eine Änderung der Reichsverfassung
zwecks Beseitigung des „persönlichen Regiments" Wilhelms II. bestätigt. In der Tat
betrachtete die Zentrumspartei „die Abwehr der gegen den katholischen Volksteil gerichteten Maßnahmen auf dem Gebiete der Gesetzgebung und Verwaltung" als ihre „erste
und dringendste Aufgabe" und die Wahrung „der staatsbürgerlichen Gleichberechtigung
der katholischen Minderheit" als eine ihrer „vornehmsten Pflichten", während sie sich
ansonsten ausdrücklich als „auf dem Boden der Verfassung" des Deutschen Reiches
stehend bezeichnete und demgemäß eine Parlamentarisierung nicht für vordringlich hielt.
Siehe: Berliner Erklärung der Zentrumspartei vom 28. November 1909, in: Mommsen,
Wilhelm (Hg.), Deutsche Parteiprogramme, 2. Aufl. – München: Isar Verlag 1960, S. 245 f.

gleichgearteten Mann. Ich könnte aus jeder Partei, selbstverständlich die Sozialdemokratie | nicht ausgenommen, zahlreiche Namen nennen, die Tragödien der politischen Laufbahn bedeuteten, weil der
5 Betreffende Führerqualitäten hatte und um eben deswillen von den Honoratioren nicht geduldet wurde. Diesen Weg der Entwicklung zur Honoratiorenzunft sind alle unsere Parteien gegangen. Bebel z. B. war noch ein Führer, dem Temperament
10 und der Lauterkeit des Charakters nach, so bescheiden sein Intellekt war. Die Tatsache, daß er Märtyrer war,[100] daß er das Vertrauen der Massen niemals täuschte (in deren Augen), hatte zur Folge, daß er sie schlechthin hinter sich hatte und es keine
15 Macht innerhalb der Partei gab, die ernsthaft gegen ihn hätte auftreten können. Nach seinem Tode hatte das ein Ende, und die Beamtenherrschaft begann. Gewerkschaftsbeamte, Parteisekretäre, Journalisten kamen in die Höhe, Beamteninstinkte
20 beherrschten die Partei, ein höchst ehrenhaftes Beamtentum – selten ehrenhaft darf man, mit Rücksicht auf die Verhältnisse anderer Länder, besonders im Hinblick auf die oft bestechlichen Gewerkschaftsbeamten in Amerika, sagen –, aber die früher
25 her erörterten Konsequenzen der Beamtenherrschaft traten auch in der Partei ein.

*Vor der Revol[u-tion] Soz[ial-]Dem[okratie] rein bürokratisierte Partei*   B 46

*Bebel* letzter *Führer* (Märtyrer)

Gewerkschafts-u[nd] Parteibeamte u[nd] Journalisten *ehrenhaft* (cf Amerika) aber keinerlei Führer. Hochkommen *erschwert.*

---

**100** Dies bezieht sich darauf, daß August Bebel für seine politische Überzeugung wiederholt Gefängnisstrafen hatte auf sich nehmen müssen, so bereits im Jahre 1869 eine dreiwöchige Gefängnisstrafe in Leipzig wegen der Verlesung eines Aufrufs „An das spanische Volk" und 1870/71 101 Tage Untersuchungshaft wegen seiner Opposition gegen die Reichsgründungspolitik Bismarcks, was seine Wahl in den ersten Reichstag jedoch nicht verhinderte. Im sog. Leipziger Hochverratsprozeß im März 1872 wurde Bebel zu zwei Jahren Festungshaft unter Anrechnung von zwei Monaten Untersuchungshaft verurteilt. Noch im gleichen Jahr erfolgte eine Verurteilung wegen Majestätsbeleidigung zu neun Monaten Gefängnis, doch wurde diese Strafe als durch die Festungshaft abgegolten betrachtet. 1877 wurde Bebel dann wegen angeblicher Beleidigung Bismarcks erneut zu sechs Monaten Gefängnis verurteilt. Bebel hat diese Haftstrafen und die ihnen vorangehenden Gerichtsverhandlungen von Anfang an mit größtem Erfolg agitatorisch ausgenutzt. Vgl. Bebel, August, Aus meinem Leben, 3 Bände. – Stuttgart: J. H. W. Dietz Nachf. 1910–1914, hier Band 1, 1910, S. 214 ff., und Band 2, 1911, S. 205 ff., 245 ff., 257 f. und 390 ff.

Die bürgerlichen Parteien wurden seit den achtziger Jahren vollends Honoratiorenzünfte. Gelegentlich zwar mußten die Parteien zu Reklamezwecken außerparteiliche Intelligenzen heranziehen, um sagen zu können: „diese und diese Namen haben wir." Möglichst vermieden sie es, dieselben in die Wahl hineinkommen zu lassen, und nur wo es unvermeidlich war, der Betreffende es sich nicht anders gefallen ließ, geschah es.[101]

bürgerl[iche] Parteien: noch *Honoratioren*-Parteien *Ausnahms*weise einmal e[ine] *Notabilität*

Im Parlamente der gleiche Geist. Unsere Parlamentsparteien waren und sind Zünfte. Jede Rede, die gehalten wird im Plenum des Reichstages, ist vorher durchrezensiert in der Partei. Das merkt man ihrer unerhörten Langweile an. Nur wer als Redner bestellt ist, kann zu Wort kommen. Ein stärkerer Gegensatz gegen die englische, aber auch – aus ganz entgegengesetzten Gründen – die französische Gepflogenheit ist kaum denkbar.[102]

Fraktion im Parlament: *Zunft* Reden zensiert Fraktions-Turnus dabei Fraktionszwang. *Führer perhorresziert.*

Jetzt ist infolge des gewaltigen Zusammenbruchs, den man Revolution zu nennen pflegt, viel-
B 47 leicht eine Umwandlung im | Gange. Vielleicht – nicht sicher. Zunächst traten Ansätze zu neuen Arten von Parteiapparaten auf. Erstens Amateurapparate. Besonders oft vertreten durch Studenten der verschiedenen Hochschulen, die einem Mann, dem sie Führerqualitäten zuschreiben, sagen: wir wollen für Sie die nötige Arbeit versehen, führen Sie sie aus. Zweitens geschäftsmännische Appara-

Jetzt: Alles in Umordnung

Apparate *nun* (neben Honoratioren u[nd] Beamten) von 2erlei Art

1. Ideologen (Studenten)

2. Geschäftsleute

**101** Vermutlich Anspielung darauf, daß die Deutsche Demokratische Partei Max Weber ungeachtet seine Engagements im Wahlkampf nicht für die Nationalversammlung nominiert hatte. Vgl. den Editorischen Bericht, oben, S. 119f.

**102** Nach den Prinzipien des englischen Parlamentsverfahrens ist die gesamte parlamentarische Beratung grundsätzlich Debatte, also keine Aneinanderreihung von Monologen, sondern Rede und Gegenrede über ein konkretes, auf der Tagesordnung stehendes Thema. Dabei gibt es im englischen Parlament keine Rednerliste; über die Abfolge der Redner entscheidet der „Speaker", dem die Abgeordneten ihren Wunsch zu sprechen signalisiert haben. Das französische Parlamentssystem der Dritten Republik kannte zwar durchaus Fraktionen, doch waren diese vergleichsweise lose organisiert. Insbesondere das Prinzip des von Weisungen unabhängigen, nur der Nation verpflichteten Abgeordneten hinderte lange Zeit erfolgreich die Durchsetzung eines Fraktionszwanges.

te. Es kam vor, daß Leute zu Männern kamen,
denen sie Führerqualitäten zuschrieben, und sich
erboten, gegen feste Beträge für jede Wahlstimme
die Werbung zu übernehmen. – Wenn Sie mich
5 ehrlich fragen würden, welchen von diesen beiden
Apparaten ich unter rein technisch-politischen Gesichtspunkten für verläßlicher halten wollte, so
würde ich, glaube ich, den letzteren vorziehen.
Aber beides waren schnell aufsteigende Blasen, die
10 rasch wieder verschwanden. Die vorhandenen Apparate schichteten sich um, arbeiteten aber weiter.
Jene Erscheinungen waren nur ein Symptom dafür,
daß die neuen Apparate sich vielleicht schon ein-
stellen würden, wenn nur – die Führer da wären.
15 Aber schon die technische Eigentümlichkeit des
Verhältniswahlrechts[103] schloß deren Hochkommen aus. Nur ein paar Diktatoren der Straße entstanden und gingen wieder unter.[104] Und nur die
Gefolgschaft der Straßendiktatur ist in fester Diszi-
20 plin organisiert: daher die Macht dieser verschwin-
denden Minderheiten.

Nehmen wir an, das änderte sich, so muß man
sich nach dem früher Gesagten klarmachen: die
Leitung der Parteien durch plebiszitäre Führer be-
25 dingt die „Entseelung" der Gefolgschaft, ihre geistige Proletarisierung, könnte man sagen. Um für
den Führer als Apparat brauchbar zu sein, muß sie

*Randnotizen:*
bei *Wahl*: N$^r$. *2*

*Führer:* nur auf
der *Straße* (Lieb-
knecht)

Diktatur

---

103 Nach einer damals weitverbreiteten, auch von Max Weber geteilten Ansicht be-
schneidet das Verhältniswahlrecht – im Unterschied zum Mehrheitswahlrecht – die Chancen herausragender Persönlichkeiten, sich gegenüber dem Parteiapparat durchzusetzen
und kraft ihrer persönlichen Führungsqualitäten gewählt zu werden, da die Aufstellung der
Kandidatenlisten, zwischen denen allein der Wähler entscheiden kann, in die alleinige
Kompetenz der Parteiapparate fällt.
104 Max Weber denkt hier, wie aus dem Stichwortmanuskript hervorgeht, an Karl Liebknecht und vermutlich auch an Rosa Luxemburg, die Ende Dezember 1918 die Kommuni-
stische Partei Deutschlands mitbegründet hatten. Beide wurden im Anschluß an den
Januaraufstand der äußersten Linken in Berlin, der den Sturz des von den Mehrheitsso-
zialdemokraten kontrollierten Rats der Volksbeauftragten zum Ziel hatte und zeitweilig
große Massen der Berliner Arbeiterschaft zu mobilisieren vermochte, verhaftet und am
15. Januar 1919 von Freikorpsangehörigen ermordet.

blind gehorchen, Maschine im amerikanischen Sinne sein, nicht gestört durch Honoratioreneitelkeit und Prätensionen eigener Ansichten. Lincolns Wahl war nur durch diesen Charakter der Parteiorganisation möglich, und bei Gladstone trat, wie erwähnt,[105] das gleiche im Caucus ein. Es ist das eben der Preis, womit man die Leitung durch Führer zahlt. Aber es gibt nur die Wahl: Führerdemokratie mit „Maschine" oder führerlose Demokratie, das heißt: die Herrschaft der „Berufspolitiker" ohne Beruf, ohne die inneren, charismatischen B 48 Qualitäten, die | eben zum Führer machen. Und das bedeutet dann das, was die jeweilige Parteifronde gewöhnlich als Herrschaft des „Klüngels" bezeichnet. Vorläufig haben wir nur dies letztere in Deutschland. Und für die Zukunft wird der Fortbestand, im Reich wenigstens, begünstigt einmal dadurch, daß doch wohl der Bundesrat wiederstehen[106] und notwendig die Macht des Reichstages

5

10

15

Maßgebend f[ür] Zukunft

1. Bundesrat. Also: im *Reich kein* Parlamentarismus

---

**105** Vgl. oben, S. 209f.

**106** Max Weber hielt es für ausgeschlossen, bei der Schaffung einer neuen Reichsverfassung die faktische Machtposition, die die Länder auch nach 1918 besaßen, zu vernachlässigen, wie dies unter anderen Hugo Preuß gewollt hatte. So trat er in einer im November/ Dezember 1918 in der Frankfurter Zeitung veröffentlichten Artikelserie, die wenig später als eigenständige Broschüre erschien, die Ansicht vertreten, daß „vielleicht die einfache Übernahme des jetzigen Bundesrats die reinlichste Lösung" wäre. Weber, Max, Deutschlands künftige Staatsform. – Frankfurt a. M.: Verlag der Frankfurter Societäts-Druckerei 1919, S. 22 (MWG I/16, S. 123). Bei den unter der Leitung von Hugo Preuß im Dezember 1918 stattfindenden Verfassungsberatungen im Reichsamt des Innern (siehe MWG I/16, S. 49–90) gab er dem dort vorherrschenden Trend zum Unitarismus insofern nach, als er „soviel Unitarismus als möglich in eine föderalistische Verfassung" aufnehmen wollte (ebd., S. 57). Er setzte sich demgemäß dort nicht für eine Beibehaltung des von den einzelstaatlichen Regierungen beschickten und mit weitreichenden Rechten ausgestatteten Bundesrates ein, sondern erklärte sich mit der Schaffung eines Staatenhauses als dem „Mindeste[n], was den Einzelstaaten geboten werden müsse" (ebd., S. 74), einverstanden. Über die Möglichkeit einer Abschaffung des Bundesratssystems äußerte sich Max Weber jedoch weiterhin skeptisch; so war er sich Ende Dezember 1918 „völlig" sicher, „daß der *Bundesrat* – so oder so – unbedingt wiederkommt [...] *Nie* werden die Einzelstaaten-Regierungen sich aus der mit*beschließenden* Stellung auch in der *Verwaltung* herausdrängen lassen." (Brief an Hugo Preuß vom 25. Dez. [1918], ZStA Potsdam, Reichsamt des Innern, Nr. 16807, Bl. 262–263.) Dies hatte nach Weber die Konsequenz, daß der Bundesrat, nicht der Reichstag, weiterhin das eigentliche Zentrum der politischen Entscheidungen bleiben und deshalb ein rein parlamentarisches System unmöglich sein

und damit seine Bedeutung als Auslesestelle von
Führern beschränken wird. Ferner durch das Verhältniswahlrecht, so, wie es jetzt gestaltet ist: eine
typische Erscheinung der führerlosen Demokratie.
5 nicht nur weil es den Kuhhandel der Honoratioren
um die Placierung begünstigt, sondern auch weil es
künftig den Interessentenverbänden die Möglichkeit gibt, die Aufnahme ihrer Beamten in die Listen
zu erzwingen und so ein unpolitisches Parlament zu
10 schaffen, in dem echtes Führertum keine Stätte
findet. Das einzige Ventil für das Bedürfnis nach
Führertum könnte der Reichspräsident werden,
wenn er plebiszitär, nicht parlamentarisch, gewählt
wird.[107] Führertum auf dem Boden der Arbeitsbe-
15 währung könnte entstehen und ausgelesen werden
vor allem dann, wenn in den großen Kommunen,
wie in den Vereinigten Staaten überall da, wo man
der Korruption ernstlich zu Leibe wollte, der plebiszitäre Stadtdiktator mit dem Recht, sich seine
20 Bureaus selbständig zusammenzustellen, auf der
Bildfläche erscheinen würde. Das würde eine auf
solche Wahlen zugeschnittene Parteiorganisation
bedingen. Aber die durchaus kleinbürgerliche Füh-
rerfeindschaft aller Parteien, mit Einschluß vor al-
25 lem der Sozialdemokratie, läßt die künftige Art der
Gestaltung der Parteien und damit all dieser Chancen noch ganz im Dunkel liegen.
Es ist daher heute noch in keiner Weise zu über-

*Marginalia:*

3. Verhältniswahl.
Also: Interessen-
ten

5. Entscheidend:
Reichspräsident?
Landespräsiden-
ten? Kommunal-
präsidenten?

*Auslese* in *Parteien*
Dem[okratie]

Aber: *anders* als in
Amerika.

---

werde. Zu Webers Haltung in dieser Frage vgl. auch Mommsen, Wolfgang J., Max Weber
und die deutsche Politik 1890–1920, 2. Aufl. – Tübingen: J. C. B. Mohr (Paul Siebeck)
1974, S. 360 ff. Allerdings setzten Preuß und die Reichsregierung gegen den Widerstand
der Einzelstaaten schließlich doch eine weit unitarischere Verfassung durch, als Weber
dies für möglich gehalten hatte. Zwar wurde mit dem „Reichsrat" eine Vertretungskörper-
schaft geschaffen, die dem „Bundesrat" äußerlich glich, doch lag das Schwergewicht des
politischen Prozesses hinfort im Reichstag.
**107** Max Weber setzte sich im Winter 1918/19 entschieden für die Wahl des Reichspräsi-
denten durch das Volk ein. Siehe dazu u. a. seinen Artikel „Der Reichspräsident", der in
mehreren deutschen Zeitungen, u. a. in der Königsberger Hartungschen Zeitung, Nr. 126
vom 15. März 1919, 1. Ab.Bl., S. 1, abgedruckt wurde (MWG I/16, S. 220–224).

sehen, wie sich äußerlich der Betrieb der Politik als
„Beruf" gestalten wird, noch weniger infolgedessen: auf welchem Wege sich Chancen für politisch
Begabte eröffnen, vor eine befriedigende politische
Aufgabe gestellt zu werden. Für den, der „von" der
Politik zu leben durch seine Vermögenslage genötigt ist, wird wohl immer die Alternative: Journalistik oder Parteibeamtenstellung als die typischen
direkten Wege, oder eine der Interessenvertretun-
gen: bei einer Gewerkschaft, Handelskammer,
Land|wirtschaftskammer, Handwerkskammer, Ar-
beitskammer, Arbeitgeberverbänden usw., oder
geeignete kommunale Stellungen in Betracht kommen. Weiteres läßt sich über die äußere Seite nichts
sagen als nur dies: daß der Parteibeamte mit dem
Journalisten das Odium der „Deklassiertheit"
trägt. „Lohnschreiber" dort – „Lohnredner" hier
wird es leider immer, sei es noch so unausgespro-
chen, in die Ohren klingen; wer dagegen innerlich
wehrlos ist und sich selbst nicht die richtige Antwort
zu geben vermag, bleibe dieser Laufbahn fern, die
in jedem Falle neben schweren Versuchungen ein
Weg ist, der fortwährende Enttäuschungen bringen
kann. Was vermag sie nun an inneren Freuden zu
bieten, und welche persönlichen Vorbedingungen
setzt sie bei dem voraus, der sich ihr zuwendet?
Nun, sie gewährt zunächst: Machtgefühl. Selbst
in den formell bescheidenen Stellungen vermag den
Berufspolitiker das Bewußtsein von Einfluß auf
Menschen, von Teilnahme an der Macht über sie,
vor allem aber: das Gefühl, einen Nervenstrang
historisch wichtigen Geschehens mit in Händen zu
halten, über den Alltag hinauszuheben. Aber die
Frage ist nun für ihn: durch welche Qualitäten kann
er hoffen, dieser (sei es auch im Einzelfall noch so
eng umschriebenen) Macht und also der Verantwortung, die sie auf ihn legt, gerecht zu werden?
Damit betreten wir das Gebiet ethischer Fragen;
denn dahin gehört die Frage: was für ein Mensch

B 49 (left margin, line 11)

5 (line 5)
10 (line 10)
15 (line 15)
20 (line 20)
25 (line 25)
30 (line 30)

Wer hat *Beruf* zur
Politik (Eisner)        35

Ethik – Politik.

man sein muß, um seine Hand in die Speichen des
Rades der Geschichte legen zu dürfen.

Man kann sagen, daß drei Qualitäten vornehmlich entscheidend sind für den Politiker: Leiden-
5 schaft – Verantwortungsgefühl – Augenmaß. Leidenschaft im Sinn von *Sachlichkeit*: leidenschaftliche Hingabe an eine „Sache", an den Gott oder
Dämon, der ihr Gebieter ist. Nicht im Sinne jenes
inneren Gebarens, welches mein verstorbener
10 Freund Georg Simmel als „sterile Aufgeregtheit"
zu bezeichnen pflegte,[108] wie sie einem bestimmten
Typus vor allem russischer Intellektueller (nicht
etwa: allen von ihnen!) eignete[,] und welches jetzt
in diesem Karneval, den man mit dem[d] stolzen
15 Namen einer „Revolution" | schmückt, eine so gro-
ße Rolle auch bei unsern Intellektuellen spielt: eine
ins Leere verlaufende „Romantik des intellektuell
Interessanten"[109] ohne alles sachliche Verantwortungsgefühl. Denn mit der bloßen, als noch so echt
20 empfundenen, Leidenschaft ist es freilich nicht getan. Sie macht nicht zum Politiker, wenn sie nicht,
als Dienst an[e] einer „Sache", auch die *Verantwort-
lichkeit* gegenüber ebendieser Sache zum entscheidenden Leitstern des Handelns macht. Und dazu
25 bedarf es – und das ist die entscheidende psycholo-
gische Qualität des Politikers – des *Augenmaßes*,
der Fähigkeit, die Realitäten mit innerer Sammlung
und Ruhe auf sich wirken zu lassen, also: der *Distanz* zu den Dingen und Menschen. „Distanzlosig-
30 keit", rein als solche, ist eine der Todsünden jedes
Politikers und eine jener Qualitäten, deren Züch-

*(Marginalien rechts:)*

Politik bedarf:

Echte *Leiden-
schaft* – nicht steri-
le Aufgeregtheit.

B 50

Augenmaß = Di-
stanz zu den Din-
gen
*Gewachsenheit*
den Realitäten
(nicht aus der
Bahn!)

---

**d** B: den   **e** B: in

**108** Max Weber spielt hier möglicherweise auf eine Äußerung Georg Simmels in seinem
Essay „Der Begriff und die Tragödie der Kultur" an. Darin hatte Simmel unter anderem
„das fortwährende ‚Angeregtsein' des Kulturmenschen, den dies doch nicht zu eigenem
Schöpfertum anregt", als eines der „spezifischen Kulturleiden" bezeichnet. Siehe Simmel, Georg, Philosophische Kultur. Gesammelte Essais. – Leipzig: Dr. Werner Klinkhardt
1911, S. 276.
**109** Als Zitat nicht nachgewiesen.

tung bei dem Nachwuchs unserer Intellektuellen sie
zu politischer Unfähigkeit verurteilen wird. Denn
das Problem ist eben: wie heiße Leidenschaft und
kühles Augenmaß miteinander in derselben Seele
zusammengezwungen werden können? Politik wird
mit dem Kopfe gemacht, nicht mit anderen Teilen
des Körpers oder der Seele. Und doch kann die
Hingabe an sie, wenn sie nicht ein frivoles intellek-
tuelles Spiel, sondern menschlich echtes Handeln
sein soll, nur aus Leidenschaft geboren und gespeist
werden. Jene starke Bändigung der Seele aber, die
den leidenschaftlichen Politiker auszeichnet und
ihn von dem bloßen „steril aufgeregten" politischen
Dilettanten unterscheidet, ist nur durch die Ge-
wöhnung an Distanz – in jedem Sinn des Wortes –
möglich. Die „Stärke" einer politischen „Persönlichkeit" bedeutet in allererster Linie den Besitz
dieser Qualitäten.

Einen ganz trivialen, allzu menschlichen Feind
hat daher der Politiker täglich und stündlich in sich
zu überwinden: die ganz gemeine *Eitelkeit*, die Tod-
feindin aller sachlichen Hingabe und aller Distanz,
in diesem Fall: der Distanz sich selbst gegenüber.

Eitelkeit ist eine sehr verbreitete Eigenschaft,
und vielleicht ist niemand ganz frei davon. Und in
akademischen und Gelehrtenkreisen ist sie eine Art
B 51 von Berufskrankheit. Aber gerade beim | Gelehr-
ten ist sie, so antipathisch sie sich äußern mag,
relativ harmlos in dem Sinn: daß sie in aller Regel
den wissenschaftlichen Betrieb nicht stört. Ganz
anders beim Politiker. Er arbeitet mit dem Streben
nach *Macht* als unvermeidlichem Mittel. „Machtin-
stinkt" – wie man sich auszudrücken pflegt – gehört
daher in der Tat zu seinen normalen Qualitäten. –
Die Sünde gegen den heiligen Geist seines Berufs
aber beginnt da, wo dieses Machtstreben *unsach-
lich* und ein Gegenstand rein persönlicher Selbstbe-
rauschung wird, anstatt ausschließlich in den Dienst
der „Sache" zu treten. Denn es gibt letztlich nur

zwei Arten von Todsünden auf dem Gebiet der
Politik: Unsachlichkeit und – oft, aber nicht immer,
damit identisch – Verantwortungslosigkeit. Die Eitelkeit: das Bedürfnis, selbst möglichst sichtbar in
5 den Vordergrund zu treten, führt den Politiker am
stärksten in Versuchung, eine von beiden, oder
beide zu begehen. Um so mehr, als der Demagoge
auf „Wirkung" zu rechnen gezwungen ist, – er ist
eben deshalb stets in Gefahr, sowohl zum Schau-
10 spieler zu werden wie die Verantwortung für die
Folgen seines Tuns leicht zu nehmen und nur nach
dem „Eindruck" zu fragen, den er macht. Seine
Unsachlichkeit legt ihm nahe, den glänzenden    Prakt[ische] Be-
Schein der Macht statt der wirklichen Macht zu    deutung?
15 erstreben, seine Verantwortungslosigkeit aber: die    *Macht*politik?
Macht lediglich um ihrer selbst willen, ohne inhalt-    Selbstzweck
lichen Zweck, zu genießen. Denn obwohl, oder    *Macht*?
vielmehr: gerade *weil* Macht das unvermeidliche    Nein.
Mittel, und Machtstreben daher eine der treiben-
20 den Kräfte aller Politik ist, gibt es keine verderb-
lichere Verzerrung der politischen Kraft, als das
parvenumäßige Bramarbasieren mit Macht und die
eitle Selbstbespiegelung in dem Gefühl der Macht,
überhaupt jede Anbetung der Macht rein als sol-
25 cher. Der bloße „Machtpolitiker", wie ihn ein auch
bei uns eifrig betriebener Kult zu verklären sucht,
mag stark wirken, aber er wirkt in der Tat ins Leere
und Sinnlose. Darin haben die Kritiker der „Machtpolitik" vollkommen recht. An dem plötzlichen in-
30 neren Zusammenbruche typischer Träger dieser
Gesinnung haben wir erleben können, welche innere Schwäche und Ohnmacht sich hinter dieser protzigen, aber gänzlich leeren Geste verbirgt. Sie ist
Produkt | einer höchst dürftigen und oberflächli-    B 52
35 chen Blasiertheit gegenüber dem *Sinn* menschlichen Handelns, welche keinerlei Verwandtschaft
hat mit dem Wissen um die Tragik, in die alles Tun,
zumal aber das politische Tun, in Wahrheit verflochten ist.

Es ist durchaus wahr und eine – jetzt hier nicht
näher zu begründende – Grundtatsache aller Geschichte, daß das schließliche Resultat politischen
Handelns oft, nein: geradezu regelmäßig, in völlig
unadäquatem, oft in geradezu paradoxem Verhältnis zu seinem ursprünglichen Sinn steht. Aber deshalb darf dieser Sinn: der Dienst an einer *Sache*,
doch nicht etwa fehlen, wenn anders das Handeln
inneren Halt haben soll. *Wie* die Sache auszusehen
hat, in deren Dienst der Politiker Macht erstrebt
und Macht verwendet, ist Glaubenssache. Er[f] kann
nationalen oder menschheitlichen, sozialen und
ethischen oder kulturlichen, innerweltlichen oder
religiösen Zielen dienen, er kann getragen sein von
starkem Glauben an den „Fortschritt" – gleichviel
in welchem Sinn – oder aber diese Art von Glauben
kühl ablehnen, kann im Dienst einer „Idee" zu
stehen beanspruchen oder unter prinzipieller Ablehnung dieses Anspruches äußeren Zielen des All-
tagslebens dienen wollen, – immer muß irgendein
Glaube *da* sein. Sonst lastet in der Tat – das ist völlig
richtig – der Fluch kreatürlicher Nichtigkeit auch
auf den äußerlich stärksten politischen Erfolgen.

Mit dem Gesagten sind wir schon in der Erörterung des letzten uns heute abend angehenden Problems begriffen: des *Ethos* der Politik als „Sache".
Welchen Beruf kann sie selbst, ganz unabhängig
von ihren Zielen, innerhalb der sittlichen Gesamt-
ökonomie der Lebensführung ausfüllen? Welches
ist, sozusagen, der ethische Ort, an dem sie behei-
matet ist? Da stoßen nun freilich letzte Weltanschauungen aufeinander, zwischen denen schließlich *gewählt* werden muß. Gehen wir resolut an das
neuerdings wieder – nach meiner Ansicht in recht
verkehrter Art –[110] aufgerollte Problem heran.

**f** B: Es

110 Auf welche aktuelle Publikation hier Bezug genommen wird, ist nicht mit Zuverlässigkeit zu ermitteln. Es könnte sich dabei um Friedrich Wilhelm Foersters dritte Auflage der
„Staatsbürgerlichen Erziehung" handeln, die 1918 unter dem Titel „Politische Ethik und

Befreien wir es aber zunächst von einer ganz trivialen Verfälschung. Es kann nämlich zunächst die Ethik auftreten in einer sittlich höchst fatalen Rolle. Nehmen wir Beispiele. Sie werden selten
5 finden, daß ein Mann, dessen Liebe sich von | einer Frau ab- und einer andern zuwendet, nicht das Bedürfnis empfindet, dies dadurch vor sich selbst zu legitimieren, daß er sagt: sie war meiner Liebe nicht wert, oder sie hat mich enttäuscht, oder was der-
10 gleichen „Gründe" mehr sind. Eine Unritterlichkeit, die zu dem schlichten Schicksal: daß er sie nicht mehr liebt, und daß die Frau das tragen muß, in tiefer Unritterlichkeit sich eine „Legitimität" hinzudichtet, kraft deren er für sich ein Recht in
15 Anspruch nimmt und zu dem Unglück noch das Unrecht auf sie zu wälzen trachtet. Ganz ebenso verfährt der erfolgreiche erotische Konkurrent: der Gegner muß der wertlosere sein, sonst wäre er nicht unterlegen. Nichts anderes ist es aber selbstver-
20 ständlich, wenn nach irgendeinem siegreichen Krieg der Sieger in würdeloser Rechthaberei beansprucht: ich siegte, denn ich hatte recht. Oder, wenn jemand unter den Fürchterlichkeiten des Krieges seelisch zusammenbricht und nun, anstatt
25 schlicht zu sagen: es war eben zu viel, jetzt das Bedürfnis empfindet, seine Kriegsmüdigkeit vor sich selbst zu legitimieren, indem er die Empfindung substituiert: ich konnte das deshalb nicht ertragen, weil ich für eine sittlich schlechte Sache
30 fechten mußte. Und ebenso bei dem im Kriege Besiegten. Statt nach alter Weiber Art nach einem Kriege nach dem „Schuldigen" zu suchen, – wo doch die Struktur der Gesellschaft den Krieg erzeugte –, wird jede männliche und herbe Haltung

*(margin notes:)*
1. Ethik funktioniert: als *Legitimierung*

Beispiel: Ehemann (Schicksal)    B 53

Kriegsmüdigkeit. *(Recht)* Schuldgefühl Nur *starke* gelten!

politische Pädagogik" erschien (vgl. dazu unten, S. 241, Anm. 130) oder um die ebenfalls 1918 veröffentlichte Schrift von Siegfried Marck „Imperialismus und Pazifismus als Weltanschauungen" (vgl. dazu unten, S. 248, Anm. 147). Auf beide Schriften hat Max Weber weiter unten Bezug genommen. (Siehe den Text, unten, S. 240f. und S. 248)

dem Feinde sagen: „Wir verloren den Krieg – ihr
habt ihn gewonnen. Das ist nun erledigt: nun laßt
uns darüber reden, welche Konsequenzen zu ziehen sind entsprechend den *sachlichen* Interessen,
die im Spiel waren, und – die Hauptsache – angesichts der Verantwortung vor der *Zukunft,* die vor
allem den Sieger belastet."[111] Alles andere ist würdelos und rächt sich. Verletzung ihrer Interessen
verzeiht eine Nation, nicht aber Verletzung ihrer
Ehre, am wenigsten eine solche durch pfäffische
Rechthaberei. Jedes neue Dokument, das nach
Jahrzehnten ans Licht kommt, läßt das würdelose
Gezeter, den Haß und Zorn wieder aufleben, statt
daß der Krieg mit seinem Ende wenigstens *sittlich*
begraben würde. Das ist nur durch Sachlichkeit und
Ritterlichkeit, vor allem nur: durch *Würde* möglich.
Nie aber durch eine „Ethik", die in Wahrheit eine |

B 54  Würdelosigkeit beider Seiten bedeutet. Anstatt
sich um das zu kümmern, was den Politiker angeht:
die Zukunft und die Verantwortung vor ihr, befaßt
sie sich mit politisch sterilen, weil unaustragbaren
Fragen der Schuld in der Vergangenheit. *Dies* zu
tun, ist politische Schuld, wenn es irgendeine gibt.
Und dabei wird überdies die unvermeidliche Verfälschung des ganzen Problems durch sehr materiel-
le Interessen übersehen: Interessen des Siegers am
höchstmöglichen Gewinn – moralischen und materiellen –, Hoffnungen des Besiegten darauf,
durch Schuldbekenntnisse Vorteile einzuhan-
deln:[112] wenn es irgend etwas gibt, was „*gemein*"

Marginal note at line 15: Würde!: nicht auf den *Straßenecken schweigen* können würdig.

---

111 Ähnlich hat Max Weber in seinem Artikel „Zum Thema der ‚Kriegsschuld'", Frankfurter Zeitung, Nr. 43 vom 17. Jan. 1919, 1. Mo. Bl., S. 1 (MWG I/16, S. 179–190) argumentiert. Hier wies er unter anderem auf die Verantwortung der Sieger hin und bezeichnete
einen möglichen „Gewaltfrieden" als „Schuld an der Zukunft".
112 Max Weber spielt hier auf die Politik des bayerischen Ministerpräsidenten Kurt Eisner
in der Kriegsschuldfrage an. Eisner und mit ihm große Teile der USPD waren überzeugt,
daß ein rückhaltloses Eingeständnis der Schuld Deutschlands am Ausbruch des Ersten
Weltkriegs die deutsche Position bei den anstehenden Friedensverhandlungen verbessern würde. Eisner ließ deshalb im November 1918 Auszüge aus den Berichten der
bayerischen Gesandtschaft in Berlin von Juli und August 1914 veröffentlichen, um zu

ist, dann dies, und das ist die Folge dieser Art von
Benutzung der „Ethik" als Mittel des „Rechthabens".

Wie steht es denn aber mit der wirklichen Bezie-
5 hung zwischen Ethik und Politik? Haben sie, wie
man gelegentlich gesagt hat, gar nichts miteinander
zu tun? Oder ist es umgekehrt richtig, daß „dieselbe" Ethik für das politische Handeln wie für jedes
andre gelte? Man hat zuweilen geglaubt, zwischen
10 diesen beiden Behauptungen bestehe eine ausschließliche Alternative; entweder die eine oder die
andre sei richtig. Aber ist es denn wahr: daß für
erotische und geschäftliche, familiäre und amtliche
Beziehungen, für die Beziehungen zu Ehefrau, Ge-
15 müsefrau, Sohn, Konkurrenten, Freund, Angeklagten die inhaltlich *gleichen* Gebote von irgendeiner Ethik der Welt aufgestellt werden könnten?
Sollte es wirklich für die ethischen Anforderungen
an die Politik so gleichgültig sein, daß diese mit
20 einem sehr spezifischen Mittel: Macht, hinter der
*Gewaltsamkeit* steht, arbeitet? Sehen wir nicht, daß
die bolschewistischen und spartakistischen Ideologen, eben weil sie dieses Mittel der Politik anwenden,[113] genau die *gleichen* Resultate herbeiführen
25 wie irgendein militaristischer Diktator? Wodurch
als eben durch die Person der Gewalthaber und
ihren Dilettantismus unterscheidet sich die Herrschaft der Arbeiter- und Soldatenräte von der eines

zeigen, daß die deutsche Regierung Österreich-Ungarn zu einer unnachgiebigen Haltung
gegenüber Serbien gedrängt habe und das Risiko einer Ausweitung des begrenzten
Konflikts mit Serbien bewußt eingegangen sei. Ein quellenkritischer Abdruck der von
Eisner veröffentlichten Berichte findet sich in: Bayerische Dokumente zum Kriegsausbruch und zum Versailler Schuldspruch, hg. von Pius Dirr. – München: Oldenbourg 1922,
S. 3 ff.
**113** Vgl. dazu oben, S. 158, Anm. 1. In einem von Rosa Luxemburg verfaßten Programm
des Spartakusbundes heißt es beispielsweise, daß die proletarische Revolution zwar
keineswegs „die Welt mit Gewalt nach ihrem Ideal" modeln wolle, daß aber der sich ihr
entgegensetzende Widerstand „Schritt um Schritt mit eiserner Faust, mit rücksichtsloser Energie gebrochen werden" müsse. Siehe Mommsen (Hg.), Parteiprogramme,
S. 430−439, Zitat S. 434.

beliebigen Machthabers des alten Regimes? Wodurch die Polemik der meisten Vertreter der vermeintlich neuen Ethik selbst gegen die von ihnen
kritisierten Gegner von der irgendwelcher anderer
Demagogen? Durch die edle Absicht! wird gesagt          5
B 55 werden. Gut. | Aber das Mittel ist es, wovon hier
die Rede ist, und den Adel ihrer letzten Absichten
nehmen die befehdeten Gegner mit voller subjektiver Ehrlichkeit ganz ebenso für sich in Anspruch.
„Wer zum Schwert greift, wird durch das Schwert       10
umkommen,"[114] und Kampf ist überall Kampf. Also: – die Ethik der *Bergpredigt*? Mit der Bergpredigt – gemeint ist: die absolute Ethik des Evangeliums – ist es eine ernstere Sache, als die glauben,
die diese Gebote heute gern zitieren. Mit ihr ist     15
nicht zu spaßen. Von ihr gilt, was man von der
Kausalität in der Wissenschaft gesagt hat: sie ist
kein Fiaker, den man beliebig halten lassen kann,
um nach Befinden ein- und auszusteigen.[115] Sondern: ganz *oder* gar nicht, *das* gerade ist ihr Sinn,  20
wenn etwas anderes als Trivialitäten herauskommen soll. Also z. B.: der reiche Jüngling: „er aber
ging traurig davon, denn er hatte viele Güter".[116]
Das evangelische Gebot ist unbedingt und eindeutig: gib her, was du hast – *alles*, schlechthin. Der    25
Politiker wird sagen: eine sozial sinnlose Zumutung, solange es nicht für *alle* durchgesetzt wird.
Also: Besteuerung, Wegsteuerung, Konfiskation, –
mit einem Wort: Zwang und Ordnung gegen *alle*.

Marginal: 2. *Bergpredigt –* Christl[iche] Ethik *radikal*; Ist kein *Fiaker!*; b) Reicher Jüngling – *unbedingt* ich: Expropriation *geordnet.*

---

**114** Bei Matthäus 26,52 heißt es: „Da sprach JEsus zu ihm: Stecke dein Schwert an seinen Ort; denn wer das Schwert nimmt, der soll durch's Schwert umkommen."
**115** Dieses Bild geht auf Arthur Schopenhauer zurück, der in seiner Schrift „Über die vierfache Wurzel des Satzes vom zureichenden Grunde" bemerkt hatte: „Das Gesetz der Kausalität ist also nicht so gefällig, sich brauchen zu lassen, wie ein Fiaker, den man, angekommen wo man hingewollt, nach Hause schickt." Arthur Schopenhauer's sämmtliche Werke, Band 1, hg. von Julius Frauenstädt, 2. Aufl., neue Ausg. – Leipzig: F.A. Brockhaus 1891, S. 38.
**116** Bei Matthäus 19,22 heißt es: „Da der Jüngling das Wort hörte, ging er betrübt von ihm; denn er hatte viele Güter."

Das ethische Gebot aber fragt darnach *gar nicht*,
das ist sein Wesen. Oder: „halte den anderen Bak-
ken hin!"[117] Unbedingt, ohne zu fragen, wieso es
dem andern zukommt, zu schlagen. Eine Ethik der
5 Würdelosigkeit – außer: für einen Heiligen. Das ist
es: man muß ein Heiliger sein in *allem*, zum mindesten dem Wollen nach, muß leben wie Jesus, die
Apostel, der heilige Franz und seinesgleichen, *dann*
ist diese Ethik sinnvoll und Ausdruck einer Würde.
10 *Sonst nicht.* Denn wenn es in Konsequenz der akosmistischen Liebesethik[118] heißt: „dem Übel nicht
widerstehen mit Gewalt",[119] – so gilt für den Politiker umgekehrt der Satz: du *sollst* dem Übel gewaltsam widerstehen, sonst – bist du für seine Über-
15 handnahme *verantwortlich*. Wer nach der Ethik des
Evangeliums handeln will, der enthalte sich der
Streiks – denn sie sind: Zwang – und gehe in die
gelben Gewerkschaften.[120] Er rede aber vor allen
Dingen nicht von „Revolution". Denn jene Ethik
20 will doch wohl nicht lehren: daß gerade der Bürger-
krieg der einzig legitime Krieg sei. Der | nach dem
Evangelium handelnde Pazifist wird die Waffen ablehnen oder fortwerfen, wie es in Deutschland empfohlen wurde, als ethische Pflicht, um dem Krieg
25 und damit: jedem Krieg, ein Ende zu machen. Der

a) Andere Backe.
ich: würdelos
*(Heiliger)*

heiliger Franz.

d) Widerstehe
nicht dem Übel
mit Gewalt (abso-
luter Pazifismus)
*Widerstehe* dem
Übel mit Gewalt
sonst: *verantwort-
lich* f[ür] Folgen.

Streiks (Gelbe)

Revolution

B 56

**117** Bei Matthäus 5,39 heißt es: „Ich aber sage euch, daß ihr nicht widerstreben sollt dem Übel; sondern so dir Jemand einen Streich gibt auf deinen rechten Backen, dem biete den andern auch dar."
**118** Max Weber versteht unter „akosmistischer Liebesethik" eine „eigentümliche Welt-flucht in Gestalt objektloser Hingabe an jeden Beliebigen, nicht um des Menschen, sondern rein um der Hingabe als solcher" willen. Weber, Max, Zwischenbetrachtung, in: Gesammelte Aufsätze zur Religionssoziologie, Band 1. – Tübingen: J. C. B. Mohr (Paul Siebeck) 1920, S. 546 (MWG I/19, S. 490).
**119** Vgl. oben, Anm. 117.
**120** Als „gelbe" Gewerkschaften werden die sog. „wirtschaftsfriedlichen" Gewerkschaf-ten bezeichnet, die gegen Ende des 19. Jahrhunderts in Frankreich entstanden und seit 1905 auch in Deutschland – häufig mit Unterstützung der Arbeitgeber – als Werkvereine aufkamen. Anders als die den Klassenkampf propagierenden „roten", sozialistischen Gewerkschaften betonten die „gelben" die Übereinstimmung der Interessen von Unter-nehmern und Arbeitern und lehnten demgemäß den Streik als Mittel zur Durchsetzung der Interessen der Arbeitnehmerschaft ab.

Politiker wird sagen: das einzig sichere Mittel, den
Krieg für alle *absehbare* Zeit zu diskreditieren, wäre ein status-quo-Friede gewesen. Dann hätten sich
die Völker gefragt: wozu war der Krieg? Er wäre ad
absurdum geführt gewesen, – was jetzt nicht möglich ist. Denn für die Sieger – mindestens für einen
Teil von ihnen – wird er sich politisch rentiert haben. Und dafür ist jenes Verhalten verantwortlich,
das uns jeden Widerstand unmöglich machte.[121]
Nun wird – wenn die Ermattungsepoche vorbei sein
wird – *der Frieden diskreditiert sein, nicht der Krieg*:
eine Folge der absoluten Ethik.

    Endlich: die Wahrheitspflicht. Sie ist für die ab-
solute Ethik unbedingt. Also, hat man gefolgert:
Publikation aller, vor allem der das eigne Land
belastenden Dokumente und auf Grund dieser ein-
seitigen Publikation: Schuldbekenntnis, einseitig,
bedingungslos, ohne Rücksicht auf die Folgen.[122]
Der Politiker wird finden, daß im Erfolg dadurch
die Wahrheit nicht gefördert, sondern durch Mißbrauch und Entfesselung von Leidenschaft sicher
verdunkelt wird; daß nur eine allseitige planmäßige
Feststellung durch Unparteiische Frucht bringen
könnte,[123] jedes andre Vorgehen für die Nation, die
derartig verfährt, Folgen haben kann, die in Jahr-

*Marginalien:*

Krieg? Status quo dann: *sinnlos!*

c) Kriegsschuld: – *unbedingt* („responsibility is separate")

ich: auf Gegenseitigkeit

---

121 Im Oktober 1918 war zeitweise der Gedanke aufgetaucht, die zu erwartenden drük-
kenden Bedingungen des Waffenstillstands und Friedensvertrags durch eine nationale
„levée en masse" abzuwehren; siehe dazu etwa den Artikel Walter Rathenaus: „Ein
dunkler Tag", in der Vossischen Zeitung, Nr. 512 vom 7. Okt. 1918, Mo.Bl. Angesichts der
Friedenssehnsucht der breiten Massen erwies sich dies jedoch als undurchführbar.
**122** Vgl. dazu oben, S. 232, Anm. 112.
**123** Die Forderung nach Einsetzung einer neutralen Untersuchungskommission zur Prüfung der Schuldfrage war bereits unmittelbar nach Erscheinen der Aktenpublikation Eisners (siehe oben, S. 232, Anm. 112) von der Reichsregierung erhoben worden (siehe
Schultheß' Europäischer Geschichtskalender, hg. von Hans Delbrück, 1918, 1. Teil,
S. 531). Max Weber hat diese Forderung unterstützt, so etwa in der von ihm mitunterzeich-
neten Erklärung der „Arbeitsgemeinschaft für Politik des Rechts (Heidelberger Vereinigung)" vom Februar 1919, Preußische Jahrbücher, Band 175, März 1919, Heft 3, S. 319f.
(MWG I/16, S. 523–525), sowie in seinem offenen Brief „Die Untersuchung der Schuld-
frage", Frankfurter Zeitung, Nr. 218 vom 22. März 1919, 1.Mo.Bl., S. 1 (MWG I/16,
S. 230–232).

zehnten nicht wieder gut zu machen sind. Aber
nach „Folgen" *fragt* eben die absolute Ethik nicht.
*Da* liegt der entscheidende Punkt. Wir müssen
uns klar machen, daß alles ethisch orientierte Han-
5 deln unter *zwei* voneinander grundverschiedenen,
unaustragbar gegensätzlichen Maximen stehen
kann: es kann „gesinnungsethisch" oder „verantwortungsethisch" orientiert sein. Nicht daß Gesinnungsethik mit Verantwortungslosigkeit und Ver-
10 antwortungsethik mit Gesinnungslosigkeit identisch wäre. Davon ist natürlich keine Rede. Aber es
ist ein abgrundtiefer Gegensatz, ob man unter der
gesinnungsethischen Maxime handelt – religiös geredet –: „der Christ tut recht und stellt den Erfolg
15 Gott | anheim",[124] *oder* unter der verantwortungs-
ethischen: daß man für die (voraussehbaren) *Folgen* seines Handelns aufzukommen hat. Sie mögen
einem überzeugten gesinnungsethischen Syndikalisten[125] noch so überzeugend darlegen: daß die Fol-
20 gen seines Tuns die Steigerung der Chancen der
Reaktion, gesteigerte Bedrückung seiner Klasse,
Hemmung ihres Aufstiegs sein werden, – und es
wird auf ihn gar keinen Eindruck machen. Wenn
die Folgen einer aus reiner Gesinnung fließenden
25 Handlung üble sind, so gilt ihm nicht der Handelnde, sondern die Welt dafür verantwortlich, die
Dummheit der anderen Menschen oder – der Wille

*Randbemerkungen:*

2 Arten von Ethik:

1) Gesinnung
[„]*Christ thut
Recht"*
2) Verantwortung
f[ür] *Folgen.*    B 57

ad 1: Verantwor-
tung f[ür] *Folgen*
*abgelehnt*
Syndikalist.

Nur die *Welt* ist
*dumm,* wenn Fol-
gen *schlecht.*

---

**124** Vermutlich bezieht Max Weber sich hier auf Luthers Genesis-Vorlesung, in der es
heißt: „Fac tuum officium, et eventum Deo permitte." D. Martin Luthers Werke. Kritische
Gesamtausgabe, Band 44. – Weimar: Hermann Böhlaus Nachfolger 1915, S. 78.
**125** Der Syndikalismus wollte die Befreiung der Arbeiterschaft vom Kapitalismus in erster
Linie mit Hilfe der Strategie der „direkten Aktion" gegen den unmittelbaren Klassengeg-
ner, vornehmlich die Unternehmerschaft, erreichen, sei es durch Generalstreik oder
Demonstrationen, sei es durch gewaltsame Aktionen gegen Sachen oder Personen, nicht
aber mit Hilfe parlamentarischer oder gewerkschaftlicher Methoden herkömmlicher Art.
Obwohl von solchen Aktionen eine unmittelbare Änderung der Verhältnisse nicht erwartet
werden konnte, zielten diese auf eine allmähliche Erschütterung der bestehenden Sozial-
ordnung ab. Das Fernziel war eine grundlegende Reorganisation der Gesellschaft auf der
Basis dezentralisierter gewerkschaftlicher Produktionseinheiten, nicht aber ein sozialisti-
sches System bürokratischen Typs.

des Gottes, der sie so schuf. Der Verantwortungsethiker dagegen rechnet mit eben jenen durch-
schnittlichen Defekten der Menschen, – er hat, wie
Fichte richtig gesagt hat, gar kein Recht, ihre Güte
und Vollkommenheit vorauszusetzen,[126] er fühlt
sich nicht in der Lage, die Folgen eigenen Tuns,
soweit er sie voraussehen konnte, auf andere abzuwälzen. Er wird sagen: diese Folgen werden meinem Tun zugerechnet. „Verantwortlich" fühlt sich
der Gesinnungsethiker nur dafür, daß die Flamme
der reinen Gesinnung, die Flamme z. B. des Protestes gegen die Ungerechtigkeit der sozialen Ordnung, nicht erlischt. Sie stets neu anzufachen, ist
der Zweck seiner, vom möglichen Erfolg her beur-
teilt, ganz irrationalen Taten, die nur exemplari-
schen Wert haben können und sollen.

Aber auch damit ist das Problem noch nicht zu
Ende. Keine Ethik der Welt kommt um die Tatsache herum, daß die Erreichung „guter" Zwecke in
zahlreichen Fällen daran gebunden ist, daß man
sittlich bedenkliche oder mindestens gefährliche
Mittel und die Möglichkeit oder auch die Wahrscheinlichkeit übler Nebenerfolge mit in den Kauf
nimmt, und keine Ethik der Welt kann ergeben:
wann und in welchem Umfang der ethisch gute
Zweck die ethisch gefährlichen Mittel und Nebenerfolge „heiligt".

Für die Politik ist das entscheidende Mittel: die
Gewaltsamkeit, und wie groß die Tragweite der
Spannung zwischen Mittel und Zweck, ethisch an-
gesehen, ist, mögen Sie daraus entnehmen, daß,

*Margin notes:*

ad 2: *rechnet* da-
mit, daß die Welt
dumm ist

Verantwortung
für *Gesinnung* des
Protestes

Also: Verschiede-
ne Ethik?    *Ja* –
aber ganz *generell*
1. *Mittel* zum
Zweck
2. *Neben*erfolge
Zweck heiligt die
Mittel

Für Politik:
Mittel die *Gewalt-
samkeit* v[on]
Menschen g[e]-
g[en] Menschen

*Line numbers:* 5, 10, 15, 20, 25, 30

---

126 Fichte zitiert in seinem Aufsatz „Über Macchiavelli, als Schriftsteller, und Stellen aus
seinen Schriften" eine Passage aus Machiavellis „Discorsi", in der dieser jedem Staatsmann rät, die Bösartigkeit der Menschen als Grundtatsache vorauszusetzen und stets zu
bedenken, daß die Menschen diese innere Bösartigkeit sofort zeigen, sobald sich ihnen
eine sichere Gelegenheit biete. Fichte bemerkt dazu, daß dieser „Hauptgrundsatz der
Macchiavelli'schen Politik" für jede „Staatslehre, die sich selbst versteht", seine Gültig-
keit nicht verloren habe. Johann Gottlieb Fichtes nachgelassene Werke, hg. von Immanuel
Hermann Fichte, Band 3. – Bonn: Adolph-Markus 1835, S. 420.

wie jedermann weiß, sich die revolutionären | So- B 58
zialisten (Zimmerwalder Richtung)[127] schon während des Krieges zu dem Prinzip bekannten, welches man dahin prägnant formulieren konnte:
5 „Wenn wir vor der Wahl stehen, entweder noch
einige Jahre Krieg und dann Revolution oder jetzt    *Max Adler* (3 Jah-
Friede und keine Revolution, so wählen gwir:        re Krieg)
nochg einige Jahre Krieg!"[128] Auf die weitere Frage: „Was kann diese Revolution mit sich bringen?"
10 würde jeder wissenschaftlich geschulte Sozialist ge-    Spartakus (nur
antwortet haben: daß von einem Übergang zu einer     Vermögensver-
Wirtschaft, die man sozialistisch nennen könne in    schiebung)
*seinem* Sinne, keine Rede sei, sondern daß eben
wieder eine Bourgeoisiewirtschaft entstehen wür-
15 de, die nur die feudalen Elemente und dynastischen
Reste abgestreift haben könnte. – Für dies bescheidene Resultat also: „noch einige Jahre Krieg"! Man
wird doch wohl sagen dürfen, daß man hier auch bei
sehr handfest sozialistischer Überzeugung den
20 Zweck ablehnen könne, der derartige Mittel erfordert. Beim Bolschewismus und Spartakismus,
überhaupt bei jeder Art von revolutionärem Sozialismus, liegt aber die Sache genau ebenso, und es ist
natürlich höchst lächerlich, wenn von dieser Seite
25 die „Gewaltpolitiker" des alten Regimes wegen der
Anwendung des gleichen Mittels *sittlich* verworfen
werden, – so durchaus berechtigt die Ablehnung
ihrer *Ziele* sein mag.

g B: wir noch:

127 Gemeint ist die radikale sozialistische Oppositionsgruppe, die sich anläßlich einer
vom 5. bis 8. September 1915 in Zimmerwald bei Bern stattfindenden internationalen
Konferenz unter anderem auf ein gemeinsames Antikriegsprogramm geeinigt hatte.
128 Diese Äußerung schrieb Max Weber an anderer Stelle – so in seinen Bemerkungen
zu einer Denkschrift Max von Badens anläßlich der Gründung der „Heidelberger Vereinigung" am 3. Februar 1919 (siehe MWG I/16, S. 206) – der Wiener Ärztin Jenny Adler zu,
der Frau des österreichischen Sozialisten Max Adler. Möglicherweise hat Weber von einer
solchen Äußerung während seines Aufenthalts in Wien im Sommer 1918 Kenntnis erhalten. Weber hatte in dieser Zeit Kontakt zu Max Adler; siehe dazu den Brief Max Webers an
Marianne Weber, undat. [6. Juni 1918], Bestand Max Weber-Schäfer, Deponat BSB
München, Ana 446.

Hier, an diesem Problem der Heiligung der Mittel durch den Zweck, scheint nun auch die Gesinnungsethik überhaupt scheitern zu müssen. Und in der Tat hat sie logischerweise nur die Möglichkeit: *jedes* Handeln, welches sittlich gefährliche Mittel anwendet, zu *verwerfen*. Logischerweise. In der Welt der Realitäten machen wir freilich stets erneut die Erfahrung, daß der Gesinnungsethiker plötzlich umschlägt in den chiliastischen Propheten, daß z. B. diejenigen, die soeben „Liebe gegen Gewalt" gepredigt haben, im nächsten Augenblick zur Gewalt aufrufen, – zur *letzten* Gewalt, die dann den Zustand der Vernichtung *aller* Gewaltsamkeit bringen würde, – wie unsere Militärs den Soldaten bei jeder Offensive sagten: es sei die letzte, sie werde den Sieg und dann den Frieden bringen. Der Gesinnungsethiker erträgt die ethische Irrationalität der

B 59  Welt nicht. Er ist kosmisch-ethischer „Ratio|nalist". Sie erinnern sich, jeder von Ihnen, der Dostojewski kennt, der Szene mit dem Großinquisitor,[129] wo das Problem treffend auseinandergelegt ist. Es ist nicht möglich, Gesinnungsethik und Verantwortungsethik unter einen Hut zu bringen oder ethisch zu dekretieren: welcher Zweck *welches* Mittel heiligen solle, wenn man diesem Prinzip überhaupt irgendwelche Konzessionen macht.

Der von mir der zweifellosen Lauterkeit seiner Gesinnung nach persönlich hochgeschätzte, als Politiker freilich unbedingt abgelehnte Kollege *F. W. Förster* glaubt in seinem Buche um die Schwierigkeit herumzukommen durch die einfache These: aus Gutem kann nur Gutes, aus Bösem nur Böses

*(Marginalien:)*
(Dostojewski's Großinquisitor)

Absolut *abzulehnen* nur:
Förster: „aus Gutem kann nur Gutes kommen." aus Bösem Böses

**129** Gemeint ist die gleichnamige Erzählung in Dostojewskis Roman „Die Brüder Karamasow". Max Weber hat sich mit den darin aufgeworfenen Fragen eingehend beschäftigt. In seinem Exemplar: F. M. Dostojewski, Die Brüder Karamasow. Deutsch von H. von Samson – Himmelstjerna, 2. Aufl., Band 2. – Leipzig: O. Gracklauer 1901, S. 48–73, (Besitz von Max Weber-Schäfer, Konstanz), finden sich hier zahlreiche Anstreichungen mit Rotstift.

folgen.[130] Dann existierte freilich diese ganze Problematik nicht. Aber es ist doch erstaunlich, daß 2500 Jahre nach den Upanischaden[131] eine solche These noch das Licht der Welt erblicken konnte.
5 Nicht nur der ganze Verlauf der Weltgeschichte, sondern jede rückhaltlose Prüfung der Alltagserfahrung sagt ja das Gegenteil. Die Entwicklung aller Religionen der Erde beruht ja darauf, daß das Gegenteil wahr ist. Das uralte Problem der Theodi-
10 cee ist ja die Frage: Wie kommt es, daß eine Macht, die als zugleich allmächtig und gütig hingestellt wird, eine derartig irrationale Welt des unverdienten Leidens, des ungestraften Unrechts und der unverbesserlichen Dummheit hat erschaffen kön-
15 nen. Entweder ist sie das eine nicht oder das andere nicht, oder es regieren gänzlich andere Ausgleichs- und Vergeltungsprinzipien das Leben, solche, die wir metaphysisch deuten können oder auch solche, die unserer Deutung für immer entzogen sind. Dies
20 Problem: die Erfahrung von der Irrationalität der Welt war ja die treibende Kraft aller Religionsentwicklung. Die indische Karmanlehre und der persische Dualismus, die Erbsünde, die Prädestination und der Deus absconditus sind alle aus dieser Er-
25 fahrung herausgewachsen. Auch die alten Christen wußten sehr genau, daß die Welt von Dämonen regiert sei, und daß, wer mit der Politik, das heißt: mit Macht und Gewaltsamkeit als Mitteln, sich einläßt, mit diabolischen Mächten einen Pakt schließt,
30 und daß für sein Handeln es *nicht* wahr ist: daß aus

*Grades Gegenteil richtig*

Weltgeschichte dag[e]g[en]
Erfahrung des Alltags
Entwicklung *aller* Religionen!
Denken der Jahrtausende: Theodizee

Indien
Persien
Calvin – Deuterojesaja

altes Christentum: *Dämonen*

**130** Bei Foerster, Friedrich Wilhelm, Politische Ethik und politische Pädagogik. Mit besonderer Berücksichtigung der kommenden deutschen Aufgaben, 3., stark erw. Aufl. der „Staatsbürgerlichen Erziehung". – München: Ernst Reinhardt 1918, heißt es auf S. 202, man müsse „sich zunächst die grundlegende Wahrheit klar machen, daß aus Gutem nie Böses, aus Bösem nie Gutes kommen kann." In der 4. Auflage dieses Buches, die 1956 bei Paulus in Recklinghausen erschien, setzt sich Foerster, S. 323, Anm. 26a, explizit mit der Kritik Webers an seiner Position auseinander.
**131** Die Upaniṣaden sind altindische philosophisch-theologische Schriften und bilden die jüngste Gruppe der vedischen Literatur; die älteren Upaniṣaden entstanden vermutlich um 800–600 v. Chr. in Nordindien. Ihrer Lehre zufolge ist das künftige Dasein des Menschen abhängig von seinem sittlichen Handeln und Denken.

B 60    Gutem nur Gutes, aus Bösem nur | Böses kommen
        könne, sondern oft das Gegenteil. Wer das nicht
        sieht, ist in der Tat politisch ein Kind.
        Die religiöse Ethik hat sich mit der Tatsache, daß
        wir in verschiedene, untereinander verschiedenen
        Gesetzen unterstehende Lebensordnungen hinein-
        gestellt sind, verschieden abgefunden. Der helleni-
        sche Polytheismus opferte der Aphrodite ebenso
        wie der Hera, dem Dionysos wie dem Apollon und
        wußte: sie lagen untereinander nicht selten im
        Streit. Die hinduistische Lebensordnung machte je-
        den der verschiedenen Berufe zum Gegenstand ei-
        nes besonderen ethischen Gesetzes, eines Dharma,
        und schied sie kastenmäßig für immer voneinander,
        stellte sie dabei in eine feste Ranghierarchie, aus
        der es für den Hieringeborenen kein Entrinnen
        gab, außer in der Wiedergeburt im nächsten Le-
        ben[,] und stellte sie dadurch in verschieden große
        Distanz zu den höchsten religiösen Heilsgütern. So
        war es ihr möglich, das Dharma jeder einzelnen
        Kaste, von den Asketen und Brahmanen bis zu den
        Spitzbuben und Dirnen, den immanenten Eigenge-
        setzlichkeiten des Berufs entsprechend auszubau-
        en. Darunter auch Krieg und Politik. Die Einord-
        nung des Krieges in die Gesamtheit der Lebensord-
        nungen finden Sie vollzogen im Bhagavadgita, in
        der Unterredung zwischen Krischna und Arju-
        na[h].[132] „Tue das notwendige" – d. h. das nach dem

Wer das *nicht*
sieht, sieht *Le-*
*bens*problem
*nicht.*
ist Leben nicht ge-
wachsen
ist politisch nicht      5
*reif*, sondern Kind

Verfolgen durch
Typen: Hellene
Polytheist.          10

15

20

25

Indien: Bhagavad-
gita

h  B: Arduna

132  „Bhagavadgītā" (Gesang der Erhabenen) ist ein Teil des rund 100 000 Doppelverse
umfassenden indischen Epos „Mahābhārata". Angesichts einer bevorstehenden
Schlacht betrachtet Arjuna von seinem Streitwagen aus die vielen Verwandten im gegnerischen Lager und wird von Zweifeln über die Richtigkeit seines Unternehmens erfaßt.
Er wird von seinem Wagenlenker, der sich im Laufe des nun folgenden Dialogs als der
Allgott Kṛṣṇa offenbart, zum Kampf aufgefordert, da dies nun einmal seine durch Geburt
gegebene Lebensaufgabe sei. Kṛṣṇa entwickelt in dem Gespräch eine ethisch-philo-
sophische Lehre der vorbehaltlosen Hingabe an Gott bei gleichzeitiger innerweltlicher
Pflichterfüllung des Menschen. Die Bhagavadgītā. Aus dem Sanskrit übersetzt von Richard Garbe. – Leipzig: H. Haessel 1905, S. 67 ff.

Dharma der Kriegskaste und ihren Regeln pflicht-
mäßige, dem Kriegszweck entsprechend sachlich
notwendige – „Werk":[133] das schädigt das religiöse
Heil nach diesem Glauben nicht, sondern dient
5 ihm. Indras[134] Himmel war dem indischen Krieger
beim Heldentod von jeher ebenso sicher wie Walhall dem Germanen. Nirwana aber hätte jener
ebenso verschmäht, wie dieser das christliche Para-
dies mit seinen Engelchören. Diese Spezialisierung
10 der Ethik ermöglichte der indischen Ethik eine
gänzlich ungebrochene, nur den Eigengesetzen der
Politik folgende, ja diese radikal steigernde Behandlung dieser königlichen Kunst. Der wirklich
radikale „Macchiavellismus" im populären Sinn
15 dieses Wortes ist in der indischen Literatur im Kau-
taliya Arthasastra,[135] (lange vorchristlich, angeblich aus Tschandraguptas[i] Zeit), klassisch vertreten; dagegen ist Macchiavellis „Principe"[136] harm-
los. In der katholischen Ethik, der Pro|fessor För-
20 ster sonst nahesteht, sind bekanntlich die „consilia
evangelica"[137] eine Sonderethik für die mit dem
Charisma des heiligen Lebens Begabten[k]. Da steht
neben dem Mönch, der kein Blut vergießen und
keinen Erwerb suchen darf, der fromme Ritter und
25 Bürger, die, der eine dies, der andere jenes, dürfen.

Krieger in Indras
Walhall

*Macchiavellismus.*

B 61

Kathol[ische] Kir-
che: Evangel[i-
sche] Ratschläge.

---

**i** B: Tschandva-guptas    **k** B: begabten

---

133 Bhagavadgītā, III, 8. Ebd., S. 81.

134 Als Gewitter- und Regengott war Indra die Hauptgestalt in der indischen Götterwelt.

135 Der „Arthaśāstra" ist in der Endredaktion wohl auf das 3. Jahrhundert n. Chr.
zurückgehendes Handbuch der Staatsführung, das nach indischer Tradition einem Minister namens Kauṭilya zugeschrieben wird. Es gibt dem Herrscher praktische Anregungen
zur Festigung und zum Ausbau seiner Macht. Dabei empfiehlt es strenge Verteidigungs-
maßnahmen gegen innere und äußere Feinde. Zur Textgeschichte und zum Inhalt des
„Arthaśāstra" vgl. Kühnhard, Ludger, Staatsordnung und Macht in indischer Perspektive.
Chanakya Kautilya als Klassiker der politischen Ideengeschichte, in: Historische Zeitschrift, Band 247, 1988, S. 333–355.

136 Il Principe di Niccolò Machiavelli al Magnifico Lorenzo di Piero de' Medici. – Rom:
Antonio Blado 1532.

137 Die „consilia evangelica" sind Anweisungen für ein Leben in der Nachfolge Christi;
sie gebieten Ehelosigkeit, Armut und Gehorsam.

Die Abstufung der Ethik und ihre Einfügung in einen Organismus der Heilslehre ist minder konsequent als in Indien, mußte und durfte dies auch nach den christlichen Glaubensvoraussetzungen sein. Die erbsündliche Verderbtheit der Welt gestattete eine Einfügung der Gewaltsamkeit in die Ethik als Zuchtmittel gegen die Sünde und die seelengefährdenden Ketzer relativ leicht. – Die rein gesinnungsethischen, akosmistischen Forderungen der Bergpredigt aber und das darauf ruhende religiöse Naturrecht als absolute Forderung behielten ihre revolutionierende Gewalt und traten in fast allen Zeiten sozialer Erschütterung mit elementarer Wucht auf den Plan. Sie schufen insbesondere die radikal-pazifistischen Sekten, deren eine in Pennsylvanien das Experiment eines nach außen gewaltlosen Staatswesens machte, – tragisch in seinem Verlauf insofern, als die Quäker, als der Unabhängigkeitskrieg ausbrach, für ihre Ideale, die er vertrat, nicht mit der Waffe eintreten konnten.[138] – Der normale Protestantismus dagegen legitimierte den Staat, also: das Mittel der Gewaltsamkeit; als göttliche Einrichtung absolut und den legitimen Obrigkeitsstaat insbesondere. Die ethische Verantwortung für den Krieg nahm Luther dem einzelnen ab und wälzte sie auf die Obrigkeit, der zu gehorchen in anderen Dingen als Glaubenssachen niemals schuldhaft sein konnte. Der Kalvinismus wieder kannte prinzipiell die Gewalt als Mittel der Glaubensverteidigung, also den Glaubenskrieg, der im Islam von Anfang an Lebenselement war. Man sieht: es ist durchaus *nicht* moderner, aus dem

*Ethik der Bergpredigt:*

---

138 Die Quäker lehnen den Kriegsdienst strikt ab. Aufgrund ihrer pazifistischen Haltung blieben sie im amerikanischen Unabhängigkeitskrieg 1775–83 neutral und begünstigten keine der beiden kriegführenden Parteien. Dies führte nicht nur zu Verfolgungen, insbesondere seitens amerikanischer Truppen und Revolutionäre, sondern auch zur politischen und gesellschaftlichen Isolierung der Quäker, die sich dadurch für die nächsten Jahrzehnte zu einer zurückgezogenen, strengen Sekte entwickelten.

Heroenkult der Renaissance[139] geborener Unglau-
be, der das Problem der politischen Ethik aufwirft.
Alle Religionen haben damit gerungen, mit höchst
verschiedenem Erfolg, – und nach dem Gesagten
5 konnte es auch nicht anders sein. Das spezifische
Mittel der *legitimen Gewaltsamkeit* rein als solches
in der Hand | menschlicher Verbände ist es, was die          B 62
Besonderheit aller ethischen Probleme der Politik
bedingt.
10    Wer immer mit diesem Mittel paktiert, zu welchen Zwecken immer – und jeder Politiker tut
das –, der ist seinen spezifischen Konsequenzen
ausgeliefert. In besonders hohem Maß ist es der
Glaubenskämpfer, der religiöse wie der revolutio-
15 näre. Nehmen wir getrost die Gegenwart als Beispiel an. Wer die absolute Gerechtigkeit auf Erden
mit *Gewalt* herstellen will, der bedarf dazu der Gefolgschaft: des menschlichen „Apparates". Diesem
muß er die nötigen inneren und äußeren Prämien –
20 himmlischen oder irdischen Lohn – in Aussicht stellen, sonst funktioniert er nicht. Also innere: unter
der Bedingung des modernen Klassenkampfes, Befriedigung des Hasses und der Rachsucht, vor allem: des Ressentiments und des Bedürfnisses nach
25 pseudoethischer Rechthaberei, also des Verläste-
rungs- und Verketzerungsbedürfnisses gegen die
Gegner. Äußere: Abenteuer, Sieg, Beute, Macht
und Pfründen. Von dem Funktionieren dieses seines Apparates ist der Führer in seinem Erfolg völlig
30 abhängig. Daher auch von *dessen* – nicht: von seinen eigenen – Motiven. Davon also, daß der Ge-

---

139 Nach dem „Heiligen"-Kult des Mittelalters setzte in der Renaissance die Bewunde-
rung ein für „berühmte Männer, welche keine Heiligen gewesen sind, jedoch durch
ausgezeichneten Geist und hohe Kraft (virtus) verdient haben, den Heiligen angeschlossen zu werden." Siehe Burckhardt, Jakob, Die Kultur der Renaissance in Italien. Ein
Versuch, Band 1, 10. Aufl., hg. von Ludwig Geiger – Leipzig: E. A. Seemann 1908,
S. 152–165, Zitat S. 159.

folgschaft: der roten Garde,[140] den Spitzeln, den
Agitatoren, deren¹ er bedarf, jene Prämien *dauernd*
gewährt werden können. Was er unter solchen Bedingungen seines Wirkens tatsächlich erreicht,
steht daher nicht in seiner Hand, sondern ist ihm
vorgeschrieben durch jene ethisch überwiegend gemeinen Motive des Handelns seiner Gefolgschaft,
die nur im Zaum gehalten werden, solange ehrli-
cher Glaube an seine Person und seine Sache wenigstens einen Teil der Genossenschaft: wohl nie
auf Erden auch nur die Mehrzahl, beseelt. Aber
nicht nur ist dieser Glaube, auch wo er subjektiv
ehrlich ist, in einem sehr großen Teil der Fälle in
Wahrheit nur die ethische „Legitimierung" der Ra-
che-, Macht-, Beute- und Pfründensucht: – darüber
lassen wir uns nichts vorreden, denn die materiali-
stische Geschichtsdeutung ist auch kein beliebig zu
besteigender Fiaker[141] und macht vor den Trägern
von Revolutionen nicht halt! – sondern vor allem:
der traditionalistische *Alltag* kommt nach der emo-
tionalen Revolution, der Glaubensheld und vor al-
B 63 lem der Glaube selbst | schwindet oder wird – was
noch wirksamer ist – Bestandteil der konventionel-
len Phrase der politischen Banausen und Techniker. Diese Entwicklung vollzieht sich gerade beim
Glaubenskampf besonders schnell, weil er von echten *Führern*: Propheten der Revolution, geleitet
oder inspiriert zu werden pflegt. Denn wie bei jedem Führerapparat, so auch hier ist die Entleerung
und Versachlichung, die seelische Proletarisierung
im Interesse der „Disziplin", eine der Bedingungen
des Erfolges. Die herrschend gewordene Gefolgschaft eines Glaubenskämpfers pflegt daher beson-

---

I B: die

**140** Die Roten Garden waren bewaffnete Arbeitermilizen, die in der Februarrevolution
1917 zuerst in Petrograd entstanden und deren Aufgabe es war, für die öffentliche
Sicherheit zu sorgen und die Revolution zu schützen.
**141** Vgl. dazu oben, S. 234, Anm. 115.

ders leicht in eine ganz gewöhnliche Pfründner-
schicht zu entarten.

Wer Politik überhaupt und wer vollends Politik
als Beruf betreiben will, hat sich jener ethischen
5 Paradoxien und seiner Verantwortung für das, was
aus *ihm selbst* unter ihrem Druck werden kann,
bewußt zu sein. Er läßt sich, ich wiederhole es, mit
den diabolischen Mächten ein, die in jeder Gewaltsamkeit lauern. Die großen Virtuosen der akosmi-
10 stischen Menschenliebe und Güte, mochten sie aus
Nazareth oder aus Assisi oder aus indischen Kö-
nigsschlössern stammen, haben nicht mit dem politischen Mittel: der Gewalt, gearbeitet, ihr Reich
war „nicht von dieser Welt",[142] und doch wirkten
15 und wirken sie in dieser Welt, und die Figuren des
Platon Karatajew[143] und der Dostojewskischen[m]
Heiligen sind immer noch ihre adäquatesten Nach-
konstruktionen. Wer das Heil seiner Seele und die
Rettung anderer Seelen sucht, der sucht das nicht
20 auf dem Wege der Politik, die ganz andere Aufgaben hat: solche, die nur mit Gewalt zu lösen sind.
Der Genius, oder Dämon der Politik lebt mit dem
Gott der Liebe, auch mit dem Christengott in seiner
kirchlichen Ausprägung, in einer inneren Span-
25 nung, die jederzeit in unaustragbarem Konflikt aus-
brechen kann. Das wußten die Menschen auch in
den Zeiten der Kirchenherrschaft. Wieder und wieder lag das Interdikt – und das bedeutete damals
eine für die Menschen und ihr Seelenheil weit mas-
30 sivere Macht als die (mit Fichte zu reden) „kalte
Billigung"[144] des kantianischen ethischen Urteils –

**m** B: Dostejewskischen

142 Bei Johannes 18,36 heißt es: „JEsus antwortete: Mein Reich ist nicht von dieser Welt."
143 Nebenfigur in Tolstojs Roman „Krieg und Frieden" (Leo N. Tolstoj. Sämtliche Werke, hg. von Raphael Löwenfeld, III. Serie, Bände 11–14. – Jena: Eugen Diederichs 1911), die das Prinzip der Einfalt und Wahrheit verkörpert.
144 Fichte, Johann Gottlieb, Das System der Sittenlehre nach den Principien der Wissenschaftslehre, in: Johann Gottlieb Fichtes sämmtliche Werke, hg. von Immanuel Hermann Fichte, Band 4. – Berlin: Veit & Comp. 1845, S. 167. Fichte zufolge beruht das sittliche

auf Florenz,[145] die Bürger aber fochten gegen den Kirchenstaat. Und mit Bezug auf solche Situatio-

B 64 nen läßt Macchiavelli in einer | schönen Stelle, irre ich nicht: der Florentiner Geschichten, einen seiner Helden jene Bürger preisen, denen die Größe der Vaterstadt höher stand als das Heil ihrer Seele.[146]

Wenn Sie statt Vaterstadt oder „Vaterland", was ja zurzeit nicht jedem ein eindeutiger Wert sein mag, sagen: „die Zukunft des Sozialismus" oder auch der „internationalen Befriedung", – dann haben Sie das Problem in der Art, wie es jetzt liegt. Denn das alles, erstrebt durch *politisches* Handeln, welches mit gewaltsamen Mitteln und auf dem Wege der Verantwortungsethik arbeitet, gefährdet das „Heil der Seele".[147] Wenn ihm aber mit reiner Gesinnungsethik im Glaubenskampf nachgejagt wird, dann kann es Schaden leiden und diskreditiert werden auf Generationen hinaus, weil die Verantwor-

Macchiavelli: Liebe zum Vaterland

5

bei Marck: statt Vaterland: Sozialismus – Pazifismus.

10

15

Leben auf der Überzeugung des Einzelnen von seiner Pflicht. Dieses Gesetz bedarf, so Fichte, der Anerkennung durch ein unmittelbares Gefühl, das er im Gegensatz zu den „,ästhetischen Gefühlen' der Lust" als „kalte Billigung" bezeichnet. Vgl. dazu auch Rickert, Heinrich, Fichtes Atheismusstreit und die Kantische Philosophie. Eine Säkularbetrachtung. – Berlin: Reuther & Reichard 1899, S. 8 f.
**145** Im 14./15. Jahrhundert war es mehrfach zu Konflikten und kriegerischen Auseinandersetzungen zwischen Florenz und der Kurie gekommen. Dabei wurde Florenz wiederholt mit dem Interdikt belegt, wodurch den Bewohnern der Stadt der Empfang der Sakramente sowie Gottesdienste und christliche Begräbnisse untersagt waren.
**146** Niccolò Machiavelli's Florentinische Geschichten, übersetzt von Alfred Reumont, Erster Theil, 3. Buch. – Leipzig: F. A. Brockhaus 1846, S. 195.
**147** Wie sich aus dem Stichwortmanuskript ergibt, denkt Max Weber bei diesen Bemerkungen insbesondere an Siegfried Marck, der sich kurz zuvor in seinem Buch „Imperialismus und Pazifismus als Weltanschauungen". – Tübingen: J. C. B. Mohr (Paul Siebeck) 1918, mit diesem Problemkreis aus sozialistischer Sicht beschäftigt hatte. Marck beschreibt darin Imperialismus und Pazifismus als „die beiden Grundgegensätze, die heute um die zukünftige äußere Gestaltung der Menschheit, mehr noch um ihre Seele ringen" (S. 1). Dabei geht Marck davon aus, daß sich im Pazifismus „die Freiheit des Einzelnen […] trotzig dem Zwange der Gesamtheit gegenüber" setze (S. 24), daß jedoch auch der Pazifismus durch die „Forderungen der Realpolitik" begrenzt werde. Daraus folgt, daß der Pazifismus „selbst zu einer politischen Macht werden" müsse (S. 53) und daß auch hier die staatliche Ordnung nicht auf dem Prinzip einer „von allen Zwangsformen freien menschlichen Brüderlichkeit" aufgebaut werden könne: „Nur als technischer Organisator politischer Wirklichkeit, nicht als religiöser Apostel kann der Pazifist zu seinem Ziele gelangen" (S. 54).

tung für die *Folgen* fehlt. Denn dann bleiben dem Handelnden jene diabolischen Mächte, die im Spiel sind, unbewußt. Sie sind unerbittlich und schaffen Konsequenzen für sein Handeln, auch für ihn selbst
5 innerlich, denen er hilflos preisgegeben ist, wenn er sie nicht sieht. „Der Teufel, der ist alt." Und nicht die Jahre, nicht das Lebensalter ist bei dem Satz gemeint: „so werdet alt, ihn zu verstehen".[148] Mit dem Datum des Geburtsscheines bei Diskussionen
10 überstochen zu werden, habe auch ich mir nie gefallen lassen; aber die bloße Tatsache, daß einer 20 Jahre zählt und ich über 50 bin, kann mich schließlich auch nicht veranlassen, zu meinen, das allein wäre eine Leistung, vor der ich in Ehrfurcht
15 erstarre. Nicht das Alter macht es. Aber allerdings: die geschulte Rücksichtslosigkeit des Blickes in die Realitäten des Lebens, und die Fähigkeit, sie zu ertragen und ihnen innerlich gewachsen zu sein.

Wahrlich: Politik wird zwar mit dem Kopf, aber
20 ganz gewiß nicht *nur* mit dem Kopf gemacht. Darin haben die Gesinnungsethiker durchaus recht. Ob man aber als Gesinnungsethiker oder als Verantwortungsethiker handeln *soll*, und wann das eine und das andere, darüber kann man niemandem
25 Vorschriften machen. Nur eins kann man sagen: wenn jetzt in diesen Zeiten einer, wie Sie glauben, *nicht* „sterilen" Aufgeregtheit[149] – aber Aufgeregtheit ist eben doch und durchaus | nicht immer echte Leidenschaft –, wenn da *plötzlich* die Gesinnungs-
30 politiker massenhaft in das Kraut schießen mit der Parole: „die Welt ist dumm und gemein, nicht ich, die Verantwortung für die Folgen trifft nicht mich, sondern die andern, in deren Dienst ich arbeite, und deren Dummheit oder Gemeinheit ich ausrot-
35 ten werde",[150] so sage ich offen: daß ich zunächst

Aber: wer Pol[i-tik] treibt, verbündet s[ich] mit diabolischen Mächten

„Der Teufel der ist alt…"

Gesinnungs –
Verantwortungs-
politik *nicht* entscheidbar.

B 65

---

**148** Goethe, Faust, Teil 2, Vers 6817/18.
**149** Vgl. dazu oben, S. 227, Anm. 108.
**150** Vgl. oben, S. 237 f.

einmal nach dem Maße des *inneren Schwergewichts*
frage, was hinter dieser Gesinnungsethik steht, und          „Gesinnungspoli-
den Eindruck habe: daß ich es in neun von zehn              tiker" in 9 von
                                                            10 Fällen *Wind-*
Fällen mit Windbeuteln zu tun habe, die nicht real          *beutel.*
fühlen, was sie auf sich nehmen, sondern sich an                                    5
romantischen Sensationen berauschen. Das inter-
essiert mich menschlich nicht sehr und erschüttert
mich ganz und gar nicht. Während es unermeßlich
erschütternd ist, wenn ein *reifer* Mensch – einerlei
ob alt oder jung an Jahren –, der diese Verantwor-                                 10
tung für die Folgen real und mit voller Seele emp-          Nur bei *voller*
                                                            Übersicht über·
findet und verantwortungsethisch handelt, an ir-           Verantwortung
gendeinem Punkte sagt: „ich kann nicht anders,             an *irgend* einem
hier stehe ich".¹⁵¹ Das ist etwas, was menschlich          Punkt: „ich *kann*
                                                            nicht anders"
echt ist und ergreift. Denn diese Lage muß freilich        – *das* erschütternd  15
für *jeden* von uns, der nicht innerlich tot ist, irgend-   – u[nd] menschlich
                                                            echt.
wann eintreten *können*. Insofern sind Gesinnungsethik und Verantwortungsethik nicht absolute Gegensätze, sondern Ergänzungen, die zusammen
erst den echten Menschen ausmachen, den, der den                                   20
„Beruf zur Politik" haben *kann*.
    Und nun, verehrte Anwesende, wollen wir uns
nach *zehn Jahren* über diesen Punkt einmal wieder         Nach 10 Jahren
sprechen. Wenn dann, wie ich leider befürchten
muß, aus einer ganzen Reihe von Gründen, die Zeit                                  25
der Reaktion längst hereingebrochen und von dem,
was gewiß viele von Ihnen und, wie ich offen geste-
he, auch ich gewünscht und gehofft haben, wenig,
vielleicht nicht gerade nichts, aber wenigstens dem
Scheine nach wenig in Erfüllung gegangen ist – das                                 30
ist sehr wahrscheinlich, es wird mich nicht zerbre-
chen, aber es ist freilich eine innerliche Belastung,
das zu wissen –, dann wünschte ich wohl zu sehen,
was aus denjenigen von Ihnen, die jetzt sich als
echte „Gesinnungspolitiker" fühlen und an dem                                      35

---

**151** Anspielung auf Luthers Schlußworte bei seiner Rede vor dem Reichstag zu Worms
im April 1521: „Ich kan nicht anderst, hie stehe ich, Got helff mir, Amen." (Werke, Band 7,
1897, S. 838). Die Authentizität dieser Worte ist allerdings umstritten.

Rausch teilnehmen, den diese Revolution bedeu-
tet, – was aus denen im inneren Sinne | des Wortes    B 66
„geworden" ist. Es wäre ja schön, wenn die Sache
so wäre, daß dann Shakespeares 102. Sonett gelten
5 würde:

Damals war Lenz und unsere Liebe grün,    Ich wollte gern:
Da grüßt' ich täglich sie mit meinem Sang,    „Damals war
So schlägt die Nachtigall in Sommers Blühn    Lenz…"
Und schweigt den Ton in reifrer Tage Gang.[152]
10 Aber so ist die Sache nicht. Nicht das Blühen des
Sommers liegt vor uns, sondern zunächst eine Polar-    Aber: *Polarnacht!*
nacht von eisiger Finsternis und Härte, mag äußer-
lich jetzt siegen welche Gruppe auch immer. Denn:
wo nichts ist, da hat nicht nur der Kaiser, sondern
15 auch der Proletarier sein Recht verloren. Wenn
diese Nacht langsam weichen wird, wer wird dann
von denen noch leben, deren Lenz jetzt scheinbar so    Was geblieben?
üppig geblüht hat? Und was wird aus Ihnen allen    Was aus Ihnen ge-
dann innerlich geworden sein? Verbitterung oder    worden?
20 Banausentum, einfaches stumpfes Hinnehmen der    Verbitterung –
Welt und des Berufes oder, das dritte und nicht    Banausen – Indif-
Seltenste: mystische Weltflucht bei denen, welche    ferenz
die Gabe dafür haben, oder – oft und übel – sie als    *Weltflucht.*
Mode sich anquälen? In jedem solchen Fall werde
25 ich die Konsequenz ziehen: die sind ihrem eigenen
Tun *nicht* gewachsen gewesen, *nicht* gewachsen
auch der Welt, so wie sie wirklich ist, und ihrem    weil der Welt nicht
Alltag: sie haben den Beruf zur Politik, den sie für    *gewachsen.*
sich in sich glaubten, objektiv und tatsächlich im
30 innerlichsten Sinn nicht gehabt. Sie hätten besser
getan, die Brüderlichkeit schlicht und einfach von
Mensch zu Mensch zu pflegen und im übrigen rein
sachlich an ihres Tages Arbeit zu wirken.
Die Politik bedeutet ein starkes langsames Boh-
ren von harten Brettern mit Leidenschaft und Au-

---

**152** Weber zitiert hier die 2. Strophe in der Übertragung von Stefan George, ohne allerdings dessen charakteristische Kleinschreibung zu übernehmen. Siehe: Shakespeare.
Sonnette. Umdichtung von Stefan George. – Berlin: Georg Bondi 1909, S. 108.

genmaß zugleich. Es ist ja durchaus richtig, und alle
geschichtliche Erfahrung bestätigt es, daß man das
Mögliche nicht erreichte, wenn nicht immer wieder
in der Welt nach dem Unmöglichen gegriffen wor-
den wäre. Aber der, der das tun kann, muß ein                    5
Führer und nicht nur das, sondern auch – in einem
sehr schlichten Wortsinn – ein Held sein. Und auch
die, welche beides nicht sind, müssen sich wappnen
B 67  mit jener Festigkeit des | Herzens, die auch dem
Scheitern aller Hoffnungen gewachsen ist, jetzt          10
schon, sonst werden sie nicht imstande sein, auch
nur durchzusetzen, was heute möglich ist. Nur wer
sicher ist, daß er daran nicht zerbricht, wenn die
Welt, von seinem Standpunkt aus gesehen, zu
dumm oder zu gemein ist für das, was er ihr bieten          15
will, daß er all dem gegenüber: „dennoch!" zu sagen vermag, nur der hat den „Beruf" zur Politik.

# Verzeichnisse und Register

# Personenverzeichnis

Dieses Verzeichnis berücksichtigt alle Personen, die in den Texten Max Webers selbst Erwähnung finden, mit Ausnahme allgemein bekannter Persönlichkeiten.

*Adler,* Max (15. 1. 1873−28. 6. 1937). Österreichischer Jurist und Soziologe. Nach dem Studium der Rechtswissenschaften 1896 Promotion zum Dr. jur.; danach Rechtsanwalt in Wien; 1920 Habilitation für Soziologie sowie für Theorie und Geschichte des Sozialismus; 1921−37 a. o. Professor für Soziologie an der Universität Wien; einer der führenden Theoretiker des Austromarxismus.

*Althoff,* Friedrich Theodor (19. 2. 1839−20. 10. 1908). Preußischer Ministerialbeamter und Jurist. 1872 a. o., 1880 o. Professor für französisches Zivilrecht in Straßburg; 1882−97 als Vortragender Rat und Geheimer Regierungsrat im preußischen Kultusministerium Referent für Hochschulangelegenheiten; 1897−1907 Ministerialdirektor und Leiter der Abteilung für das Universitäts- und höhere Unterrichtswesen; bedeutender Organisator des preußischen Hochschulwesens. Max Weber wandte sich mit Schärfe, unter anderem auf dem Zweiten deutschen Hochschullehrertag 1911 in Dresden, gegen die autoritäre Komponente des „Systems Althoff".

*Augustinus,* Aurelius (13. 11. 354−28. 8. 430). Kirchenlehrer. 374 Lehrer für Rhetorik in Tagaste, 375 in Karthago; seit 383 in Rom und Mailand an der kaiserlichen Residenz; seit 395 Bischof von Hippo. Vor der Bekehrung zum Christentum im Jahre 386 Anhänger des Manichäismus.

*Bacon,* Francis (22. 1. 1561−9. 4. 1626). Englischer Staatsmann und Philosoph. 1617 Großsiegelbewahrer; 1618−21 Lordkanzler. Vertreter des Empirismus, demzufolge allein Beobachtung und Experiment Ausgangspunkt der Erkenntnis sein können.

*Baudelaire,* Charles (9. 4. 1821−31. 8. 1867). Französischer Dichter, Kunstkritiker und Essayist. Entwarf eine neue Ästhetik, die über den klassischen Schönheitsbegriff hinausging und auch dem Bösen und Häßlichen einen ästhetischen Wert beimaß.

*Bebel,* August (22. 2. 1840−13. 8. 1913). Sozialdemokratischer Politiker. Nach Wanderjahren als Handwerksgeselle in Arbeiterbildungsvereinen politisch tätig; 1867−69 Mitglied des Norddeutschen Reichstags für die von ihm mitbegründete Sächsische Volkspartei; 1869 Mitbegründer der Sozialdemokratischen Arbeiterpartei; seit 1871 MdR; von 1875 bis zu seinem Tod Führer der Sozialdemokratischen Partei. Konsequenter Verfechter eines zentristischen Kurses; sah die Bewahrung der Parteieinheit über alle ideologischen Gegensätze hinweg als seine eigentliche Aufgabe an.

*Calhoun,* John Caldwell (18. 3. 1782−31. 3. 1850). Amerikanischer Politiker. 1810−17 Kongreßabgeordneter; 1817−25 Kriegsminister; 1825−32 Vizepräsident; 1832−50 mit kurzer Unterbrechung Senator von South Carolina; 1844/45 Außenminister. Bedeutender Vertreter der Gruppe der Südstaatler innerhalb der Demokratischen Partei, deren Ziel es war, die Rechte der Staaten (states rights) gegenüber der Union zu verteidigen.

*Calvin,* Johann (eigentlich: Jean Cauvin) (10. 7. 1509–27. 5. 1564). Reformator. Nach humanistischen, juristischen und theologischen Studien in Frankreich kam er in Berührung mit den Schriften Luthers; seine Bekehrung zu den protestantischen Ideen zwang ihn 1534 zur Emigration in die Schweiz; dort propagierte Calvin einen neuen Typ protestantischer Frömmigkeit, der sich unter anderem durch strenge Kirchenzucht auszeichnete.

*Chamberlain,* Joseph (8. 7. 1836–2. 7. 1914). Englischer Politiker, erfolgreicher Fabrikant. Führer der Liberalen Partei in Birmingham; 1873–76 Bürgermeister in Birmingham; 1876 als liberaler Abgeordneter ins Unterhaus gewählt; Führer des sozialliberalen Flügels der Liberalen Partei, zugleich Mitbegründer der National Liberal Federation; 1880–85 Handelsminister; nach seinem Wechsel zu den Unionisten 1895–1903 Kolonialminister.

*Cobden,* Richard (3. 6. 1804–2. 4. 1865). Englischer Wirtschaftspolitiker. Als Vertreter einer liberalen Wirtschaftspolitik 1839 Gründer der „Anti-Corn-Law-League"; 1860 Ausarbeitung eines britisch-französischen Handelsvertrags auf freihändlerischen Grundsätzen, der als sog. „Cobden-Vertrag" berühmt wurde.

*Disraeli,* Benjamin, *Earl of Beaconsfield* (21. 12. 1804–19. 4. 1881). Englischer Staatsmann. Seit 1837 Mitglied des Unterhauses, 1848 Führer der Konservativen; 1852, 1858–59, 1866–68 Schatzkanzler; 1868 und 1874–80 Premierminister. Vertreter einer imperialen Machtpolitik, die einen ihrer Höhepunkte in der Proklamation Königin Victorias zur Kaiserin von Indien im Jahre 1876 fand.

*Dostojewski,* Fjodor Michajlowitsch; Tl.: Dostoevskij, Fedor Michajlovič (11. 11. 1821–9. 2. 1881). Russischer Dichter. Nach seinem Studium an der Militäringenieurschule seit 1844 in St. Petersburg als freier Schriftsteller tätig; Anhänger eines „utopischen Sozialismus"; 1850–59 Verbannung nach Sibirien, von dort kehrte er als überzeugter Christ zurück.

*Eisner,* Kurt (14. 5. 1867–21. 2. 1919). Sozialistischer Politiker und Publizist. Nach dem Studium der Philosophie und Germanistik journalistisch tätig; trat 1899 in die Schriftleitung des „Vorwärts" ein, wurde 1905 wegen angeblich revisionistischer Haltung entlassen; 1907–10 Chefredakteur der „Fränkischen Tagespost" in Nürnberg, dann Mitarbeiter der „Münchner Post" und Herausgeber des „Arbeiterfeuilletons"; seit 1917 Mitglied der USPD; Beteiligung an den Januarstreiks 1918, deshalb bis Oktober 1918 in Haft; im November 1918 Führer der revolutionären Bewegung in Bayern; seit dem 8. November 1918 bayerischer Ministerpräsident; fiel am 21. 2. 1919 einem Attentat des Grafen Anton von Arco-Valley zum Opfer.

*Fichte,* Johann Gottlieb (19. 5. 1762–29. 1. 1814). Philosoph. Nach Studien der Theologie, Philosophie und Rechtswissenschaften als Hauslehrer tätig; 1794 Professor in Jena, 1799 Entlassung; hielt ab 1800 Vorlesungen in Berlin; 1805 Gastprofessor in Erlangen; 1806 o. Professor in Königsberg; 1807 Rückkehr nach Berlin; 1810 Professor in Berlin, erster Rektor der Universität. Bedeutender Vertreter des deutschen Idealismus und leidenschaftlicher Verfechter der nationalen Idee, da seiner Auffassung nach nur in einem organisch gefügten Nationalstaat das Individuum seine Verwirklichung finden könne.

*Foerster,* Friedrich Wilhelm (2. 6. 1869–9. 1. 1966). Philosoph und Pädagoge. 1889–93 Studium der Philosophie, Nationalökonomie und Physiologie in Freiburg und Berlin, Promotion zum Dr. phil. in Freiburg; begründete 1892 zusammen mit seinem Vater Wilhelm Foerster, Georg von Gizycki und Ferdinand Tönnies die Deutsche Gesellschaft für ethische Kultur, seit 1895 Herausgeber der Zeitschrift „Ethische Kultur"; 1895 wegen scharfer Angriffe auf die Politik Wilhelms II. zu Festungshaft verurteilt. 1898 Habilitation in Zürich; 1898−1912 Privatdozent in Zürich, während dieser Zeit zahlreiche Arbeiten auf dem Gebiet der Pädagogik; 1913/14 a.o. Professor für Philosophie und Pädagogik in Wien; ab 1914 o. Professor für Pädagogik in München; 1916 wegen seiner Kritik an der Politik des Deutschen Reiches für zwei Semester beurlaubt; 1916/17 Aufenthalt in der Schweiz; im Sommer 1917 Gespräche mit dem österreichischen Kaiser Karl über Möglichkeiten eines Verständigungsfriedens. Im Herbst bei Wiederaufnahme seiner Vorlesungen in München heftige Auseinandersetzungen zwischen rechten und linken Studentengruppen; 1918/19 unter der Regierung Eisner bayerischer Gesandter in der Schweiz; 1920 verließ er die Universität München endgültig. 1922 Übersiedlung in die Schweiz, 1926 nach Frankreich; 1940 Flucht über Spanien, Portugal und Brasilien in die USA; 1963 Rückkehr in die Schweiz.

*Franz von Assisi* (1181/82−3. 10. 1226). Ordensstifter. Sohn eines reichen Tuchhändlers; zog sich bereits in jungen Jahren vom gesellschaftlichen Leben in die Einsamkeit zurück und widmete sich in freiwilliger Armut der christlichen Nächstenliebe; als Wanderprediger fand er bald zahlreiche Gefolgschaft. Seit etwa 1211 bildeten sich in Italien, später in ganz Europa franziskanische Bruderschaften, aus denen 1223 mit päpstlicher Bestätigung der Franziskaner-Orden hervorging. Seine Mitglieder waren zu völliger Armut verpflichtet; 1228 wurde Franz von Assisi heiliggesprochen.

*Galilei*, Galileo (15. 2. 1564−8. 1. 1642). Italienischer Mathematiker und Philosoph. 1589 Professor für Mathematik in Pisa, 1592 in Padua, wo er den Proportionalzirkel entwickelte und die Fallgesetze fand; etwa seit 1609 Beschäftigung mit der Astronomie und genaue Beobachtung der Himmelskörper. Seit 1610 trat er für die kopernikanische Theorie ein, was zu langanhaltenden Konflikten mit der Kurie führte; 1633 Kirchenprozeß wegen seiner Parteinahme für Kopernikus, der mit einer Verurteilung endete.

*Gladstone,* William Ewart (29.12 1809−19. 5. 1898). Englischer Staatsmann. Seit 1832 Mitglied des Unterhauses; 1843−45 Handelsminister; 1845−46 Kolonialminister; wechselte von den Konservativen zu den Liberalen; mehrfach Schatzkanzler; seit 1865 Führer der Liberalen Partei, in der sog. Midlothian Campaign von 1879 erstmals Einsatz von plebiszitären Formen politischer Gefolgschaftsbildung; 1868−74, 1880−86, 1892−94 Premierminister.

*Helmholtz,* Hermann von (31. 8. 1821−8. 9. 1894). Physiker und Physiologe. Nach dem Studium der Medizin zunächst Militärarzt; 1849 a.o., 1851 o. Professor der Physiologie und Anatomie in Königsberg, später in Bonn, Heidelberg und Berlin; seit 1888 Präsident der Physikalisch-Technischen Reichsanstalt in Berlin. Beschäftigte sich mit der Physiologie des Sehens und Hörens, stellte eine umfassende Elektrizitätslehre auf und gab die genaue Begründung des von Robert Mayer entdeckten Gesetzes von der Erhaltung der Energie.

*Ihering,* Rudolf von (22. 8. 1818−17. 9. 1892). Jurist. Nach dem Studium der Rechtswissenschaften in Heidelberg, Göttingen und München 1840/41 Promotion und Habilitation in Berlin; 1845 o. Professor für Römisches Recht in Basel, später in Rostock, Kiel, Gießen, Wien, Göttingen. Begründer der Lehre von der Interessenjurisprudenz.

*Jackson,* Andrew (15. 3. 1767−8. 6. 1845). Präsident der USA. 1797/98 Senator; 1798−1804 Richter am Obersten Gerichtshof in Tennessee; später General in der amerikanischen Armee; bei den Präsidentschaftswahlen von 1824 mußte er eine Niederlage hinnehmen; 1828 und 1832 wurde er zum Präsidenten gewählt. Unter seiner Führung entwickelte sich aus der alten republikanischen Partei allmählich die „Demokratische Partei".

*Karl V.* (24. 2. 1500−21. 9. 1558). Kaiser des Heiligen Römischen Reiches deutscher Nation, spanischer König, bis 1530 deutscher König. Vereinigte in seiner Hand das Reich und Spanien mit den Kolonien; außenpolitisch ist seine Regierungszeit durch Konflikte mit Frankreich und dem Osmanischen Reich gekennzeichnet, innenpolitisch stand sie im Zeichen der durch die Reformation ausgelösten religiösen Spannungen. 1556 legte Karl V. die Kaiserkrone nieder und zog sich in ein Kloster in Spanien zurück.

*Kauṭilya* (auch Cāṇakya) (Ende 4. Jh. v. Chr.). Indischer Philosoph und Politiker. Über sein Leben ist nur wenig bekannt. Gemeinhin gilt er als Berater, vielleicht auch Minister des indischen Herrschers Candragupta, des Begründers der Maurya-Dynastie. Nach indischer Tradition wird ihm der „Arthaśāstra", einer der grundlegenden Texte der indischen Staats- und Verwaltungslehre, zugeschrieben, dessen Endredaktion aber wohl erst im 3. Jahrhundert n. Chr. liegt.

*Kleon* (gefallen 422 v. Chr.). Athenischer Politiker. Zentrale Figur in der politischen Öffentlichkeit Athens nach dem Tod des Perikles 429 v. Chr.; stammte aus der aufstrebenden Schicht der Gewerbetreibenden und fand vor allem die Zustimmung des einfachen Volkes; im Peloponnesischen Krieg trat er für den Kampf bis zum Sieg über Sparta ein und lehnte demgemäß 425 v. Chr. ein Friedensangebot Spartas ab; als militärischer Führer einer Expedition gegen Sparta fiel er 422 v. Chr. bei Amphipolis.

*Li-Hung-Tschang;* Ts.: Li Hung-chang (15. 12. 1823−7. 11. 1901). Chinesischer Staatsmann. Gouverneur der Provinz Chihli und Superintendent der drei nördlichen Häfen; übernahm zahlreiche diplomatische Missionen.

*Liebknecht,* Karl (13. 8. 1871−15. 1. 1919). Sozialistischer Politiker. 1890−93 Studium der Rechtswissenschaften und Nationalökonomie in Leipzig und Berlin; 1897 Promotion zum Dr. jur. und Dr. rer. pol. in Würzburg; danach Rechtsanwalt in Berlin; 1900 Eintritt in die Sozialdemokratische Partei; 1907 Verurteilung wegen Hochverrats zu 18 Monaten Festungshaft; seit 1908 MdprAH; seit 1912 MdR; stimmte im Dezember 1914 gegen die Kriegskredite; führender Repräsentant der äußersten Linken; 1916 Ausschluß aus der sozialdemokratischen Reichstagsfraktion; 1916−Oktober 1918 wegen Hochverrats inhaftiert; zusammen mit Rosa Luxemburg Mitbegründer des Spartakusbundes, aus dem die KPD hervorging; nach dem Januaraufstand 1919 von Freikorpsoffizieren ermordet.

*Lincoln,* Abraham (12. 2. 1809−15. 4. 1865). Präsident der USA. Seit 1856 schneller Aufstieg in der noch jungen Republikanischen Partei; 1860 zum Präsidenten der USA gewählt, entschiedener Gegner der Sezessionsbestrebungen der Südstaaten; während seiner Amtszeit 1861−1865 amerikanischer Bürgerkrieg, der mit dem Sieg der Nordstaaten endete; 1865 von einem Südstaatler ermordet.

*Lionardo* (Leonardo) *da Vinci* (15. 4. 1452−2. 5. 1519). Italienischer Maler und Naturforscher. 1472 Eintritt in die florentinische Malergilde; seit 1481 Hofmaler und -ingenieur in Mailand; 1500 Rückkehr nach Florenz; seit 1502 Festungsingenieur des päpstlichen Heerführers Cesare Borgia, für den er Landkarten und Stadtpläne ausarbeitete; 1506−13 in französischen Diensten in Mailand. Mit zunehmendem Alter widmete er sich immer stärker technischen und naturwissenschaftlichen Fragen, so unter anderem anatomischen Forschungen.

*Lukács,* Georg von (13. 4. 1885—4. 6. 1971). Philosoph, Literaturhistoriker und -theoretiker. Seit 1902 Studium der Rechtswissenschaften und Nationalökonomie in Budapest; 1906 Promotion zum Dr. jur.; 1908/09 Studium der Philosophie in Berlin; 1909 Promotion zum Dr. phil. in Budapest; 1910 Übersiedlung nach Berlin, 1912 nach Heidelberg, in der Absicht, sich dort zu habilitieren; 1917 Rückkehr nach Budapest; seit 1918 Mitglied der Kommunistischen Partei Ungarns; während der ungarischen Räterepublik Volkskommissar für das Unterrichtswesen; 1919—29 illegale Parteiarbeit in Wien und Budapest; 1930—44 mit einigen Unterbrechungen Aufenthalt in Moskau; 1945—58 Professor für Ästhetik und Kulturphilosophie in Budapest; 1956 Minister für Volksbildung in der Regierung Nagy. Während seines Heidelberger Aufenthalts enge Kontakte zu Max Weber.

*Macchiavelli,* Niccolò (3. 5. 1469—22. 6. 1527). Italienischer Schriftsteller und Politiker. 1498 Sekretär in der zweiten Kanzlei der Republik Florenz, in deren Auftrag er zahlreiche diplomatische Missionen unternahm; nach der Machtübernahme der Medici 1512 seines Amtes enthoben; seit 1519 in den Diensten der Medici; seine 1513 entstandene Schrift „Il Principe", die erst 1532 veröffentlicht und bald darauf auf den „Index librorum prohibitorum" gesetzt wurde, galt als Idealisierung einer von sittlichen Normen losgelösten Machtpolitik und führte in Europa über lange Zeit hinweg zu heftigen Kontroversen.

*Marck,* Siegfried (9. 3. 1889—16. 2. 1957). Philosoph und Soziologe. 1917 Habilitation; 1919—26 als Mitglied der SPD Stadtverordneter in Breslau; 1924 a. o. Professor, 1930 o. Professor in Breslau; 1933 Emigration nach Frankreich, 1939 in die USA; seit 1940 Professor für Philosophie in Chicago.

*Maximilian I.* (22. 3. 1459—12. 1. 1519). Kaiser des Heiligen Römischen Reiches deutscher Nation. Dehnte den habsburgischen Machtbereich nach Westen aus. In seiner Regierungszeit gab es Ansätze zu einer umfassenden Reichsreform.

*Mayer,* Julius Robert von (25. 11. 1814—20. 3. 1878). Arzt und Physiker. Entdeckte aufgrund von Beobachtungen, die er 1840 als Schiffsarzt auf einer Reise nach Batavia machte, die Äquivalenz von Arbeit und Wärme und formulierte 1845 das Gesetz von der Erhaltung der Energie. Sein Prioritätsanspruch hinsichtlich dieser Entdeckung wurde in Fachkreisen lange Zeit nicht anerkannt.

*Mill,* John Stuart (20. 5. 1806—8. 5. 1873). Englischer Philosoph und politischer Ökonom. 1823—58 im „India House", dem Sitz der British East India Company in London, tätig; 1865—68 Mitglied des Unterhauses; Verfasser zahlreicher politischer, nationalökonomischer und philosophischer Schriften.

*Nietzsche,* Friedrich Wilhelm (15. 10. 1844—25. 8. 1900). Philosoph. 1864—68 Studium der klassischen Philologie in Bonn und Leipzig; 1869 Professor in Basel; 1879 krankheitsbedingte Aufgabe der Professur; nach einem Zusammenbruch 1889 lebte er in zunehmender geistiger Umnachtung. Nietzsches radikale Kritik an überkommenen Wertmaßstäben und moralischen Urteilen übte auf seine Zeitgenossen große Wirkung aus.

*Northcliffe,* Alfred Charles William *Harmsworth* Viscount (15. 7. 1865—14. 8. 1922). Englischer Verleger. Eigentümer eines der einflußreichsten Pressekonzerne Europas und Pionier der modernen Massenpresse; gründete 1896 die „Daily Mail", 1903 den „Daily Mirror", erwarb 1894 „The Evening News", 1903 das Wochenblatt „Weekly Dispatch", war 1905—11 Besitzer des „Observer" und 1908—22 der „Times"; galt als Förderer und Berater von Lloyd George, dessen Politik einer Kriegführung unter Einsatz aller verfügbaren Kräfte er publizistisch mit allen Mitteln unterstützte.

*Ostrogorski,* Moisei; Tl.: Ostrogorskij. (1854–1919). Russischer Politikwissenschaftler und Politiker. Nach dem Jurastudium einige Jahre im Justizministerium tätig; erhielt 1892 einen Preis der Juristischen Fakultät der Universität Paris für eine Arbeit über Frauenrecht; in den 1880er und 1890er Jahren Studienaufenthalte in England und den USA, bedeutende Arbeiten über die englische und amerikanische Parteiengeschichte, die erstmals die Aspekte der Parteiorganisation thematisierten. Nach der Revolution von 1905 Rückkehr nach Rußland; 1906 in die Erste Duma gewählt, Mitglied der Kadetten (Liberale Konstitutionelle Demokraten); nach Auflösung der Ersten Duma Rückzug aus der Politik und erneuter Aufenthalt in den USA.

*Perikles* (um 490–429 v. Chr.). Athenischer Staatsmann. Seit 463 v. Chr. politisch aktiv, nach 461 v. Chr. Führer der radikal demokratischen Richtung in Athen; durch Kriege gegen Persien und Sparta sicherte er die Vorherrschaft Athens in der Ägäis, baute in seiner Funktion als Stratege den attischen Seebund zum Herrschaftsinstrument Athens aus. Unter seiner Ägide vollzog sich der systematische Ausbau der Akropolis.

*Puttkamer,* Robert von (5. 5. 1828–15. 3. 1900). Konservativer preußischer Verwaltungsbeamter und Politiker. Nach dem Jurastudium in Berlin, Heidelberg und Genf seit 1854 in der preußischen Verwaltung tätig; 1874–85 MdR; 1882–85 MdprAH; 1877 Oberpräsident von Schlesien; 1879 preußischer Kultusminister; 1881 preußischer Innenminister; bekannt für sein rigoroses Vorgehen gegen Staatsbeamte, die von der Linie der Regierungspolitik abwichen; 1888 von Kaiser Friedrich entlassen; 1891–99 Oberpräsident von Pommern.

*Ranke,* Leopold von (21. 12. 1795–23. 5. 1886). Historiker. 1814–18 Studium der Theologie und Philologie in Leipzig; 1825 a. o. Professor der Geschichte in Berlin, 1834–71 o. Professor in Berlin. Begründer der modernen Geschichtswissenschaft und führender Vertreter des Historismus.

*Schäfer,* Dietrich (16. 5. 1845–12. 1. 1929). Historiker. 1871 Promotion zum Dr. phil. in Göttingen; 1877 a. o. Professor, 1883 o. Professor für Geschichte in Jena, 1885 in Breslau, 1888 in Tübingen, 1896 in Heidelberg, 1903–21 in Berlin. Mitglied des Alldeutschen Verbandes; im Ersten Weltkrieg Vorsitzender des annexionistischen „Unabhängigen Ausschusses für einen deutschen Frieden", 1917 Mitbegründer der „Vaterlandspartei"; seine Schriften hatten auf das nationalpolitische Denken im Kaiserreich großen Einfluß.

*Schnadhorst,* Francis (24. 8. 1840–1. 2. 1900). Englischer Politiker. Als Kaufmann schon früh politisch tätig; 1873 Erster Sekretär der Liberalen Partei in Birmingham, deren straffe Organisation zum Vorbild für die liberalen Parteiorganisationen in ganz England wurde; 1877–93 Parteisekretär der National Liberal Federation.

*Simmel,* Georg (1. 3. 1858–26. 9. 1918). Philosoph und Soziologe. 1881 Promotion zum Dr. phil. in Berlin; 1885 Habilitation; 1901 a. o. Professor in Berlin, seit 1914 o. Professor in Straßburg. Mit seinen Schriften zur Soziologie gehörte Simmel zu den Begründern der Soziologie in Deutschland; in seinen Arbeiten über das „Geld" oder die „Großstädte und das Geistesleben" zeichnete Simmel ein kulturkritisches Bild der Moderne. Stand in freundschaftlichem Kontakt zu Max und Marianne Weber; Max Weber setzte sich 1907/08 für die Berufung Simmels nach Heidelberg ein.

*Singer,* Paul (16. 1. 1844–31. 1. 1911). Fabrikbesitzer und sozialdemokratischer Politiker. 1884–1911 MdR und Fraktionsvorsitzender zusammen mit August Bebel; gemeinsam mit Bebel ab 1890 auch Parteivorsitzender; schied 1887 aus der zusammen mit seinem

Bruder gegründeten Textilfabrik aus und widmete sich ausschließlich der Parteiarbeit; mit seinen finanziellen Mitteln wurde 1884 das „Berliner Volksblatt" gegründet, aus dem 1891 das SPD-Organ „Vorwärts" hervorging.

*Spener,* Philipp Jacob (13. 1. 1635–5. 2. 1705). Evangelischer Theologe. 1666 Pastor in Frankfurt a. M., 1686 Oberhofprediger in Dresden; 1691 Propst und Pastor der Nikolaikirche in Berlin. Forderte eine vertiefte Beschäftigung mit der Bibel und wandte sich gegen die Glaubens- und Kirchenkritik der Aufklärung; Begründer des lutherischen Pietismus.

*Swammerdam(m),* Jan (12. 2. 1637–15. 2. 1680). Niederländischer Zoologe. Seine Untersuchungsmethoden (Farb- und Wachsinjektionen) förderten die Insektenkunde und die Anatomie.

*Tolstoj,* Leo Nikolajewitsch; Tl.: Tolstoj, Lev Nikolaevič (9. 9. 1828–20. 11. 1910). Russischer Dichter. Lebte zumeist auf dem väterlichen Gut Jasnaja Poljana im Gouvernement Tula. In seinen Romanen und Erzählungen entwickelte er eine radikale Ethik christlicher Nächstenliebe unter Ablehnung der bestehenden Sozial- und Kulturordnung; übte auf die Intellektuellen des frühen 20. Jahrhunderts eine faszinierende Wirkung aus. Für Max Weber verkörperte Tolstoj den Idealtypus der reinen, weltflüchtigen Gesinnungsethik.

*Trotzkij, Trozkij* (seit 1902 für Bronstein), Leo D.; Tl.: Trockij, Lev D. (7. 11. 1879–21. 8. 1940). Russischer Politiker und Revolutionär. 1902–04 Redakteur der „Iskra", des führenden Organs der russischen Sozialdemokratie; 1905 wichtige Stellung im Petersburger Sovjet; 1907–17 Emigrant in Wien, Paris und den USA; im Mai 1917 Rückkehr nach Rußland und Anschluß an die Bol'ševiki; seit Oktober 1917 Mitglied des Politbüros; organisierte an der Spitze des Militärischen Revolutionskomitees den Aufstand der Bol'-ševiki gegen die Regierung Kerenskij vom 7. 11. 1917; seit dem 8./9. 11. 1917 Außenkommissar; seit Ende 1917 Leiter der russischen Delegation bei den Friedensverhandlungen mit den Mittelmächten in Brest-Litovsk; März 1918 Ernennung zum Kriegskommissar; nach dem Tode Lenins Gegnerschaft zu Stalin; 1929 Ausweisung aus der UdSSR; 1940 im Exil ermordet.

*Tschandragupta;* Ts.: Candragupta (4. Jh.–297 v. Chr.). Indischer Herrscher. Regierte ca. 321–297 v. Chr.; Begründer der Maurya-Dynastie; Aufstieg in den Kämpfen gegen die griechischen Garnisonen Alexanders des Großen im Industal; systematischer Ausbau von Heer und Verwaltung; seit 305 v. Chr. weitere Ausdehnung des Machtbereichs und Kontrolle auch über weite Gebiete östlich von Kabul.

*Uhland,* Ludwig (26. 4. 1787–13. 11. 1862). Dichter und Germanist. 1802–08 Jura- und Sprachstudium in Tübingen; 1810–14 Sekretär im Württembergischen Justizministerium; danach Anwalt in Stuttgart; 1819 Wahl in die Ständekammer; 1829 Professor für Germanistik in Tübingen; 1848 Wahl in die Frankfurter Nationalversammlung; seine Dichtung ist stark von den volksliedhaften Elementen der romantischen Lyrik geprägt.

*Wagner,* Richard (22. 5. 1813–13. 2. 1883). Komponist. 1833 Kapellmeister in Würzburg, 1834 in Magdeburg, 1837 in Riga; 1843 Hofkapellmeister in Dresden; nach seiner Beteiligung am Mai-Aufstand 1849 Flucht in die Schweiz; wechselnde Aufenthalte in Europa; 1864 Übersiedlung nach München und finanzielle Förderung durch König Ludwig II.; 1872 Übersiedlung nach Bayreuth. Gehörte zu den wirkungsreichsten Musikern des 19. Jahrhunderts, der in seinen Opern die Idee eines musikalischen Gesamtkunstwerks zu verwirklichen suchte.

*Washington,* George (22. 2. 1732−14. 12. 1799). Präsident der USA. Seit 1759 Mitglied des Parlaments von Virginia; schon früh am Widerstand gegen England beteiligt; 1775 Oberbefehlshaber der Revolutionstruppen; 1789 zum 1. Präsidenten der USA gewählt.

*Webster,* Daniel (18. 1. 1782−24. 10. 1852). Amerikanischer Politiker. 1813−17, 1823−27 Kongreßabgeordneter; 1827−41, 1845−50 Senator von Massachusetts; 1841−43, 1850−51 Außenminister; als glänzender Rhetoriker vertrat er nachdrücklich die Interessen der Union gegen die sog. states rights.

*Weierstraß,* Karl (31. 10. 1815−19. 2. 1897). Mathematiker. 1841−1855 als Lehrer tätig, daneben intensive Beschäftigung mit mathematischen Problemen; 1856−1864 Professor am Gewerbeinstitut in Berlin; seit 1864 o. Professor an der Universität Berlin; grundlegende Arbeiten zur Theorie der analytischen und elliptischen Funktionen.

# Personenregister

Gerade gesetzte Zahlen verweisen auf Webers Text, kursiv gesetzte Zahlen auf die Herausgeberrede.

# Sachregister

Gerade gesetzte Zahlen verweisen auf Webers Text, kursiv gesetzte Zahlen auf die Herausgeberrede

→ auch: Beamtenverwaltung
Verwaltungsaufgaben 141
Verwaltungsauslese → Auslese
Verwaltungsbeamte 166, 190
Verwaltungsbehörden 178, *183*
Verwaltungsmittel *137*, 139, 141, 163−165
Verwaltungsreformen Maximilians 176
Verwaltungsstab 163 f., 166
Vielgötterei 101
Völkerbund *2*
Völkerrecht *187, 189*
Vorlesungen *1, 16, 20 f., 28, 33 f.*, 71, 73, 79, 96, 101 f., *115*

Waffenstillstand *236*
Wahl 141, 145, 166, *168*, 174, *180 f.*, 196 f., 200, 217, 221−223, 225
→ auch: Amerika; England; Frankreich; Spanien; Reichstagswahlen; Verhältniswahl
Wahl-Agent → Election Agent
Wahlamt 191
Wahlapparat → Apparat
Wahlchancen 202
Wahlclub 145, 200
Wähler *168*, 188, 197, *199, 203*, 205, *208, 217, 223*
Wahlkampf *4, 18, 22, 119 f.*, 203 f., 213 f., *222*
Wahlkandidaten 197, 202
Wahlkreis *168*, 202, 218
→ auch: England
Wahlpatronage *199*
Wahlpflicht 197
Wahlrecht 143, 203
→ auch: Frankreich; Massenwahlrecht; Mehrheitswahlrecht; Verhältniswahlrecht
Wahlreden 191
Wahlstimmenmarkt 199
Wahlverband 208
Wahlzettel 167 f.
Wahrheit *9, 41, 65*, 84, 89, 98 f., 100, 102, 107, 236, 241, *247*
Wahrheitspflicht 236
Waiblingen *197*
Walhall 151, 243
„Wandervogel" *52*
„Wandervogel, Österreichischer" *27*
Weimarer Reichsverfassung *19, 224 f.*
Weise *69*, 105
Welfen *197*

Weltanpassung *10*
Weltanschauungen *26, 51*, 102−104, *109, 115*, 219, 230
Weltflucht *10*, 153, *235*, 251
Weltgeschichte *6*, 151, 241
Weltkrieg *2, 5*, 25, 27, *95 f., 114 f., 216*
Werbung 141, *168*, 197, 199, 202, 223
Werte *1, 9 f., 30, 39, 41 f., 51*, 100, 102 f., 106, *123*
→ auch: Kulturwerte
Werte, letzte *9, 42*, 109
Wertfreiheit *10, 30, 123*
→ auch: Wissenschaft
Wertordnungen 99
Wertpapier-Renten 171
Wertsphäre *30*
→ auch: Wissenschaft
Wertungssphäre *30 f.*
Werturteile 98, 105
Werturteilsdebatte *10, 29 f., 61, 93, 97*
Werturteilsfreiheit *3, 28*
Westeuropa *2, 36, 52 f.*
Westmächte *15, 189*
→ auch: Ententemächte; gegnerische Länder
Whigs 143, *199*, 206
Whip (Einpeitscher) 143, 206, 209, 211
„Wickersdorfer Kreis" *36*
Widerstandsrecht *187*
Wien *3 f., 11 f., 16 f., 20 f., 39*, 59, 79, 96, *117, 122, 128*, 184, 218, *239*
Wirtschaft *3, 9, 21, 53*, 170, 198, 239
→ auch: Alltagswirtschaft; Arbeiter- und Soldatenrätewirtschaft; Bourgeoisiewirtschaft; Geldwirtschaft
Wirtschafts-Neuordnung 145
Wirtschaftsbetrieb 163, 166, 182
Wissen 14, 31, 40, 58, 61, 68, 87 f., 105, 107, 109, 155, 229
Wissenschaft „um ihrer selbst willen" 86
Wissenschaft als Rechenexempel 81
Wissenschaft als Weg zu Gott *69*, 91−93
Wissenschaft als Weg zum Glück *69*, 92 f.
Wissenschaft als Weg zur Kunst *69*, 90 f., 93
Wissenschaft als Weg zur Natur *69*, 90 f., 93
Wissenschaft und Fortschritt *60, 68*, 85−88
Wissenschaft, Betrieb der 80, 86, 228
Wissenschaft, Einheit der *26, 50, 75*
Wissenschaft, Erlebnis der *51*, 81
Wissenschaft, Kausalität in der 234
Wissenschaft, Leistung der *60, 69*, 98, 103 f.

Wissenschaft, Rolle der Eingebung *68*, 81,
    83 f.
Wissenschaft, Sinnprobleme der *69*, 85, 93
Wissenschaft, Spezialisierung der *27*, 80
Wissenschaft, voraussetzungslose *60, 68,*
    *93, 98*, 106
Wissenschaft, Wert der 88, 105 f.
Wissenschaft, wertfreie *123*
Wissenschaft, Wertsphäre der 108
Wissenschaftler *23, 37 f., 60, 68*
Wotan *151*
Wunder 98
Würde *22*, 85, 100, 109, 147, 232, 235
→ auch: Manneswürde
Würdelosigkeit *16*, 100, *119*, 147, 196,
    231 f., 235

Yogi 90

Zar *198*
Zarathustra *32, 92, 161*

Zarismus 7
Zeit der Reaktion 250
Zeitschriften 84
Zeitungen 173, 193 f.
→ auch: Presse
Zeitungsbetrieb 200
Zeitungskonzerne 193
Zeitungswesen *191*
„Zentralstelle für Auslandsdienst" *189*
Zentrum 175, 219 f.
→ auch: Baden; katholische Partei
Zimmerwald 239
Zivilisation *14*, 87 f.
Zivilisationsliteraten *14*
Zufall 75, 79, 102
→ auch: Hazard
Zukunft *1, 12, 22*, 80, 224, 232
Zunft 145, 222
→ auch: Honoratiorenzunft
Zunftinstinkte 220

# Seitenkonkordanzen

Die Seitenkonkordanzen beziehen sich auf die bisher gebräuchlichen Voreditionen. Es handelt sich für die Texte in diesem Band um:

WaB      Weber, Max, Wissenschaft als Beruf, 8. Aufl. – Berlin: Duncker & Humblot 1991 (seitengleich mit der 2.–7. Aufl.).

WL[1]      Weber, Max, Gesammelte Aufsätze zur Wissenschaftslehre, [1. Aufl.]. – Tübingen: J.C.B. Mohr (Paul Siebeck) 1922.

WL[2]      Weber, Max, Gesammelte Aufsätze zur Wissenschaftslehre, 2. durchges. und erg. Aufl., hg. von Johannes Winckelmann. – Tübingen: J.C.B. Mohr (Paul Siebeck) 1951.

WL[3-7]      Weber, Max, Gesammelte Aufsätze zur Wissenschaftslehre, 3. erw. und verb. Aufl., hg. von Johannes Winckelmann. – Tübingen: J.C.B. Mohr (Paul Siebeck) 1968; 4. unveränd. Aufl. 1973; 5. unveränd. Aufl. 1982; 6. unveränd. Aufl. 1985; 7. unveränd. Aufl. 1988.

PaB      Weber, Max, Politik als Beruf, 9. Aufl. – Berlin: Duncker & Humblot 1991 (seitengleich mit der 2.–8. Aufl.).

GPS[1]      Weber, Max, Gesammelte Politische Schriften, [1. Aufl.]. – München: Drei Masken Verlag 1921.

GPS[2]      Weber, Max, Gesammelte Politische Schriften, 2. erw. Aufl., neu hg. von Johannes Winckelmann. – Tübingen: J.C.B. Mohr (Paul Siebeck) 1958.

GPS[3-5]      Weber, Max, Gesammelte Politische Schriften, 3. erneut verm. Aufl., hg. von Johannes Winckelmann. – Tübingen: J.C.B. Mohr (Paul Siebeck) 1971; 4. unveränd. Aufl. 1980; 5. unveränd. Aufl. 1988.

Die Paginierung der Textzeugen, die der Edition zugrundeliegen, wurde dem Edierten Text marginal beigefügt.

| MWG I/17 | WL[3-7] | WL[2] | WL[1] | WaB |
| --- | --- | --- | --- | --- |

## Wissenschaft als Beruf

| | | | | |
| --- | --- | --- | --- | --- |
| 71 | 582/583 | 566/567 | 524/525 | 5 |
| 72 | 583 | 567 | 525 | 5/6 |
| 73 | 583/584 | 567/568 | 525/526 | 6/7 |
| 74 | 584/585 | 568/569 | 526/527 | 7/8 |
| 75 | 585 | 569 | 527 | 8 |
| 76 | 585/586 | 569/570 | 527/528 | 8/9 |
| 77 | 586 | 570 | 528 | 9 |
| 78 | 586/587 | 570/571 | 528/529 | 9/10 |
| 79 | 587/588 | 571/572 | 529/530 | 10/11 |
| 80 | 588/589 | 572/573 | 530/531 | 11/12 |
| 81 | 589 | 573 | 531 | 12 |

| MWG I/17 | WL³⁻⁷ | WL² | WL¹ | WaB |
|----------|-------|-----|-----|-----|
| 82  | 589/590 | 573/574 | 531/532 | 12/13 |
| 83  | 590/591 | 574/575 | 532/533 | 13/14 |
| 84  | 591/592 | 575/576 | 533/534 | 14/15 |
| 85  | 592/593 | 576/577 | 534/535 | 15/16 |
| 86  | 593/594 | 577/578 | 535/536 | 16/17 |
| 87  | 594     | 578     | 536     | 17    |
| 88  | 594/595 | 578/579 | 536/537 | 17/18 |
| 89  | 595/596 | 579/580 | 537/538 | 18/19 |
| 90  | 596/597 | 580/581 | 538/539 | 19/20 |
| 91  | 597     | 581     | 539     | 20/21 |
| 92  | 597/598 | 581/582 | 539/540 | 21    |
| 93  | 598/599 | 582/583 | 540/541 | 22    |
| 94  | 599/600 | 583/584 | 541/542 | 22/23 |
| 95  | 600/601 | 584/585 | 542/543 | 23/24 |
| 96  | 601     | 585     | 543     | 24/25 |
| 97  | 601/602 | 585/586 | 543/544 | 25    |
| 98  | 602/603 | 586/587 | 544/545 | 25−27 |
| 99  | 603/604 | 587/588 | 545/546 | 27    |
| 100 | 604     | 588     | 546     | 27/28 |
| 101 | 604/605 | 588/589 | 546/547 | 28/29 |
| 102 | 605/606 | 589/590 | 547/548 | 29/30 |
| 103 | 606/607 | 590/591 | 548/549 | 30/31 |
| 104 | 607/608 | 591/592 | 549/550 | 31/32 |
| 105 | 608/609 | 592/593 | 550/551 | 32/33 |
| 106 | 609/610 | 593/594 | 551/552 | 33/34 |
| 107 | 610/611 | 594/595 | 552/553 | 34/35 |
| 108 | 611     | 595     | 553     | 35    |
| 109 | 611/612 | 595/596 | 553/554 | 35/36 |
| 110 | 612/613 | 596/597 | 554/555 | 36/37 |
| 111 | 613     | 597     | 555     | 37    |

| MWG I/17 | GPS³⁻⁵ | GPS² | GPS¹ | PaB |
|----------|--------|------|------|-----|

### Politik als Beruf

| MWG I/17 | GPS³⁻⁵ | GPS² | GPS¹ | PaB |
|----------|--------|------|------|-----|
| 157 | 505/506 | 493/494 | 396     | 7     |
| 158 | 506     | 494     | 396/397 | 7/8   |
| 159 | 506/507 | 494/495 | 397     | 8/9   |
| 160 | 507/508 | 495/496 | 397/398 | 9/10  |
| 161 | 508     | 496     | 398/399 | 10    |
| 162 | 508/509 | 496/497 | 399     | 10/11 |
| 163 | 509     | 497     | 399/400 | 11    |
| 164 | 509/510 | 497/498 | 400     | 11/12 |
| 165 | 510/511 | 498     | 400/401 | 12/13 |
| 166 | 511     | 498/499 | 401/402 | 13    |
| 167 | 511/512 | 499/500 | 402     | 13/14 |

| MWG I/17 | GPS[3–5] | GPS[2] | GPS[1] | PaB |
|---|---|---|---|---|
| 168 | 512 | 500 | 402/403 | 14/15 |
| 169 | 512/513 | 500/501 | 403/404 | 15 |
| 170 | 513/514 | 501/502 | 404 | 15/16 |
| 171 | 514/515 | 502/503 | 404/405 | 16/17 |
| 172 | 515 | 503 | 405/406 | 17/18 |
| 173 | 515/516 | 503/504 | 406 | 18 |
| 174 | 516 | 504 | 406/407 | 18/19 |
| 175 | 516 | 504 | 407 | 19 |
| 176 | 516/517 | 504/505 | 407/408 | 19/20 |
| 177 | 517/518 | 505/506 | 408 | 20 |
| 178 | 518 | 506 | 408/409 | 20/21 |
| 179 | 518/519 | 506/507 | 409 | 21/22 |
| 180 | 519 | 507 | 409/410 | 22 |
| 181 | 519/520 | 507/508 | 410 | 22/23 |
| 182 | 520/521 | 508/509 | 410/411 | 23/24 |
| 183 | 521 | 509 | 411/412 | 24 |
| 184 | 521/522 | 509/510 | 412 | 24/25 |
| 185 | 522 | 515 | 412/413 | 25 |
| 186 | 522/523 | 510/511 | 413 | 25/26 |
| 187 | 523 | 511 | 413 | 26 |
| 188 | 523/524 | 511/512 | 413/414 | 26/27 |
| 189 | 524 | 512 | 414 | 27 |
| 190 | 524/525 | 512/513 | 414/415 | 27/28 |
| 191 | 525 | 513 | 415/416 | 28/29 |
| 192 | 525/526 | 513/514 | 416 | 29/30 |
| 193 | 526/527 | 514/515 | 416/417 | 30 |
| 194 | 527 | 515 | 417 | 30/31 |
| 195 | 527/528 | 515/516 | 417/418 | 31/32 |
| 196 | 528 | 516 | 418/419 | 32 |
| 197 | 528/529 | 516/517 | 419 | 32/33 |
| 198 | 529 | 517 | 419/420 | 33 |
| 199 | 529/530 | 517/518 | 420 | 33/34 |
| 200 | 530/531 | 518/519 | 420/421 | 34/35 |
| 201 | 531 | 519 | 421 | 35 |
| 202 | 531/532 | 519/520 | 421/422 | 35/36 |
| 203 | 532 | 520 | 422/423 | 36/37 |
| 204 | 532/533 | 520/521 | 423 | 37 |
| 205 | 533/534 | 521/522 | 423/424 | 37/38 |
| 206 | 534 | 522 | 424 | 38/39 |
| 207 | 534/535 | 522/523 | 424/425 | 39 |
| 208 | 535 | 523 | 425 | 39/40 |
| 209 | 535/536 | 523/524 | 425/426 | 40 |
| 210 | 536 | 524 | 426 | 40/41 |
| 211 | 536/537 | 524/525 | 426/427 | 41 |
| 212 | 537 | 525 | 427 | 41/42 |
| 213 | 537/538 | 525/526 | 427/428 | 42/43 |
| 214 | 538 | 526 | 428 | 43 |
| 215 | 538/539 | 526/527 | 428/429 | 43/44 |
| 216 | 539/540 | 527/528 | 429/436 | 44/45 |

| MWG I/17 | GPS[3-5] | GPS[2] | GPS[1] | PaB |
|---|---|---|---|---|
| 217 | 540/541 | 528/529 | 430/431 | 45/46 |
| 218 | 541 | 529 | 431 | 46 |
| 219 | 541/542 | 529/530 | 431/432 | 46/47 |
| 220 | 542 | 530 | 432 | 47 |
| 221 | 542/543 | 530/531 | 432 | 47/48 |
| 222 | 543 | 531 | 433 | 48 |
| 223 | 543/544 | 531/532 | 433/434 | 48/49 |
| 224 | 544 | 532 | 434 | 49 |
| 225 | 544/545 | 532/533 | 434 | 49/50 |
| 226 | 545 | 533 | 434/435 | 50/51 |
| 227 | 545/546 | 533/534 | 435/436 | 51 |
| 228 | 546/547 | 534/535 | 436 | 51/52 |
| 229 | 547 | 535 | 436/437 | 52/53 |
| 230 | 547/548 | 535/536 | 437/438 | 53/54 |
| 231 | 548/549 | 536/537 | 438/439 | 54 |
| 232 | 549 | 537 | 439 | 54/55 |
| 233 | 549/550 | 537/538 | 439/440 | 55/56 |
| 234 | 550 | 538 | 440 | 56 |
| 235 | 550/551 | 538/539 | 440/441 | 56/57 |
| 236 | 551 | 539 | 441 | 57 |
| 237 | 551/552 | 539/540 | 441/442 | 57/58 |
| 238 | 552 | 540 | 442 | 58 |
| 239 | 552/553 | 540/541 | 442/443 | 58/59 |
| 240 | 553/554 | 541/542 | 443 | 59/60 |
| 241 | 554 | 542 | 443/444 | 60 |
| 242 | 554/555 | 542/543 | 444 | 60/61 |
| 243 | 555 | 543 | 444/445 | 61/62 |
| 244 | 555/556 | 543/544 | 445 | 62 |
| 245 | 556 | 544 | 445/446 | 62/63 |
| 246 | 556/557 | 544/545 | 446/447 | 63/64 |
| 247 | 557/558 | 545/546 | 447 | 64 |
| 248 | 558 | 546 | 447/448 | 64/65 |
| 249 | 558/559 | 546/547 | 448 | 65 |
| 250 | 559 | 547 | 448/449 | 65/66 |
| 251 | 559/560 | 547/548 | 449/450 | 66/67 |
| 252 | 560 | 548 | 450 | 67 |

# Aufbau und Editionsregeln
## der Max Weber-Gesamtausgabe,
## Abteilung I: Schriften und Reden

### 1. Aufbau der Gesamtausgabe

In der Max Weber-Gesamtausgabe werden die veröffentlichten und die nachgelassenen Texte Max Webers mit Ausnahme seiner Exzerpte, Marginalien,
Anstreichungen oder redaktionellen Eingriffe in die Texte anderer wiedergegeben. Berichte anderer über Webers Reden, Diskussionsbeiträge und Vorlesungen werden nur dann wiedergegeben, wenn ein autoreigener Zeuge
nicht überliefert ist.

Liegen mehrere Fassungen eines Textes vor, so werden alle mitgeteilt. Editio-
nen der Texte Webers, die er nicht selbst zum Druck gegeben hat, werden
nur dann berücksichtigt, wenn dem betreffenden Herausgeber Manuskripte
vorlagen, die uns nicht mehr überliefert sind. Jedem Band ist eine Konkordanz
mit den bisher gebräuchlichen Ausgaben beigegeben.

Die Max Weber-Gesamtausgabe gliedert sich in drei Abteilungen:

Abteilung I:    Schriften und Reden
Abteilung II:   Briefe
Abteilung III:  Vorlesungen

### 2. Aufbau der Abteilung I: Schriften und Reden

Die Abteilung I umfaßt Max Webers veröffentlichte und nachgelassene Schriften und Reden, unter Einschluß seiner Diskussionsbeiträge und Stellungnahmen. Ebenso werden Paralipomena, Entwürfe und andere Vorarbeiten mitgeteilt. Einzelne Äußerungen sind uns nur durch Zeitungsberichte, Sitzungsproto-
kolle, Kongreßprotokolle und ähnliches überliefert. Solche Ersatzzeugen werden dann in die Ausgabe aufgenommen, wenn sie in unmittelbarem zeitlichen
Zusammenhang mit der betreffenden Rede oder Stellungnahme Webers entstanden. Außerdem sind Texte wiedergegeben, die er zusammen mit anderen
Personen verfaßte oder unterzeichnete.

Für die Verteilung der Texte auf die Bände werden zwei Kriterien verwendet:
der Sachzusammenhang und die Chronologie. Dadurch werden thematisch
und zeitlich nahestehende Texte zu Bänden vereinigt und die Schwerpunkte
des Werkes in ihrer zeitlichen Folge und ihrem Nebeneinander sichtbar gemacht.

Jeder Bandtitel enthält deshalb eine thematische und eine zeitliche Angabe.
Für die thematische Angabe wird entweder ein Titel von Weber verwendet
oder, wo dies wegen der Vielfalt der Texte nicht möglich ist, ein seinem Wort-

gebrauch nahestehender Titel neu gebildet. Jedem Bandtitel ist ferner eine Zeitangabe zugeordnet. Dabei bezieht sich die erste Jahreszahl auf das Datum der Veröffentlichung des ersten, die zweite auf das Datum der Veröffentlichung des letzten in den Band aufgenommenen Textes. Bei Texten aus dem Nachlaß ist das Entstehungsjahr maßgebend. Dies gilt sowohl für Texte, die uns im Original vorliegen, wie auch für solche, von denen wir nur noch eine Edition aus dem Nachlaß besitzen, weil das Original inzwischen verloren ist. Wo das Datum der Entstehung auch nicht annähernd ermittelt werden kann, wird der Text am Ende des Bandes eingeordnet, dem er thematisch nahesteht. Bände mit einem oder mehreren nachgelassenen Texten tragen als zweite Jahreszahl 1920, Webers Todesjahr, wenn wir Hinweise haben, daß er an diesen Texten bis zu seinem Tode arbeitete.

Für die Bandfolge ist das Chronologieprinzip maßgebend. Über die Stellung eines Bandes in der Bandfolge entscheidet das Datum des ersten darin abgedruckten Textes. Abweichend davon sind die „Gesammelten Aufsätze zur Religionssoziologie" und das Textkonvolut „Wirtschaft und Gesellschaft" an das Ende der Abteilung gestellt. Dies ergibt sich aus der besonderen Überlieferungslage.

Die Abteilung I hat folgenden Aufbau:

Band 1: Zur Geschichte der Handelsgesellschaften im Mittelalter
Schriften 1889–1894

Band 2: Die römische Agrargeschichte in ihrer Bedeutung für das Staats- und Privatrecht
1891

Band 3: Die Lage der Landarbeiter im ostelbischen Deutschland
1892

Band 4: Landarbeiterfrage, Nationalstaat und Volkswirtschaftspolitik
Schriften und Reden 1892–1899

Band 5: Börsenwesen
Schriften und Reden 1894–1897

Band 6: Zur Sozial- und Wirtschaftsgeschichte des Altertums
Schriften 1893–1909

Band 7: Zur Logik und Methodologie der Kultur- und Sozialwissenschaften
Schriften 1900–1907

Band 8: Wirtschaft, Staat und Sozialpolitik
Schriften und Reden 1900–1912

Band 9: Asketischer Protestantismus und Kapitalismus
Schriften und Reden 1904–1911

Band 10: Zur Russischen Revolution von 1905
Schriften und Reden 1905–1912

Band 11: Zur Psychophysik der industriellen Arbeit
Schriften und Reden 1908–1912

Band 12: Verstehende Soziologie und Werturteilsfreiheit
Schriften und Reden 1908–1920

Band 13: Hochschulwesen und Wissenschaftspolitik
Schriften und Reden 1908–1920

Band 14: Die rationalen und sozialen Grundlagen der Musik
1910–1920

Band 15: Zur Politik im Weltkrieg
Schriften und Reden 1914–1918

Band 16: Zur Neuordnung Deutschlands
Schriften und Reden 1918–1920

Band 17: Wissenschaft als Beruf 1917/1919 – Politik als Beruf
1919

Band 18: Die protestantische Ethik und der Geist des Kapitalismus/
Die protestantischen Sekten und der Geist des Kapitalismus
Schriften 1904–1920

Band 19: Die Wirtschaftsethik der Weltreligionen. Konfuzianismus und Taoismus
Schriften 1915–1920

Band 20: Die Wirtschaftsethik der Weltreligionen. Hinduismus und Buddhismus
1916–1920

Band 21: Die Wirtschaftsethik der Weltreligionen. Das antike Judentum
Schriften und Reden 1917–1920

Band 22: Die Wirtschaft und die gesellschaftlichen Ordnungen und Mächte
(in Teilbänden)
Schriften 1909–1920

## 3. Aufbau der Bände

Jeder Band enthält eine Einleitung des Herausgebers, die historisch-kritisch bearbeiteten Texte Webers, denen jeweils ein Editorischer Bericht vorangestellt ist, Verzeichnisse und Register.

Innerhalb der Bände sind die Edierten Texte chronologisch geordnet. Bei von Weber veröffentlichten Texten ist das Datum der Veröffentlichung, bei nachgelassenen Texten das Datum der Entstehung maßgebend. Äußerungen Webers, über die wir nur Ersatzzeugen besitzen, werden im zweiten Teil eines Bandes zusammengefaßt und nach dem Datum der Äußerung wiederum chronologisch angeordnet.
Einzelnen Bänden sind Anhänge beigegeben. Darin finden sich zunächst Texte, die Weber mit anderen Personen zusammen verfaßte oder unterzeichnete, gegebenenfalls Hinweise auf verlorene Texte sowie auf Dokumente.

## 4. Bandeinleitung

Die Einleitung des Herausgebers informiert über die Anordnung, die thematischen Schwerpunkte und über den wissenschaftsgeschichtlichen und zeitgeschichtlichen Hintergrund der Texte. Enthält ein Band mehrere Texte, geht die Einleitung außerdem auf deren Zusammenhang ein. Die Rezeptions- und Wirkungsgeschichte sowie die Geschichte von Nacheditionen dagegen bleiben in der Regel außer Betracht.
Die Einleitung berichtet ferner über bandspezifische Editionsfragen, z.B. über sprachliche Eigentümlichkeiten Webers und deren editorische Behandlung. Alle textspezifischen Informationen geben die Editorischen Berichte.

## 5. Editorische Berichte

Jedem Text ist ein Editorischer Bericht vorangestellt, der über dessen Entstehung, Entwicklung und Überlieferung sowie über editorische Entscheidungen informiert. Er ist in die Abschnitte „Zur Entstehung" und „Zur Überlieferung und Edition" gegliedert.

### 5.1 „Zur Entstehung"

Dieser Abschnitt skizziert die historisch-politischen, wissenschaftlichen und biographischen Zusammenhänge, in denen ein Text steht. Er stellt ferner seine Entstehung und Entwicklung dar. Sofern mehrere Fassungen eines Textes vorliegen, wird deren Verhältnis zueinander beschrieben.

### 5.2 „Zur Überlieferung und Edition"

Dieser Abschnitt informiert über Textbefund und Überlieferungslage. Liegen mehrere Fassungen eines Textes vor, wird dargelegt, welche der Fassungen Edierter Text und welche Variante ist.
Ferner werden alle weiteren editorischen Entscheidungen begründet. Dazu gehört unter anderem auch die Behandlung textspezifischer Eigentümlichkeiten.

## 6. Texte

Bearbeitung und Präsentation der Texte folgen der historisch-kritischen Methode. Dies geschieht mit Hilfe von drei Apparaten: dem Korrekturen- und dem Variantenapparat, die zum textkritischen Apparat zusammengefaßt sind, und dem Erläuterungsapparat.

### 6.1 Textkritischer Apparat

Der textkritische Apparat hat in erster Linie zwei Aufgaben: Aufweis der Textentwicklung und Nachweis der Texteingriffe.

### 6.1.1 Textentwicklung

Liegt ein Text in mehreren autorisierten Fassungen vor, ist eine Fassung zum Edierten Text bestimmt. Dies ist in der Regel die Fassung letzter Hand.
Jede zur Variante bestimmte Fassung wird im textkritischen Apparat mitgeteilt, in der Regel mit Hilfe eines negativen Apparats. Wo es die Sachlage erfordert, insbesondere bei umfangreichen Varianten, ist der positive Apparat oder die synoptische Darstellung gewählt.
Die früheste oder einzige Fassung eines Textes trägt die Sigle A. Spätere Fassungen sind in chronologischer Folge mit B, C usw. bezeichnet.

### 6.1.2 Texteingriffe

Texteingriffe sind auf ein Minimum beschränkt. Sie werden bei Textverderbnissen vorgenommen. Als verderbt gelten Textstellen, die den Sinnzusammenhang zerstören. Der Eingriff wird dadurch nachgewiesen, daß die verderbte Stelle im textkritischen Apparat mitgeteilt wird. Läßt sich eine unklare Stelle nicht eindeutig als verderbt erkennen, so wird sie unverändert gelassen. Je nach Sachlage bietet der Apparat dann Lesarten in Voreditionen oder andere Verständnishilfen an.
Nicht als Textverderbnis gelten Spracheigentümlichkeiten, einschließlich regelwidriger, aber nicht sinnstellender grammatischer Konstruktionen, nicht mehr gebräuchlicher Lautstand, veraltete Orthographie und Interpunktion. In folgenden Fällen werden Texteingriffe ohne Nachweis im textkritischen Apparat vorgenommen:

a) Bei der Gestaltung von Überschriften, Zwischentiteln, anderen Gliederungsmerkmalen (z.B. Paragraphen) sowie Hervorhebungen: Sie werden typographisch vereinheitlicht.
b) Bei Umlauten: Sie werden – soweit sie Folge der zu Webers Zeit üblichen Drucktechnik sind – der heutigen Schreibweise angeglichen (Ä statt Ae). Die Schreibweise ss für ß wird zu ß vereinheitlicht.
c) Bei Abkürzungen: Sie werden, sofern sie schwer verständlich und heute nicht mehr üblich sind, in eckigen Klammern ausgeschrieben.
d) Bei offensichtlichen Druckfehlern: Sie werden korrigiert (z.B. „Erleicherung", „aucht").

e) Bei Interpunktionsfehlern: Sie werden bei der Reihung von Hauptsätzen, Aufzählungen, Relativsätzen und „daß"-Sätzen korrigiert. In allen anderen Fällen werden eingefügte Satzzeichen durch eckige Klammern kenntlich gemacht.

f) Bei der Numerierung von Anmerkungen: Sie werden text- oder kapitelweise durchgezählt. Entsteht dadurch eine Abweichung gegenüber Webers Zählung, so wird dies im Editorischen Bericht vermerkt.

g) Bei der Einfügung von Titeln und Zwischenüberschriften: Sie werden in eckige Klammern gesetzt und im Editorischen Bericht begründet.

## 6.2 Erläuterungsapparat

Der Erläuterungsapparat dient dem Nachweis, der Ergänzung oder der Korrektur der Zitate und der Literaturangaben sowie der Sacherläuterung.

### 6.2.1 Zitate

Webers Zitate werden überprüft. Sind sie indirekt, unvollständig oder fehlerhaft, gibt der Apparat den richtigen Wortlaut wieder. Hat Weber ein Zitat nicht belegt, wird es im Apparat nachgewiesen. Ist uns der Nachweis nicht möglich, so lautet die Anmerkung: „Als Zitat nicht nachgewiesen".

### 6.2.2 Literaturangaben

Webers Literaturangaben werden überprüft. Sind sie nicht eindeutig oder fehlerhaft, werden sie ergänzt oder berichtigt, wenn möglich, unter Verwendung der von Weber benutzten Ausgabe. Es wird dafür ein Kurztitel verwendet. Die vollständigen bibliographischen Angaben finden sich im Verzeichnis der von Weber zitierten Literatur.

Verweist Weber ohne nähere Angaben auf Literatur, so ist sie, wenn möglich, im Apparat nachgewiesen.

Literaturangaben des Herausgebers werden beim ersten Auftreten vollständig aufgeführt, bei Wiederholungen wird ein Kurztitel verwendet.

### 6.2.3 Sacherläuterung

Erläutert werden Ereignisse und Begriffe, deren Kenntnis für das Verständnis des Textes unerläßlich erscheint. Informationen über Personen finden sich im Personenverzeichnis am Ende des Bandes. Erfordert eine Textstelle darüber hinausgehende Informationen über eine Person, so bietet sie der Apparat. Sachliche Fehler Webers werden im Apparat berichtigt. Für Wörter aus fremden Schriftsystemen verwendet der Editor in seinen Erläuterungen die Transliteration nach den heute gültigen Richtlinien.

### 6.3 Präsentation

Um die Benutzung der Ausgabe zu erleichtern, erscheinen Webers Text und die dazugehörigen Apparate in der Regel auf derselben Seite.

Edierter Text und Varianten sind gleichwertig. Die Varianten werden so präsentiert, daß der Leser die Textentwicklung erkennen kann. Kleine lateinische Buchstaben verbinden den Edierten Text mit dem textkritischen Apparat. Sie stehen hinter dem varianten oder emendierten Wort. Bezieht sich die textkritische Anmerkung auf mehr als ein Wort, so markiert ein gerade gesetzter Index den Anfang und ein kursiv gesetzter Index das Ende der fraglichen Wortfolge (ᵃdamit Amerikaᵃ).

Die Ersatzzeugen von Webers Äußerungen, auf die wir zurückgreifen müssen, stimmen nicht immer überein. In solchen Fällen sind sie alle ohne Wertung aufeinanderfolgend oder synoptisch wiedergegeben.

Zeitungsberichte enthalten in der Regel einen redaktionellen Vorspann, Zwischentexte oder Nachbemerkungen; Sitzungs- und Kongreßprotokolle geben auch Beiträge anderer Redner wieder. Wenn diese Texte in unmittelbarem sachlichen Zusammenhang mit Webers Äußerungen stehen, werden sie entweder in Form eines Regests, wörtlich in kleinerer Drucktype oder im textkritischen Apparat mitgeteilt.

Die historisch-kritisch bearbeiteten Texte Webers und die Erläuterungen des Herausgebers sind durch arabische Ziffern ohne Klammern miteinander verbunden.

Um die Herausgeberrede von Webers Text abzuheben, ist sie in anderer Schrifttype gesetzt.

## 7. *Verzeichnisse und Register*

Den Bänden sind folgende Verzeichnisse und Register beigefügt:

1. Ein Inhaltsverzeichnis.
2. Ein Verzeichnis der Siglen, Zeichen und Abkürzungen.
3. Ein Literaturverzeichnis: Es enthält die von Weber zitierte Literatur vollständig bibliographisch erfaßt. Auf den Titel folgt in Klammern der vom Editor in seinen Erläuterungen gebrauchte Kurztitel.
4. Ein Personenverzeichnis: Aufgenommen sind alle Personen, die Weber erwähnt, mit Ausnahme allgemein bekannter (z.B. Bismarck, Wilhelm II.) und in Literaturangaben genannter Personen. Es liefert die wichtigsten Lebensdaten, gibt die berufliche oder politische Stellung an und führt ggf. die verwandtschaftlichen oder persönlichen Beziehungen zu Weber auf. Das Personenverzeichnis hat den Zweck, den Erläuterungsapparat zu entlasten.
5. Ein Personenregister: Es verzeichnet sämtliche von Weber und vom Editor erwähnten Personen einschließlich der Autoren der von Weber und vom Editor zitierten Literatur.
6. Ein Sachregister: Es enthält alle wichtigen Begriffe und Sachbezeichnungen. Ist ein Begriff für einen Text thematisch, werden nur zentrale Stellen und besondere Bedeutungen verzeichnet.
   Es verzeichnet ferner alle geographischen Namen, mit Ausnahme der Verlagsorte in Literaturangaben und der Archivorte. Es werden die Namen benutzt, die im deutschen Sprachraum vor 1920 üblich waren oder amtlich

gebraucht wurden. Kann ein Ort nicht als bekannt vorausgesetzt werden, wird zur Erläuterung die Verwaltungseinheit nach dem Gebietsstand von 1920 (z.B. Kreis, Regierungsbezirk) und ggf. auch der heute amtliche Name beigefügt.

Personen- und Sachregister erfassen Webers Texte und die Herausgeberrede. Gerade gesetzte Zahlen verweisen auf Webers Text, kursiv gesetzte Zahlen auf die Herausgeberrede.
Einem Band können weitere Verzeichnisse, wie z.B. Glossare, Konkordanzen, Maß- und Gewichtstabellen sowie Karten beigefügt sein.

## 8. Indices und Zeichen

Folgende Indices werden verwendet:

a) Arabische Ziffern mit runder Schlußklammer ($^{1)}$, $^{2)}$, $^{3)}$...) kennzeichnen Webers eigene Anmerkungen.
b) Arabische Ziffern ohne Klammern ($^{1}$, $^{2}$, $^{3}$ ...) und in von a) abweichender Schrift markieren die Erläuterungen des Editors.
c) Kleine lateinische Buchstaben ($^{a}$, $^{b}$, $^{c}$ ...) kennzeichnen eine textkritische Anmerkung.

Folgende Zeichen werden verwendet:

d) Das Zeichen | gibt die Stelle des Seitenwechsels nach der ursprünglichen Paginierung einer Textfassung wieder.
e) Das Zeichen [ ] markiert Hinzufügungen zum Text durch den Editor.